Instituto
Cervantes

# Saber escribir

## Aguilar es un sello del Grupo Santillana

**Argentina**
Av. Leandro N. Alem, 720
C1001AAP Buenos Aires
Tel. (54 114) 119 50 00
Fax (54 114) 912 74 40

**Bolivia**
Avda. Arce, 2333
La Paz
Tel. (591 2) 44 11 22
Fax (591 2) 44 22 08

**Colombia**
Calle 80, n° 10-23
Bogotá
Tel. (57 1) 635 12 00
Fax (57 1) 236 93 82

**Costa Rica**
La Uruca
Del Edificio de Aviación Civil
200 m al Oeste
San José de Costa Rica
Tel. (506) 220 42 42
Fax (506) 220 13 20

**Chile**
Dr. Aníbal Ariztía, 1444
Providencia
Santiago de Chile
Tel. (56 2) 384 30 00
Fax (56 2) 384 30 60

**Ecuador**
Avda. Eloy Alfaro, N33-347
y Avda. 6 de Diciembre
Quito
Tel. (593 2) 244 66 56
y 244 21 54
Fax (593 2) 244 87 91

**El Salvador**
Siemens, 51
Zona Industrial Santa Elena
Antiguo Cuscatlan -
La Libertad
Tel. (503) 2 289 89 20
Fax (503) 2 278 60 66

**España**
Torrelaguna, 60
28043 Madrid
Tel. (34) 91 744 90 60
Fax (34) 91 744 92 24

**Estados Unidos**
2105 NW 86th Avenue
Doral, FL 33122
Tel. (1 305) 591 95 22
y 591 22 32
Fax (1 305) 591 91 45

**Guatemala**
7ª avenida, 11-11
Zona n° 9
Guatemala CA
Tel. (502) 24 29 43 00
Fax (502) 24 29 43 43

**Honduras**
Colonia Tepeyac Contigua a
Banco Cuscatlan
Boulevard Juan Pablo, frente
al Templo Adventista 7° Día,
Casa 1626
Tegucigalpa
Tel. (504) 239 98 84

**México**
Avda. Universidad, 767
Colonia del Valle
03100 México DF
Tel. (52 5) 554 20 75 30
Fax (52 5) 556 01 10 67

**Panamá**
Avda Juan Pablo II, n° 15.
Apartado Postal 863199,
zona 7
Urbanización Industrial
La Locería
Ciudad de Panamá
Tel. (507) 260 09 45
Fax (507) 260 13 97

**Paraguay**
Avda. Venezuela, 276
Entre Mariscal López
y España
Asunción
Tel. y fax (595 21) 213 294
y 214 983

**Perú**
Avda. Primavera, 2160
Santiago de Surco
Lima, 33
Tel. (51 1) 313 40 00
Fax (51 1) 313 40 01

**Puerto Rico**
Avenida Rooselvelt, 1506
Guaynabo 00968
Puerto Rico
Tel. (1 787) 781 98 00
Fax (1 787) 782 61 49

**República Dominicana**
Juan Sánchez Ramírez, n° 9
Gazcue
Santo Domingo RD
Tel. (1809) 682 13 82
y 221 08 70
Fax (1809) 689 10 22

**Uruguay**
Constitución, 1889
11800 Montevideo
Tel. (598 2) 402 73 42
y 402 72 71
Fax (598 2) 401 51 86

**Venezuela**
Avda. Rómulo Gallegos
Edificio Zulia, 1°. Sector
Monte Cristo. Boleita Norte
Caracas
Tel. (58 212) 235 30 33
Fax (58 212) 239 10 51

**Instituto Cervantes**

# Saber escribir

Jesús Sánchez Lobato
(coord.)

© Instituto Cervantes, 2006
© Jesús Sánchez Lobato (coord.), Ángel Cervera Rodríguez, Guillermo
Hernández García y Coronada Pichardo Niño, 2006
© Santillana Ediciones Generales, S. L., 2006
© De esta edición:
Aguilar, Altea, Taurus, Alfaguara, S.A., de Ediciones, 2007
Leandro N. Alem 720, (1001) Ciudad de Buenos Aires
www.alfaguara.com.ar


ISBN-10: 987-04-0613-0
ISBN-13: 978-987-04-0613-6


Hecho el depósito que indica la ley 11.723
Impreso en la Argentina. *Printed in Argentina*
Primera edición: febrero de 2007


Diseño de cubierta: Txomin Arrieta

Instituto Cervantes
    Saber escribir / coordinado por Jesús  Sánchez Lobato - 1ª ed. -
Buenos Aires : Aguilar, Altea, Taurus, Alfaguara, 2007.
    520 p. ; 24x15 cm.

    ISBN 987-04-0613-0

    1. Técnicas de Redacción. I. Sánchez Lobato, Jesús , coord. II.
Título
    CDD 808.066

*A Jorge Urrutia*
*A Isidoro Pisonero*

# Índice

# Introducción

*Saber escribir* no es un manual de estilo; tampoco es un manual de corrección gramatical, ni de corrección idiomática, ni un diccionario de dudas; no es ni siquiera un manual de creación literaria, aunque enseñe técnicas y recursos de escritura que aparecen en los textos literarios. Es todo lo anterior, y más. Es otro concepto de *manual*. Es enseñar a escribir desde todos los ángulos de la escritura.

*Saber escribir* expone con claridad didáctica, amenidad discursiva y rigor científico las pautas formales y las claves conceptuales que conducen a plasmar en la expresión escrita lo que pensamos y decimos. Es un vademécum que nos descubre y presenta ordenadamente los elementos formales (grafías, palabras, nexos, concordancias y enunciados) que son imprescindibles para construir el complejo proceso de la escritura, a la vez que nos guía acertadamente en la organización de dicho proceso al adecuar forma y contenido según la finalidad de la escritura.

*Saber escribir* parte de una concepción dinámica de la lengua; por consiguiente, presta especial atención a los usos de sus hablantes allá en donde se hallen y nos propone las variantes lingüísticas más comúnmente aceptadas por las diferentes comunidades de habla española en los diversos contextos dialógicos. *Saber escribir* no excluye usos lingüísticos vivos en comunidades hispanas, aunque subraya en todas las muestras de lengua cuál sea la variante más prestigiosa en la comunidad de hablantes desde una perspectiva sociocultural.

Al considerar la lengua española en plenitud (en toda su extensión y en todas sus voces), *Saber escribir* ha tenido muy presente norma(s) y uso(s) de todo el territorio de habla hispana, del español hablado y del español escrito, puesto que a partir de dichas manifestaciones se inicia la comunicación entre dos o más hablantes.

La comunicación oral y la escrita son dos modalidades de la lengua que se sitúan en planos distintos pero no disociados. De dichas formas de comunicación verbal, la modalidad oral puede ser utilizada por los hablantes de cualquier nivel sociocultural. Es la modalidad más espontánea y dinámica de la lengua, se adquiere de modo natural como lengua materna (L1) y se sirve, a su vez, para la comunicación de elementos paralingüísticos (gesto, ademán, mímica, movimientos, modulación de voz, entonación, etcétera) y de elementos deícticos, repeticiones, insistencias y elipsis contextual.

La modalidad escrita, aunque existe una constante imbricación de lo oral en lo escrito y al revés, amplía las posibilidades de la oralidad. Para escribir se requiere una actitud más reflexiva y rigurosa. Las formas de expresión escritas son tan variadas como las de la oral, aunque la escritura es mucho más exigente social y culturalmente en el manejo del repertorio léxico, la propiedad gramatical y la corrección ortográfica. El texto escrito suele estar unido a una perfección normativa, puesto que es producto de un proceso de elaboración. No todos los hablantes de una lengua utilizan la escritura con normalidad, ya que su práctica exige un cierto grado de cultura y un ejercicio activo y constante.

*Saber escribir* nace con la intención de ayudar a redactar; de ampliar los procedimientos de generación y precisión de ideas, de documentación y de planificación; de seleccionar los elementos de unión adecuados; de relacionar de forma conveniente el contenido del tema con la expresión, el registro y el estilo elegidos según la situación comunicativa y la tipología del texto, y de aprender a aplicar las técnicas de revisión y corrección para lograr la redacción y la disposición exigidas en cualquier presentación escrita.

CAPÍTULO I

# La lengua española

## 1.1. LA LENGUA ESPAÑOLA Y SUS HABLANTES

Es obvio que la lengua española —como cualquier otra lengua hablada por los seres humanos— pertenece a todos sus hablantes por igual sean estos pobres o ricos, o ni pobres ni ricos, sino todo lo contrario —como, en su momento, escribió Miguel Mihura—; vivan en aldeas, en pueblos o en ciudades, en el llano, en la meseta o en las montañas, junto al mar o en el interior; hayan nacido en Madrid o en México D. F., en Sevilla o en Buenos Aires. El sistema lingüístico que denominamos *español* —aunque por diversos matices políticos o tradiciones culturales sigue denominándose por muchos de sus hablantes *castellano*— nos pertenece por igual a quienes nos hemos educado en él, seamos ancianos, jóvenes o niños (hombre o mujer) y desempeñemos en la vida la profesión de médico, de periodista, de militar, de profesor, de abogado, de químico o el oficio de pastor, de zapatero, de frutero, de albañil, de mecánico, de electricista...

En principio, pues, todos los hablantes de español participamos de una misma lengua, aunque al hablarla percibimos con nitidez que no todos nos expresamos oralmente de la misma manera y que, por consiguiente, presentamos rasgos diferenciadores claramente perceptibles en la entonación, en el acento, en la pronunciación fonética (por ejemplo, muchas personas, la inmensa mayoría de entre los que hablamos español, no distinguen entre los sonidos *s* y *c* y así pronuncian de igual manera *casa/caza*. Dicha realidad la conocemos con el nombre de *seseo* (consiste en pronunciar como una *ese* tanto la grafía *s* de la palabra *casa* como la grafía *z* contenida en la palabra *caza*): en el *s*ielo (por en el *c*ielo); en mu-

21

cha menor extensión territorial, y con escaso prestigio social y cultural entre los hablantes de español, se oye el *ceceo* que consiste en pronunciar, a diferencia de quienes *sesean*, como una *ce* tanto la grafía *s* contenida en la palabra *casa* como la grafía *z* de la palabra *caza*: voy a caza (por voy a ca*s*a); también se halla muy extendido entre los hablantes de español el fenómeno fonético y fonológico conocido con el nombre de *yeísmo*: consiste en la pérdida del sonido representado por las letras *ll* (la *elle*) que aparece en la palabra *lla*-ve en favor de una variedad de sonidos representados por la letra *y* (*y* griega): así se pronuncian de igual manera palabras escritas con *ll* (lluvia) y palabras escritas con *y* (yo), se igualan, pues, en la pronunciación las grafías *ll* e *y*: po*ll*o pasa a pronunciarse como /poyo/ (animal, cría que nace del huevo de la ga*ll*ina, que pasa a pronunciarse /gayina/) y poyo (banco de piedra, *y*eso u otra materia...).

—Mire usted —me decía el arriero, deteniéndose—: ¿Ve aquella loma que parece vejiga de puerco? Pues *detrasito* de ella está la Media Luna. Ahora *voltié* para allá. ¿Ve la ceja de aquel cerro? Véala. Y ahora *voltié* para este otro rumbo. ¿Ve la otra ceja que casi no se ve de lo lejos que está? Bueno, pues eso es la Media Luna de punta a cabo. Como quien dice, toda la tierra que se puede abarcar con la mirada. Y es de él todo ese terrenal. El caso es que nuestras madres nos malparieron en un petate aunque éramos hijos de Pedro Páramo. Y lo más chistoso es que él nos llevó a bautizar. Con usted debe haber pasado lo mismo, ¿no?

—No me acuerdo.

—¡Váyase *mucho* al carajo!

—¿Qué dice usted?

—Que ya estamos llegando, señor.

(Juan Rulfo: *Pedro Páramo*, México,
Fondo de Cultura Económica, 1955).

Diferencias entre quienes hablamos español también encontramos —tanto al hablar como al escribir—, aunque no en demasía en la norma estándar de la lengua, en variantes de uso perfectamente aceptables, por ejemplo, existe un número amplio de hablantes que no utiliza la posibilidad que ofrece el paradigma verbal entre el pretérito y el perfecto («esta mañana compr*é*/ esta mañana *he* compra*do*) al elegir en todos los casos el pretérito (*compré*, en todos los casos), otros hablantes de español eligen *vos tenés* en lugar de *tú tienes* o prefieren *le* a *lo* en la expresión «a Juan le vi»; en el nivel sintáctico, la diversidad de elección, por parte de los hablantes de español, es ciertamente escasa en la norma de cultura: en *nuestra* casa o en la casa *de nosotros*, encima *mío* o encima *de mí*, *ustedes* son bien recibidos frente a *vosotros* sois bien recibidos, son opciones que, en un principio, percibimos como pertenecientes legítimamente a claras coordenadas geográficas: América frente a la Península. Las diferencias, en todo caso, vienen dadas en la mayoría de los casos por el uso determinado que, de las diversas opciones que presenta la lengua, llevan a cabo los grupos humanos según su agrupamiento geográfico, pero atendiendo siempre a su nivel cultural; en cualquier situación de habla, siempre se tiene en cuenta el prestigio social y cultural de dichos grupos humanos. Sin embargo, en la elección del léxico es donde con más claridad se percibe la diversidad de los pueblos o sociedades que hablamos español: «salgo en el próximo *aéreo* o salgo en el próximo *avión*» y, por supuesto, en la entonación, en el acento, en la pronunciación cuando elegimos para comunicarnos el plano oral de la lengua.

La fonética, el acento y la entonación —incluida la curva melódica— de quien esto escribe (en el caso de que estuviera empleando para comunicarme con ustedes la expresión oral) pertenecen al grupo o modalidad de español que denominamos norteño, por extensión *castellano*. Diferente sería la percepción por parte de ustedes si lo que les cuento por escrito fuera leído por cada uno de ustedes: solamente percibirían diferencias por la elección o no de determinados rasgos morfológicos («los sofases son muy caros» o «los sofás»), por la presencia o no de rasgos sintácticos («el hijo de ellos, de ustedes» o «vuestro hijo») y, sobre todo, por la inclusión de unas determinadas lexías (altoparlante/altavoz, garaje/cochera) en detrimento de otras, según la diversidad de hablas locales asentadas en el vasto territorio hispánico. La manifestación escrita de la lengua, al ser igual para todos los hablantes de español, ha difuminado en gran parte muchas de las perceptibles diversidades de habla que están presentes en la lengua española y, por supuesto, ha potenciado su unidad y difusión. Por cierto, los hablantes de la modalidad de español que denominamos *castellano* (en sentido histórico y dialectal) estamos en franca minoría demográfica en el conjunto del idioma español. El presente y porvenir del español se encuentran en las diferentes modalidades de las variantes *andaluzas* asentadas en América. Es decir, en el español hablado en Amé-

23

rica, en donde en la actualidad son más de trescientos cincuenta millones de hablantes.

Y, también, los hablantes de español solemos presentar diferencias de uso (aparte de las descritas anteriormente, circunscritas a la variante territorial o nacional de nuestro de nacimiento y al espectro social y cultural al que se pertenezca), debidas esencialmente a la instrucción o falta de instrucción, a una buena o deficiente (o nula) escolarización: «mesmo» (por mismo), «melitar» (por militar), «sordao» (por soldado), «andé» (por anduve), «me se ha perdido el dinero» (por se me ha perdido el dinero)... Los hablantes cultos de una lengua solemos distinguir diferentes «registros» a la hora de hablar una lengua (desde el que utilizamos en la intimidad en casa con nuestros familiares: padres, hermanos, hijos, hasta el que usamos con nuestros compañeros de trabajo, o el que podemos utilizar en público al dictar una conferencia) que, normalmente, van asociados a nuestra forma de entender las relaciones humanas y al grupo social al que pertenezcamos por profesión y cultura: por ejemplo, la extensión del «tuteo» en toda situación y ante cualquier persona, el empleo de las llamadas «palabras malsonantes» o «tacos»... son aceptados por unas sociedades y no, por otras.

A mí, en estos momentos que me estoy dirigiendo a una colectividad plural, desconocida y que, por otra parte, pretendo informarles —o, en cualquier caso, llamar su atención— sobre aspectos de la lengua, no se me ocurriría proferir ninguna palabra malsonante por mucho que aparezcan escritas en excelentes novelas, en las de C. J. Cela por ejemplo, y vayan teniendo poco a poco su acomodo en el Diccionario de la Real Academia Española; ni tampoco podría tratarles a ustedes indiscriminadamente de «tú». Su empleo —tanto las palabras malsonantes o «tacos» como el uso indiscriminado de tú— no es un problema lingüístico sino social y cultural. Pero en cualquier otra situación más distendida, entre mis amigos universitarios o de trabajo, sí podría utilizar palabras malsonantes y, por supuesto, emplear el «tuteo» en toda su extensión. La cultura en general, y la cultura lingüística en particular, son las encargadas de limar diferencias y de establecer el marco adecuado en la comunicación humana por medio de la lengua. La cortesía, la llamada buena educación, formalizan determinados usos lingüísticos que empleamos para iniciar una conversación («Por favor, me puede indicar...»), para disculparnos

(«Perdona, no me he dado cuenta...»), para despedirnos («Adiós»), para iniciar un diálogo, un saludo («Hola»)...

## 1.2. Tradicionalmente se decía que el español hablado en Valladolid, en Burgos... era mejor, más puro, que el español hablado en Sevilla, en Málaga... ¿Puede hoy mantenerse tal afirmación?

En modo alguno. El idioma español es uno, pero presenta varias normas de cultura, todas ellas válidas y comúnmente aceptadas por la comunidad de hablantes de español. No se puede asignar a una zona geográfica (o zonas geográficas) del vasto territorio en donde el español es la lengua oficial el «buen uso» del idioma frente a otras zonas geográficas que por lógica quedarían excluidas de dicho «buen uso» del español. El «buen» español está en todas partes, en cualquier lugar en donde se hable español, allá donde exista una «norma de cultura» cuyos hablantes se reconozcan en ella socialmente. Por ejemplo, hoy en día, desde la óptica lingüística, reconocemos que el registro culto estandarizado es más urbano que rural, que determinadas profesiones (médicos, abogados, periodistas, profesores, ingenieros, informáticos, farmacéuticos...) emanadas de la Universidad configuran una determinada clase social con prestigio lingüístico y profesional —sea cual fuere su modalidad de español—, que fomentan determinados usos que se generalizan y se aproximan a otros usos de otras latitudes al acercarse los valores sociales y culturales de las diferentes comunidades de habla hispana. La cultura y la comunicación difuminan diferencias y orientan, lingüísticamente hablando, la lengua española hacia una norma de cultura lo suficientemente estandarizada para que todos nos podamos reconocer en ella con nuestras particularidades.

Las lenguas son instrumentos de comunicación social, y al igual que la sociedad, varían, eso sí a un ritmo mucho más lento: así, en el *Quijote* encontramos usos, que al ser utilizados por Cervantes no nos cabe la menor duda que pertenecían por igual a la norma de cultura de entonces, como por ejemplo monesterio y monasterio, lición y lección, efeto y efecto, otubre y octubre. En la norma de cultura de hoy serían considerados «vulgarismos» los usos de monesterio, lición, efeto, otubre... Sin embargo, en la norma de cultura actual aceptamos septiembre y setiembre...

Las tendencias de uso de la lengua en los grupos sociales de prestigio son, juntamente con el legado de los buenos escritores —no olvidemos que el español cuenta con una ortografía unitaria, si bien es cierto que ésta corresponde a la variante *castellana* desde la perspectiva fonética por lo que parece que en la tradición lingüística y cultural se otorgaba más prestigio a dicha variedad—, las que han ido pergeñando el español actual. Los gramáticos no hacen la lengua, solamente la describen de acuerdo esencialmente con su percepción de la misma. Pero la *Gramática* de la Real Academia Española de la Lengua, por su incidencia directa en la educación gramatical —a partir de la Ley Moyano (1854) fue libro de texto obligatorio en la enseñanza pública—, sí tuvo una enorme influencia en la configuración de una determinada norma de corrección idiomática y ha jugado un importante papel en la unificación y generalización del idioma común, sobre todo, con la implantación y seguimiento de la ortografía, que, siendo un aspecto en cierto modo externo a la lengua misma, aporta una sistemática representación gráfica de los sonidos; aunque sea una convención, aceptada por todos. Así, entre algunas soluciones posibles, impuso andu*vo* frente a andó y no aceptó en la norma «correcta» las formaciones analógicas de cantaste*s*, diste*s* (que sí aparecen en el *Quijote*)..., y que, por supuesto, seguimos oyendo en el registro de la lengua que hoy denominamos «vulgar». En cualquier caso la creación de la Academia de la Lengua y la publicación de su gramática (1771) otorgaron al español hablado en Madrid una modalidad de prestigio social y cultural hasta entrado el siglo XX.

Mejor español. Insidiosa cuestión con la que se pretende descalificar a unos hablantes e imponer la propia variedad, pero esto, sobre arbitrario, es científicamente falso. [...] Las cosas están claras: no hay un español mejor, sino un español de cada sitio para las exigencias de cada sitio. Al margen queda lo que la comunidad considera correcto, y eso lo es en cada sitio de manera diferente. El español mejor es el que hablan las gentes instruidas de cada país: espontáneo sin afectación, correcto sin pedantería, asequible por todos los oyentes. En cada sitio tendrá su peculiaridad...

[...] No hay un español de esta banda del mar y otro de la enfrentada, sino muchos españoles. ¿El burgalés habla como el gaditano? ¿Y el yucateco como el rioplatense? Pero este hecho geográfico tan fácilmente comprensible no está solo, porque el hombre culto de Bogotá se parecerá en su lengua más al hablante culto de Madrid que al analfabeto de Paipa. [...] *Español* de Castilla, y de Andalucía, y del Caribe, y del Altiplano, y de la Sabana, y de la Pampa, sí, pero español de todos y para todos...

(Manuel Alvar: *Español en dos mundos*, Madrid, Temas de Hoy, 2002).

## 1.3. ¿QUIÉN O QUIÉNES DICTAMINAN LA NORMA DE CULTURA EN LA LENGUA ESPAÑOLA? ¿POR QUÉ DECIMOS «ESTO ES CORRECTO», «ESTO NO ES CORRECTO»?

Las gramáticas, los libros de estilo, los prontuarios, todos los estudios dedicados a describir la lengua española desde la norma de cultura, desde la estructura social de prestigio, desde la literatura ejemplar, han coincidido, desde Nebrija (A. de Nebrija, *Gramática de la Lengua Castellana*, 1492) hasta nuestros días con la mirada puesta en las sucesivas ediciones de la *Gramática* académica —acabo de indicar su influencia en todo el ámbito hispano en los siglos pasados— y en la de Bello (Andrés Bello, *Gramática de la lengua castellana destinada al uso de los americanos*, 1847), en describir una misma norma (o normas muy próximas, con pocas variantes) que se presentaba como la única *norma correcta* para la enseñanza, «para hablar y escribir correctamente la lengua», con el fin de generalizar el uso prescrito y desechar lo *incorrecto*, lo que no cabía en el uso prescrito. De ahí proviene nuestra conciencia lingüística, de ahí (en forma de escuela, de amigos y, sobre todo, de familia) todo aquello que utilizamos al hablar o escribir desde nuestra estructura cultural y lingüística y aquello otro que rechazamos desde los mismos parámetros, sin saber por qué en muchos casos. No utilizar personalmente un determinado uso al hablar o al escribir —«denque» (por desde), «la (por le) regalé flores por su cumpleaños»— no quiere decir que no tenga su uso, extensión y hablantes. Quiere decir únicamente que, por lugar de nacimiento, educación y escolarización, no están en mi uso habitual al hablar español —en mi norma ideal de uso del español— ni, por lo general, se encuentran entre las personas de mi entorno inmediato, ni entre las que se desarrolla mi actividad profesional y social, aunque existan fenómenos muy extendidos en determinadas regiones del territorio de la lengua que social y culturalmente suelen ser aceptados, aunque las gramáticas sigan diciendo que son usos que han de ser evitados: «la» por «le» en «(la) regalé flores» del ejemplo anterior.

Para Cervantes el ideal de lengua no se acomoda a rasgos locales, ni a estrechos rasgos sociales. Para él, el habla clara, elegante y buena, «está en los discretos cortesanos, aunque hayan nacido en Majadahonda». Hemos de entender *cortesano* como hombre educado, y *discreto*, el dotado de inteligencia y sano juicio. Perdida la norma ideal de los círculos cultivados madrileños ya a finales del siglo XIX, el ideal de lengua hoy reside en los diversos polos humanos del mundo hispánico. Hay un ideal imitable en la lengua de las grandes ciudades. Pero con la certera observación: el habla de las personas educadas, dotadas de cierto nivel cultural, y a la vez, discretas, inteligentes. Es decir, la norma propuesta por Cervantes hace ya varios siglos. El habla de la persona culta, aunque haya nacido en Majadahonda, es decir, en cualquier sitio donde se hable español.

En el español cabe, pues, todo lo que pertenece a la lengua: lo arcaico, lo vulgar, lo coloquial, lo culto desde cualquiera de sus variantes: castellana, andaluza, canaria, extremeña, mexicana, antillana, rioplatense, chilena, peruana, venezolana... Cabe todo, sí, pero la lengua de comunicación social que nos acerca a todos los hablantes de español, que difumina diferencias, es el español culto sea cual fuere su zona geográfica de procedencia. El español de la escuela, el español de los medios de comunicación, de la ciencia... Por ello no tenemos más remedio que recomendar determinados usos, aquellos que se encuentran en la norma de cultura, en la llamada norma *estándar*. Recomendar es indicar cómo el español culto resuelve lo planteado, en modo alguno significa proscribir, con el fin de mostrar una solución más general y concorde con las tendencias de la lengua: por ejemplo, en la tradición de la lengua española se ha legitimado con denuedo la enseñanza de *Deber + infinitivo* en el «sentido de obligación» (Juan debe estar en el coche ahora —está, no hay dudas—) y de *Deber de + infinitivo* en el «sentido de probabilidad» (Juan debe de estar en el coche ahora —está probablemente—) como dos estructuras perfectamente diferenciadas. Sin embargo, en la norma *culta* actual, en el español actual, el uso prefiere (o al menos tiende hacia) una única estructura: *Deber + infinitivo* que expresa el significado de las dos construcciones anteriormente mencionadas. Es decir, la lengua, ante la confusión de uso ha eliminado una de ellas, en este caso: Deber *de*, pero mantiene los dos sentidos comunicativos. Sin embargo, el desconocimiento de ambas estructuras imposibilitaría la lectura adecuada de muchos escritores de los siglos pasados.

### 1.4. ¿Cabe preguntarse si la lengua es hoy más «pobre» que en épocas pasadas?

Es verdad que machaconamente se viene repitiendo dicha pregunta entre quienes se erigen en guardianes de una pureza que la lengua nunca ha tenido ni, por supuesto, necesitado. Cabe, sin duda, la pregunta y cabe la respuesta: no es verdad. La lengua española no es más «pobre» en la actualidad que la de otras épocas. Es otra, como es otra la sociedad; ni mejor ni peor, es diferente. Entendámonos: la lengua al ser un medio de comunicación social —el mejor, sin duda, que tiene el hombre— acompaña a la sociedad y a sus formas de relacionarse en todo momento. Por lo tanto, lo primero que he de contestar es que la lengua española se presenta, hoy en día, tal como la conocemos porque así es la lengua que necesita nuestra sociedad en estos momentos: en general no es rural (se ha perdido gran parte del léxico rural, por ejemplo, porque nadie lo utiliza al haberse agotado las formas del vivir humano que lo mantenían en pie), sí, por el contrario, es urbana y en ella se han establecido determinadas formas de vida ajenas a nuestra tradición popular (por ejemplo, en nuestra tradición popular era normal tratar de «usted» a los padres, tíos y abuelos, aunque a los jóvenes quizá les suene a música celestial). Hace pocos años, el estudiante que no sabía gran cosa, *estaba pez*. Ahora *está pegado, limpio* o *en blanco*. Llamar *ganso* a alguien ha sido sustituido por las múltiples combinaciones de *gilí* y de copiosas expresiones de trasfondo sexual y la expresión *ser un chinche* (*chinchorrero, chinchorrería*) ha sido sustituida por *contestatario, reticente, obstruccionista*; quizás, dice Alonso Zamora Vicente, descendiendo en la escala social y cultural, es un *pejiguera*, o, por lo general, *un rollo, un coñazo*. Lo cierto es que expresiones como *cargar las pilas, cruzarse los cables, estar bajo de forma, darse un voltio, calentar motores, tener un curro bomba, caerse de espaldas*, etc., van adueñándose del vocabulario actual en detrimento de otras muchas expresiones que se van quedando en el camino como *ser una lombriz, un besugo, un mosquito, un percebe* (por «ignorante»)...

Y con las actuales formas de vida y con las diversas maneras de pensar y de relacionarse los seres humanos, además del conocimiento de las diferentes culturas que se manifiestan en este mundo tan globalizado, nos llegan a raudales las palabras que introducen dichos hábitos: una lengua es siempre espejo de la cultura y de las formas de vida de la colectividad que la habla. Por ello hoy nadie se extraña de entregar el *carné* (carnet) para formalizar la hipoteca del *chalé* (chalet) en una urbanización de alto *standing*, de acudir a un *mitin* (meeting) vestido de *sport*, de ver un *filme* (film) en una sala con olor a *spray* barato, de supervisar un *eslogan* (slogan) en el *stand*, de servir un *cóctel* (cocktail) en el que, además de vino, se sirva *güisqui* (whisky), de descubrir el *compló* (complot) disfrazado bajo un raído *esmoquin* (smoking) y con medias de *nailon* (nylon) en las piernas; en fin qué no diríamos de nuestros gustos por el deporte: golf, fútbol, esquiar, tenis, baloncesto, los rallys..., y de establecer los *ranking* de nuestras mejores empresas por el *superávit* de caja. Todo nos pertenece ya, como un día ya muy lejano nos empezaron a pertenecer palabras como jamón, chaqueta, pantalón, tisú, soneto, comediante, fantasía, batuta, piloto, dársena, fragata, brújula... Todo aquello que pertenece al colectivo lingüístico de nuestra memoria de forma no efímera se ha convertido en elemento esencial de nuestra vida en común; todo ello es, pues, necesario para poder explicar el pasado y, por consiguiente, el presente.

### 1.5. EL ESPAÑOL CUENTA CON UN ENORME CAUDAL DE PRÉSTAMOS LÉXICOS, ¿NO?

El español, evidentemente, se ha enriquecido con todas las culturas con las que ha estado en contacto en las diferentes parcelas del vivir humano. A lo largo de la vida del idioma, el español ha recibido multitud de términos léxicos de otras lenguas que no sólo no han desnaturalizado sus voces patrimoniales ni su estructura fónica ni morfológica (léxicamente hablando), sino que han servido para ampliar sus horizontes vitales y, por consiguiente, acercarse al mundo científico, cultural y económico de su entorno. Por ello a nuestras voces *patrimoniales* (todas aquellas que provienen del latín: mujer, rodilla, hijo) se han unido *germanismos* (albergue, guardián, esquilar), *arabismos* (alcachofa, ajedrez, alcoba), *galicismos* (jardín, asamblea, conserje), *italianismos* (novela, piano, bancarrota); aparte de los *vasquismos* (chabola, zamarra, pizarra), de los *catalanismos* (faena, mercader, grúa), de los *galleguismos* y *lusismos* (morriña, pazo, mejillón), de los *indigenismos* (cacique, chocolate, patata) y de la profusión de *anglicismos* de la esfera de la gastronomía (bíter, burger), de la moda y vestidos (bikini, niki), de la cosmética (champú, look), de la vida social (hobby, interviú), de los lugares de ocio y juegos (club, póquer), de la política y economía (boicot, broker), de la música (single, rock); a los que hay que añadir los *anglicismos* provenientes del cine, de la televisión y de los espectáculos (cómic, show, spot), del deporte (doping, córner), de la salud (aeróbic, estrés), de las ciencias e informática (gasoil, Internet). El *anglicismo*, a partir de la segunda mitad del siglo XX, se ha instalado en el español, como en las demás lenguas del mundo, al imponer el mundo anglosajón (esencialmente Estados Unidos) sus formas de vida en muy amplias parcelas del vivir actual y de la ciencia.

Lo importante para el común de los hablantes no consiste en discernir sobre el origen del préstamo, ni siquiera indagar sobre qué vía ha realizado su entrada en la nueva estructura lingüística, ni preguntarse el porqué de su presencia, sino hallar que la aclimatación o españolización del préstamo tienda a ser uniforme en todo el ámbito hispano con el fin de que apenas existan barreras en la comunicación. Tiene que encontrarse la solución más aceptable, a ser posible, única para todo el mundo hispánico con el fin de que la comunicación sea lo más fluida posible y no se resienta. Los medios de comunicación social (prensa, radio y televisión) junto a la Asociación de Academias de la Lengua deben velar por la difusión de la norma (o normas) de cultura más comúnmente aceptadas, además de velar por la unidad del léxico común en todas las parcelas de la vida actual que así lo requieran: finanzas, economía, política, banca, ciencia, tecnología...

## 1.6. ¿Qué actitud adoptar ante el extranjerismo?

Frente a lo foráneo, ni el casticismo ni la permeabilidad a ultranza son buenos consejeros en hechos de lengua. El sistema lingüístico —como organismo vivo enraizado perfectamente en la sociedad— se encargará en cada momento de adoptar aquello que, venido de fuera, le sea necesario, o de rechazar aquello otro que no le convenga. Como acabo de exponerles son multitud los *préstamos* que ya son nuestros, tan del español actual, como las voces estrictamente patrimoniales *(carné* y *eslalon,* por ejemplo, tienen para la inmensa mayoría de los hablantes de español la misma consideración léxica que *rodilla* y *castillo,* por ello los escribimos con la grafía española); otros muchos extranjerismos se quedaron en el camino, no arraigaron en el sistema (como por ejemplo «living»). Los usos y los hechos de lengua son dinámicos como la propia sociedad.

El peligro en una lengua como la española ha estado —y puede estar— en que las adopciones —los términos léxicos para nombrar una misma realidad— se introduzcan de forma diferente en la amplia topografía en donde se asienta la lengua española y se nombre de forma diversa, mediante un léxico dispar, una misma realidad; así, en el léxico del español de España ha tenido hasta tiempos recientes una influencia notable el francés por su ascendencia cultural en la vida española prácticamente desde la Revolución francesa. Voces como las de *ascensor, locutor, garaje...* explicarían tal aserto, mientras que en Hispanoamérica, el español, al recibir los términos léxicos directamente del inglés, se ha inclinado por las voces de *elevador, speaker* y *parking* respectivamente para designar la misma realidad; por otra parte, también se ha nombrado, a veces, la misma realidad con lexías diferentes según los países de habla hispana sin que existan razones universales para ello; cada entidad social tiene la propiedad de denominar, de bautizar lo nuevo a partir de la diversidad de recursos que ofrece la propia lengua: *azafata/aeromoza, portavoz/vocero, amerizar/acuatizar, altavoz/altoparlante,* etc., son ejemplos que corroboran lo dicho. Pero, en cualquier caso, las sociedades no pueden vivir de espaldas a otras culturas si no quieren suicidarse colectivamente; y más en el mundo actual en donde la pluralidad de relaciones —culturales, políticas, económicas científicas y técnicas— condicionan y definen el vivir de los pueblos que se desenvuelven en la misma área de intereses. Lo importante es que la adopción de los términos léxicos (los neologismos y los extranjerismos) que condicionan y explican el mundo de los negocios, de la banca, del ocio, de la economía, de la moda, de la política, de la jurisprudencia, de la ciencia y de la tecnología y de los medios de comunicación sea lo más uniforme posible en la lengua española con el fin de que la comunicación sea fluida en el ancho mundo hispánico. Los medios de comunicación —radio y televisión, sobre todo— han obrado el milagro de tender puentes, de unificar la lengua, al difundir por toda la geografía hispánica las verdaderas voces de la lengua española: una en su diversidad.

No debemos pensar, cuando hablamos del español como lengua de comunicación internacional para todos sus hablantes, sea cual fuere su lugar de procedencia, en modalidades locales ni en códigos restringidos, debemos pensar en la variedad (o variedades) de prestigio social, cultural y científico aceptada por la colectividad, aquella que, en todo caso, sirva para todas las manifestaciones de la vida y también para la expresión artística.

Por excelencia entendemos por expresión artística la escritura marcadamente literaria: novela, poesía y teatro. Sin embargo, dicho concepto lo hemos de ampliar a cualquier escrito, sea cual fuere su finalidad, que utilice con precisión y corrección la lengua; que utilice con propiedad y variedad los recursos lingüísticos y paralingüísticos necesarios para que la comunicación llegue en las mejores condiciones posibles a sus lectores.

La tradición es fuente inagotable de soluciones aceptables. Nos encontramos con una lengua —la española— con un notable acervo cultural a sus espaldas y una riquísima tradición literaria que ha sabido transmitirnos tradiciones orales y mitos inigualables (Don Quijote, Don Juan, La Celestina), aunque, en la actualidad, los medios de comunicación desde sus diferentes canales, si bien todos ellos aparecen impregnados de los rasgos lingüísticos de la oralidad, se convierten en portavoces privilegiados al difundir y propagar soluciones, no siempre las más adecuadas, para cada uno de los términos léxicos que el español incorpora a la lengua común y general.

[...] Solamente hay un posible remedio: trabajar con afán, con enamoramiento. La enseñanza de la lengua se ha convertido en una tortura. Llenan las cabezas de una caricatura de ciencia lingüística, pero no se adiestra en el hablar, en escribir con rectitud y soltura. Menos aún se inculca un ideal de lengua al que agarrarse. No conoce la gente las variedades idiomáticas próximas como no sea para burlarse un tantico de ellas. La ortografía ataca no sé qué libertades. Los clásicos son un petardo, un rollo, un coñazo, jobar qué plastas, los clásicos. [...] Mientras las nuevas técnicas se sigan inventando y desarrollando en territorios de otras lenguas, tendremos que apechugar con lo que nos digan en su lugar de origen: no estarán bautizadas en español. [...] ¿Nos perjudicó la enorme cantidad de galicismos que se nos colaron por el Camino de Santiago? ¿Y en el siglo XVIII, cuando todo se pensaba o se veía en francés, las modas, la cocina, los usos amorosos y cortesanos, la ciencia misma? Nuestras flotas, ¿estuvieron siempre amarradas? ¿No se arriesgaron por mares nunca antes navegados? Pues la mayor parte de su léxico era de origen italiano. Y al lado, pausado y enérgico, creció día a día, un mundo literario, el más logrado de los pueblos modernos.

(Alonso Zamora Vicente: *La otra esquina de la lengua*,
Madrid, Fundación Antonio de Nebrija, 1995).

## 1.7. Y ANTE LOS DESCUIDOS IDIOMÁTICOS, ANTE LAS INCORRECCIONES, ¿QUÉ ACTITUD ADOPTAR?

No es admisible en ningún caso el descuido en el empleo de la lengua. Su aprendizaje, por tanto, es imprescindible, y debe ser premiado por la sociedad el buen uso que de la lengua hagamos. La sociedad hispana —entendida ésta desde la óptica de la lengua como vehículo de comunicación— se juega mucho en el empeño; los propios profesores no estamos exentos de nuestra parcela de responsabilidad. Inaceptables serán, pues, desde una perspectiva de prestigio lingüístico, social y cultural, las páginas adornadas con usos lingüísticos como: «Pienso *de* que estuvo bien dicho» (por «Pienso que estuvo bien dicho»); «Me olvidé traerlo» (por «Me olvidé *de* traerlo»); «La política de nuestro partido es mejor *a* la de otros» (por «La política de nuestro partido es mejor *que* la de otros»); «Estamos muy seguros de que esta sea la forma *más* óptima de protestar» (por «Estamos muy seguros de que esta sea la forma óptima de protestar»); «Hab*rán* quienes cuenten la película de otra manera» (por «Hab*rá* quienes cuenten la película de otra manera»); «En la actualidad *es* de temer nuevas subidas de precio» (por «En la actualidad *son* de temer nuevas subidas de precio»), y tantos otros usos que, en nuestra sociedad, en España, son sentidos como *poco aceptables* porque no se ajustan a la norma de cultura, a la norma estándar de prestigio social que nos hemos dado y, por tanto, hemos aceptado para nosotros, aunque respetemos que dichos usos lingüísticos tengan lugar en otras sociedades del mundo hispánico.

Así, en general, en nuestra sociedad actual, en España, son sentidos como *poco aceptables* (es decir, tendrían que ser corregidos en la escuela) usos como el *dequeísmo* (la adición de la preposición *de* en «Pienso *de* que...»); el *queísmo* (la falta de la preposición *de* en «Me olvidé traerlo...»); la pérdida del sentido de comparativo de origen latino del adjetivo *mejor* por parte de muchos hablantes de español que lleva a preferir la preposición *a* («mejor a la de otros») frente al *que* introductor de la segunda parte de la comparación (más bueno que o mejor que), o a formular expresiones comparativas como «más *mejor*, más *peor*» en donde *mejor*, *peor* para nada son sentidos ya como auténticos comparativos en español. Con la expresión «más óptima» de la frase antes citada («... la forma *más óptima* de protestar») ha ocurrido lo mismo, si bien *óptimo/a* es forma latina que nos indica el superlativo de bueno/a; «óptimo» ha perdido su valor etimológico y es sentido como adjetivo positivo, de ahí *más óptima*. También son sentidas como usos poco aceptables *las falsas concordancias* entre el verbo y el sujeto: en «Hab*rán* quienes cuenten» la incorrección consiste en hacer concordado un verbo cuya formulación es impersonal en cuanto al sujeto léxico; y en la frase «*es* de temer nuevas subidas», porque el sujeto en realidad es «nuevas subidas», de ahí que se ha de decir «... *son* de temer nuevas subidas». La norma de prestigio, la norma culta, ha elegido en una determinada dirección, lo cual no quiere decir que no exista la otra vertiente de la lengua y, por supuesto, su relación social y cultural.

Cuando desde la perspectiva social una forma lingüística tiene prestigio, fomenta en los hablantes una actitud positiva que favorece su uso en detrimento de otra. La clase social de mayor prestigio cultural, político y económico, por su relevancia ante los demás estratos sociales, acaba imponiendo sus gustos y modas (los medios de comunicación social se encargan de propagarlas) y, por supuesto, dictando el patrón de lengua de prestigio, aunque muchos de sus hallazgos vengan de otros parámetros sociales y, por consiguiente, lingüísticos.

[...] Pero no son los extranjerismos el problema de más envergadura que debe afrontar quien habla o escribe para el público, sino la denuncia de los desmanes que la voz pública comete con nuestra lengua por falta de instrucción idiomática, de atención a los usos mejores y al sentido común muchas veces. Ello determina el ultraje al idioma en lo que se habla o se escribe, y la creencia de que todo sirve indiscriminadamente, incluso las invenciones, las alteraciones de lo comúnmente admitido y las ocurrencias. Abundan tanto, que constituyen una radiografía desoladora sobre la aptitud de muchos que tienen el idioma como instrumento principal de trabajo para usarlo: periodistas, abogados, profesores, políticos, publicitarios... Lo cual tiene efectos perversos sobre el habla —y la inteligencia— común, ya que frecuente y abundantemente anulan distinciones importantes (entre *oír* y *escuchar*, por ejemplo, o entre *deber* y *deber de*), o difunden vulgarismos insoportables (*alante* por adelante), o reducen pavorosamente nuestro caudal léxico (*terminar, acabar, concluir, dar fin*, palabras sacrificadas a *finalizar*)...

(Fernando Lázaro Carreter: *El nuevo dardo en la palabra*,
Madrid, Aguilar, 2003).

## 1.8. Existe una relación manifiesta entre lengua, sociedad y cultura. ¿No es así?

La lengua, aunque se articula en un sistema lingüístico y se asienta en el hombre, adquiere su dimensión cultural y comunicativa en cuanto se socializa, es decir, en cuanto se inserta y se desarrolla en la sociedad, en cuanto vive en ella y en cuanto es vehículo de comunicación y, por tanto, de transmisión lingüística y cultural en el tiempo y en el espacio. Por ello, *lengua y sociedad* componen una relación básica para el estudio de la lengua en su oralidad y en su escritura, para el estudio de la lengua como elemento de comunicación, para el estudio de los cambios lingüísticos así como para el estudio de los cambios que operan en el discurso y que, en su mayoría, pueden ser explicados por ir ligados a cambios sociales y culturales, a la par que los cambios de índole puramente lingüística.

El ser humano es capaz de reconocer —con más precisión al final de su vida— los cambios operados en la sociedad y, por supuesto, en la lengua que los explicita, además de describir los cambios culturales que han ido formando parte de nuestro diario vivir. En este sentido, puedo afirmar que de mi vocabulario han desaparecido expresiones como «Da usted su permiso» para solicitar entrar en un despacho o sala o «Buenos días, señor» para saludar; se ha ampliado el marco del «tú» en detrimento del «usted» para dirigirse a un interlocutor cualquiera que sea, de cualquier edad, conocido o desconocido, y han pasado a formar parte de mi entorno inmediato hábitos que, en mi niñez, aparecían como lejanos: la televisión, la aviación civil, la utilización de las tarjetas de crédito en lugar del dinero, la compra desde casa por Internet. Y de la pluma (tinta y tintero) pasé a la estilográfica, de ahí al bolígrafo (boli), de éste a la máquina de escribir (posteriormente electrónica) para acabar, de momento, no sin sobresaltos en el ordenador personal.

La lengua expresa y transmite la cultura de la sociedad a la que sirve de vehículo de comunicación y, por lo tanto, la lengua interpreta el sentir general y particular del ser humano, pero también la lengua reproduce una forma heredada, unas determinadas estructuras y unos procesos de funcionamiento que le son propios, que son estructurales, por el hecho de constituir en sí misma un sistema lingüístico perfectamente diferenciable de otros. De ahí que los sistemas lingüísticos firmemente arraigados en su cultura sean a lo largo del tiempo perfectamente equidistantes de otros por muy próximos que estén, salvo en los casos de diglosia.

La relación entre lengua y sociedad me permite explicar el uso de los sintagmas «la primer ministro», «la primer ministra» o «la primera ministra» que en los últimos años originó cierta vacilación al ser elegidas mujeres para dicho cargo. Pensemos, por tanto, que la vacilación idiomática era fruto de la falta de mujeres en el desempeño de dicho cargo, no de la lengua. Porque la lengua española presenta un esquema simple y sencillo en cuanto al género morfológico: *a)* o/a (niño/a); *b)* e/a (monje/a) y *c)* consonante/a (león/leona); aparte de aquellos nombres en los que es necesario el artículo para la distinción de género (el/la cantante) y de aquellos otros que presentan diferentes palabras (hombre/mujer).

La gramática de una lengua intenta explicar todos las casos posibles, pero, a veces, el gramático no se atreve a dar una única solución (sobre todo, cuando esta es cultural y no gramatical) hasta que no es comúnmente aceptada en la norma de cultura, hasta que no la siente como general en la sociedad en la que vive. Así, ha ocurrido con nombres que designan profesiones que normalmente han sido desempeñadas por el hombre y no por la mujer: *ministro, catedrático, abogado, arquitecto, notario, médico, árbitro...* La solución gramatical (formal) es, pues, cambiar la vocal *o* por la vocal *a*, como hemos expuesto en *a): niño/a.* Gramaticalmente no existe problema alguno, puesto que a toda palabra acabada en *o* le podemos cambiar la *o* por la *a* para el cambio formal del género *(ministra, catedrática, abogada, arquitecta, notaria, médica, árbitra).* El obstáculo está en la sociedad, en la tradición cultural (no en la gramática, no en la forma) y, por eso, el uso dista de ser uniforme en los países de habla hispana. Siguiendo el esquema apuntado en *b): monje/a*, se encontrarían *comediante, cliente, presidente, dependiente* por lo que diríamos «la primera» *comedianta, clienta, presidenta, dependienta*, aunque, seguiríamos diciendo *el* primer/*la* primera *estudiante, oyente, amante*. Con las palabras acabadas en consonante, apartado *c):* león/a, la solución gramatical es añadir la vocal *a*, así: juez/a, bachiller/a, concejal/a, oficial/a, por lo que escribiríamos y, por tanto, diríamos «la primera» *(jueza, bachillera, concejala, oficiala)*; sin embargo, en otras muchas palabras, por razones culturales o eufónicas, el uso se sigue resistiendo a la solución gramatical más natural, anteriormente señalada (consistente en añadir la vocal *a* a la consonante final), y seguimos hablando de la *coronel*, la *fiscal*, la *general*, la *industrial* por lo que tendríamos que decir «la primer/la primera» *(coronel, fiscal, general, industrial)*.

### 1.9. ¿ES SEXISTA LA LENGUA ESPAÑOLA?

La lengua no lo es. Ninguna lengua lo es. La lengua sirve para nombrar, para describir, para exponer todo cuanto está al alcance del ser humano, para expresar las relaciones que se dan entre los miembros de una sociedad en un tiempo y en un espacio determinados. La lengua, como es de dominio común, no es sexista, sí lo es el proceso cultural que ha llegado hasta nosotros en dicha dirección o en la contraria y la disposición social en que dicha sociedad se ha articulado en el pasado y, por tanto, la sociedad en que se ha sustentado en el presente; no cabe duda de que los seres humanos sí manifestamos genéticamente nuestra orientación física y nuestro cometido social. La lengua española evidencia la realidad a la que sirve de la mejor manera posible, reproduce la estructura cultural y social (por supuesto, mental) de la sociedad hispana al ser vehículo de comunicación entre sus miembros y, en el sistema lingüístico de la lengua española, el llamado género gramatical (masculino y femenino) es un elemento formal, es decir, refleja una estructura en principio heredada de las formas latinas, aparte ¡claro está! de que conceptualmente distinguimos en los seres animados el sexo del animal macho del sexo del animal hembra, etc. Lo único que podemos añadir es que el género masculino en plural, desde la perspectiva gramatical y en la tradición cultural del español, sirve (ha servido) para expresar tanto a las personas pertenecientes al sexo masculino como al opuesto, así: «Mis *queridos amigos*» incluye a persona o personas del género femenino y a persona o personas del género masculino; «He explicado la lección a *los alumnos*» presupone tanto alumnos del sexo femenino como del masculino; de la misma manera: «El *hombre* es un ser racional», máxima por excelencia del racionalismo, no excluye sino que incluye al ser humano tanto al hombre como a la mujer.

F. Lázaro cuenta (*El nuevo dardo en la palabra*, Madrid, Aguilar, 2003, p.196) cómo se adoptaba el vocablo inglés *gender* «sexo» para combatir la *violence of gender* (Pekín, 1995) para la palabra española *género*: «Ocurre, sin embargo, que "en rigor (Webster), los nombres en inglés carecen de género" gramatical. Pero muchas lenguas sí lo poseen y, en la nuestra, cuentan con género (masculino y femenino) sólo las palabras; las personas tienen sexo (varón o hembra)».

Sin embargo, la realidad del uso de la lengua en España (no es general, ni mucho menos, en Hispanoamérica) en estas construcciones está variando: la política de igualdad social en todos los ámbitos de la sociedad, el acceso de la mujer a los puestos de responsabilidad y la influencia de los medios de comunicación al transmitir el lenguaje de los políticos nos lleva a pronunciar y, por lo tanto, escribir: «Mis queridos amigos/Mis queridas amigas» o «Mis queridos/as amigos/as» para la primera de las frases anteriores; «He explicado la lección a los alumnos/alumnas o alumnos/as» para la segunda, en donde se intenta primar el carácter de separación formal de género que, por otra parte, la lengua permite sobre lo puramente gramatical: el género masculino en plural expresa persona o personas de ambos sexos; y, por consiguiente, «El hombre y la mujer son seres racionales» para la tercera de las frases. En la actualidad existe en España una tendencia generalizada de hábitos verbales que tienden a incrementar notablemente la percepción de que el género gramatical en el sistema lingüístico del español es una categoría motivada a partir de la diferencia de sexo que está presente en los seres humanos (por supuesto, también, en los animales irracionales) y eso nos lleva a producir duplicidades como «a todos y a todas», «a los/las trabajadores/as españoles/as», «a los ciudadanos y ciudadanas de este país». Como pueden observar en lo que acabo de escribir, no está presente la tradicional cortesía hispánica de nombrar en primer lugar a las personas del sexo femenino y así se dice (y se escribe) por quienes usan de la duplicidad en tales formas: «Me dirijo a los trabajadores y trabajadoras de la región».

Una vez más hemos de repetir que en español el término no marcado en la categoría gramatical de género es el masculino, a saber, es el que sirve para referirse a ambos géneros cuando no se quiere marcar las diferencias entre ellos: «me refiero a todos» engloba a «todos» y a «todas».

## 1.10. EL IDEAL DE LENGUA EN UN PANORAMA LINGÜÍSTICO COMO EL DESCRITO, ¿QUÉ COORDENADAS PRESUPONE? ¿ES ÚNICO O PLURAL?

Una de las características definitorias de la llamada «norma culta» es la de estar sujeta a codificación (suficientemente cohesionada) para que pueda servir de modelo lingüístico (por supuesto, de prestigio) a una comunidad de hablantes tan extensa y poblada como lo es la hispánica, además de poseer un sistema de escritura y unas normas ortográficas relativamente estables, que se conviertan en el eje vertebrador de los modelos cultural y educativo para la comunidad de hablantes. La codificación de la norma culta debe tener en cuenta la estratificación lingüística de la compleja sociedad hispana por lo que el ideal lingüístico no debe ser único (es decir, excluyente) sino que debe permitir que las modalidades lingüísticas que se sienten de prestigio en cada uno de los grupos sociales de los pueblos hispanoamericanos sean tenidas en cuenta y respetadas por el resto de la colectividad hispana.

En la lengua española, los medios de comunicación social (prensa, radio y televisión, sobre todo los dos últimos), por emplear de manera prioritaria la manifestación oral (la palabra viva) del idioma, tienden a establecer un marco amplio (y de prestigio) en donde nos reconocemos todos los hispanohablantes, aun admitiendo matices diversos y variedades lingüísticas, perceptibles de manera muy clara en la fonética (entonación, rasgos de pronunciación: seseo, yeísmo, vocalismo, aspiración) y en el léxico, inclusive en la norma culta. La nivelación lingüística aparece más extendida, más difuminada entre las realizaciones lingüísticas urbanas y no urbanas, más próxima a nuestras realizaciones de expresión tanto individuales como de pertenencia a grupo o subgrupo. El poder político y económico junto a los mencionados medios de comunicación y junto a la acción de la escuela mantienen la unidad (y su nivelación e ideal lingüístico) por encima de localismos y de modas en toda la geografía hispánica.

[...] En la quinta década había empezado a imaginarme lo que era la vejez cuando noté los primeros huecos de la memoria. *Sabaneaba* la casa buscando los *espejuelos* hasta que descubría que los llevaba puestos, o me metía con ellos en la *regadera,* o me ponía los de leer sin quitarme los de *larga vista.* Un día desayuné dos veces porque olvidé la primera, y aprendí a reconocer la alarma de mis amigos cuando no se atrevían a advertirme que *les* estaba contando el mismo cuento que *les* conté la semana anterior. Para entonces tenía en la memoria una lista de rostros conocidos y otra con los nombres de cada uno, pero en el momento de saludar no conseguía que coincidieran las caras con los nombres.

(Gabriel García Márquez: *Memoria de mis putas tristes,*
Barcelona, Mondadori, 2004).

[...] —Si es así, tendré que *caerle* a Lucy —se resignó Juan Barreto—. La *vaina* es que a mí la que me gusta es Lily, compadre.

*Lo* animé a que *le cayera* a Lucy y le prometí *hacerle el bajo* para que ella lo aceptara: él con Lucy y yo con Lily formaríamos un cuarteto bestial.

[...] Yo fui el último en enterarme, cuando ya Lily y Lucy habían misteriosamente desaparecido, sin despedirse de Marirosa ni de nadie —«*tascando el freno* de la vergüenza», sentenciaría mi tía Alberta—, y cuando el sibilino rumor se había extendido por toda la pista de baile y levantado en vilo al centenar de chicos y chicas que, olvidados de la orquesta, de sus enamorados y enamoradas, de *tirar plan,* se secreteaban, se repetían, se alarmaban, se exaltaban, abriendo unos ojazos que bullían de maledicencia: «¿Sabes? ¿Te enteraste? ¿Has oído? ¡Qué te parece! ¿Te das cuenta? ¿Te imaginas, te imaginas?». «¡No son chilenas! ¡No, no lo eran! ¡Puro cuento! ¡Ni chilenas ni sabían nada de Chile! ¡Mintieron! ¡Engañaron! ¡Se inventaron todo! ¡La tía de Marirosa *les fregó* el pastel! ¡Qué bandidas!»

Eran peruanitas, *nomás.* ¡Pobres! ¡Pobrecitas! La tía Adriana, recién llegadita de Santiago, debió llevarse la sorpresa de su vida *al oírlas hablar con aquel acento* que a nosotros nos engañaba tan bien pero que ella identificó de inmediato como impostura.

(Mario Vargas Llosa: *Travesuras de la niña mala,*
Madrid, Alfaguara, 2006).

Dicho ideal de lengua permite, pues, la convivencia de diversas normas de prestigio, todas ellas igualmente aceptables en el marco del español. Por ejemplo, cuando nos valemos para la comunicación del sistema pronominal del español, pensemos en la diversidad de opciones reales que ofrece el uso de los pronombres en el discurso y la diferente valoración sociocultural que merece la opción elegida en cada uno de los casos.

> [...] Desengáñate, Mario, cariño, la bici no es para los de tu clase, que cada vez que te veía se me abrían las carnes, créeme, y no te digo nada cuando pusiste la sillita en la barra para el niño, te hubiese matado, que me hiciste llorar y todo. ¡Qué sofocón, cielo santo! Valen llegó un día con mucho retintín: «He visto a Mario con el niño», que yo no sabía dónde meterme, te lo prometo, «ahora le ha dado por ahí, ya ves, manías», a ver qué otra cosa podía decir*la*.
> [...] Valentina y Esther no se separaban de su lado. Esther no despegaba los labios, pero acechaba sus momentos de flaqueza. Valentina, de cuando en cuando, *la* besaba la mejilla izquierda: «Menchu, mona, no sabes el gusto que me da verte tan entera».
> (Miguel Delibes: *Cinco horas con Mario*, Barcelona, Destino, 1966).

### 1.11. PODEMOS PRESUPONER UN USO DIALECTAL, ES DECIR CIRCUNSCRITO A NUESTRO LUGAR DE NACIMIENTO Y EDUCACIÓN Y OTRO —U OTROS— EN RELACIÓN CON EL REGISTRO DE LENGUA QUE UTILIZAMOS. ¿NO ES ASÍ?

En la lengua española lo apuntado es cierto; destaquemos, por un lado, la presencia del *tú* sujeto en expresiones del tipo: ¿Qué *tú* dices? ¿Cómo *tú* estás? ¿Dónde *tú* vives?, habituales en el español hablado en el Caribe hispano y en Venezuela, en perfecta armonía con quienes desde otras latitudes, desde otras provincias de la lengua, o incluso, desde los mismos lugares anteriormente descritos, caracterizan su hablar por la ausencia de dicho pronombre: ¿Qué dices? ¿Cómo estás? ¿Dónde vives? La aceptación de dicho *tú* en las estructuras señaladas (¿Cómo *tú* estás?), aunque muy minoritario en el espacio hispánico al ser, sin duda, aceptado en la estructura social de cultura y de prestigio de dichas formaciones humanas, pasa a formar parte de su norma de prestigio. Es un uso en principio dialectal, es decir constituye una variante posible en el sistema que, además, tiene prestigio (norma culta) en el espacio reseñado.

La expresión *vosotros coméis* ¿es general en español? Todos sabemos que la forma *vosotros/as* ha sido sustituida en el uso (en Andalucía, en Canarias y en toda América) por la forma *ustedes*, por lo que la oposición de número en la segunda persona se organiza de la siguiente manera en dichas zonas geográficas: (Tú) *Tienes que estudiar con más intensidad* / (Ustedes) *Tienen que estudiar con más intensidad*, o en las zonas de *voseo* (que como todos conocemos está presente en Argentina; en amplias zonas de Colombia, aunque en las capas altas de la sociedad tiene más prestigio el empleo de *tú*; en Chile el uso de *vos* tiene menos prestigio que el *tú* (por lo que se incardina en el uso informal del registro vulgar); en Bolivia, en Uruguay y Paraguay el *voseo* se halla extendido, así como en la parte occidental de Venezuela), digo que en las zonas antes reseñadas en donde se utiliza *vos* (*voseo*) en lugar de *tú*, al no utilizar la forma *vosotros/vosotras*, la oposición de número se organiza de la siguiente manera: (Vos) *Tenés que estudiar con más intensidad* / (Ustedes) *Tienen que estudiar con más intensidad*.

Como hemos podido observar, en los ejemplos anteriores, no aparece empleado el *vosotros*, es decir en la inmensa mayoría del mundo hispano no se emplea la forma «vosotros coméis», éste, el *vosotros*, es un uso reservado a los hablantes de español que se han educado lingüísticamente en el espacio castellano-leonés en sentido histórico y, por tanto, en el sentido lingüístico de participar o formar parte de la variante normativa castellana en el ámbito de la lengua española. Por supuesto, la opción de *ustedes* es diatópica, se prefiere al *vosotros* en la llamada variante andaluza o atlántica, como lo es la elección de *vosotros*, preferida a *ustedes* para referirse a la segunda persona del plural (*tú/vosotros*) en la variante castellana del español. Ambas formas cuentan con prestigio de uso —pertenecen a la norma culta— en sus respectivos predios, por lo que podemos utilizar *ustedes* («Ustedes comen demasiado») en lugar de *vosotros* y, por supuesto, con valor de cortesía: *tú(usted)/vos* → *ustedes*, o por el contrario podemos emplear *vosotros* («Vosotros coméis demasiado») como plural de *tú*. Para el valor de cortesía, quienes empleamos *tú/vosotros* utilizamos *usted/ustedes*: «Usted come demasiado / ustedes comen demasiado».

|  | TUTEO | VOSEO | CORTESÍA |
|---|---|---|---|
| **Singular** | tú | vos | usted |
| **Plural** | vosotros/as | ustedes | ustedes |

| EN AMÉRICA: | | |
|---|---|---|
|  | TUTEO | VOSEO |
| **Singular** | tú | vos (te): «Vos te movés con diligencia». |
| **Plural** |  | ustedes | (se): «Ustedes se mueven despacio». |

El *voseo* no posee la forma complementaria del pronombre *os*, sino que usa la correspondiente del tuteo, *te*: «*Vos te ponés* pesado/*Ustedes* se ponen pesados». Y, como término de preposición, no usa *ti*, sino *vos*: «Van con *vos*». (Los no *voseantes* diríamos: «*Tú* te pones pesado/*Vosotros* os ponéis pesados» o, en las zonas que no utilizan *vosotros*, dirán: «*Ustedes* se ponen pesados» para el primero de los enunciados y «Van *contigo*» para el segundo respectivamente).

Con el fin de aclarar un poco más lo escrito sobre los usos del pronombre (Tú → vosotros/as; usted → ustedes; vos → ustedes), veamos algún ejemplo de variante de uso inelegante o considerado «vulgar» en consonancia con la norma de cultura, con la norma de prestigio según las gramáticas normativas.

En términos generales podemos describir que, en la norma de prestigio, la concordancia de *Ustedes* se realiza en la tercera persona del plural: *Ustedes quieren muchas cosas*. Sin embargo, en ambientes populares y zonas rurales en donde el uso de ustedes ha sustituido a la forma vosotros/as, se oye con frecuencia: *Ustedes queréis muchas cosas*. Dicha concordancia es considerada propia de un registro demasiado informal o «vulgar» por lo que sería considerada *incorrecta* por la gramática normativa.

Se usa, por consiguiente, *ustedes* (siempre concertado con la tercera persona del plural del verbo en la norma de prestigio) entre quienes no utilizan «vosotros» tanto para el tratamiento formal, de respeto, como para el tratamiento familiar: «*Ustedes* (tú, vosotros, usted) quieren ir a toda costa al estreno y no es posible»; «Ustedes, niños, cuiden las formas»; «Ustedes, hijos míos, deben guardar cama». Por supuesto, *ustedes* como forma de cortesía o de tratamiento formal en lugar de *vosotros* siempre concierta con la tercera persona del plural: «El juez decía a los acusados reiteradamente siéntense (ustedes), e inmediatamente después levántense (ustedes)».

Talita no estaba muy segura de que a Traveler *lo* alegrara la repatriación de un amigo de la juventud, porque lo primero que hizo Traveler, al enterarse de que el tal Horacio volvía violentamente a la Argentina en el motoscafo *Andrea C*, fue soltarle un puntapié al gato calculista del circo y proclamar que la vida era una pura joda. De todos modos *lo* fue a esperar al puerto con Talita y con el gato calculista metido en una canasta. Oliveira salió del galpón de la aduana llevando una sola y liviana valija, y al reconocer a Traveler levantó las cejas con aire entre sorprendido y fastidiado.

—Qué dec*ís*, che.

—Salú —dijo Traveler, apretándole la mano con una emoción que no había esperado.

—Mir*á* —dijo Oliveira—. Vamos a una parrilla del puerto a comernos unos chorizos.

[...] —Y bueno —dijo Traveler—. Pon*elo* del lado de la ventanilla en el bondi, ya sab*és* que no le gusta nada el pasillo.

(Julio Cortázar: *Rayuela*, Buenos Aires, Editorial Sudamericana, 1968).

La forma pronominal átona *se* da lugar en español a usos que, aunque aparecen difundidos por doquier, son descritos como inelegantes, como incorrectos desde una visión normativa de la lengua. Así, podemos observar que, cuando el verbo acaba en tercera persona del plural y se le agrupa la forma átona *se* (enclisis), la variante popular tiende a añadir una *-n* al pronombre *se* (se*n*, en este caso). Dicha variante de uso es considerada «vulgar» (no es aceptada por la norma de cultura, por la norma de prestigio aceptada por las diversas agrupaciones humanas en donde está presente el español) y da lugar a expresiones como siénten*sen*/siénte*sen* extendidas por todo el ámbito español. En España, por desgracia, se hizo famosa dicha construcción cuando una banda de gente armada entró en el Congreso de los Diputados y quien los mandaba espetó a los diputados: «¡Siéntense*n*, coño!».

En otro orden las gramáticas de la lengua española nos exponen que, en las combinaciones de los pronombres átonos con la forma *se*, dicha forma debe preceder siempre a todos los demás pronombres: «El niño *se* me parece un poco», «El niño *se* te parece mucho», por lo que es considerado un uso «vulgar» las construcciones como «El niño *me se* parece un poco» y «El niño *te se* parece mucho».

Es difícil que esta última opción —que el pronominal *se* se posponga como en «El niño *te se* parece mucho»— se dé entre las combinaciones del pronombre de tercera persona ni en los plurales: «*Le se* olvidó» (por «*Se le* olvidó»), «*Nos se* olvidó» (por «*Se nos* olvidó»), «*Os se* rindió» (por «*Se os* rindió»). Es decir, ante cualquier combinación con los pronombres átonos, el pronombre *se* debe preceder a todos, por lo que deben evitarse las combinaciones como *me se* y *te se*.

## 1.12. TRADICIÓN E INNOVACIÓN

La sociedad hispana actual se nos muestra renovada —más globalizada y homogénea en sus relaciones sociales y culturales que en épocas pasadas— y, en consecuencia, la lengua que utilizamos tiende a ser más general, menos localista: la base léxica del español común es cada vez más amplia; la tendencia hacia un léxico general es un hecho por la activa participación de los medios de comunicación que nos hacen partícipes sin solución de continuidad —con sus propios acentos— de cuanto acontece en cada rincón en donde se hable español.

El patrón para la norma de cultura ya no es inequívocamente la estructura del español escrito —como sí lo fue en el pasado—, sino el español escrito y hablado que se aproxima al patrón de la lengua oral. La estructura lingüística del español oral se ha impuesto a la estructura lingüística del español escrito al no existir diferencias apreciables entre el habla de una persona culta y su escritura.

El habla española tiende hacia una igualitaria coiné lingüística, sustentada en el prestigio de la norma de cultura de los grupos sociales urbanos y profesionales universitarios y asentada en el poder de los medios de comunicación que la difunden desde estructuras lingüísticas más cercanas a la expresión oral que a la expresión escrita.

La lengua se presenta en plena ebullición, entre la tradición y la innovación: en el morfema de número se ha generalizado la tendencia a formar el plural con el alomorfo -*s* para las palabras acabadas en vocal tónica —como lo hacen las palabras acabadas en vocal átona—, inclusive en *í, ú*: cafés, domin*ós*, mam*ás*, esqu*ís*, men*ús*. Sin embargo, la norma culta, el registro de prestigio prefiere que los gentilicios acabados en vocal tónica *í, ú* formen el plural de acuerdo con la tradición en -*es*: iraqu*íes*, hind*úes*.

El *acortamiento léxico* es una realidad en el habla que podemos encontrar en la prensa escrita: narco*(traficante)*, morbo*(sidad)*. Ha pasado a la lengua general —en territorios americanos era una realidad— la estructura de *adverbio + posesivo* (encima *mío*, debajo *mío*) y se ha extendido la *adverbialización* a partir del adjetivo en enunciados de *verbo + adjetivo:* «hablar claro, trabajar duro, jugar limpio».

En el paradigma verbal hallamos en el español de hoy una acentuada reducción (neutralización) de tiempos y de modos a favor del indicativo que, indudablemente, simplifica las opciones de uso.

Así es importante resaltar el empleo de la forma analítica «voy a cantar» —general en Hispanoamérica— para expresar futuro en lugar de la sintética «cantaré», el uso del presente de indicativo con valor de futuro («mañana voy de excursión») y la extensión de la forma de infinitivo por el imperativo, aunque aún hoy se sigue considerando poco elegante («¡Chicos, seguirme y callar!»).

Es necesario destacar, asimismo, la extensión de la estructura *se + verbo (3.ª persona)* para la formación de la pasiva refleja («Se compran coches») y *se + verbo (en 3.ª persona del singular)* para la expresión de la impersonalidad («Se vive bien aquí») que, en el español actual, se ha visto incrementada con el procedimiento de la segunda persona del singular («Te levantas temprano, haces la casa, vas al mercado, preparas la comida, empleas toda la mañana y no te lo agradecen»).

En cuanto *había/hubo cantado* son completamente intercambiables, ya que lo normal es que sólo aparezca *había cantado* por la desaparición en la manifestación oral de la forma *hubo cantado*; al margen queda la confusión en grandes áreas del español entre *he cantado* y *canté*. Es total la pérdida (salvo arcaísmo literario) de las formas *cantare/hubiere cantado* que han sido desplazadas en el español actual por las formas del presente de indicativo y del pluscuamperfecto de subjuntivo respectivamente: («Si *hubiere* alguna carta → Si *hay* alguna carta») («Si *hubiere llegado* alguna carta → Si *hubiera/hubiese llegado* alguna carta»). Es general, también, la paulatina reducción de las formas del subjuntivo en favor del indicativo (y de otros recursos lingüísticos); quizá, porque el aspecto subjetivo que introduce en la acción verbal y modal sea redundante: («No creo que *venga* → Creo que no *viene»)* («Quizá, acaso *vaya* → Igual, a lo mejor *voy»)* («Cuando *tenga* tiempo, te escribiré → Si *tengo* tiempo, te escribiré»).

En la expresión de la cortesía se da la neutralización verbal («*Quería* un poco de fruta, *querría* un poco de fruta, *quisiera* un poco de fruta»), así como en el par *cantaba/cantaría* de las condicionales en las que el imperfecto participa de un valor de futuro («Me han dicho que venía a las cinco») y, por supuesto, la tendencia al principio de economía lingüística prima en las siguientes expresiones: «Si sé que estás en la cama, no vengo» por «Si *hubiera/hubiese sabido* que estabas en la cama, no *hubiera/hubiese/habría venido»*, «Si lo sé, no vengo» en lugar de «Si lo *hubiese sabido*, no *habría venido»*.

Sería prolijo enumerar las tendencias del español actual. Sí, en cambio, podemos afirmar que en la lengua, por ser dinámica —como lo es la sociedad a la que sirve de vehículo de comunicación— operan al mismo tiempo tendencias centrípetas y centrífugas que originan opciones y variantes que estaban en la lengua, pero que no se explicitaban o, por el contrario, los medios de comunicación lanzan a los cuatro vientos variantes o formas que en la tradición lingüística estaban marcadas como vulgares o incorrectas por haber estado en dicha tradición alejadas de las pautas del español literario que servía de modelo al buen decir y mejor escribir.

Cada época, cada grupo social se identifican con un modelo de lengua en que creen ver sus mejores señas de identidad. En ocasiones, de esas variantes habladas ocasionales o marginales, algo pasa a la lengua general e incluso a la literaria. Siempre esas modas o cambios vienen escoltados de alguna circunstancia social que está exigiendo su atención. Por lo pronto, siempre habrá que tener en cuenta que muchos de los «hallazgos» que la lengua presenta no pasan de ser resurrecciones de viejos modos, vestidos de otra manera. En la lengua está todo: lo nuevo y lo viejo, lo elegante y lo inelegante, lo evitable o incorrecto y lo correcto, lo formal e informal, las variantes dialectales y las sociales-culturales, la expresión oral y la escrita.

# Capítulo II

# Comunicación y lenguaje

## 2.1. Lengua española

En el mundo actual caracterizado por vivir en la era de la comunicación global —y quizá precisamente por ello—, la capacidad de comunicarnos sigue siendo una de las peculiaridades más fascinantes y singulares de los seres humanos, que continuamente nos estamos transmitiendo información de modo intencionado: cuando gesticulamos por mínimo que sea el gesto, cuando musitamos una disculpa —o una palabra de amor— o cuando escribimos una nota a vuelapluma. También, los seres humanos recibimos continuamente informaciones plurales cuando leemos, escuchamos o vemos (sobre todo, por medio del sentido de la visión hemos ido percibiendo el mundo que nos rodea). La facultad del lenguaje que compartimos todas las personas nos determina en tal grado que, no nos cabe la menor duda al respecto, es el lenguaje lo que creó al hombre y no viceversa. El ser humano se singulariza de los demás seres de la creación por la facultad de poder cifrar y descifrar los mensajes que recibe y, a su vez, emite.

Desde una perspectiva sociocultural, toda lengua es un preciado instrumento que nos sirve para comunicarnos y atesorar un cada vez más acrecentado acervo cultural, la lengua es por antonomasia el vehículo de comunicación entre los seres humanos y es, a su vez, la memoria de la sociedad a la que sirve como medio de comunicación; desde este punto de vista, tanto si es hablada por cientos de millones de personas o por unas pocas decenas, lo mismo si cuenta con un rico patrimonio literario acumulado en el transcurso de los siglos que si no dispone de transmisión escrita, cumple una función idéntica: como afirmó Octavio Paz («Nuestra lengua»,

Palabras pronunciadas en el Acto de Inauguración del I Congreso Internacional de la Lengua Española, Zacatecas, 1997), «la palabra es nuestra morada, en ella nacimos y en ella moriremos; ella nos reúne y nos da conciencia de lo que somos y de nuestra historia; acorta las distancias que nos separan y atenúa las diferencias que nos oponen. Nos junta pero no nos aísla; sus muros son transparentes y a través de esas paredes diáfanas vemos al mundo y conocemos a los hombres que hablan en otras lenguas [...]. La lengua es signo, el signo mayor, de nuestra condición humana». Y como avisaba Cela («Aviso de la defensa del español», Palabras pronunciadas en el Acto de Inauguración del II Congreso Internacional de la Lengua Española, Valladolid, 2001), «no usemos la lengua para la guerra, y menos para la guerra de las lenguas, sino para la paz, y sobre todo para la paz entre las lenguas. De la defensa de la lengua, de todas las lenguas, sale su fortaleza, y en su cultivo literario se fundamenta su auge y su elástica y elegante vigencia». Porque todas las lenguas tienen un valor equivalente y, como ha reconocido nuestra tradición «todas las lenguas son para todo y no hay ninguna superior a otra».

Ahora bien, los productos humanos suelen ser también valorados con criterios de rentabilidad y las lenguas —no son una excepción— han tenido siempre una mayor o menor importancia en el concierto internacional según las relaciones sociales y políticas que se han ido dibujando a lo largo de los siglos. El castellano, hasta entonces lengua propia de los reinos de la Corona de Castilla aunque también utilizada por los hablantes de las restantes comunidades —incluida la portuguesa— cuando no hablaban entre sí, se convirtió, tras la unificación de las Coronas de Aragón y de Castilla a finales del siglo XV y las subsiguientes expansiones aragonesa hacia el Mediterráneo e Italia y castellana hacia América y África, en patrimonio común de los españoles y empezó a recibir la denominación por antonomasia de *español*, sin que nunca llegara a desaparecer la de *castellano*. En los siglos XVI y XVII, el español logró una gran expansión como lengua internacional, llegando a convertirse en la segunda lengua de comunicación en la Europa occidental —tras el latín, a la sazón lengua universitaria, de la cultura y de las ciencias—. En dicha época se consideraba elegante hablar y escribir en español en las diversas cortes: la alta sociedad lo usaba en Francia y en Italia —en menor grado en Inglaterra— y, en Portugal, los intelectuales y cortesanos tenían a gala su condición de bilingües.

Avatares políticos eclipsaron al español como lengua internacional de comunicación, tras la caída del imperio y la emergencia de nuevas potencias. El francés le sucedió en el siglo XVIII y mantuvo su prestigio a lo largo del XIX y de buena parte del XX, en que se abrió paso el inglés al amparo de la preponderancia política, económica, técnica y cultural británica, primero, y estadounidense, después. Pero si el español había sido desplazado de los foros internacionales, se consolidaba como lengua real, y no sólo oficial, en los países hispanoamericanos que progresivamente se iban independizando. Si bien, en expresión de Neruda, «los conquistadores nos lo llevaron todo, pero nos dejaron todo: nos dejaron las palabras...», la hispanización lingüística plena fue posterior a la independencia, y aquí radican las razones profundas de la explosión actual del español en el mundo: en el hecho de que todos los que nos expresamos en esta lengua «pertenecemos al Territorio de la Mancha. Todos venimos de esa geografía, no sólo manchega, sino manchada, es decir, mestiza, itinerante, del futuro» (Carlos Fuentes), y sentimos que el español, el castellano, es patria común, que resuena con timbres muy diversos por el ancho mundo de su geografía, desde la musicalidad rioplatense hasta el mesticismo neoyorquino, pasando por el clasicismo colombiano.

En las últimas décadas, la vitalidad de la gran comunidad hispánica de más de 400 millones, las posibilidades comerciales que este ámbito ofrece, la iniciativa privada editorial, el desarrollo de la ingeniería lingüística en el seno de universidades y empresas, y la serie de medidas de política lingüística e iniciativas promovidas por la Administración (desde las ya lejanas iniciativas de la realización del curso multimedia *Viaje al español* y la creación de los Diplomas de Español como Lengua Extranjera y del Instituto Cervantes hasta el continuado apoyo a la edición de autores españoles o la promoción del español en los sistemas educativos de otros países mediante la dotación de plazas de Asesores Técnicos y lectores y la concesión de becas para cursos de formación del profesorado) y la profesionalidad y entusiasmo de hispanistas y profesores, han despertado de nuevo el interés por el español, que se torna de nuevo lengua de moda no sólo en muchos países de Europa, singularmente en Alemania, Francia, Italia, Grecia y en varios países de Europa central y oriental, sino también en algunos países árabes, en Estados Unidos, en Brasil o en países asiáticos como Japón, Corea y China.

Estos son algunos datos que confirman la pujanza del español en el mundo:
— Es la cuarta lengua más hablada, tras el chino mandarín, el inglés y el hindi; la segunda en importancia internacional por número de hablantes; y la tercera según el número de países en los que es lengua oficial.
— Junto con el inglés y el francés es la lengua más usada en algunas de las más importantes instituciones internacionales.
— Es la segunda lengua, tras el inglés, en número de diarios digitales; la primera lengua extranjera más estudiada en Estados Unidos y la segunda en países como Brasil y Francia.
— A pesar de la grave crisis económica que afecta a algunos países hispánicos, la posición económica y la importancia cultural de la comunidad hispanohablante es claramente emergente.
— El Instituto Cervantes, principal embajador del idioma y de la cultura hispánicos en el mundo, enseña español anualmente a más de 100.000 alumnos en sus sedes y llega a muchos miles más a través de su Centro y Aulas Virtuales.
— La red de centros educativos españoles en el exterior, secciones españolas y bilingües, y agrupaciones de lengua y cultura llega a casi 50.000 estudiantes de 31 países.
— La demanda de los Diplomas de Español como Lengua Extranjera se ha incrementado de 5.000 candidatos en 1990 a más de 25.000 en la actualidad.

## 2.2. Competencias lingüísticas, oralidad y escritura

Tradicionalmente se ha venido destacando, en un plano teórico y en el ámbito de la enseñanza-aprendizaje, la diferencia entre lengua oral y lengua escrita. En la actualidad, el proceso de adquisición de una lengua se vincula al dominio de tres grandes competencias: la comprensión, la expresión y la interacción, en los planos de la lengua escrita y oral. Dominar una lengua supone, por tanto, desarrollar estas seis destrezas siendo capaz el ser humano de utilizar todas ellas en cualquier situación comunicativa de las que tienen lugar cotidianamente en la vida social, tanto en situaciones habituales como en otras más específicas. Es relativamente frecuente, por otra parte, que un hablante desarrolle una o varias de estas competencias en un alto grado y tenga otras apenas controladas. Por desgracia, en el mundo actual son legión los hombres que no llegarán a desarrollar nunca las destrezas de leer y de escribir.

Teniendo en cuenta las funciones lingüísticas ejercitadas en la oralidad, lograr un buen dominio de las tres competencias vinculadas a la expresión oral exige controlar los registros más coloquiales de la lengua y los ritos culturales que forman parte de la vida diaria en la cultura cuya lengua se aprende, puesto que parte de su léxico y de sus estructuras lingüísticas son infrecuentes en la lengua escrita; por el contrario el dominio de la lengua escrita implica la práctica sistemática del vocabulario y de las estructuras morfosintácticas más formales, así como conocer y practicar las referencias culturales formales.

Lengua oral y lengua escrita no son compartimentos estancos; la lengua fluye por vasos que se intercomunican a través de sutiles conexiones. Y en la práctica educativa resultan especialmente rentables los proyectos o tareas en los que de forma espontánea se utilizan en el aprendizaje las diferentes destrezas, puesto que las destrezas de la expresión y comprensión escritas requieren del proceso de la enseñanza-aprendizaje.

## 2.3. LA COMPRENSIÓN DE LECTURA

Comprender un texto no es fácil: exige detectar, entre otros aspectos, cuál es el tema del texto, las formas específicas del tema o asunto desarrollados, las ideas principales y secundarias, la idea global transmitida y el propósito del autor. No todos los textos tienen el mismo grado de dificultad. La dificultad depende de diversos factores, como la propia naturaleza del texto (los textos narrativos son más fáciles que los expositivos o argumentativos), el tema que tratan (los textos sobre nociones generales se reconocen mejor que los que tratan un tema especializado); también la dificultad de los textos depende del enfoque adoptado (los divulgativos son más accesibles que los especializados), de la organización interna (son más sencillos los que tienen bien estructuradas las ideas) y de la forma de expresión (la sintaxis alambicada, con oraciones largas y complejas, y el vocabulario rebuscado o especializado incrementan la dificultad). La comprensión del texto depende, básicamente, del proceso de lectura seguido que siempre implica el reconocimiento del acervo cultural, social y temporal en el que el texto ha sido escrito.

## 2.3.1. Fases del proceso de lectura

La lectura es un proceso que consta de las siguientes fases:
1) *Antes de la lectura*: se deben tener claros los siguientes aspectos, lo que a su vez exige una determinada predisposición para adoptar una serie de decisiones focalizadas en:
   — objetivo de la lectura (localizar datos, diversión, estudio, obtención de información...),
   — tipo de texto (enciclopedia, novela, libro de texto, periódico o revista, manual de instrucciones),
   — tipo de lectura que se piensa realizar: lectura superficial (que permite de forma rápida hacerse una idea del contenido y de la organización del texto, así como localizar algunos datos) o lectura atenta (en la que se intentará comprender todo el contenido del texto, tanto las ideas principales como las secundarias y su relación).

2) *Fase de primera lectura o lectura superficial del texto* a fin de ver de qué trata el texto (tema central y aspectos del tema tratados) y cómo está organizado (apartados en que está dividido, ilustraciones o elementos singularizantes del mismo). En este momento es fundamental recordar lo que se conoce sobre el tema tratado para poder interpretar mejor las ideas expresadas en el texto.
3) *Fase de lectura atenta*: en ella se deberá comprender bien el texto. Si algo no se entiende bien, se debe releer el pasaje hasta que se pueda interpretar de forma adecuada. Según el texto de que se trate, tendremos que ser capaces de detectar cuál es la idea global o tema, cuál es la idea clave que se expresa en cada parte o en cada párrafo, cuáles son ideas principales y cuáles secundarias, si están expresadas las ideas con claridad y si están bien ordenadas y jerarquizadas.
4) *Fase de lectura en profundidad*: en esta fase iremos analizando pormenorizadamente el texto, tomando nota de todos los aspectos, y podrá culminar la lectura, como prueba de la adecuada comprensión del texto, con la realización de un resumen, un esquema o guión, que implique una valoración escrita, según el tipo de texto. En esta fase ha de quedar claro qué es lo fundamental y lo secundario en el texto (idea global, ideas principales / ideas secundarias), la organización y la jerarquización del

contenido, y la organización que se dará a la estructura del texto, sea por medio de un comentario, esquema o resumen.

### 2.3.2. La organización de un texto: tema e ideas

Un texto suele presentar, por lo general, un tema principal, asunto fundamental de que trata el texto, presente en casi todos los párrafos, y temas secundarios, que se van tratando de forma colateral a medida que se va desarrollando el tema principal. Por lo general se detecta el tema principal porque suele englobar a los temas secundarios y se desarrolla con más profundidad que los secundarios, aparece en casi todos los apartados y suele estar presente en el primer párrafo. Algunas pistas útiles son: el título (por lo general expresa el tema), los epígrafes o subtítulos de los apartados (temas secundarios), las palabras destacadas en negrita, cursiva o por otro procedimiento (referencias al tema principal o a los secundarios).

Entre el tema principal y las ideas secundarias puede haber relaciones de consecuencia (temas secundarios, consecuencia del tema principal), de inclusión (los temas secundarios son parte del principal) o de comparación o de ejemplificación (los temas secundarios dependen del principal y los derivados, de los secundarios).

El tema principal y los temas secundarios o los derivados se expresan mediante ideas. Cada texto suele comunicar una idea global sobre el tema principal y los temas secundarios aparecen desarrollados habitualmente en las ideas que se presentan en uno o varios párrafos. Por tanto las ideas de un texto no tienen la misma importancia, están jerarquizadas, de modo similar a los temas. Un párrafo se construye en torno a una idea básica, que a veces es expresada de forma explícita en una oración al inicio o al final del párrafo y otras veces ha de ser deducida de las ideas expresadas en él. Esta idea básica se puede descubrir localizando el tema del párrafo, identificando una idea general que englobe a las demás o creándola a partir de lo que tienen en común las ideas expresadas en él.

Una idea principal de un párrafo es aquella que expresa algo sobre el tema principal o algún aspecto relacionado con él, mientras que una idea secundaria expresa algo no relacionado ni con el tema principal ni con ninguno de sus aspectos. Una idea principal tiene carácter autónomo, no depende de otra idea; por el contrario, una idea secundaria está vinculada a otra idea, la cual explica o complementa. Junto a las ideas explícitas, expresadas con claridad en el texto, existen otras implícitas que no se expresan porque se supone que el lector está ya al tanto (presuposiciones) o que pueden inferirse como conclusiones de las ideas explícitas (inferencias). Después de identificar los temas, los subtemas y las ideas principales y secundarias del texto, explícitas o implícitas, podemos fácilmente localizar la idea global del texto: primero identificaremos el tema principal, después anotaremos lo que tienen en común las ideas principales y finalmente buscaremos una oración, al principio o al final del texto, que se refiera al tema principal e incluya las ideas principales y, si no existe, la crearemos; esa sería, pues, la idea global.

Comprender bien un texto supone entender cómo se jerarquizan las ideas, dado que no todos los párrafos transmiten información de la misma categoría (ideas principales o secundarias en relación con el tema principal, ideas en relación con temas secundarios o derivados de estos) y percibir tanto las presuposiciones como las inferencias. Comprender un texto supone también descubrir qué quiere decir el autor: detectar su intención (informar, persuadir, divertir, enseñar, dar instrucciones...), diferenciar los hechos expuestos (datos o hechos comprobados expuestos de forma objetiva sin valoraciones) de las opiniones formuladas (valoraciones o juicios que expresan el punto de vista de quien las emite) y reconocer, en última instancia, la tesis que defiende y los argumentos en los que se basa para la defensa de su tesis. Es relativamente fácil reconocer las opiniones porque en ellas aparecen algunos de los siguientes rasgos: expresiones subjetivas (*en mi opinión, a mi juicio, a mi modo de ver, desde mi punto de vista...*), palabras valorativas (adjetivos como *fácil, interesante, adecuado, bello;* verbos como *creer, opinar;* adverbios como *probablemente, quizás)* o expresiones que pretenden encubrir la subjetividad de la afirmación (*es una gran verdad que...).*

## 2.4. TÉCNICAS PARA LA COMPRENSIÓN DE TEXTOS

Algunas técnicas útiles que permiten demostrar que se ha comprendido bien un texto son las siguientes:
1) El *resumen,* que incluye de forma condensada y precisa las ideas fundamentales de un texto (tema, idea global, subtemas, ideas principales). Elaborar un resumen supone prescindir de los aspectos menos importantes (ideas derivadas y algunas o todas las ideas

secundarias), condensar ideas en otra que englobe varias de ellas y conectar las ideas mediante nexos (causales, condicionales, finales...) que expresen la relaciones que existen entre ellas. Un buen resumen debe ser breve (solo debe incluir lo esencial), exacto (preciso en cuanto al contenido del texto), exhaustivo (debe recoger todas las ideas importantes) y objetivo (debe recoger el contenido del texto sin formular valoraciones o juicios).

2) El *diagrama de llaves*, en el que la información se sitúa, jerarquizada en niveles por orden de importancia, de izquierda a derecha abriendo llaves. Previamente, es preciso analizar en cuántos niveles se clasifica la información.

3) El *diagrama arbóreo*, en el que la información se sitúa, también jerarquizada, de arriba abajo y en el que, a medida que descendemos, las ramificaciones que representan las ideas secundarias o derivadas son más abundantes.

4) El *esquema* numerado (1, 1.1, 1.1.1, 2, 2.1, 2.2, 3) en el que se recojan de forma escueta y precisa las ideas principales de primer rango (1, 2, 3), las ideas secundarias dependientes de las primeras (1.1, 2.1, 2.2) y las ideas derivadas de las anteriores (1.1.1).

5) El *mapa de conceptos*, estructura arbórea que permite representar visualmente cómo están jerarquizados en el texto el tema principal, los temas secundarios y los temas derivados.

6) El *organizador gráfico*, que representa la información combinando la expresión verbal (palabras, frases, oraciones) con gráficos (líneas, cajas de texto, dibujos).

7) El *cuadro contrastivo*, que destaca las características comunes o las diferenciales.

8) La *línea del tiempo*, que permite representar, en una escala vertical u horizontal, los hechos acaecidos en una serie de referencias cronológicas determinadas.

## 2.5. Ejemplos prácticos con textos de distintos tipos

El manual que el lector tiene en sus manos presenta en sus páginas, bien explicitados, los diferentes tipos de textos con indicación de su estructura, de su contenido, de su lenguaje, de su corrección o incorrección. En definitiva este es un manual orientado a *saber escribir*, por lo que nos ocupamos de una abundante tipología textual: por ejemplo, un artículo de una enciclopedia, un fragmento de una novela, cuento breve, una reseña, una página de un libro de texto, un artículo periodístico (se pueden presentar un editorial, un artículo de opinión, una noticia y una carta al director), un reportaje de una revista, una página de un manual de instrucciones de un aparato, una nota o resumen, un trabajo de investigación, una lista de datos, un cómic, una invitación, cartas personales y profesionales, currículum, solicitud, una reclamación, una canción, un poema, un impreso...

## 2.6. LA EXPRESIÓN ESCRITA

### 2.6.1. El propósito

Son múltiples los fines de nuestros escritos, dado que las circunstancias pueden ser también muy diversas: elaborar un trabajo escolar, pasar una nota o aviso, hacer la lista de la compra, anotar un número de teléfono o una dirección de correo electrónico, enviar un mensaje por carta o correo electrónico. Unas veces escribimos para nosotros mismos, para divertirnos, para comprender algo o no olvidarlo; otras lo hacemos para otras personas, para informar o convencer de algo, para aconsejar, mandar o entretener. Pero siempre que queremos recordar o precisar, recurrimos a la escritura. La escritura es la base de nuestra agenda, guía nuestra vida escolar y con posterioridad nuestra vida profesional.

### 2.6.2. Cualidades de un buen escrito

Para que un escrito pueda ser considerado positivamente ha de reunir cuatro condiciones:
— *Ser adecuado* en relación con el contenido que se pretende transmitir y para el destinatario al que se dirige (adecuado a sus conocimientos previos, capacidades, expectativas e intereses).
— *Ser efectivo*: tiene que lograr conseguir el objetivo por el que fue escrito.
— *Ser coherente:* debe transmitir el contenido con claridad, de forma organizada y sin contradicciones.
— *Ser correcto:* presupone no presentar errores de expresión (erratas, faltas ortográficas, faltas de construcción y de concordancia) y estar bien presentado.

Escribir es un proceso complejo que exige pensar, evaluar y modificar constantemente un escrito hasta lograr la forma definitiva. La escritura presupone el acto de reescribir. Solo de esta manera podemos lograr que un escrito sea adecuado, efectivo, coherente y correcto.

### 2.6.3. Fases

1) *Proyecto de escrito.* Todo escrito comienza con una idea de lo que queremos escribir. A partir de esa idea inicial hemos de desarrollar o planificar el proyecto de escrito estableciendo con precisión el tema (¿Sobre qué quiero escribir?), la finalidad (¿Para qué escribo?), el tipo de texto (¿Qué voy a escribir?) y el destinatario (¿Para quién escribo?). Una vez planeado el proyecto de escrito, se debe pensar y anotar las ideas o aspectos que se deseen tratar en relación con el tema; también es preciso con frecuencia documentarse buscando información en libros, enciclopedias, revistas, Internet...; y, por supuesto, hay que planificar el escrito seleccionando las ideas, estableciendo el orden en que se van a presentar y jerarquizar y tomando decisiones sobre algunos otros aspectos (enfoque, orden expositivo...).

2) *Redacción.* En esta fase, a partir del trabajo realizado en la fase anterior (tenemos ya claro sobre qué estamos escribiendo, qué tipo de texto queremos producir, con qué finalidad y a quién va destinado; disponemos de las ideas e información básicas que queremos incluir; y hemos decidido cómo organizarlas) se escribe un borrador o primera versión del texto, que se ajustará al plan previsto en la fase anterior, si bien a medida que vamos escribiendo es relativamente normal que nos vayan surgiendo nuevas ideas que nos harán ir replanteando y modificando parcialmente el proyecto inicial. Para ello es necesario anotarlas con el fin de introducirlas si fuere menester.

Al redactar esta primera versión, hemos de tener en cuenta las características del tipo de texto que estamos escribiendo (es de todo punto necesario), puesto que cada uno de ellos tiene una estructura específica, es decir, cada uno de los textos organiza de un modo peculiar los contenidos: una noticia, por ejemplo, debe dar información respondiendo a las conocidas preguntas qué, quién, cuándo, dónde, cómo y por qué.

3) *Revisión.* La revisión del borrador tiene como finalidad mejorar la calidad del texto, lo cual se consigue evaluando y modificando el texto, teniendo en cuenta la perspectiva de si expresa lo que se pretendía, si no sobran ni faltan ideas y estas se expresan con orden y claridad, si el texto podrá ser fácilmente entendido por los destinatarios y si se alcanza la finalidad perseguida. A partir de la lectura y relectura del borrador, se podrán realizar los cambios que estimemos oportunos en el documento (inclusiones, supresiones, ampliaciones, reducciones o simplificaciones, variación del orden); asimismo, se corregirán los errores de expresión que se hayan deslizado (ortografía, acentuación, puntuación, sintaxis, vocabulario).

4) *Edición.* La edición de un texto consiste en pasar a limpio nuestro escrito, si lo escribimos a mano, y maquetarlo de forma adecuada, incluyendo incluso imágenes si procede, en el supuesto de que estemos utilizando un procesador de textos. En esta fase hemos de comprobar aún si el texto se lee bien, si está limpio, si la presentación causa buena impresión...

## 2.6.4. Tipos de escritos y de textos

### 2.6.4.1. Tipos de escritos

Según la finalidad que persiga el mensaje que queremos comunicar, elegimos el tipo de texto que resulta más adecuado para el propósito comunicativo: una nota o resumen, una lista de datos, una página de un diario, un relato, un cómic, una invitación, una carta de agradecimiento, un currículum vitae, una instancia o solicitud, una reclamación, una canción o un poema. En cualquier caso, la finalidad última de la escritura no es complicar sino facilitar la comunicación. Por tanto, y dado que cuando escribimos para otras personas no las tenemos delante y no podemos reorientar nuestra intervención a partir de las reacciones y gestos de los oyentes, antes de comenzar un escrito hemos de tener muy presente quién va a ser nuestro destinatario real o potencial (un familiar, un amigo/a, un profesor/a, un desconocido, la Administración...), cuál el contenido del texto, y adoptar el registro lingüístico y el tono adecuados (coloquial, informal, estándar, formal) y adecuar el contenido a los conocimientos previos y a las expectativas de los hipotéticos lectores. En los textos de tono informal (cartas familiares, notas a amigos...), serán normales el tratamiento de tú y la utilización de expresiones familiares o cariñosas y bromas. En escritos más formales (una reclamación, una solicitud...) aparecerán marcas específicas como la explicitación de un vocabulario especializado o la utilización de la tercera persona.

### 2.6.4.2. Tipología textual

1) *Textos narrativos.* Los textos narrativos cuentan un hecho, real (suceso acaecido al escritor o presenciado, noticia) o ficticio (cuento, novela). Los elementos constituyentes de un texto narrativo son: el narrador, que ordena los hechos y los cuenta, caracteriza a los personajes y decide el desarrollo de la acción (narrador interno o narrador-testigo, narración en 1.ª persona, propia de un diario, unas memorias o un relato autobiográfico; narrador externo o narrador omnisciente, narración en 3.ª persona; narración en 2.ª persona); la acción o conjunto de hechos narrados; los personajes (personas, reales o ficticias; animales u objetos personificados) que llevan a cabo las acciones, que pueden ser por decisión del narrador o de la propia acción protagonistas, antagonistas, actores principales o secundarios; y el marco narrativo o lugar y tiempo en que suceden los hechos narrados. El desarrollo de los hechos puede seguir un plan lineal que presenta primero los acontecidos antes o bien alterar este orden, el cronológico, es decir dando saltos en el tiempo, hacia atrás (flashback o retrospección, tan típico en las novelas policiacas) o hacia delante (anticipación).

2) *Textos descriptivos.* Los textos descriptivos presentan con claridad y rigor los rasgos característicos de personas, animales, objetos, lugares, fenómenos o situaciones. Realizar una buena descripción exige: observar o pensar atentamente sobre lo que se va a describir, seleccionar los rasgos más característicos de esa realidad (forma, elementos constituyentes, color, tamaño, gusto, olor...), ordenar los elementos seleccionados (de arriba abajo, de izquierda a derecha, de delante a atrás...) y redactar la descripción teniendo en cuenta el fin perseguido: objetividad/subjetividad, expresividad...

*a) Tipos de descripción.* La descripción puede presentar diferentes perfiles:
— Descripción objetiva (propia de textos científicos y técnicos, se caracteriza por su precisión y rigor) y subjetiva (más frecuente en textos literarios, se caracteriza por la inclusión del punto de vista del escritor).
— Descripción realista, idealizante y degradante (la caricatura y la sátira).
— El retrato: prosopografía y etopeya.

Los recursos lingüísticos más utilizados en textos descriptivos son la adjetivación, la comparación, la metáfora y el uso de los tiempos verbales presente y pretérito imperfecto.

3) *Textos expositivos.* Un texto predominantemente expositivo tiene como objetivo principal transmitir una información determinada, sea de carácter científico, didáctico o meramente divulgativo.
Tanto cuando leemos un texto de carácter expositivo e intentamos comprender el alcance de su mensaje como cuando intentamos escribirlo, hemos de tener en cuenta la estructura que puede adoptar un texto de estas características en función del contenido que pretende transmitir:
*a) Estructura de secuencia:* propia de textos que exponen las diferentes fases de un proceso, en los que, por lo general, los hechos se presentan secuenciados con un criterio cronológico y que suelen incluir marcadores textuales como: *en primer lugar, en segundo lugar, en tercer lugar, después, a continuación, por último, finalmente...*
*b) Estructura de descripción:* propia de los textos que presentan las características de la realidad (persona, animal, objeto, fenómeno, sentimiento...), en los que se van exponiendo los diferentes rasgos y que suelen incluir marcadores textuales como: *a la izquierda, a la derecha, en primer plano, al fondo, delante, detrás, debajo, arriba, detrás...*
*c) Estructura de comparación/contraste:* utilizada en los textos en que se presentan las semejanzas o diferencias entre objetos, fenómenos o situaciones, por lo que utilizan conectores que expresan la analogía *(asimismo, igualmente, de la misma manera...)* o la diferencia *(en cambio, por el contrario, sin embargo...).*
*d) Estructura de enumeración:* aparece en los textos que presentan los elementos constitutivos de una clase o conjunto

y suelen aparecer conectores como *unos... otros, por una parte... por otra...*

e) *Estructura de causa-efecto:* utilizada en textos que exponen las causas y consecuencias de un hecho o fenómeno. Son marcadores propios de estos textos las palabra *causa* y *consecuencia* y los nexos causales y consecutivos: *porque, como, puesto que, por consiguiente, en consecuencia...*

f) *Estructura de problema-solución:* propia de textos en los que se plantea un conflicto y se proponen una o varias medidas de resolución. Son marcadores textuales elementos del vocabulario como *problema, conflicto, solución* o sus sinónimos.

4) *Textos argumentativos.* Los textos argumentativos persiguen defender una idea u opinión ante el lector, por lo que tienen una gran importancia en la sociedad ya que constantemente intentamos justificar nuestra conducta u opiniones ante los demás. El proceso de argumentación se desarrolla en tres fases: la tesis (idea u opinión defendida), los argumentos (razones con las que se pretende demostrar la validez de la tesis) y la conclusión (parte final de la argumentación que por lo general recuerda la tesis y resume los argumentos). Se puede descubrir en un texto la tesis de las siguientes formas: analizando las opiniones expresadas, las ideas expresadas al inicio o al final del texto, la idea principal a la que se subordinan los argumentos probatorios como ideas secundarias. Los argumentos se pueden identificar porque ellos son la causa de lo expresado en la tesis, por lo que suelen ir precedidos de nexos causales *(porque, pues, puesto que, ya que, dado que, que, como, debido a que, por ello, en consecuencia...)* o de conectores de gradación *(en primer lugar, en segundo lugar, en tercer lugar, además, finalmente);* también porque se aportan ejemplos o analogías que refuerzan los argumentos.

Cuando se formula en un texto la tesis se ha de expresar mediante una oración de la forma más breve y clara posible, a fin de que sea fácilmente identificada.

## 2.7. TÉCNICAS PARA LA EXPRESIÓN ESCRITA

— *La toma de notas:* hoy día la información se transmite con mucha frecuencia por vía oral (clase, conferencia, rueda de prensa, junta de vecinos, debate...) y, salvo que la grabemos, no tenemos otro medio de conservarla que ponerla por escrito. Tomar notas, por tanto, es una actividad básica en la sociedad de la comunicación. Para que las notas sean eficientes es fundamental que se apunte solamente las ideas fundamentales de forma clara y escueta, por lo se ha de seleccionar mentalmente la información y reescribirla utilizando palabras propias que resulten comprensibles; resulta muy útil no escribir oraciones completas sino las palabras o sintagmas que resuman la idea; también, a medida que vamos tomando las notas, es conveniente ir jerarquizando la información utilizando diversos procedimientos, como títulos, subtítulos, márgenes diferentes y esquematizaciones partiendo de números, letras, rayas, boliches o llaves.

— *La toma de apuntes:* la toma de apuntes es un procedimiento escolar habitual que consiste en tomar notas a partir de una exposición oral del profesor en el aula o de un conferenciante. Como en el caso de la toma de notas, se trata de ir escribiendo una selección de la información oral lo más precisa, esquematizada y comprensible, dado que los apuntes se toman con el objetivo de estudiarlos posteriormente. Para tomar apuntes de forma eficaz es importante: anotar al inicio la fecha, la asignatura y el título del contenido tratado; dejar márgenes suficientes que permitan añadir más tarde otras ideas o comentarios; estructurar los apuntes en apartados y subapartados empleando títulos y subtítulos; seguir la exposición con mucha concentración y, en el supuesto de perder algunas ideas, dejar espacio suficiente y continuar tomando apuntes —esas lagunas podrán posteriormente completarse preguntando a un compañero o al profesor—; anotar con claridad y precisión los nombres propios, fechas y otros datos de interés; utilizar abreviaturas para representar las palabras más comunes; ir seleccionando mentalmente con mucha rapidez la información más importante —a veces, se podrá deducir la relevancia del énfasis o pronunciación lenta del conferenciante o de que escriba datos en el encerado, y los cambios de tema serán claramente señalados por el hablante—. Una vez hemos tomado los apuntes, es conveniente leer lo anotado a fin de completar lagunas y, posteriormente, una vez cotejadas las dudas con algún compañero, volver a reescribirlos cuidadosamente a mano o, preferentemente, con un procesador de texto. Esta versión final de los apuntes ha de ser esquemática, ordenada, clara y precisa.

— *El guión:* el guión es un esquema con la información esencial que nos va a resultar útil para una exposición oral. Un buen guión debe tener una clara estructura, con las ideas bien organizadas, ha de incluir todas las ideas fundamentales, tiene que permitir que puedan introducirse nuevas ideas y debe incluir todos los datos relevantes (fechas, nombres, citas...).

# CAPÍTULO III

# Comunicación y expresión escritas

## 3.1. NECESIDAD DE COMUNICARSE

Las actividades de hablar y escribir constituyen las dos manifestaciones más importantes de la expresión lingüística humana. A través de ellas los hablantes intercambiamos mensajes para compartir el pensamiento, la imaginación, la experiencia, la cultura, la afectividad y la creatividad. Nuestro objetivo será exponer con amenidad y rigor las técnicas de expresión lingüística más adecuadas para ejercitarse en el arte de hablar y, sobre todo, en el de escribir.

La comunicación oral y la escrita son dos modalidades del lenguaje humano que se sitúan en planos distintos pero no disociados. De estas dos formas de comunicación verbal, la modalidad oral es usada por todos los hablantes de cualquier nivel sociocultural. Es la forma más espontánea y dinámica de la lengua, se adquiere de modo natural como lengua materna o L1, y, por supuesto, se sirve de elementos auxiliares paralingüísticos (gesto, ademán, mímica, movimientos, modulación de voz, entonación, intensidad acentual, etc.) y de elementos deícticos, repeticiones, insistencias y elipsis contextual para la comunicación. El mensaje oral es resultado de una espontánea e instantánea producción lingüística.

Ocurre que ha existido desde siempre un modelo de lengua oral muy próxima a la escrita, de acuerdo con la máxima «escribo como hablo». Asimismo existen categorías discursivas propias de los diferentes tipos de discurso, diferentes formas de hablar, que pueden aplicarse tanto a manifestaciones orales como a escritas. Esto explica la constante imbricación de lo oral en lo escrito y al revés, por lo que podríamos hablar de la textualidad de la oralidad y de la coloquialidad textual en la escritura. No obstante, la modalidad escrita amplía las posibilidades de la oralidad.

Para escribir se requiere una actitud más reflexiva y rigurosa. Las formas de expresión escrita son tan variadas como las de la oral, pero son más exigentes en el manejo del repertorio léxico y en la propiedad gramatical, a la que se une la corrección ortográfica. Simplemente, porque no se dan de la misma manera los elementos extralingüísticos que están presentes en la comunicación oral. El texto escrito suele estar unido a una perfección normativa, puesto que es producto de un proceso de elaboración. No todos los hablantes de una lengua utilizan la escritura con normalidad, puesto que se exige un cierto grado de cultura y un ejercicio activo y constante. El dominio de la modalidad escrita de la lengua pasa necesariamente por un aprendizaje, siempre reflexivo; en nuestro mundo, lo identificamos con el periodo escolar. Pero, una vez conocidas las técnicas y los procedimientos normalizados, estaremos en condiciones de practicar la escritura.

## 3.2. COMUNICACIÓN ESCRITA

La comunicación escrita no es una mera reproducción de la lengua oral. Ambas formas de comunicación presentan normalmente el mensaje en orden lineal de acuerdo con el código lingüístico. No obstante, la modalidad escrita tiene su propia dinámica y actúa de manera independiente porque tiene que reproducir por medio de signos (grafos) los sonidos y entonación del lenguaje oral en un espacio y en un tiempo determinados. La técnica de la escritura permite utilizar una amplia variedad de registros del habla —culto, especializado, literario, coloquial, familiar, vulgar y jergal— con el fin de adaptarlos a cada situación comunicativa.

La escritura requiere un grado mayor de exigencia en la planificación y selección de los elementos que conforman el texto. En el texto escrito el hablante tiene que recomponer la interacción de la lengua oral y situarla en un contexto sociocultural, espacial y temporal al mismo tiempo. Una de las funciones esenciales de la escritura es hacer perdurar la información en el espacio y en el tiempo por medio de símbolos pertenecientes al código visual.

Al construir los textos escritos, procuramos aproximarnos al modelo normalizado idiomático con independencia de que el resultado sea más o menos informal. Muchas formas de comunicación escrita están unidas a la tradición de la comunidad a la que pertenecemos, de ahí el recurso a las convenciones gramaticales y textuales con el fin de que la comunicación entre el emisor y el receptor (sea éste conocido o anónimo) llegue en la mejor de las opciones posibles. Sin determinadas convenciones (cortesía) y normas (ortográficas y de estilo) sería muy difícil la comunicación por medio de la escritura. Otras derivan de la adaptación a la comunicación social y a la visión común de una cultura compartida. Precisamente, por ello, los géneros discursivos surgen ante la necesidad de explicar y dar cuenta de la diversidad social y cultural. Incluimos los textos literarios, informativos, científicos, humanísticos, jurídicos, profesionales, académicos, prácticos, instructivos, comerciales, publicitarios y, actualmente, los electrónicos.

### 3.3. ESCRIBIR POR NECESIDAD Y POR PLACER

Escribir es una actividad que nos permite hacer partícipes de nuestras inquietudes y de nuestro pensamiento, además de transmitir cualquier información, a oyentes (lectores) conocidos o anónimos no presentes en el acto mismo de la escritura. Es un modo de liberarse de fantasmas e inhibiciones. Cualquier hablante puede y debe escribir puesto que todo ser humano debe tener la posibilidad de llegar a dominar dicha faceta del lenguaje y todo gobernante la obligación de promover su enseñanza con el fin de participar en la cultura por medio de la lectura. La escritura es un medio de expresión compartida y de autocomplacencia personal. Nos permite ofrecer la visión que tenemos del mundo y de nosotros mismos e incluso nos da la posibilidad de construir mundos nuevos e imaginarios.

Cuando logramos acabar un proyecto, nos alegramos. Cuando conseguimos llenar con sentido una hoja vacía, nos sentimos gratificados. Y, si escribimos una vez, lo normal es que nos abra el camino para hacerlo en muchas más ocasiones. El ejercicio de la escritura nos ayuda a superar el miedo al papel en blanco y a expresarnos con soltura y fluidez. Además, resulta reconfortante ser capaz de manifestar nuestras ideas, pensamientos y percepciones por escrito.

La escritura no ha de ser solo fruto de un día, de una descarga momentánea, sino que debe convertirse en una actividad que satisfaga nuestra ansiedad y curiosidad. Por un lado, ha de ser una herramienta que tenga un sentido práctico; por otro, ha de convertirse en un aliado de los sonidos, de las palabras y de los flujos de ideas que afloran en nuestra mente y enriquecen nuestra imaginación. No debe guiarnos la idea de escribir únicamente para ser escritor profesional, sino la de escribir para encauzar el torbellino de ideas, pensamientos, sensaciones y sentimientos que nos inundan y para sentir el proceso de creación. Nos ha de animar a escribir el despliegue imaginativo, el deseo expresivo y la proyección comunicativa de que estamos dotados para desvelar lo inexorable y el misterio de la vida que encierra nuestras experiencias vividas y compartidas. Como nos diría Cervantes, la realidad narrada marca el camino e ilumina la experiencia vivida.

Ahora bien, no todos los escritos tienen el mismo fin, la misma intención, el mismo método, el mismo formato y los mismos mecanismos de composición y de elaboración. Nos hallamos ante la diversidad de textos según el criterio del que partamos: textos académicos, prácticos, instructivos, publicitarios, comerciales, profesionales, informativos, jurídicos, literarios, etc. Son muchas las diferencias existentes entre ellos. Mientras que en un texto literario y creativo los motivos que nos llevan a escribir son de tipo impulsivo, imaginativo y expresivo; en los demás, hay razones de carácter más concreto: informar, realizar un informe, explicar la composición de un medicamento, especificar la mezcla de los ingredientes en una receta culinaria, etc. Nos suele mover a escribir la afición, el disfrute (o la fruición), la actividad profesional o el sentido práctico de la vida.

Escribir es necesario para la vida diaria, pero no es fácil hacerlo. Se exige oficio y método. Constituye una habilidad que hay que aprender con el ejercicio constante de componer y redactar mediante la imitación, la repetición, la reflexión, la revisión y la corrección. En la escritura se combinan los conocimientos culturales, el manejo de la lengua y las técnicas de redacción y revisión. Con el hábito, escribiremos de manera creativa y placentera.

### 3.4. ESCRITURA CREATIVA

Frecuentemente nos atrevemos a escribir para desvelar el conjunto de misterios que encierra nuestra vida, para descargar nuestras ansiedades y para dar rienda suelta a nuestra imaginación. La escritura permite convertir todo el misterio de la vida en arte expresivo y artístico a través de la palabra.

Ante la escritura, hemos de adoptar una actitud natural que nos lleve a actuar como si se tratara de un impulso anímico que nos arrastra y nos enriquece. Podemos llegar a esta situación, al identificarnos con alguna o varias de las siguientes afirmaciones:

— Escribo para sentir lo que otros sienten cuando escriben.
— Escribo para que participe el lector de mis preocupaciones y experiencias.
— Escribo como forma de expresar mi sentir interno y el vuelo imaginativo.
— Escribo por ilusión de expresar lo que siento.
— Escribo para ajustar la realidad a mis deseos o para transformar el mundo.
— Escribo para fotografiar la cruda realidad y para influir benefactoramente.
— Escribo por impulso artístico.
— Escribo para imitar a otros escritores con quienes me identifico.
— Escribo para depurar y mejorar mi expresión y mi estilo.
— Escribo para que otros me comprendan y me estimulen.
— Escribo para trascender la realidad material y pobre.
— Escribo como terapia y como forma liberadora de inhibiciones y frustraciones.
— Escribo como procedimiento seductor: convencer, entusiasmar y enamorar.

Antes de ponerse a escribir hay un proceso previo que sirve para tantear por dónde empezar y cómo hacerlo. En medio de estas vacilaciones que producen inseguridad e incertidumbre, hemos de prepararnos leyendo, recibiendo información y anotando todo lo que se nos ocurra, aunque sean ideas o expresiones sueltas e incluso descabelladas. Cualquier escritor consagrado lo dice abiertamente: la escritura requiere un empeño, un esfuerzo y un trabajo que en las primeras horas nos lleva al desaliento, porque hay que encontrar el camino abierto y frondoso. Hasta ese momento hay que seguir insistiendo. A partir de ahí, los pensamientos, los sentimientos y la sensación bulliciosa de la imaginación se transformarán mediante la elección y combinación de palabras adecuadas en unidades comunicativas y expresivas.

Mediante la escritura no solo proyectamos nuestras experiencias, sino que podemos desdoblarnos y transformarnos en otro. Lo que no hemos vivido, lo convertimos a través de la escritura en realidad cuando recurrimos a la *ficción* como procedimiento creativo. Por medio de la ficción somos capaces de hacer posible lo imposible, de hacer reales nuestros sueños e incluso de transformarnos en otra persona distinta a la que de verdad somos. Podemos, además, idear situaciones nuevas, recrear escenas y crear personajes a través de los cuales logramos nuestros deseos y aspiraciones adoptando perspectivas y técnicas variadas.

### 3.5. LA ESCRITURA ES NARRACIÓN

Escribir se identifica con narrar. Es cierto. Nuestra vida es una narración continua y, cuando escribimos, con independencia del enfoque y de la intención, contamos algo. Lo que ocurre es que la narración propiamente dicha se identifica con hechos, acción, personajes y situación espacial y temporal. Pero no hay duda de que, al elegir otra modalidad distinta, lo hacemos con el deseo de narrar o contar, aunque pueda adoptar la forma concreta de explicación, exposición o argumentación por su finalidad informativa, periodística, jurídica, humanística o científica.

Escribimos desde nuestra visión e interpretación del mundo hacia los demás, pero también desde la posición del otro al utilizar técnicas narrativas, como la 1.ª persona, que permite al narrador hablar por boca de algún personaje. Así nos metemos en el interior y en la personalidad de otro para conocer sus reacciones sin el compromiso de tener que opinar. Para desplegar la imaginación y modelar el pensamiento, necesitamos conocer y saber usar las técnicas y los procedimientos que nos lleven a transformar la pieza fría de mármol en escultura atractiva o el boceto descarnado en una creación escrita dinámica y amena.

### 3.6. LA FUERZA DE LA ESCRITURA

Para escribir, nos vemos obligados a conocernos a nosotros mismos, a evocar nuestra trayectoria pasada y a reconsiderar nuestro entorno natural, vital y humano. Todo nos proporciona suculentas ideas que hemos de grabar en nuestra mente y que hemos de canalizar a partir de un proceso de reflexión y de representación escrita, aunque solo se haga en anotaciones aisladas. Es una manera de evitar el bloqueo del pensamiento y de la expresión. Pero, además de encauzar las ideas y de anotarlas, resulta imprescindible conocer y saber usar las herramientas que hagan fluida la expresión que canaliza el pensamiento, el flujo de ideas y el vigor imaginativo.

Evocar el pasado es recordar; idear la realidad es inventar; y expresar el pensamiento en escritura con estilo propio es crear. Todo lo que nos rodea, lo que percibimos, conocemos, sentimos y vivimos es objeto de abstracción mental y de manifestación expresiva compartida. Antes de iniciar el proceso de escribir tenemos que percibir la realidad que nos rodea y, además, saber interpretarla. Aún más, tenemos que ser capaces de observar el mundo que nos circunda y reflexionar sobre el efecto que nos produce al recepcionarlo. Todo lo que emana de los sentidos constituye una fuente que impulsa el funcionamiento del proceso comunicativo y creativo de la escritura.

### 3.7. Plan de actuación previa

Para iniciar la tarea de escribir, hemos de seguir algunas pautas llamativas:
— Anota todo lo que te llame la atención incluidas las curiosidades.
— Observa todo lo que percibes a tu alrededor.
— Cuenta brevemente los hechos y las circunstancias vividas día a día, como si de un diario se tratara.
— Señala las expresiones y las ideas oídas que te han impresionado.
— Extrae de tu entorno a personas que destacan por cualidades, por su personalidad o por su comportamiento y relación social.
— Intenta retratar a personajes conocidos siguiendo los modelos de algunos escritores.
— Escribe a una persona imaginaria o supuesta todo lo que piensas de lo observado hasta ese momento, sabiendo que quien te vaya a leer no sabe nada de ti. Este mecanismo espontáneo se produce actualmente a través de los correos electrónicos, de los foros y de los *SMS*, porque el medio de comunicación nos proporciona una libertad amplia para expresar lo que queramos decir sin que nos produzca ningún temor reflejarlo.

La elección de un texto está unida al propósito que nos lleva a escribir, como:
— El deseo de comunicar algo e informar a alguien de algo.
— El deseo de expresarse y de ser comprendido e interpretado adecuadamente.
— El deseo de presentar una imagen favorable de sí mismo.
— El deseo de influir en el interlocutor y convencerlo.

En cualquier acto comunicativo tratamos de que nuestra imagen quede preservada; de ahí que recurramos a la cortesía verbal y a determinados patrones de expresiones típicas que permiten una mejor interacción.

### 3.8. EL GUSTO POR LA PALABRA

Para seguir escribiendo, hemos de sentirnos libres y estimulados por decir lo que sentimos, experimentamos y soñamos. Tenemos que saber dar vida al mundo, a nuestro mundo, a través de la escritura. En el texto adquiere vida la historia, la curiosidad, la anécdota, la vivencia, el conflicto, el sentimiento, el deseo, el amor, el sexo, la amistad, la convivencia, la aventura, la farsa, la enemistad, la sospecha, etc. Hay que dar, en suma, vida a la *historia* a través de la revitalización constante de la *palabra*. La palabra conecta el mundo con los ciudadanos en la historia contada por medio del lenguaje. *La palabra se convierte en protagonista de las historias escritas*. Por ello, hemos de mimarla, cuidarla y usarla con el mismo esmero con que un pintor usa y combina el color para hacer atractiva su obra pictórica. La palabra hay que saborearla, degustarla y gozarla acústicamente. Pero también hay que disfrutar de ella al ensamblarla armónicamente en el texto escrito sin romper el compás natural que acompaña su elección.

La palabra, que pertenece al repertorio idiomático y sirve para construir el significado del texto, se actualiza en la elección del *registro*, considerado como modo particular de expresarnos los hablantes en una determinada situación de comunicación (formal, didáctico, coloquial, etc.). Con la palabra, además, los hablantes configuramos el *género textual*, entendido como un conjunto de recursos lingüísticos asociados a funciones sociales del texto (novela, relato, receta, noticia, artículo, carta, etc.) que presentan algunas características formales comunes. En definitiva, con la palabra logramos el *estilo* previsto, como resultado de una selección entre posibilidades lingüísticas (florido, retórico, pomposo, conciso, amplificado, didáctico, llano, natural, etc.) y entre las formas de expresión disponibles (narrativa, descriptiva, etc.).

Los tres conceptos —registro, estilo y género— coinciden y mantienen una estrecha relación en cada producción textual, de tal manera que contribuyen a configurar los modelos de texto:

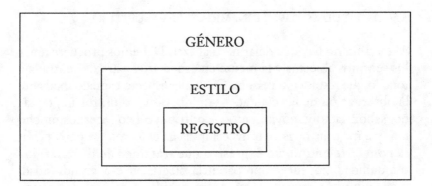

Los textos están ligados al contexto y a las convenciones sociales que reconocemos dentro de la comunidad a la que pertenecemos. Por ejemplo, no es lo mismo escribir en una carta la fórmula de encabezamiento «Estimado Sr.» que «Hola, colega». En los textos de tipo didáctico el autor ha de evaluar la información dada e incluso ha de aceptar como normal las autorreferencias o citas personales.

Conviene recordar que un texto siempre aparece imitando o reproduciendo características de otros textos del mismo género. Generalmente partimos de alguna experiencia en el quehacer de la escritura. De esta idea procede el concepto conocido de *intertextualidad*. Realmente disponemos de muchos modelos del mismo género y en cada texto emergen aspectos de otros géneros. No obstante, los géneros no son moldes estáticos, sino más bien creaciones dinámicas y regeneradoras de ideas seleccionando y combinando los elementos lingüísticos y las funciones discursivas adecuadas al estilo particular deseado.

Cuando aprendemos a componer, se nos suele proponer un tema, una imagen o una palabra para centrar y estimular nuestra escritura. La mitología nos cuenta que las palabras crearon las ideas, los objetos, los seres y los sentimientos. A las palabras les damos vida en la escritura, cuyos sonidos cautivan nuestras emociones. Se preguntaba hace unos días, en un juego lúdico-lingüístico, cuál podría ser la palabra más bella por su fonética o por su significado. Los hablantes podríamos enumerar no una, sino muchas palabras dentro de cada campo temático por las que nos sentimos atraídos por el componente ideológico o por el carácter emotivo que contienen.

## 3.9. ACTITUD ACTIVA Y DINÁMICA EN LA ESCRITURA

Al escribir, no hay que dejar nada al azar. Debemos procurar tener los sentidos abiertos y la mente en expectativa para dar entrada a todo lo que resulta interesante. Cualquier aspecto captado mediante la observación de la realidad —sonido, olor, color, forma, tamaño, sabor, tacto y movimiento— contribuye a conocernos mucho más y a mejorar nuestra proyección hacia el lector. La percepción se convierte en indicio expresivo que tratamos de desvelar: intranquilidad, fragancia, transparencia, alegría, viveza, grandiosidad, incertidumbre, ansiedad, miedo, curiosidad, sosiego, desencanto, alteración de ánimo, nostalgia, etc. Cuando describimos, es imprescindible poner en funcionamiento las emociones y las sensaciones mediante la evocación de los colores, las asociaciones simbólicas o la gama de matices que contienen.

Afortunadamente disponemos de muchas posibilidades para combinar palabras y variar el sentido de las mismas. La escritura automática surgió como un mecanismo surrealista para conseguir formas nuevas de expresión que ofrecieran variantes en la visión que tenemos de la realidad. Para ello, los escritores surrealistas se sirvieron de recursos como: dejar que el pensamiento fluyera sin control, aceptar las rupturas sintácticas, admitir las asociaciones libres, recurrir a la incoherencia y a la falta de sentido. Estas técnicas pueden ampliarse y ajustarse a la idea de que la expresión lingüística ha de ser lo más libre posible.

Para avivar el pensamiento y desarrollar la habilidad expresiva, tenemos la posibilidad de ampliar el lenguaje coloquial dándoles sentidos distintos a las palabras. A esta idea de enriquecimiento expresivo contribuye también la incorporación de imágenes, de comparaciones, de asociaciones y de otros recursos dirigidos a potenciar la capacidad comunicativa y creativa. Por esa razón, nos interesa, al escribir, tener en cuenta las siguientes sugerencias:

— Escribe lo que te venga a la mente sobre el tema elegido después de relacionarlo con lo que conoces y sabes.
— Ve anotando lo que se te ocurre sin impedimentos ni obstáculos en la determinación del estilo, el género y la forma de expresión.
— Presenta cuantos enfoques consideres inicialmente oportunos.
— Una vez que has terminado de escribir un fragmento amplio, procura ordenar el sentido y las ideas expresadas por escrito.
— Trata de unificar el uso de los tiempos verbales, el enfoque, el tono y el lenguaje elegidos.
— Trata de asociar los personajes, si aparecen, a la situación ambiental y sitúalos en las coordenadas de espacio y tiempo adecuadas.

### 3.10. Aprecio y valoración de la escritura

La sensibilidad por la escritura se adquiere cuando se ha seguido un proceso de familiarización con los libros y con la lectura. De niño se aprende a deletrear, a silabear y a leer, pero también a hacer garabatos y trazos, a armar y a unir las grafías o letras y a escribir. En la adolescencia hay un entusiasmo por escribir *poemas* de amor, *cuentos* de ensueños y misterios y *relatos* de aventuras. En la universidad se aprende a tomar *apuntes*, a *resumir* y a *anotar*; también se aprende a hacer *reseñas, comentarios, trabajos* y *exámenes*, como demostración del conocimiento aprendido. En la vida diaria y en la actividad profesional nos vemos obligados todos a utilizar otros modelos de escritos: *cartas, informes, artículos, proyectos, recursos, actas, solicitudes* o *currículos*. De este modo, la escritura se acomoda a la forma de texto, a la finalidad, a la situación y al contexto creativo. Por eso, hay tantos textos como maneras de escribir y como escritores. Aun así, nos servimos generalmente de técnicas, recursos, métodos y procedimientos de redacción y composición convencionales.

En el proceso de escritura representamos el mundo y las ideas mediante las palabras, es decir, integramos la realidad visible e imaginada y el pensamiento en el lenguaje. Toda esta operación es resultado de la combinación de las palabras para construir las frases, de la relación de las frases para formar los párrafos y de la armonización de los párrafos para configurar las unidades textuales. Para asegurarnos el éxito, debemos poner en funcionamiento las destrezas básicas de escritura que se corresponden con las de la lectura:

| DESTREZAS BÁSICAS | | | |
|---|---|---|---|
| LECTURA | | ESCRITURA | |
| **Fases** | **Finalidad** | **Fases** | **Finalidad** |
| Prelectura | Visión general del tema | Preescritura | Acopio de información y planificación de ideas |
| Lectura | Comprensión total | Escritura o redacción | Construcción lingüística del texto: registro, género y estilo |
| Relectura | Interpretación y crítica | Reescritura | Revisión y corrección de los textos |

Podemos comprobar cómo la lectura sigue un proceso similar a la escritura, a partir de un texto clásico o de la composición de un escrito:

| PROCESO DE LECTURA | | PROCESO DE ESCRITURA | |
|---|---|---|---|
| **Fases** | **Texto** | **Fases** | **Composición sobre un animal. El loro** |
| | Platero es pequeño, peludo, suave; tan blando por fuera, que se diría todo de algodón, que no lleva huesos. Solo los espejos de azabache de sus ojos son duros cual dos escarabajos de cristal negro. Lo dejo suelto y se va al prado, y a aca- | | Salvador es mi alegre mirada diaria. Sus patas son asideros de trapecista. Su pico corvo alberga una lengua fuerte y gruñona. Lo adorna un plumaje de colores vistosos, como el arco iris resplandece en día de tormenta. Me acompaña su |

| PROCESO DE LECTURA | | PROCESO DE ESCRITURA | |
|---|---|---|---|
| **Fases** | **Texto** | **Fases** | **Composición sobre un animal. El loro** |
| | ricia tibiamente con su hocico, rozándolas apenas las florecillas rosas, celestes y gualdas... Lo llamo dulcemente: ¡Platero! (J. R. Jiménez) | | suave melodía de «a-m-u/a-mi-du». Pero no olvida alguna ordinariez aprendida, que repite a visitantes en forma de cantinela: ¡gua-go, gua-go! |
| *Prelectura* | En una lectura global, vemos que describe a un pollino al que llama «Platero». | *Preescritura* | Consulto el diccionario: loro es un papagayo. Es ave prensora de pico curvo que imita. |
| *Lectura* | Entendemos todas las cualidades que atribuye al pollino al que personifica. | *Escritura o redacción* | Hemos elegido: género descriptivo, estilo natural y registro normal, coloquial y específico. Enfoque subjetivo y situación temporal: presente. |
| *Relectura* | No solo personifica al pollino, sino que el autor asocia sensaciones, sentimientos y recuerdos en una descripción poética. | *Reescritura* | Podríamos sustituir alguna palabra o expresión: asidero, alberga, gruñona, plumaje, colores vistosos, suave melodía, ordinariez o cantinela. |

## 3.11. ¿POR DÓNDE EMPEZAMOS A ESCRIBIR?

Mientras la comunicación oral es presencial y puede ser corregida de manera constante e inmediata por los interlocutores, la escrita requiere mayor rigor, precisión y claridad. Al plantearnos escribir un texto, debemos formularnos una serie de preguntas: ¿de qué tema vamos a escribir?, ¿qué conocemos y qué debemos saber?, ¿qué deseamos decir?, ¿cuál es la finalidad y la intención?, ¿qué orden queremos seguir?, ¿cómo pensamos expresarlo? y ¿a quién nos dirigimos?

Todas estas preguntas son importantes para decidir qué recursos necesitamos. Si deseamos convencer a los lectores de una idea o una opinión, tendremos que construir un texto con argumentos y ejemplos que la apoyen y la justifiquen. Si queremos contar una experiencia, procuraremos reflejar con amenidad y con exactitud las sensaciones vividas. Utilizaremos, según los casos, los recursos discursivos y comunicativos que conforman las modalidades discursivas conocidas: narrativa, descriptiva, argumentativa, dialógica, epistolar y conversacional.

CAPÍTULO IV

# La ortografía

## 4.1. LA ACENTUACIÓN

### 4.1.1. Conceptos generales

*El acento y la tilde*

El acento pertenece a la lengua hablada; en la lengua escrita se escriben tildes, cuando lo indiquen las reglas del idioma.

— El *acento* es la mayor fuerza o intensidad con que se pronuncia una sílaba de la palabra: **México, Argentina, Brasil.**
— La *tilde* es la rayita que se escribe sobre la vocal tónica de algunas palabras para señalar dónde lleva el acento: <u>Hér</u>cules, <u>Fé</u>lix, <u>In</u>és.

*El acento tiene valor significativo*

En español, el acento tiene valor significativo, es decir, una misma secuencia de sonidos, que compone la palabra, puede tener significado diferente y, por tanto, hacer que las palabras sean distintas dependiendo del lugar donde vaya el acento. Así:

*El **público** aplaudió con entusiasmo al cantante.*
*Yo **publico** algunos cuentos en el periódico.*
*Juan **publicó** su primera novela a los veintiún años.*

Aquí tiene otras voces, de las muchas que existen en español, en las que sucede lo mismo:

| cántara | cantara | cantará |
| calculo | calculo | calculó |
| depósito | deposito | depositó |
| práctico | practico | practicó |
| crítico | critico | criticó |
| tránsito | transito | transitó |
| límite | limite | limité |

## El acento y la palabra: palabras tónicas y palabras átonas

La palabra es una unidad de la lengua que puede separarse por pausas en la lengua hablada y por espacios en blanco en la escritura. Así:

—*Siempre has sido un* **correveidile** (es una palabra).
—**Corre, ve y dile** (cuatro palabras) *a la abuela que nos vamos.*

Pronunciadas aisladamente, una a una, toda palabra lleva acento: **Aunque, de, cuando, desde.**
Pero, cuando se pronuncian en un enunciado, esto no es así. Al hablar, no se separan las palabras como en la escritura, sino que se emiten unidas, y únicamente en las pausas se hacen silencios. Así, pronunciamos el siguiente refrán:

*Aguaquenohasdebeber, déjalacorrer.*

Si lee este refrán de manera expresiva, observará que los acentos son:

*Agua**que**no**has**de**be**ber, déjala**co**rrer.*

Al escribirlo de manera normal, separamos las palabras:

**Agua** que **no has** de **beber, déjala correr.**

Y observamos que hay palabras:
— Acentuadas o *tónicas*, que tienen acento: *Agua, no, has, beber, déjala, correr.*
— Inacentuadas o *átonas*, que no tienen acento: *que, de.*

82

## La sílaba y el acento

La *sílaba* es el sonido o conjunto de sonidos que se pronuncian en una sola emisión de voz.

1) Estructura de la sílaba: *diptongos, triptongos* e *hiatos*. Las sílabas pueden tener formas muy diferentes, pero todas, al menos, tienen una vocal. Observe las estructuras que pueden presentar. Abreviamos vocal en *v* y consonante en *c*.

| | |
|---|---|
| **a** la v | **ar** te v+c |
| **ga** nador c+v | **jar** dín c+v+c |
| **mau** llar c+v+v | **Fran** cia c+c+v+c |
| **guay** c+v+v+v | **trans** porte c+c+v+c+c |

Cuando varias vocales van unidas en una palabra, forman diptongos, triptongos e hiatos:

— El *diptongo* es el conjunto de dos vocales diferentes que se pronuncian en una misma sílaba. A efectos ortográficos, se considera diptongo la unión de una vocal abierta (*a, e, o*) y una cerrada (*i, u*), o de dos cerradas (*ui, iu*):

*liar, agua, mio-pe, rie-lar, rui-do, viu-da.*

— El *triptongo* es el conjunto de tres vocales que se pronuncian en una misma sílaba. A efectos ortográficos, se considera triptongo la unión de una vocal abierta entre dos cerradas (*uai, uau, iei...*):

*licuáis, a-ve-ri-güéis.*

— El *hiato* es el encuentro en una palabra de dos vocales que se pronuncian en sílabas distintas:

*Le-ón, a-ho-rros, le-a-mos, ra-í-ces, a-ú-pa.*

2) Sílabas átonas y sílabas tónicas. En las palabras tónicas hay una sílaba acentuada, es la sílaba *tónica*; las demás sílabas de la palabra son *átonas*. Observe las sílabas tónicas señaladas en negrita:

| | | | |
|---|---|---|---|
| *ru**mian**te* | *rotula**dor*** | ***tém**pano* | *me**lón*** |
| *vaga**bun**do* | *Sera**fín*** | *Ra**úl*** | *Is**ra**el* |

3) Clasificación de las palabras por el número de sílabas. Las palabras se componen de una o más sílabas. Observe:

| *tu* | *tí-o* | *Car-me-lo* | *con-du-ci-rá* |
|------|--------|-------------|----------------|
| **monosílaba** | **bisílaba** | **trisílaba** | **polisílaba** |

### Clasificación de las palabras por el lugar donde llevan el acento

En español, el acento puede ir en cualquier lugar de la palabra.
— Son palabras *agudas* (u *oxítonas*) las que llevan el acento en la última sílaba:

*cande**al**, Sat**án**, le**er**, Bel**én**, car**iz**, Merl**ín**, col**or**, Sans**ón**, ba**úl**, Jes**ús**.*

— Son palabras *llanas* (o *paroxítonas*) las que llevan el acento en la penúltima sílaba:

*ca**m**po, l**ee**, L**ó**pez, r**í**o, vol**u**men.*

— Son palabras *esdrújulas* (o *proparoxítonas*) las que llevan el acento en la antepenúltima sílaba:

*z**á**ngano, pel**í**cano, l**í**nea, t**é**mpano.*

— Algunas palabras pueden llevar el acento en la anterior a la antepenúltima sílaba, y se llaman *sobresdrújulas:*

*est**ú**diatelo, permit**ié**ndoselo.*

### 4.1.2. Reglas de acentuación

#### Reglas generales de acentuación

Se refiere a la acentuación de palabras agudas, llanas, esdrújulas y sobresdrújulas. No se tienen en cuenta los monosílabos, que siguen reglas especiales.

| | Llevan tilde | No llevan tilde | Casos especiales |
|---|---|---|---|
| **Palabras agudas** (u *oxítonas*) | Cuando acaban en vocal, en **-n** o en **-s**: *mamá, bebé, carmesí, salió, iglú, jamás, ganapán, razón, ciempiés, cantáis, leeréis.* | Si acaban en otras consonantes: *baobab, bistec, abad, rosbif, iceberg, reloj, leal, Abraham, beber, complot, codorniz.* | Cuando acaban en diptongo con *y* átona, no llevan tilde porque se considera consonante: *guirigay, paipay, virrey, carey, convoy, cacuy.* |
| **Palabras llanas** (o *paroxítonas*) | Cuando acaban en consonante que no sea **-n** ni **-s**: *huésped, dócil, álbum, revólver, superávit, télex, cáliz.* | Si acaban en vocal o en **-n** o **-s**: *mapa, verde, sirimiri, intervalo, monte, sintaxis, conocierais, velamen.* | Llevan tilde las llanas acabadas en **-s** cuando está precedida de otra consonante: *bíceps, tríceps, fórceps.* |
| **Palabras esdrújulas** (o *proparoxítonas*) | Las palabras esdrújulas y sobresdrújulas llevan tilde siempre: *lámpara, paréntesis, cernícalo, especímenes, regímenes, sílaba, déjalo;* | | |
| **Palabras sobresdrújulas** | *cómpratelo, regálaselo, entrégaselo, tráenoslo.* | | |

## Acentuación de diptongos, triptongos e hiatos

1) *Diptongos y triptongos*. Las palabras con *diptongo* o *triptongo* siguen las reglas generales de acentuación:

   *también, recién* (agudas); *huésped* (llana); *murciélago, casuística* (esdrújulas); *averigüéis, limpiáis, atestigüéis* (agudas).

2) *Hiato.* Encuentro en una palabra de dos vocales que se pronuncian en sílabas distintas. Se dan dos casos en el uso de la tilde:

— Los *hiatos* formados por vocales abiertas *(a, e, o)* siguen las reglas generales de acentuación: *acordeón, aéreo.*

— Los *hiatos* formados por la combinación de una vocal abierta átona *(a, e, o)* y una cerrada tónica *(i, u)*, o viceversa, llevan siempre tilde. Ej.: *maíz, aúpa, vehículo, roído, ría.*

La Real Academia Española permite una doble opción en las siguientes palabras, pues pueden considerarse bisílabas con hiato o monosílabas con diptongo:

*Hu-í, hu-ís / hui, huis* (de *huir*)          *flu-í, flu-ís / flui, fluis* (de *fluir*)
*Fi-é, fi-ó / fie, fio* (de *fiar*)          *cri-é, cri-ó / crie, crio* (de *criar*)
*li-é, li-ó / lie, lio* (de *liar*)          *pi-é, pi-ó / pie, pio* (de *piar*)
*ri-ó / rio* (de *reír*)          *guié, guió / guie, guio* (de *guiar*)
*gui-ón / guion* (sustantivo)

### Acentuación de palabras compuestas

Se dan cuatro casos:

| | |
|---|---|
| **Compuestos perfectos.** Son aquellos en los que el primer componente pierde el acento: *tío + vivo → tiovivo.* | Se consideran como una palabra simple a efectos de la acentuación y siguen las reglas generales de ésta: *aguamiel, parachoques; ciempiés, abrefácil, portalámparas.* |
| **Compuestos con guión.** Cada componente conserva su acento y se escriben unidos con guión: *ascético + místico → ascético-místico.* | Cada uno de los componentes se considera como una palabra independiente, y llevará tilde cuando le corresponda según las reglas estudiadas: *reloj-despertador, árabe-israelí, franco-alemán, guía-catálogo.* |
| **Adverbios en -*mente*.** Son adverbios formados sobre un adjetivo y el sufijo -*mente*: *común + mente → comúnmente.* | Llevan tilde cuando la tiene el adjetivo correspondiente. Ej.: *buenamente, ciertamente, felizmente; cortésmente, fácilmente, cómodamente.* |

| Verbos con pronombres en-clíticos. Llevan unido a él un pronombre personal átono: *detén + te → detente.* | Se consideran una palabra simple a efectos de la acentuación y llevarán tilde o no de acuerdo a las reglas estudiadas. Ej.: *dele* (dé + le), *ríete* (ríe + te), *dáselo* (da + se + lo); *pregúntaselo* (pregunta + se + lo). |
|---|---|

## *Acentuación diferencial: la tilde diacrítica*

La tilde diacrítica permite distinguir entre palabras con los mismos sonidos, pero con valor gramatical y significativo diferentes. Veamos estos casos.

1) *Palabras monosílabas.* En general, no llevan tilde: *san, bien, yo, dio, fui, fue...*

    Solo llevan tilde los siguientes monosílabos cuando son palabras tónicas: *él, tú, mí, sí, dé, sé, té, más* y la palabra bisílaba *aún.*

  *a)*  Son palabras tónicas y se escriben con tilde:

— **él**: pronombre personal, como *yo* y *tú: Pídeselo a **él**.*

— **tú**: pronombre personal, como *yo* o *él: **Tú** lo sabrás en su momento.*

— **mí**: pronombre personal: *Esto es solo para **mí**.*

— **sí**: adverbio de afirmación: ***Sí**, estoy de acuerdo;* pronombre personal: *Lo quiere todo para **sí**.*

— **dé**: verbo *dar: **Dé** usted las gracias.*

— **sé**: verbo *saber* y *ser: Lo **sé** de buena tinta; **Sé** más generoso.*

— **té**: nombre de una planta o de infusión: *Sírvame un **té** con limón.*

— **más**: cuando significa cantidad: *No me sirvas **más** vino.*

— **aún**: es bisílaba y equivale a 'todavía': *¿**Aún** está en la cama?*

  *b)*  Son palabras átonas y se escriben sin tilde:

— **el**: artículo, como *la, los, las, lo: Compra **el** pan y la leche.*

— **tu**: determinante posesivo, acompañando a un nombre: *He usado **tu** ordenador.*

— **mi**: determinante posesivo acompañando a un nombre: ***Mi** coche está en el garaje.*

— **si**: conjunción de valor condicional: *Ven con nosotros **si** quieres;* o introduciendo una interrogativa indirecta: *Pregunta que **si** ya has comido;* o con valor enfático: *¡**Si** seré tonto!*

— **de**: preposición: *Tengo una bicicleta de carreras.*
— **se**: pronombre personal o reflexivo: *Se lo daré mañana; Se afeita con maquinilla eléctrica.*
— **te**: pronombre personal: *Te lo regalo.*
— **mas**: cuando equivale a *pero: Tiene cuanto desea, mas* (= pero) *no es feliz.*
— **aun**: es monosílaba y significa 'incluso': *Ni aun para él se molesta.*

2) *Demostrativos éste, ése, aquél...* Los demostrativos indican una relación espacial, temporal o hacen referencia al momento del habla. Las formas **éste, ése, aquél**, y sus femeninos y plurales, *pueden llevar* tilde cuando funcionan como pronombres, es decir, cuando no acompañan al nombre, pero no si son determinantes:

*Esta camisa es cara, pero ésa tiene buen precio.*
*Éste parece tonto, pero aquél lo es de verdad.*
*Aquellas vacaciones fueron inolvidables, pero éstas tampoco están mal.*

Las formas neutras, **esto, eso** y **aquello**, son siempre pronombres y nunca llevan tilde:

*Deja eso, toma esto, y aquello lo recoges en otro momento.*

El uso de la tilde en los demostrativos es potestativo, según la Real Academia Española, salvo cuando puede haber ambigüedad:

*Permitió que esta mañana descansaría* (= ... que descansaría hoy por la mañana).
*Permitió que ésta mañana descansaría* (= ... que alguien descansaría al día siguiente).

3) *Palabras interrogativas y exclamativas.* Llevan tilde las palabras *qué, quién (-es), cuál (-es), cómo, dónde, cuándo* y *cuánto (-a, -os, -as)* cuando son interrogativas o exclamativas y, por tanto, tónicas:

— *¿Qué quieres?*                    — *Que me prestes diez euros.*
— *¡Qué pedigüeño eres!*
— *¡Quién te ha visto y quién te ve!*
— *¿Quién ha llamado?*              — *Quien tú ya sabes.*

— ¿*Cuál* prefieres?
— ¡*Cómo* llueve!
— ¿*Cómo* vas a venir?
— ¿*Dónde* vives ahora?
— ¡*Dónde* vas con ese trasto de coche!
— ¿*Cuándo* me devolverás el dinero?
— ¿*Cuánto* quieres?
— ¡*Cuánto* bueno hay por aquí!

— Cada *cual* elija lo que le interese.
— *Como* siempre, en bicicleta.
— *Donde* he vivido siempre, en el campo.
— *Cuando* pueda.
— *Cuanto* puedas darme.

El uso tónico o átono de estas partículas es independiente de que vayan o no entre signos de interrogación y exclamación. Observe:

¿*Que* cuándo volveré? Dime de una vez *qué* quieres de mí. No sabemos a *quién* ha dejado heredero. ¿No sabes el año *cuando* naciste? Pregúntale *cuándo* es su cumpleaños.

4) *El adverbio sólo.*
Equivale a *solamente:*

*Sólo* (= solamente) *voy al cine una vez al mes.*

Cuando es adjetivo no lleva tilde:

*Yo esto lo hago mejor solo* (= sin compañía).

La Real Academia Española considera potestativo el uso del acento, excepto cuando hay ambigüedad:

*Ayer comí solo* (sin compañía).
*Ayer comí sólo* (solamente comió, pero no desayunó ni cenó).

## Otros casos de acentuación

1) *Mayúsculas.* Las palabras *con letras mayúsculas,* sea inicial o se escriba toda la palabra en mayúsculas, deben escribirse con tilde cuando les corresponda según las reglas estudiadas:

*Las murallas de Ávila están muy bien conservadas.*
*A CÓRDOBA POR BAILÉN, 405 KILÓMETROS.*

89

2) *Acentuación de latinismos.* Las voces latinas empleadas en nuestro idioma deben escribirse con tilde si les corresponde según las reglas estudiadas:

*accésit, ídem, superávit, currículum vítae; tedeum, motu proprio.*

3) *Palabras procedentes de voces extranjeras.* Si están adaptadas al idioma, siguen las reglas generales de acentuación: *París, Londres, Moscú.* Si no están adaptadas, debe mantenerse la ortografía original: *Wagner, showman, walkman.*
4) *La conjunción o.* La conjunción *o* es átona, pero puede escribirse con tilde cuando se emplea entre dígitos para evitar la ambigüedad con el cero: *Ana o Luisa; 4 ó 5 días.*

| El uso del acento sirve para realizar diversos juegos de palabras. Observemos: | |
| --- | --- |
| —He reñido a un hostelero. <br> —¿Por que?, ¿donde?, ¿cuando?, ¿como? <br> —Porque donde, cuando como, sirven mal, me desespero. <br><br> Tomás de Iriarte | —He reñido a un hostelero. <br> —¿Por qué?, ¿dónde?, ¿cuándo?, ¿cómo? <br> —Porque donde, cuando como, sirven mal, me desespero. <br><br> Tomás de Iriarte |
| —¿Usted como come? <br> —¿Que como como? <br> —Como como como. | —¿Usted cómo come? <br> —¿Que cómo como? <br> —Como como como. |

### 4.1.3. Palabras con acentuación alternativa

Existe un buen número de palabras que la Real Academia Española considera indistintamente agudas o llanas, llanas o esdrújulas o con diptongación o con hiato. Sin embargo, señala la preferencia por una de ellas. Observe algunos ejemplos:

| Preferidas como agudas | | Aceptadas como llanas | |
|---|---|---|---|
| bereber | cenit | beréber | cénit |
| elixir | misil | elíxir | mísil |
| ¡olé! | reptil | ¡ole! | réptil |

| Preferidas como llanas | | Aceptadas como agudas | |
|---|---|---|---|
| aeróbic | cóctel | aerobic | coctel |
| chófer | fútbol | chofer | futbol |
| pudin | travesti | pudín | travestí |

| Preferidas como llanas | | Aceptadas como esdrújulas | |
|---|---|---|---|
| aerostato | bimano | aeróstato | bímano |
| cantiga | dinamo | cántiga | dínamo |
| electrolisis | exegesis | electrólisis | exégesis |
| ibero | icono | íbero | ícono |
| isotopo | meteoro | isótopo | metéoro |
| metopa | pabilo | métopa | pábilo |
| pentagrama | policromo | pentágrama | polícromo |

| Preferidas como esdrújulas | | Aceptadas como llanas | |
|---|---|---|---|
| alvéolo | anémona | alveolo | anemona |
| atmósfera | celtíbero | atmosfera | celtibero |
| élite | hidrácida | elite | hidracida |
| hidrólisis | isóbara | hidrolisis | isobara |
| kárate | médula | karate | medula |
| omóplato | pelícano | omoplato | pelicano |
| polígloto | róbalo | poligloto | robalo |

| Preferidas con hiatos | Aceptadas con diptongación |
|---|---|
| afrodisíaco | afrodisiaco |
| cardíaco | cardiaco |
| elegíaco | elegiaco |
| maníaco | maniaco |
| naíf | naif |
| paradisíaco | paradisiaco |
| policíaco | policiaco |
| utopía | utopia |

| Preferidas con diptongación | Aceptadas con hiatos |
|---|---|
| amoniaco | amoníaco |
| austriaco | austríaco |
| balaustre | balaústre |
| deixis | deíxis |
| monomaniaco | monomaníaco |
| nigromancia | nigromancía |
| olimpiada | olimpíada |

## 4.2. La puntuación

### 4.2.1. Conceptos generales

#### *Los signos de puntuación y la entonación*

El modo natural de comunicarse las personas es la lengua hablada, y la escritura es un medio sustitutivo de la lengua oral, como otros muchos creados por el hombre (el morse, el sistema de signos de los sordomudos, el Braille, etc.), si bien es el más representativo.

En la escritura se pretende reproducir, lo más fielmente posible, la lengua hablada; y ésta es la tarea de la Ortografía, que la realiza mediante tres aspectos:

— La transcripción de los sonidos en las letras.
— El acento, que en español tiene valor significativo, como hemos visto: *continuo, continúo, continuó.*
— Los signos de puntuación para reproducir correctamente la entonación de la lengua hablada.

Con la puntuación podemos distinguir los diferentes significados de frases como las siguientes:

*Ha llegado José.*      *¿Ha llegado José?*      *¡Ha llegado José!*
*Han llegado José, María, Ana, Isabel.*    *Han llegado José María y Ana Isabel.*

Pero la puntuación no solo sirve para reproducir la entonación de la lengua hablada, sino que es un elemento fundamental para estructurar textos y hacerlos inteligibles al receptor.

Intente leer y comprender el cuento siguiente, titulado *Los ojos y las lágrimas*.

Un asceta árabe que se llamaba Sabet se pasaba toda la vida llorando lloraba tanto y con tanta fuerza que sus ojos enfermaron llamó a un médico y éste al examinar los ojos de Sabet le dijo no puedo darte tratamiento eficaz a menos que obtenga una promesa qué promesa preguntó el asceta tienes que prometerme dejar de llorar dijo el médico entonces el asceta se puso hecho una furia y ahuyentó al médico gritando de qué me servirían los ojos si no volviese a llorar

Al omitirse los signos de puntuación, su lectura y comprensión se hacen muy difíciles. Léalo ahora correctamente puntuado.

Un asceta árabe que se llamaba Sabet se pasaba toda la vida llorando. Lloraba tanto y con tanta fuerza que sus ojos enfermaron.

Llamó a un médico y éste, al examinar los ojos de Sabet, le dijo:

—No puedo darte tratamiento eficaz a menos que obtenga una promesa.

—¿Qué promesa? —preguntó el asceta.

—Tienes que prometerme dejar de llorar —dijo el médico.

Entonces el asceta se puso hecho una furia y ahuyentó al médico gritando:

—¿De qué me servirían los ojos si no volviese a llorar?

(Jean-Claude Carrière: *El círculo de los mentirosos*, Barcelona, Lumen, 2000).

Sin el empleo de los signos de puntuación, habría una gran dificultad para entender la lengua escrita o, simplemente, no se comprendería.

### Principales signos de puntuación

Los principales signos de puntuación empleados en español son los siguientes:

| SIGNOS SIMPLES | SIGNOS DOBLES | OTROS SIGNOS |
|---|---|---|
| punto . | signos de interrogación ¿? | diéresis ¨ |
| coma , | signos de exclamación ¡! | barra / |
| punto y coma ; | paréntesis ( ) | asterisco * |
| dos puntos : | corchetes [ ] | llaves { } |
| puntos suspensivos ... | raya (en incisos) —— | |
| guión - | comillas « », " ", ' ' | |

Veamos los usos de los signos que no vamos a tratar en las páginas siguientes:
- La *diéresis (¨)*. Es un signo que se coloca sobre las vocales y tiene un doble uso:
  — Indicar que se pronuncia la *u* en los grupos *güe, güi: paragüero, cigüeña.*
  — Señalar la licencia poética de la diéresis en la versificación con la que se elimina un diptongo y se transforma en hiato: *un manso rüido* (= ru-i-do).

- La *barra (/)*. Se emplea:
  — Para señalar los límites de los versos, cuando se escriben seguidos en el renglón:

  *Dicen que el hombre no es hombre / mientras no oye su nombre / de labios de una mujer. / Puede ser.* (Antonio Machado).

  — Con el valor de la preposición *por:*

  *No circules en autopista a más de 120 km/h* (= kilómetros por hora); *Ahora tiene un descuento del 10%* (= del diez por ciento).

  — Para presentar opciones:

  *el/la mar; Dr./Dra. Alonso.*

  — Para formar parte de abreviaturas: *c/* (calle); *c/c* (cuenta corriente).

- El *asterisco* (*). Tiene forma de estrella y se utiliza:
  — Como signo de llamada en un texto para indicar que en el margen o a pie de página hay información relacionada con un vocablo.
  — Se antepone a una palabra o expresión para indicar que es incorrecta o inapropiada: *inducción ('inyección'), * pensó de que me gustaría (correcto: *pensó que me gustaría).

- Las *llaves* ({ }). Se emplean como signo doble o simple en la formación de esquemas o cuadros sinópticos.

$$
Géneros\ literarios \begin{cases} Lírica \\ Épica \\ Dramática \end{cases}
$$

### Signos de puntuación y espacios

— El punto, la coma, el punto y coma, los dos puntos y los puntos suspensivos se escriben sin dejar espacio con la palabra o el signo que le precede; y dejando un espacio delante de la palabra o el signo que le sigue, a no ser que éste sea de cierre.
— Los signos dobles (interrogación, exclamación, paréntesis, corchetes, rayas y comillas) se escriben sin dejar espacio al principio y al final del texto que encierran.
— El guión y el asterisco se escriben sin dejar espacio.

### 4.2.2. Reglas de puntuación

#### Punto (.)

El punto sirve para señalar en la escritura la mayor pausa que se realiza al hablar, puesto que indica el final de un enunciado. Se emplea el punto:
— Al final de cada enunciado:

*Te veré a las tres. Yo llegaré un poco antes.*

— Después de las abreviaturas. Ej.: *Sr. D.* (señor don).

— Para separar las horas de los minutos en la expresión del tiempo:

*La película empieza a las 22.30.*

También se escribe punto en los números de más de tres cifras:

*La Tierra tiene un radio de 40.000 km aproximadamente.*
*Se destinarán 3.280.090 euros a la repoblación forestal.*

En las fechas no se escribe punto ni se deja espacio: *1999, 2006, 2024.*


## Dos puntos (:)

Este signo representa en la escritura una pausa intermedia entre la del punto y la de la coma. Se emplean los dos puntos:
— En los saludos de las cartas y en los escritos oficiales después de las palabras *expone, declara, certifica,* etcétera.

*Mi querida prima: Hace algún tiempo...*

— En las citas textuales:

*Te recuerdo la frase de Cervantes: «Amor y deseo son dos cosas diferentes; que no todo lo que se ama se desea, ni todo lo que se desea se ama».*

— Cuando se anuncia una enumeración:

*Tres cosas valoramos especialmente: la salud, el amor y el dinero.*

— Al iniciar una ejemplificación:

*Hay animales marinos que paren a sus crías. Ejemplo: los delfines y las ballenas.*

— Unen oraciones que expresan una explicación, una conclusión o una relación causa-efecto:

*Llevamos discutiendo este tema horas y no llegamos a ningún acuerdo: debemos dejarlo ya.*

### Puntos suspensivos (...)

Representan una pausa para expresar una interrupción en el enunciado o un final impreciso. Se emplean los puntos suspensivos:
— Cuando se deja una frase en suspenso, sin terminar; incluso cuando lo que sigue se sobrentiende:

*Este coche me costó... Realmente, ya no recuerdo la cifra exacta.*

— En las enumeraciones incompletas, con el mismo valor que *etcétera*:

*Las provincias andaluzas son: Almería, Granada, Málaga...*

— Para señalar en la escritura las pausas enfáticas del habla que reproducen los estados anímicos del hablante como duda, temor, sorpresa, expectación, etcétera:

*No... No... No me lo puedo creer... ¿De verdad? ¡Horrible!... ¡Horrible!... ¡Ha sido horrible el accidente!*

### Coma (,)

La coma representa en la escritura una pausa breve, dentro del enunciado, que se hace al hablar. Se emplea la coma:
— Para aislar el nombre en vocativo: se escribe seguido de coma si va al principio de la frase, con coma delante si va al final y entre comas si va en medio:

*Luis, alcánzame la jarra de agua; Coge el teléfono, Luis; No me pidas, Luis, que rehaga este trabajo.*

— Para separar palabras o frases que forman una enumeración o serie, si no van unidas por las conjunciones *y, e, ni, o, u:*

*Granada, Córdoba y Sevilla son ciudades muy turísticas.*

— Delante de la conjunción *y* cuando, en una serie de frases, cambia el sujeto en alguna de ellas:

*Debemos hacer el inventario entre todos: nosotros tomaremos y ordenaremos los datos, y Luis, que no ha venido, redactará el informe.*

— Para limitar una aclaración, ampliación o comentario que se inserta en la oración:

*Mi casa, como sabéis, está siempre a vuestra disposición.*

— En los incisos explicativos:

*Hoy invita al café Juan, el jefe de sección, porque es su cumpleaños.*

— En el lugar donde va el verbo que se omite en la oración.

*La niña, de princesa* (= La niña irá vestida de princesa).

— Delante de los nexos adversativos *(mas, pero, sin embargo, sino...)*, consecutivos *(luego, conque...)* y causales *(ya que, puesto que...)*:

*Ya sabía la noticia de su boda, **pero** no quería decírtelo; Ya has terminado tus estudios, **conque** ponte a buscar trabajo; Vivo todavía en casa de mis padres, **ya que** no tengo dinero para independizarme.*

— Cuando se invierte el orden normal de una oración y se antepone la expresión que indica una circunstancia de lugar, tiempo, modo, causa, finalidad, etcétera:

*Donde fueres, haz lo que vieres; Cuando el río suena, agua lleva; Gallina que como gallo canta, apriétale la garganta; Porque un perro maté, mataperros me llamaron; Para bien morir, bien vivir; Aunque la mona se vista de seda, mona se queda; Si quieres llegar a viejo, abriga bien el pellejo.*

— En las cláusulas de infinitivo, gerundio y participio de valor circunstancial:

*De haberlo sabido, no te hubiera molestado;* **Llegando a la meta,** *cayó desplomado;* **Finalizado el partido,** *nos fuimos a cenar.*

## Punto y coma (;)

El punto y coma representa una pausa intermedia entre la del punto y la de la coma. Se emplea el punto y coma:
— Para separar períodos de cierta extensión, relacionados por el sentido, cuando lleva ya alguno de ellos coma:

*El viernes fuimos a cenar; el sábado, a esquiar; el domingo, al cine.*

— Ante las conjunciones y locuciones adversativas: *pero, mas, sin embargo, no obstante,* etc. cuando lo que antecede es de cierta extensión; en otro caso, se empleará coma:

*Padre e hijo llevaban separados muchos años por muchos kilómetros de distancia; sin embargo, se querían con locura y...*

### Signos de puntuación y estilo

En muchas ocasiones el estilo del autor, es decir, el modo particular que tiene de utilizar el idioma, determina un modo específico de puntuar. Observe, en primer lugar, un texto de *Cien años de soledad*, de García Márquez, donde es difícil encontrar el empleo del punto y coma; sin embargo, es muy usual su empleo en *El árbol de la ciencia*, de Pío Baroja. Por último, observe una transformación que hemos hecho para este manual, donde se mantiene el sentido del texto, pero con una puntuación diferente.

| | | |
|---|---|---|
| Muchos años después, frente al pelotón de fusilamiento, el coronel Aureliano Buendía había de recordar aquella tarde remota en que su padre lo llevó a co- | Tenía Andrés cierta ilusión por el nuevo curso, iba a estudiar Fisiología y creía que el estudio de las funciones de la vida le interesaría tanto o más que una novela; pe- | *Tenía Andrés cierta ilusión por el nuevo curso, iba a estudiar Fisiología y creía que el estudio de las funciones de la vida le interesaría tanto o más que una novela. Pe-* |

nocer el hielo. Macondo era entonces una aldea de veinte casas de barro y cañabrava construidas a la orilla de un río de aguas diáfanas que se precipitaban por un lecho de piedras pulidas, blancas y enormes como huevos prehistóricos. El mundo era tan reciente, que muchas cosas carecían de nombre, y para mencionarlas había que señalarlas con el dedo.

(Gabriel García Márquez: *Cien años de soledad*, Ed. Sudamericana).

ro se engañó, no fue así. Primeramente el libro de texto era un libro estúpido, hecho con recortes de obras francesas y escrito sin claridad y sin entusiasmo; leyéndolo no se podía formar una idea clara del mecanismo de la vida; el hombre aparecía, según el autor, como un armario con una serie de aparatos dentro, completamente separados los unos de los otros como los negociados de un ministerio.

(Pío Baroja: *El árbol de la ciencia*, Ed. Caro Raggio).

*ro se engañó. No fue así. Primeramente, el libro de texto era un libro estúpido, hecho con recortes de obras francesas y escrito sin claridad y sin entusiasmo. Leyéndolo, no se podía formar una idea clara del mecanismo de la vida. El hombre aparecía, según el autor, como un armario con una serie de aparatos dentro, completamente separados los unos de los otros como los negociados de un ministerio.*

## Signos de interrogación (¿?) y exclamación (¡!)

— Se emplean los signos de interrogación al principio y al final del enunciado o expresión por la que se pregunta: *¿Por dónde se va a la estación?*
— Se emplean los signos de exclamación al principio y al final del enunciado o expresión mediante la que se expresa una emoción cualquiera: *¡Qué golpe te has dado!*

## Paréntesis ( )

Encierran oraciones, frases, palabras, cifras, etc. aclaratorios. Se emplean:
— En datos aclaratorios: *Veraneo en Isla Cristina (Huelva).*
— En las acotaciones teatrales, que informan de la representación y actuación de los actores:

DIONISIO. Paula... ¿no me quieres?
PAULA. *(Aún desde el balcón.)* Y hace frío...
DIONISIO. *(Cogiendo una manta de la cama.)* Ven junto a mí... Nos abrigaremos los dos con esta manta... *(Ella va y se sientan los dos juntos, cubriéndose las piernas con la manta.)* ¿Quieres a Buby?
PAULA. Buby es mi amigo. Buby es malo. Pero el pobre Buby no se casa nunca... Y los demás se casan siempre... Esto no es justo, Dionisio.

## Comillas (« », " ", ' ')

Hay comillas compuestas (« », " ") y comillas simples (' '). Se emplean *comillas dobles:*
— Para reproducir una cita textual:

*Esta frase de Enrique Jardiel Poncela te hará pensar: «El hombre que se ríe de todo es que todo lo desprecia. La mujer que se ríe de todo es que sabe que tiene una dentadura bonita».*

— Al usar una palabra en sentido impropio, irónico, o si es extranjera:

*Lo llamó «guapo» y se mosqueó muchísimo; Siempre se ha creído un «yuppie».*

Se usan las *comillas simples* cuando una palabra o frase incluida en una cita entrecomillada quiere resaltarse o explicar su significado:

*Las preposiciones cabe ('junto a') y so ('bajo') están en desuso en el español actual.*

## Raya (—)

Se emplea:
— Al iniciarse, en un diálogo, el parlamento de cada personaje:

*—¿Cómo va ese catarro?*
*—Bien, un poco mejor, gracias.*

— En los comentarios que emite un narrador en un relato.

*—Tienes que ser más receptivo —le dije amistosamente— a las opiniones de los demás.*
*—Yo soy como soy —dijo sin inmutarse.*

### Guión (-)

Se emplea para:
— Separar los miembros de palabras compuestas:

*Físico-químico, histórico-artístico*

— Unir palabras con valor de enlace similar a la preposición o conjunción.

*Las relaciones Gobierno-oposición no pasan por el mejor momento.*

— Relacionar letras y números:

*Ha ocurrido un grave accidente en la M-50 entre un Audi A-8 y un Citroën C-5.*

— Indicar que una letra o grupo de letras forma parte de una palabra:

*Las palabras que empiezan por geo-, gen- se escriben con g; y con j las palabras acabadas en -aje y -jería.*

Y, especialmente, para indicar la división silábica al final de línea, siguiendo ciertas reglas:
1) Deben separarse las palabras por sílabas completas: *ca-mio-ne-ta, abs-trac-ción.*
2) Ni al principio ni al final de renglón puede quedar una sílaba formada por una sola letra: *\*a-man-te* (correcto: *aman-te); \*a-te-ne-o, \*ate-ne-o* (correcto: *ate-neo); ha-cia, ha-da.*
3) Los diptongos, triptongos e hiatos no pueden separarse: *\*ci-en-to* (correcto: **cien**-to), *\*ce-re-al* (correcto: *ce-**real**), *\*ave-ri-gu-áis* (correcto: *ave-ri-**guáis**).*

4) Los prefijos pueden separarse, de manera potestativa, aunque no coincidan con la separación silábica: **des-obedecer** y **de-sobe-decer**, *in-útil* e *inú-til*.

5) Las letras dobles (o dígrafos) no pueden separarse *(hó-rreo, cu-chi-llo)*, pero sí la *cc* (doble *cc*), pues son dos sonidos: *inyec-ción, ac-ción, direc-ción* (incorrecto: *\*inye-cción, \*dire-cción*).

## 4.3. Uso de las mayúsculas

### 4.3.1. Conceptos generales

**Mayúsculas de los dígrafos o letras dobles**

Cuando se trata de escribir solo la letra inicial mayúscula, en las letras compuestas o dígrafos, como *ch*, *ll* y *gu*, *qu* ante *e*, *i*, se escribirá con mayúscula únicamente la primera:

> *Chamorro, Llovet, Guerrero, Quevedo.*

**Mayúsculas de la i y la j**

Las letras *i* y *j* pierden el punto al escribirse en mayúsculas, *I* y *J*:

> *Irene, Islandia, Javier, Jarandilla.*

**Mayúsculas en palabras o frases completas**

A veces, se emplean las letras mayúsculas para resaltar palabras o frases completas. Observe algunos ejemplos:
— En las cabeceras de periódicos y revistas:

> *EL FARO DE VIGO, EL SEMANAL, LA NACIÓN.*

— En las siglas y acrónimos:

> *UE* (Unión Europea), *UNESCO, ADSL.*

Pero se escriben con minúscula los acrónimos que se han transformado en nombres comunes: *ovnis, láser, radar.*

— En la numeración romana:

*el papa Juan XXIII, el emperador Carlos X, el siglo XIX, capítulo XL.*

— En algunos escritos oficiales para resaltar palabras:

*CERTIFICA, SOLICITA, ESTIPULACIONES...*

### 4.3.2. Uso de la mayúscula inicial

***Mayúscula al inicio de un escrito y después de punto, de dos puntos y de puntos suspensivos***

Se escribe mayúscula inicial:
— La primera palabra que inicia un escrito y la que va después de punto o signo que lo sustituya: interrogación y exclamación que cierran un enunciado:

*Sergio, pásele este informe a don Carlos. ¿Ha llegado ya el correo? En cuanto lo reciba, pase a contabilidad la correspondencia de los bancos.*

— Después de dos puntos en los saludos de las cartas, postales, notas, instancias..., y en los diálogos, cuando se reproduce literalmente lo que dicen los personajes:

*Muy Sr. mío: Tengo el deber de comunicarle...*

— Después de puntos suspensivos al final de un enunciado:

*Compra para esta noche una empanada, algo de fruta, algunas cervezas... Yo llegaré pronto.*

***Mayúscula con nombres propios***

Se escriben con letra mayúscula inicial los nombres propios de todos los seres (personas, animales, cosas o conceptos), reales o imaginarios.

| Nombres, apellidos, sobrenombres y apodos de persona | Berta, Paco, Reyes, Cabañas, Ganado, Bravo, León Lola Flores, *la Faraona*; Alfonso X *el Sabio*; *el Manitas* (Julio Pérez). |
|---|---|
| Nombres de personajes literarios o de la mitología | Doña Perfecta, Polifemo, Galatea, Arlequín, Blancanieves, Caperucita, Shrek. |
| Nombres de animales históricos, literarios, mitológicos o de la realidad | Babieca, Rocinante, Platero, Orejas (un perro), Raza (un caballo), Jabonero (un toro). |
| Nombres propios de cosas | *Tizona* y *Colada*, espadas del Cid Campeador; *Excalibur*, espada del rey Arturo. |

Pero se escriben con minúscula *los nombres propios empleados como comunes* cuando se aplica a una persona aludiendo a las cualidades, vicios, virtudes, etc. que posee: *donjuán, quijote, tenorio, adonis, narciso, anfitrión, barrabás, hércules, judas, lazarillo, mecenas...; celestina, venus, magdalena, mesalina, maruja, maría...*

***Mayúscula en títulos, empleos, cargos importantes y tratamientos***

1) Los nombres de títulos, empleos y cargos importantes se escriben:
   *a)* Con *mayúscula*:
   — En los escritos oficiales: leyes, bandos, encíclicas, instancias, cartas, etc.:

   *el Presidente del Gobierno, el Consejero de Educación.*

   — Cuando se emplean solos, como un nombre propio:

   *el Papa, el Rey, la Reina, el Presidente, el Ministro.*

*b)* Con *minúscula:*
— Cuando se emplean de manera genérica:

*Allí había reyes, presidentes, ministros...*

— Cuando acompañan al nombre propio al que se refieren
o al lugar o al ámbito al que corresponden:

*el papa Juan XXIII*
*la reina de Inglaterra*
*el presidente del Gobierno*

2) Los tratamientos se escriben:
   *a)* Con *mayúscula* cuando van en abreviaturas: *Sr., Sra., Srta.,*
   *Sres., Ud., Uds., D., D.ª.*
   *b)* Con *minúscula* cuando van completos: *señor, señora, usted, do-*
   *ña;* pero *San, Santo* y *Fray* se suelen escribir con mayúscula.

## Mayúscula en nombres de religión

Se escriben con mayúscula inicial:
— Los nombres de *divinidades, deidades* o *dioses* de cada una de las
religiones:

*Dios, Jehová, Alá, Brahma, Zeus, Apolo.*

Pero la palabra *dios,* empleada en sentido genérico para todas las religiones, se escribe con minúscula:

*Zeus, el dios del rayo, y Apolo, el dios del amor.*

— Los *libros sagrados:*

*Biblia, Corán, Talmud, Vedas.*

— Los *atributos divinos* o apelativos referidos a Dios y a María, la
Virgen:

*Dios, Santísima Trinidad (Padre, Hijo y Espíritu Santo), el Altísi-*
*mo, la Virgen, la Virgen de las Nieves, la Inmaculada.*

— Los pronombres *Tú, Ti, Vos, Él, Ella,* referidos a Dios y a la Virgen.

— Las *órdenes religiosas:*

*Carmelo, Merced, Hermanas de la Caridad.*

    Pero se escribirá *un carmelita, un mercedario, una hermana de la caridad.*

    Se escriben con *minúscula* los nombres de *oraciones, sacramentos, religiones,* etc.:

*el ángelus, el credo, el avemaría; bautismo, confirmación; el budismo, el cristianismo.*

### Mayúscula en nombres de cuerpos celestes y líneas imaginarias del universo o terrestres

Se escriben con mayúscula inicial:
— Los *nombres* y *adjetivos* de los *astros* y de las *constelaciones:*

*Sol, Estrella Polar; Zodíaco, Osa Mayor, Osa Menor, Vía Láctea, Cáncer, Géminis, el cometa Halley; Mercurio, Venus, Tierra, Marte, Júpiter; Luna, Ganímedes, Oberol.*

    Pero las palabras *sol, tierra* y *luna* se escriben con minúscula cuando se refieren a la luz reflejada o a la materia de que se componen:

*Al salir el sol estaremos muy lejos; Hoy hay luna llena. Esta tierra es buena para las plantas. El Sol es el centro del sistema solar; la Tierra es uno de sus planetas, y la Luna es el único satélite de la Tierra.*

— Los *nombres* de los *puntos cardinales,* cuando nos referimos a ellos explícitamente o se emplean en nombres de países o zonas geográficas:

*Polo Norte, Polo Sur;*
*América del Norte y América del Sur.*
Y *Oriente* y *Occidente; el Levante Español...*

— Los *paralelos* y *meridianos:*

*Ecuador, círculo polar Ártico, círculo polar Antártico, trópico de Cáncer, trópico de Capricornio.*

### Mayúscula en nombres de lugar y de accidentes geográficos

Se escribe mayúscula inicial en:
1) Nombres de pueblos, ciudades, países, continentes...:

*el pueblo de Écija, la ciudad de Salamanca, el continente de Australia.*

Pero se escriben con minúscula los *gentilicios*, los nombres que indican el lugar de procedencia:

*el pueblo ecijano* y *los ecijanos; la ciudad salmantina* y *los salmantinos; los australianos.*

2) Nombres de ríos, mares, montañas, valles...:

*el río Ebro, el mar Negro, el océano Atlántico, el cabo de Gata, el golfo de Cádiz, el lago Titicaca, el macizo de las Torres del Paine, el canal de Panamá.*

3) Nombres de lugares de la ciudad:

*la calle de Santa Engracia, el paseo de Colón, la glorieta del Dos de Mayo, la avenida de los Insurgentes, el parque de Juan Carlos I.*

### Mayúscula en nombres de monumentos, instituciones y edificios públicos

Se escribe con mayúscula:

*Reales Alcázares, Monasterio de Guadalupe, Casa de El Greco, Alcázar de Segovia.*
*Congreso de los Diputados, Universidad de León, Ayuntamiento de Jerez.*

*Hospital de la Princesa, Iglesia de San Juan Bosco, Bar Zamora, Hotel las Cigüeñas.*

## Mayúscula en nombres de festividades religiosas y profanas

Se escribe con mayúscula:

*Navidad, Año Nuevo, Semana Santa, Jueves Santo, Corpus Christi, la Ascensión...*
*Día del Trabajo, Día de la Madre, Día de la Hispanidad...*

## Mayúscula en nombres de títulos de obras literarias y artísticas

Se escribe con mayúscula:
1) La letra inicial y los nombres propios de:

| | |
|---|---|
| **Obras literarias** | *El ingenioso hidalgo don Quijote de la Mancha; Los santos inocentes; Doña Perfecta.* |
| **Obras musicales** | *El concierto de Aranjuez,* de Rodrigo; *Las cuatro estaciones,* de Vivaldi; *La novena sinfonía,* de Beethoven. |
| **Películas y telefilmes** | *La guerra de las galaxias, En la cuerda floja, El hundimiento.* |
| **Obras de pintura y escultura** | *Las meninas,* de Velázquez; *La sirena varada,* de Chillida; *El Cristo yacente,* de Gregorio Fernández. |

2) La letra inicial y la de los nombres y adjetivos de:

| | |
|---|---|
| **Periódicos y revistas** | *La Vanguardia; El País Semanal; El Heraldo de Aragón; Cinco Días.* |
| **Colecciones de libros** | *Colección Barco de Vapor; Colección Novelas y Cuentos; Colección Alfaguara Juvenil.* |

### *Mayúscula en los nombres de la historia*

Observe:
— Edades históricas:

*Edad de Piedra; Edad Antigua o Antigüedad; Edad Media...*

— Movimientos religiosos, políticos y culturales:

*Cisma; Reforma y Contrarreforma; Renacimiento; Barroco; Romanticismo; Ilustración...*

— Documentos:

*Constitución; Estatuto de Autonomía de Castilla La Mancha; Fuero Juzgo; Tratado de Versalles o Tratado de paz de Versalles.*

### *Mayúscula en nombres de ciencias y de disciplinas académicas*

Observe:

| Pueden escribirse con mayúscula o minúscula: | Se escriben con mayúscula cuando dan nombre a una cátedra o facultad: | Se escriben con mayúscula cuando designan la materia impartida por un profesor: |
|---|---|---|
| *medicina y Medicina, física y Física, geografía y Geografía.* | *Facultad de Medicina, Cátedra de Física Nuclear, Facultad de Derecho.* | *catedrática de Química Orgánica, profesor de Psiquiatría, estudiante de Económicas.* |

### *Mayúscula diacrítica*

La mayúscula diacrítica o diferencial es la que se pone en una palabra que tiene varias acepciones, y una de ellas corresponde a un nombre propio:

*He oído misa en la iglesia* (= templo) *de mi barrio; La Iglesia* (= institución) *tiene ahora un buen Papa.*

1) Se escribe con mayúscula:

*el Estado* (= cuerpo político),
*el Gobierno* (= institución),
*la Revolución* (francesa, rusa, cubana, china, etc.),
*el Gabinete, la Administración* (= Gobierno),
*la Alcaldía, el Cabildo* (= Ayuntamiento).

2) Se escribe con minúscula:

*el estado* (= división administrativa),
*el gobierno* (= forma de gobernar),
*la revolución* (= cualquier cambio político violento),
*el gabinete, la administración* (en otras acepciones),
*la alcaldía, el cabildo* (en otras acepciones).

## 4.4. Abreviaturas, siglas y acrónimos

### 4.4.1. Consideraciones generales

*Abreviaturas, símbolos y siglas*

El principio de economía lingüística que rige la comunicación, oral o escrita, obliga a emplear palabras y expresiones abreviadas que reciben diferentes nombres: abreviaturas, símbolos, siglas y acrónimos.

1) *Abreviaturas.* Son una o varias letras que se emplean para representar de manera breve una palabra o expresión. En su formación se siguen distintos procedimientos:
— Emplear una o varias letras, seguidas de punto: *D.* (don), *etc.* (etcétera), *izqda.* (izquierda).
— Aparecen de diversas formas: *izq., izda.* o *izqda.* (izquierda); *Lic., Ldo., Lda., Licdo.,* o *Licda.* (licenciado o licenciada); *c/, c., cl.* (calle).
— Pueden formarse con barra oblicua sin punto: *c/* (calle), *c/c* (cuenta corriente).

111

— Pueden llevar letras voladitas: *Dña.* o *D.ª* (doña), *Dra.* o *Dr.ª* (doctora).
— Hay abreviaturas referidas a varios conceptos: *S. A.* (Su Alteza o Sociedad Anónima).

2) *Símbolos.* Están formados por una o varias letras, con las que se designan términos correspondientes a las ciencias o a las técnicas; tienen un carácter universal y, por ello, son invariables, pues siguen una reglamentación internacional.

A diferencia de las abreviaturas, nunca se escriben con punto. Así, *N* (Norte), *Fe* (hierro), $hm^3$ (hectómetro cúbico).

En general, las unidades de medida *(km, ha* 'hectárea', *g* 'gramo')* se escriben en minúscula, y los elementos químicos, con mayúscula (*O* 'oxígeno', *Na* 'sodio', *He* 'helio').

3) *Siglas y acrónimos.* Las *siglas* son las letras iniciales de un título o nombre completo: *ONG* (organización no gubernamental), *VIH* (virus de inmunodeficiencia humana); se llama *acrónimo* a la palabra formada mediante siglas: *AVE* (Alta Velocidad), *RAE* (Real Academia Española).

Las letras que forman las siglas se escriben todas con mayúscula y, en general, sin puntos ni espacios entre ellas. El plural se forma haciendo variar las palabras que la acompañan: *una/dos ONG, dos/cuatro CIF.*

Los acrónimos, cuando entran a formar parte del lenguaje común, se pueden escribir con minúscula, total o parcialmente: *Unesco, Unicef, ovni, láser.*

### Ortografía de las abreviaturas

Las abreviaturas deben respetar las siguientes normas ortográficas:
— Siempre se escriben con punto: *fdo.* (firmado), *D. m.* (Dios mediante); a no ser que lleven barra: *c/* (calle), *s/a* (sin año), *d/v* (días vista).
— Pueden llevar letra voladita, precedida siempre de punto: *V.º B.º* (visto bueno), *C.ª* (compañía).
— Se escribirá con mayúscula o minúscula de acuerdo con la palabra o expresión que representa: *Excmo.* (Excelentísimo), *etc.* (etcétera).
— Se escribirá tilde cuando corresponda: *pág.* (página), *íd.* (ídem).

— El plural se puede formar duplicando las letras *(pp.* 'páginas') o mediante las terminaciones propias del plural: *págs.* (páginas), *Dres.* (doctores).

## 4.4.2. Abreviaturas y siglas más usuales

| | |
|---|---|
| AA. | Altezas |
| a. C., a. de C., a. J. C. | antes de Cristo o de Jesucristo |
| a/c | a cuenta |
| acept. | aceptación |
| a D. g. | a Dios gracias |
| admón. | administración |
| adm.$^{or}$, admr. | administrador |
| ADN | ácido desoxirribonucleico |
| af.$^{mo}$ o afmo. | afectísimo |
| a. m. | ante merídiem ('antes del mediodía') |
| art. o art.$^{o}$ | artículo |
| atte. | atentamente |
| av., avd., avda. | avenida |
| B., Bto., Bta. | beato/a |
| c/ | cuenta |
| c/, c., cl. | calle |
| c/, cgo. | cargo |
| C.$^{a}$, Cía., C.$^{ía}$, | compañía |
| Cap. | capital |
| cap., cap.$^{o}$ | capítulo |
| c/c. o cta. cte. | cuenta corriente |
| cént. o cts. | céntimos, centavos |
| Cf. o cfr. | confer ('véase') |
| c.f.s. | coste, flete y seguro |
| ch/ | cheque |
| CIF | código de identificación fiscal |
| D., D.$^{a}$ | don, doña |
| dcho., dcha. | derecho/a |
| depto., dpto. | departamento |
| desct.$^{o}$, dto. | descuento |
| d/f. o d/fha. | días fecha |
| D.m. | Dios mediante |

| | |
|---|---|
| DNI | documento nacional de identidad |
| doc. | documento |
| Dr., Dra., Dr.ª | doctor/a |
| dupdo. | duplicado |
| d/v. | días vista |
| ed. | edición |
| ef. | efectos |
| Em.ª | Eminencia |
| Emmo. | Eminentísimo |
| entlo. | entresuelo |
| etc. | etcétera |
| Exc.ª | Excelencia |
| Excmo., Excma., Exmo., Exma. | Excelentísimo/a |
| F.C., FF.CC. | ferrocarril, ferrocarriles |
| fca. | fábrica |
| fdo. | firmado |
| fra. | factura |
| Gral. | general |
| gta. | glorieta |
| HH. | Hermanos/as |
| ib., ibíd. | ibídem ('en el mismo lugar') |
| íd. | ídem ('lo mismo') |
| Ilmo., Ilma. | Ilustrísimo, Ilustrísima |
| Iltre. | Ilustre |
| imp., impr. | imprenta |
| izq., izdo., izqdo. | izquierdo |
| izq., izda., izqda. | izquierda |
| J. C. | Jesucristo |
| Jhs., JHS | Jesús |
| L/ | letra de cambio |
| l. c. o loc. cit. | loco citato ('en el lugar citado') |
| Lic., Ldo., Licdo. | licenciado |
| LP | Long Play ('elepé') |
| Mons. | Monseñor |
| ms., mss. | manuscrito/os |
| N.ª S.ª | Nuestra Señora |
| N. B. | nota bene ('nótese bien') |
| NIF | número de identificación fiscal |
| n.º, nro., núm. | número |

| | |
|---|---|
| ntro., ntra. | nuestro, nuestra |
| N.S. | Nuestro Señor |
| OCDE | Organización para la Cooperación y el Desarrollo Económico |
| OEA | Organización de Estados Americanos |
| OIT | Organización Internacional del Trabajo |
| O.M. | Orden Ministerial |
| P. | Padre (título), Papa |
| p., pág., págs. | página/as |
| P. A. o p.a. | por autorización; por ausencia |
| Pbro. o Presb. | presbítero |
| PC | *personal computer* ('ordenador') |
| P. D. | postdata o posdata ('lo que se añade') |
| p. ej. | por ejemplo |
| p. o. o p/o. | por orden |
| P. P. | porte pagado; por poder |
| pral., ppal. | principal |
| P.V.P. | precio de venta al público |
| PYME | pequeña y mediana empresa |
| R., Rev., Rvdo., Rvda. | Reverendo, Reverenda |
| R. O. | Real Orden |
| S., Sto., Sta. | San, Santo/a |
| S. A. | Su Alteza o Sociedad Anónima |
| s. a., s/a | sin año (de impresión o edición) |
| S. A. R. | Su Alteza Real |
| S. E. | Su Excelencia |
| sig., sigs., ss. | siguiente, siguientes |
| S. L. | sociedad limitada |
| S. M. | Su Majestad |
| SME | Sistema Monetario Europeo |
| s. n., s/n | sin número |
| S. P. | servicio público |
| Sr., Sra., Srta. | señor/a, señorita |
| S. S. | Su Santidad |
| s.s. | seguro servidor |
| SS. AA. | Sus Altezas |
| SS. MM. | Sus Majestades |
| tel., teléf., tlfno. | teléfono |
| TNT | trinitrotolueno ('dinamita') |
| trad. | traducción |

| | |
|---|---|
| TV | televisión |
| UCI | Unidad de Cuidados Intensivos |
| UE | Unión Europea |
| UNESCO | Organización de las Naciones Unidas para la Educación, la Ciencia y la Cultura |
| UNICEF | Fondo Internacional de las Naciones Unidas de socorro a la Infancia |
| U. o Ud., Uds. | usted/es |
| v. | véase; verso |
| V. A. | Vuestra Alteza |
| V. A. R. | Vuestra Alteza Real |
| Vd., Vds. | usted/es |
| V. E. | Vuestra Excelencia, Vuecencia |
| V.g. o v. gr. | verbigracia ('por ejemplo') |
| V. I. | Usía Ilustrísima |
| VIH | virus de inmunodeficiencia humana |
| VIP | persona muy importante *(very important person)* |
| V. M. | Vuestra Majestad |
| V. O. | versión original |
| VV. AA. | varios autores |
| V.° B.° | visto bueno |
| vol., vols. | volumen/es |
| www | red informática mundial *(world wide web)* |

# Capítulo V

# Corrección gramatical: usos y norma

## 5.1. El sustantivo

El nombre o sustantivo es una clase variable de palabras que designa seres y que puede realizar la función de sujeto o de complemento en la oración:

*Este señor* (sujeto) *le atenderá.*
*Estas señoras* (sujeto) *esperan a la directora* (complemento).
*El niño* (sujeto) *beberá un vaso de leche* (complemento) *en la cena* (complemento).

Los seres que designa el nombre pueden ser materiales, que se perciben por alguno de los cinco sentidos, y se llaman nombres concretos: *montaña, trueno, aire, azúcar, aroma;* o inmateriales, que se perciben únicamente mediante el pensamiento, y se llaman nombres abstractos: *bondad, hermosura, enamoramiento.*

### 5.1.1. El género de los nombres

El género permite distinguir entre nombres masculinos y nombres femeninos. En los nombres de personas y animales establece una diferenciación sexual *(niño/niña, gato/gata)*; en los nombres de cosas y de conceptos solo sirve para cohesionar el grupo nominal mediante la concordancia con los determinantes y adjetivos:

*Me he comprado **un** jersey rojo y **una** camisa blanca.*

117

## Modos de expresarse el género

La distinción entre masculino y femenino se realiza de modos muy diferentes.

1) En nombres de personas y animales. Muchos nombres terminados en *-o* (y a veces en *-e)* o en consonante en el masculino forman el femenino en *-a*:

| | | |
|---|---|---|
| *niñ-o/niñ-**a*** | *nen-e/nen-**a*** | *colegial/colegial-**a*** |
| *camarero/camarera* | *sastre/sastra* | *bedel/bedela* |
| *filósofo/filósofa* | *monje/monja* | *locutor/locutora* |
| *notario/notaria* | *presidente/presidenta* | *doctor/doctora* |
| *mono/mona* | *elefante/elefanta* | *león/leona* |

— Algunos nombres forman el femenino mediante los sufijos *-esa, -isa, -ina* o *-iz*:

| | | |
|---|---|---|
| *alcalde/alcaldesa* | *abad/abadesa* | *barón/baronesa* |
| *duque/duquesa* | *conde/condesa* | *guarda/guardesa* |
| *sacerdote/sacerdotisa* | *poeta/poetisa* | *profeta/profetisa* |
| *rey/reina* | *héroe/heroína* | *zar/zarina* |
| *gallo/gallina* | *actor/actriz* | *emperador/emperatriz* |

---

**Observe:**
— El sustantivo *vampiresa* significa 'mujer fatal', y *tigresa*, junto al femenino de *tigre*, significa 'mujer seductora'.
— Las palabras *poetisa* y *sacerdotisa* pueden sustituirse por *la poeta* y *la sacerdote*, respectivamente.

---

— Otros nombres usan palabras distintas para diferenciar el género y se llaman *heterónimos*:

| | | |
|---|---|---|
| *padre/madre* | *papá/mamá* | *padrino/madrina* |
| *yerno/nuera* | *caballero/dama* | *marido/mujer* |
| *carnero/oveja* | *toro (buey)/vaca* | *caballo/yegua* |

— En nombres de persona que emplean la misma forma para el masculino y el femenino, se señala el género mediante los determinantes. Se llaman *comunes* en cuanto al género:

| | | |
|---|---|---|
| *el/la testigo* | *el/la astronauta* | *el/la pianista* |
| *el/la joven* | *el/la fiscal* | *el/la cónyuge* |
| *el/la consorte* | *el/la paciente* | *el/la periodista* |
| *el/la protagonista* | | |

— Hay nombres que designan indistintamente al macho o varón y a la hembra o mujer de su especie, pero solo funcionan con un género, masculino o femenino, y no se distinguen mediante los determinantes. Se llaman nombres *epicenos:*

**la víctima** *era un niño/una niña;*
**el lince** *macho/hembra está enfermo.*

Muchos de ellos son referidos a animales:

*jirafa, gorila, mosca, culebra, lagarto;*

pero también referidos a personas:

*víctima, familiar, personaje, bebé.*

2) En nombres de cosas y de conceptos. El género no tiene desinencias específicas y se reconoce mediante el uso de determinantes y adjetivos:

*un paraguas / esos paraguas / un paraguas nuevo;*
*la nariz / una nariz rota.*

— Algunos nombres de cosas se usan indistintamente en masculino o en femenino. Son los llamados nombres *ambiguos* en cuanto al género:

**el-la** *mar,* **el-la** *azúcar,* **el-la** *pringue...*

El femenino *la mar* se usa entre gentes relacionadas con el mar *(alta mar, mar rizada, mar gruesa, mar arbolada)* y en muchas frases y expresiones *(la mar de grande, pelillos a la mar).*
*La color* y *la calor* se consideran, en la actualidad, expresiones poco elegantes.

119

— Otros, en cambio, tienen distinto significado según se empleen como masculinos o femeninos, diferenciando el tamaño, la forma o entre el *árbol* y el *fruto*, etcétera:

| | | |
|---|---|---|
| *barco/barca* | *cesto/cesta* | *cubo/cuba* |
| *botijo/botija* | *huerto/huerta* | *saco/saca* |
| *manzano/manzana* | *guindo/guinda* | *almendro/almendra* |
| *cerezo/cereza* | | |

Y, en algunos casos, la distinción de género designa realidades diferentes:

*el cometa:* 'astro'; *la cometa:* 'juguete'
*el cólera:* 'enfermedad infecciosa'; *la cólera:* 'enfado, ira'
*el cura:* 'sacerdote'; *la cura:* 'acción de curar'
*el editorial:* 'artículo periodístico sin firma'; *la editorial:* 'empresa que edita libros'
*el pendiente:* 'objeto de adorno que se lleva colgando': *la pendiente:* 'inclinación del terreno'
*el coma:* 'estado patológico con pérdida de conciencia'; *la coma:* 'signo ortográfico'
*el frente:* 'línea de combate'; *la frente:* 'parte de la cara'
*los lentes:* 'las gafas'; *las lentes:* 'cristales empleados en objetos de óptica'
*el margen:* 'espacio lateral'; *la margen:* 'ribera, orilla'
*el parte:* 'comunicado, 'información'; *la parte:* 'porción, trozo'

## Otras cuestiones normativas sobre el género

1) Uso del masculino en referencia a seres de ambos sexos: en nombres referidos a personas y a animales el género masculino se emplea para designar a la clase, es decir, a todos los individuos de esa especie sin distinción de género: «*El* perro *es el mejor amigo del* hombre» no excluye ni a las perras ni a las mujeres.
Igualmente el plural engloba a seres de uno y otro sexo:

*Los niños* (= niños y niñas) *son muy revoltosos; Los elefantes* (= elefantes y elefantas) *tienen una gran memoria.*

Por ello, deben evitarse usos que se emplean por corrección política, pero contrarios a la corrección lingüística, que explicitan la diferencia de género: *Estas medidas sociales han sido bien acogidas por los extremeños y las extremeñas;* y aún peor el uso de la @, que no es un signo lingüístico: *L@s estudiant@s de tercer curso.*

2) El femenino de sustantivos que designan profesiones, cargos o títulos: el acceso de la mujer a profesiones, cargos y títulos reservados en otras épocas exclusivamente a los hombres ha obligado a un cambio en la morfología.

Así, junto a profesiones tradicionalmente ejercidas por ambos sexos como *lechero/lechera, guardés/guardesa, cocinero/cocinera, enfermero/enfermera,* etc. aparecen ahora:

| | | |
|---|---|---|
| *abogado/abogada* | *ministro/ministra* | *geógrafo/geógrafa* |
| *juez/jueza* | *notario/notaria* | *filólogo/filóloga* |
| *arquitecto/arquitecta* | *concejal/concejala* | *matemático/matemática* |
| *ingeniero/ingeniera* | *rector/rectora* | *perito/perita* |

---

**Observe:**
— Para algunas profesiones, la RAE admite la forma masculina y la femenina al referirse a la mujer. Así, puede decirse:

*Luisa es médico o médica (ingeniero o ingeniera, concejal o concejala, abogado o abogada).*

— Algunos sustantivos se consideran comunes en cuanto al género: *el/la industrial, el/la canciller, el/la portavoz;* y en otros se admiten ambas formas:

*fiscal* → *la fiscala, la fiscal*
*juez* → *la jueza, la juez*
*jefe* → *la jefa, la jefe*

— Esta vacilación que se observa en el empleo de algunos femeninos se debe a la significación peyorativa o burlesca que han tenido y tienen expresiones como *bachillera, socia, tigresa, la generala, la boticaria,* etc.
— A pesar de esta tendencia del idioma a la distinción morfológica entre masculino y femenino, hay nombres de persona que aún resultan raros e inaceptables: *estudiante/*estudianta, jóvenes/*jóvenas.*

---

3) Sustantivos referidos a cargos o grados militares. Se consideran, de manera general, de género común y se dirá:

*el/la cabo, el/la sargento, el/la teniente, el/la capitán, el/la coronel, el/la oficial, el/la cadete, el/la piloto.*

4) Género de nombres propios de ciudades. Aunque existe titubeo, en el uso culto se observan las siguientes tendencias:
— Los nombres terminados en *-o* son masculinos:

*el gran Oviedo, el monumental Toledo.*

— Los terminados en *-a* son femeninos:

*la bella Granada, la recóndita Zamora.*

— Los acabados en otras terminaciones, masculinos:

*el Madrid de los Austrias, el luminoso Jaén, el Cáceres antiguo.*

No obstante, con el cuantificador *todo/a* admiten ambos géneros:

*todo/toda Toledo, todo/toda Jaén.*

Esta elección responde al hecho de que en la mente de los hablantes esté el concepto «pueblo» (masculino) o «ciudad» (femenino).

5) *Atenuante, agravante, eximente, interrogante, detonante, apoteosis, índole.* Deberá decirse *la atenuante, la agravante*, pues se sobreentiende «circunstancia» (incorrecto: *\*el atenuante, \*el agravante*).

Se puede decir *el/la eximente* y *el/la interrogante*, pues son de género común.

*Detonante*, como sustantivo, es palabra masculina: *el detonante* (es incorrecto *\*la detonante*).

Son femeninos *apoteosis* e *índole: la apoteosis, de diversa índole* (son incorrectos: *\*el apoteosis, \*diverso índole*).

| EL MAR, LA MAR<br>En la lengua literaria, el mar, como motivo poético, aparece<br>en masculino o femenino, según la preferencia de los autores. | |
| --- | --- |
| El mar. La mar.<br>El mar. ¡Solo la mar!<br><br>¿Por qué me trajiste,<br>padre, a la ciudad?<br><br>¿Por qué me desenterraste<br>del mar?<br><br><div align="center">Rafael Alberti</div> | Antes que el sueño (o el terror) tejiera<br>mitologías y cosmogonías,<br>antes que el tiempo se acuñara en días,<br>el mar, el siempre mar, ya estaba y era.<br>¿Quién es el mar? ¿Quién es aquel violento<br>y antiguo ser que roe los pilares<br>de la tierra y es uno y muchos mares<br>y abismo y resplandor y azar y viento?<br><br><div align="right">Jorge Luis Borges</div> |

## 5.1.2. El número de los nombres

El número permite diferenciar si nos referimos a un objeto (*singular*) o a más de uno (*plural*): *anciano/ancianos, ratón/ratones, sofá-sofás*.

### Aspectos generales

- Solo llevan verdadero plural los nombres contables, es decir, aquellos que pueden combinarse con los numerales: *un libro, cien euros, mil carpetas;* los no contables no admiten el plural *(*dos petróleos, *cuatro alegrías)* o adoptan significaciones especiales: *las arenas del desierto* (se intensifica la cantidad), *los vinos de Chile* (clases de vino), *nos tomamos cuatro cervezas* (cuatro vasos de cerveza).
- En la formación del plural no cambia el lugar del acento *(pantalón/pantalones, cáliz/cálices, árbitro/árbitros)*, a excepción de tres casos: *régimen/regímenes, espécimen/especímenes, carácter/caracteres*.
- Hay sustantivos que solo se usan en singular o en plural, lo que los gramáticos llaman *singularia tántum* y *pluralia tántum:*
  — Unos pocos nombres solo se emplean en singular, pues carecen de plural: *sur, este, oeste, sed, salud, tez, caos;* algunos otros se emplean solo en plural: *víveres, entendederas, ambages, arras, esponsales, nupcias, añicos.*

— Y se usan en plural, aunque tienden a emplearse también en singular, los nombres que se refieren a objetos formados por dos partes: *tijeras/tijera, alicates/alicate, tenazas/tenaza, pantalones/pantalón, gafas/gafa.*

## Modo de expresarse el número

El singular no tiene una terminación característica. Puede acabar en cualquier vocal o consonante: *mano, tribu, tortuga, vid, paréntesis.* El plural acaba en *-s* o *-es,* según las reglas siguientes.
1) Sustantivos acabados en vocal.
    — Cuando el singular termina en vocal átona, se añade una *-s:*

*boca/bocas, frente/frentes, travesti/travestis, osezno/oseznos, bou/bous.*

— Los sustantivos acabados en *á, é, ó* tónicas forman el plural con *-s:*

*mamá/mamás, papá/papás, sofá/sofás; café/cafés, puntapié/puntapiés, cabaré/cabarés, bidé/bidés, caché/cachés; buró/burós, plató/platós, dominó/dominós, pro/pros.*

Se exceptúa *faralaes* (de *faralá* 'volante').

— Los sustantivos acabados en *-í* o *-ú* tónicas tienden a formar el plural añadiendo *-s* en el español actual, aunque en muchos casos mantienen, en el uso culto, la terminación en *-es:*

*rubí/rubíes, colibrí/colibríes, maniquí/maniquíes, bisturí/bisturíes, pirulí/pirulíes; bambú/bambúes, tabú/tabúes, gurú/gurúes.*

No obstante, hay nombres que siempre hacen el plural en *-s:*

*gachí/gachís, pupurrí/pupurrís, pipí/pipís, pedigrí/pedigrís; canesú/canesús, menú/menús, vermú/vermús, interviú/interviús.*

Y los gentilicios siempre forman el plural en *-es:*

*israelí/israelíes, iraquí/iraquíes, hindú/hindúes.*

— Los sustantivos acabados en -y forman el plural de diversos modos: si forma parte de un diptongo, hace el plural en -es:

*rey/reyes, ley/leyes, buey/bueyes, ay/ayes, convoy/convoyes.*

No obstante, en la actualidad tiende a adoptarse la forma en -s, con *i* latina:

*jersey/jerséis, gay/gais, espray/espráis, póney/poneis, samuray/ samuráis.*

Si no forma parte de un diptongo, hace el plural en -s, con *i.* Son préstamos de otras lenguas:

*rally/rallis, ferry/ferris, panty/pantis, body/bodis, hippy/ hippis.*

2) Sustantivos acabados en consonante.
— Cuando el singular acaba en consonante que no sea *s*, se añade -es:

*vid/vides, antifaz/antifaces, limón/limones, rencor/rencores.*

Se exceptúa un reducido grupo de palabras:

*el súper/los súper* (supermercado), *el híper/los híper* (hipermercado), *el/los asíndeton.*

Y en el *Diccionario panhispánico de dudas* vienen recogidos los plurales de *júnior* y *sénior: los júniores, los séniores.*

— Si el singular acaba en -s o en -x, el plural se forma de dos maneras:
Las palabras *agudas*, que llevan el acento en la última sílaba, añaden -es:

*compás/compases, revés/reveses, anís/anises, dios/dioses, fax/faxes, flux/fluxes.*

Las palabras *llanas*, que llevan el acento en la penúltima sílaba, y las *esdrújulas*, que tienen el acento en la antepenúltima, no varían de forma, y la diferencia de número se expresa mediante los determinantes y los adjetivos:

*el/los viernes, el/los intríngulis, virus maligno/malignos, la/las tesis, la/las síntesis, el/los tórax, el/los clímax, el/los télex.*

### Usos especiales del número

Veamos algunos casos.
1) El plural de palabras latinas acabadas en consonante: *hipérbaton, déficit, vita:* algunas se han adaptado al castellano y siguen las reglas estudiadas:

*hipérbato-hipérbatos, referendo/referendos, currículo-currículos.*

Hay una palabra, sin embargo, que sí hace el plural en *-es: álbum-álbumes.*

---

**Observaciones:**
— La RAE admite dobletes en nombres como *hipérbaton/hipérbato, referéndum/referendo, currículum/currículo, auditórium/auditorio, memorándum/memorando,* etc. En estos casos, el plural de la forma latina se realiza mediante los determinantes: *el/los currículum, el/los auditórium;* pero las formas castellanizadas: *el currículo/los currículos, el auditorio/los auditorios,* etc.
— Está aceptado el plural en *-s* en algunos latinismos: *los déficits, los plácets, los superávits.*

---

2) El plural de palabras extranjeras castellanizadas: *filmes, anoraks, módems.* Forman el plural añadiendo una *-s,* bien acaben en vocal o en consonante:

*chalé/chalés, filme/filmes, coñac/coñacs, anorak/anoraks, crep/creps, complot/complots, airbag/airbags, módem/módems, gag/gags, clip/clips, videoclip/videoclips.*

3) El plural de nombres propios y de apellidos de personas: *los Josés, los Borbones, los Machado:* los nombres propios de persona admiten el plural, siguiendo las reglas estudiadas:

*los Josés, las Anas, los Ramones, las Cármenes, los Carlos.*

4) Los apellidos terminados en vocal o en consonante que no sea *-s* o *-z,* hacen el plural en *-s* o permanecen invariables:

*los Osorio(s), los García(s), los Oriol(es), los Abad(es).*

Sin embargo, permanecen invariables:
— Los apellidos acabados en *s* o *z*:

*los Solís, los Valdés, los Álvarez, los Pérez, los Saiz.*

— Los apellidos de otras lenguas, distintas al castellano:

*los Bécquer, los Barandiarán, los Kennedy, los Dupont.*

No obstante, están acreditados por historiadores y escritores los plurales de *los Borbones, los Austrias, los Habsburgos, los Escipiones, los Pinzones,* etc.

5) Sustantivos compuestos: *carricoches, coches cama, ciudades dormitorio, perros policías:* se presentan varios casos de sustantivos compuestos:
— Los compuestos que se escriben en una palabra porque el primer componente pierde el acento forman el plural en *-s* o *-es,* según corresponda:

*carricoche/carricoches, malhumor/malhumores.*

— Los compuestos que se escriben en dos palabras forman el plural aplicando las reglas al primer componente:

*coche cama → coches cama*
*hora punta → horas punta*
*camión cisterna → camiones cisterna*

*célula madre → células madre*
*contrato basura → contratos basura*
*ciudad dormitorio → ciudades dormitorio*

Solo cuando el segundo componente es claramente separable, ambos se ponen en plural:

*empresa líder* → *empresas líderes*    *disco pirata* → *discos piratas*
*avión espía* → *aviones espías*        *perro policía* → *perros policías*

6) Las aes y los yoes. Los nombres de las vocales forman el plural en *-es: aes, es, íes, oes, úes.*
El plural de las palabras *yo, no* y *sí* es: *yoes, noes, síes.*

7) El plural en símbolos, siglas y abreviaturas: *las ONG, las apas, págs. (páginas).*
— Los símbolos nunca llevan marca de plural: *una ha* (hectárea) / *diez ha* (no *\*10 has), una h* (hora) /*tres h* (no *\*3 hs).*
— Las siglas señalan el plural solo con el determinante: *las ONG* (no *\*las ONGS* o *ONGs), las APA* (no *\*las APAS), las PYME* (no *\*las PYMES), los DVD* (no *\*los DVDs).*
Pero se escribirán en plural si van en minúscula: *las apas, las pimes.*
— Las abreviaturas, sin embargo, sí marcan el plural: *pág.* (página) / *págs.* (páginas), *vol.* (volumen) / *vols.* (volúmenes), *ej.* (ejemplo) / *ejs.* (ejemplos).
— Si la abreviatura se refiere a un grupo de palabras, forma el plural duplicándola: *S. M.* → *SS.MM.* (Sus Majestades), *C.A.* → *CC.AA.* (Cajas de Ahorro), *EE.UU.* (Estados Unidos), *CC.OO.* (Comisiones Obreras).

---

NO ES LO MISMO *CELO* QUE *CELOS, ESPOSA* QUE *ESPOSAS...*

En algunas palabras, la diferencia de número establece distinto significado, al igual que ocurre con el género.

— *Ana trabaja con mucho **celo*** ('interés') / *Ana siente **celos*** ('sospecha, inquietud') *de su hermana.*
— *Tengo **esposa*** ('mujer') *e hijos* / *El policía le puso las **esposas*** ('aros de metal').
— *Este **grillo*** ('insecto') *no me deja dormir* / *Los condenados a galeras iban inmovilizados al barco mediante **grillos*** ('grilletes').
— *Es un chico de mucho **seso*** ('sensato') / *Hoy comeremos **sesos** de cordero.*
— *La palabra **prez*** ('fama') *apenas se usa* / *A las ocho comienzan las **preces*** ('ruegos, súplicas') *de la novena.*

---

128

## 5.2. EL ADJETIVO

Es una clase de palabras que expresa cualidades o propiedades del nombre y puede llevar desinencias de género, número y grado:

*anciano simpático*    *ancianos simpáticos*    *ancianos simpatiquísimos*
*anciana simpática*    *ancianas simpáticas*    *ancianas simpatiquísimas*

El adjetivo no tiene género ni número propios, sino que los toma del nombre al que acompaña estableciendo la concordancia que da cohesión al grupo nominal.

*El suelo está sucio.*      *Las paredes son blancas.*

El adjetivo siempre complementa a un nombre, bien directamente *(persona formal y trabajadora)*, bien a través de un verbo: *Este señor está enfermo; Esta señora ha venido a trabajar enferma.*
Puede sustantivarse con el artículo: *el verde limón, lo indispensable.*

---

EL ADJETIVO EN LA DESCRIPCIÓN
Al ser una palabra que expresa cualidades o propiedades de los seres y objetos, aparece con frecuencia en textos de carácter descriptivo.

---

### Arco iris

Un día, me encontré en la plataforma de un autobús **violeta**. Había allí un joven bastante **ridículo**: cuello **índigo**, cordón en el sombrero. De repente, protesta contra un señor **azul**. Le reprocha, especialmente, con voz **verde**, que lo empuje cada vez que baja gente. Dicho eso, se precipita hacia un sitio **amarillo** para sentarse.
Dos horas más tarde, me lo encuentro delante de una estación **anaranjada**. Está con un amigo que le aconseja que se haga añadir un botón en su abrigo **rojo**.

(Raymond Queneau: *Ejercicios de estilo,* Ed. Cátedra)

### El oso hormiguero

Con su cola en forma de penacho, el **largo** hocico, los **minúsculos** ojos, la boca **redonda** y **desdentada** y su **larguísima** y **fina** lengua, el oso **hormiguero gigante** *(Myrmecophaga tridactyla)* puede parecer **inofensivo**. Sin embargo, sus **poderosas** garras le permiten enfrentarse a sus dos **principales** enemigos, el jaguar y el puma. Otras características de esta especie son sus **pequeñas** orejas y el **tupido** pelaje, de color **pardo grisáceo** con una marca **negra alargada** enmarcada de **blanco** en la parte **anterior** del cuerpo. Vive en las sabanas y pluvisilvas de América **Central** y del Sur, desde Belice hasta Argentina.

## 5.2.1. El género de los adjetivos

*Formación del femenino*

Se realiza de diferentes maneras:
— La mayoría de los adjetivos, hagan o no el masculino en -*o*, forman el femenino en -*a*:

*sincero-sincera, guapetón-guapetona, majete-majeta.*

— Otros son invariables y mantienen la misma forma para el masculino y para el femenino:

chico
chica } *hortera*

caballo
yegua } *dócil*

*Algunos casos especiales: polígloto, autodidacto, gualdo*

A partir de la distinción en el idioma entre *modista* y *modisto*, se ha extendido a otros adjetivos considerados antes de una terminación. Así:
— *Polígloto* y *autodidacto* son ya adjetivos de dos terminaciones:

*hombre polígloto*      *señor autodidacto*
*mujer políglota*      *señora autodidacta*

Aunque la RAE sigue aceptando *políglota* y *autodidacta* para ambos géneros:

*amigo/amiga políglota*      *chico/chica autodidacta*

— *Gualdo* y *gualda* es adjetivo de dos terminaciones:

*Bandera roja y gualda.*      *El color gualdo de la bandera.*

Sin embargo, está muy extendido el empleo de *gualda* para el masculino, aunque la RAE no lo acepta: *El color rojo y gualda de la bandera.*

## 5.2.2. El número de los adjetivos

### Formación del plural

Los adjetivos, al igual que los nombres, forman el plural mediante las desinencias -s o -es:

*cursi-cursis*              *inútil-inútiles*

Solo unos pocos adjetivos son invariables:

*chico/chicas* **guaperas**         *entrada/entradas* **gratis**

### Adjetivos compuestos con guión: poemas ascético-místicos

Los adjetivos compuestos siguen las reglas estudiadas: *sierras verdinegras, problemas medioambientales.* Pero cuando se escriben con guión, solo se señala el plural en el segundo componente:

*lecciones teórico-prácticas*      *cuestiones lingüístico-literarias*
*teorías físico-químicas*          *poemas ascético-místicos*

## 5.2.3. Grados de significación del adjetivo

### Aspectos generales

La cualidad de los objetos, que expresa el adjetivo, puede graduarse en intensidad a través de dos procedimientos:
— Con adverbios o locuciones adverbiales:

*nada, bastante, extremadamente, muy, en extremo, por demás...* **lista.**

— Mediante prefijos o sufijos:

*relista,* **requetelista,** *listísima.*

Los grados de significación del adjetivo, como hemos visto, son muchos, pero la Gramática solo estudia tres. Se emplea el grado:

1) *Positivo:* si se expresa la cualidad sin compararla ni cuantificarla:

*Ana es estudiosa.*

2) *Comparativo:* cuando compara la cualidad en diversos seres:

*Ana es más estudiosa que Luisa; Luisa es tan simpática como su hermano; Paula es menos alta que Inés.*

3) *Superlativo:* si se expresa la cualidad en su más alto grado:

*Jorge es el más alto de su familia (muy alto, altísimo).*

### Comparativos y superlativos especiales

1) Los adjetivos *bueno, malo, grande, pequeño, bajo y alto.*
Conservan formas especiales para el comparativo y el superlativo de carácter culto, junto al uso de las formas populares. Veámoslo en el cuadro siguiente.

| Positivo | Comparativo | Superlativo |
|---|---|---|
| bueno | *mejor* = más bueno | *óptimo* = buenísimo, el mejor |
| malo | *peor* = más malo | *pésimo* = malísimo, el peor |
| grande | *mayor* = más grande | *máximo* = grandísimo, el más grande |
| pequeño | *menor* = más pequeño | *mínimo* = pequeñísimo, el más pequeño |
| bajo | *inferior* = más bajo | *ínfimo* = bajísimo, el más bajo |
| alto | *superior* = más alto | *supremo* = altísimo, el más alto |

2) Superlativos con sufijos especiales: *-érrimo-a.*
— Algunos solo admiten la terminación en *-érrimo:*

*acre (agrio)* → *acérrimo*          *célebre* → *celebérrimo*
*libre* → *libérrimo*          *mísero* → *misérrimo*
*pulcro* → *pulquérrimo*          *salubre* → *salubérrimo*

Y se consideran usos inadecuados las formas en *-ísimo:* *\*pulcrísimo, \*celebrísimo...*

132

— Otros admiten una forma culta con el sufijo -*érrimo* y otra popular en -*ísimo:*

*áspero* → *aspérrimo* y *asperísimo*  *íntegro* → *integérrimo* e *integrísimo*
*negro* → *nigérrimo* y *negrísimo*  *pobre* → *paupérrimo* y *pobrísimo*

3) Superlativos que modifican el radical: *amabilísimo, sacratísimo, bonísimo.*
— Algunos admiten solo una forma:

*afable* → *afabilísimo*          *amable* → *amabilísimo*
*antiguo* → *antiquísimo*        *benévolo* → *benevolentísimo*
*caliente* → *calentísimo*        *fiel* → *fidelísimo*
*noble* → *nobilísimo*           *notable* → *notabilísimo*
*probable* → *probabilísimo*    *sabio* → *sapientísimo*
*sagrado* → *sacratísimo*        *valiente* → *valentísimo*

Y se consideran vulgarismos las formas *amablísimo, *fielísimo, *calientísimo, *valientísimo, etcétera.

— Otros admiten las dos formas:

*amigo* → *amicísimo* y *amiguísimo*  *bueno* → *bonísimo* y *buenísimo*
*cierto* → *certísimo* y *ciertísimo*  *corriente* → *correntísimo* y *corrientísimo*
*frío* → *frigidísimo* y *friísimo*    *grueso* → *grosísimo* y *gruesísimo*
*nuevo* → *novísimo* y *nuevísimo*   *reciente* → *recentísimo* y *recientísimo*
*tierno* → *ternísimo* y *tiernísimo*   *simple* → *simplicísimo* y *simplísimo*

### Otras cuestiones normativas sobre la gradación

1) Adjetivos que no admiten el grado comparativo ni el superlativo: *lo más primordial, *muy fundamental.*
Debido a su significación, no admiten grado comparativo ni superlativo adjetivos como *primordial, fundamental, principal, infinito,* etcétera.

*Lo **más primordial** en estos momentos es llegar a un acuerdo entre todos* (correcto: *Lo **primordial** en estos...*).

*Esto **es tan primordial** como eso otro (correcto: ...es **primordial** como eso otro).

*Esto es **muy fundamental** (o fundamentalísimo) para la empresa (correcto: ...es **fundamental**...).

*Este asunto es **tan fundamental** para nosotros como para vosotros (correcto: ...es **fundamental** para nosotros y para vosotros).

2) *Más mejor, *menos peor, *tan inferior...; *más óptimo, *menos pésimo, *tan ínfimo...

Los adjetivos *mayor, menor, mejor, peor, superior* e *inferior* no pueden combinarse con *más, menos* o *tan* porque ya son comparativos:

*Esta sopa está **más mejor** (o peor) que la de ayer (correcto: ...está **mejor** —o peor— que...).

*Estos precios son **más inferiores** (o superiores) a los del año pasado (correcto: son **inferiores** —o superiores— a los...).

El adjetivo *mayor* puede significar 'edad', y no 'tamaño'; en ese caso, funciona como un adjetivo positivo y puede emplearse con *más, menos* o *tan*. Así:

Mi padre es **más mayor** que el tuyo; No **es tan mayor** como crees; El pelo blanco le hace **muy mayor**.

Pero:

*Esta casa es **tan mayor** como la tuya (correcto: ...es **tan grande** como...).

Los superlativos sintéticos *máximo, mínimo, óptimo, pésimo, supremo, ínfimo* tampoco pueden combinarse con las partículas comparativas *más, menos, tan* ni con el adverbio *muy*. Así:

*Esta situación es la **menos óptima** que podíamos imaginar (correcto: ...la **menos buena** que...).

*Esta es la paella **más pésima** que he tomado (correcto: ...**más mala** que...).

Sin embargo, sí se admite la combinación de *mínimo* con el adverbio *más*:

*No se ha preocupado* **lo más mínimo** *de sus padres.*
*No ha mostrado* **el más mínimo** *interés en este asunto.*

3) *\*Muy pésimo, \*muy tranquilísimo, \*muy paupérrimo.*
   Se considera incorrecta la combinación de *muy* con los superlativos:

*\*Ha obtenido unos resultados* **muy pésimos** (correcto: *...unos resultados* **muy malos**).
*\*Ha hecho un esfuerzo* **muy notabilísimo** *en este asunto* (correcto: *...un esfuerzo* **muy notable**...).
*\*Siempre vivió* **muy paupérrimo** (correcto: *...**muy pobre***).

4) *Mayor, menor, mejor, peor... que / superior, inferior... a.*
   Es incorrecto el uso de *a* con los comparativos *mayor, menor, mejor y peor:*

*\*Mi jardín es mayor al tuyo* (correcto: *...mayor que el tuyo*).
*\*Las playas de Huelva son mejores a las de Málaga* (correcto: *...que las de Málaga*).

Sin embargo, *superior* e *inferior* exigen la preposición *a:*

*\*Vivimos en un piso superior que el tuyo* (correcto: *...superior al tuyo*).
*\*Mi sueldo es inferior que el tuyo* (correcto: *...inferior al tuyo*).

## 5.3. LOS PRONOMBRES

Llamamos pronombres a un grupo de palabras muy diversas que tienen en común sustituir al nombre o al grupo nominal en la oración:
   **Usted** *ha llegado antes.* **Quien** *expuso el problema fue Luis. ¿No es* **aquel** *tu perro? Llámalo.*

### 5.3.1. Usos y norma de los pronombres personales

*Aspectos generales*

Se refieren a las personas de la conversación. Las formas son muy variadas, pues distinguen: el género y el número, la persona, la función (sujeto o complemento) y algunas pueden ser tónicas o átonas, según se construyan o no con preposición, aunque realicen la misma función en la oración:

*A ti* (CD) *te* (CD) *busca la policía.*    (CD = complemento directo)

Veámoslas en el cuadro siguiente:

| | Sujeto | Complemento preposicional | Complemento directo | Complemento indirecto |
|---|---|---|---|---|
| 1.ª pers. sing. | yo | mí, conmigo | me | |
| pl. | nosotros, nosotras | | nos | |
| 2.ª pers. sing. | tú, usted | ti, contigo, usted | te | |
| pl. | vosotros, vosotras, ustedes | | os | |
| 3.ª pers. sing. | él, ella, ello | él, ella, ello sí, consigo | lo, la, se | le, se |
| pl. | ellos, ellas | ellos, ellas sí, consigo | los, las, se | les, se |
| | **Formas tónicas** | | **Formas átonas** | |

Algunas observaciones previas:
— Las formas *yo* y *tú* solo funcionan como sujeto de la oración; las restantes pueden realizar también la función de complemento.
— *Usted* y *ustedes* son formas de respeto dirigidas a la 2.ª persona en el español común, y se emplean con el verbo en 3.ª persona:

*¿Qué desea **usted**?; ¿**Ustedes** dónde viven?*

No obstante, en amplias zonas de Andalucía, en la mayor parte de Canarias y en el español de América no tienen solamente este valor de cortesía, sino que se emplean en lugar de *vosotros/vosotras* que han desaparecido del uso:

**Ustedes cenan** (vosotros cenáis) *en mi casa.*

— Los pronombres átonos, o inacentuados, pueden colocarse antes del verbo *(proclíticos):*

**Te lo** daré mañana;

o detrás del verbo *(enclíticos)*, unidos a él:

*Piénsalo mejor.*

— El pronombre *se* sustituye a *le* o *les* por eufonía en algunas ocasiones:

*\*Dálelo* se dice *dáselo.*

— Aunque no existen en español nombres del género neutro, hay dos pronombres personales neutros: *ello* y *lo. Ello* se refiere a frases u oraciones ya enunciadas:

*Ha fallecido el padre y, por* **ello**, *está reunida toda la familia;*

y *lo* sustituye oraciones o atributos:

*Lo que pide no se* **lo** *puedo dar; Ana* **lo** *es* (muy inteligente).

---

TÚ CANTAS, USTED CANTA, VOS CANTÁS

El **voseo** es el rasgo más característico del español de América, tanto por su extensión —afecta casi a un tercio del continente americano— como por su influencia en la flexión verbal. Consiste en el empleo de *vos*, como segunda persona pronominal de singular, en lugar de **tú** (tuteo), para iguales o jerárquicamente inferiores. El pronombre **vosotros** ha desaparecido en favor del uso generalizado de la forma *ustedes.*

—La modista es una estafadora —dijo Gekrepten—. ¿**Vos** te **hacés** hacer los vestidos por una modista, Talita?

137

—No —dijo Talita—. Sé un poco de corte y confección.

—**Hacés** bien, m'hija. Yo esta tarde después del dentista me corro hasta la modista que está a una cuadra y le voy a reclamar una pollera que ya tendría que estar hace ocho días. Me dice: «Ay, señora, con la enfermedad de mi mamá no he podido lo que se dice enhebrar la aguja.» Yo le digo: «Pero, señora, yo la pollera la necesito.» Me dice: «Créame, lo siento mucho. Una clienta como usted. Pero va a tener que disculpar.» [...]

—¿Todo eso te sucedió? —dijo Oliveira.

—Claro —dijo Gekrepten—. ¿No ves que se lo estoy contando a Talita?

—Son dos cosas distintas.

—Ya **empezás, vos.**

—Ahí **tenés** —le dijo Oliveira a Traveler, que lo miraba cejijunto. Ahí **tenés** lo que son las cosas. Cada uno cree que está hablando de lo que comparte con los demás.

(Julio Cortázar: *Rayuela*, Buenos Aires, Editorial Sudamericana, 1968).

Veamos ahora algunas cuestiones de norma.

### Concurrencia de formas pronominales

1) En función de sujeto: *él/ella, tú y yo; tú y el/él y tú.*
Se dan dos casos:
   *a)* Los pronombres de segunda y tercera persona se antepondrán siempre a los de la primera:

   ***Ella, tú*** *y* ***yo*** *somos los más indicados para convencerle.*

   *b)* Si concurren solo la segunda y tercera persona, el orden es indiferente y la elección se realiza en función del énfasis:

   ***Tú*** *y* ***él*** *sois grandes amigos;* ***Él*** *y* ***tú*** *os queréis como hermanos.*

   Son incorrectas, pues, las expresiones: *\*yo y tú* o *\*yo y él* (correcto *tú y yo, él y yo).*

2) Concurrencia de proclíticos: *te me, me lo, se me, se te.*
   Con frecuencia, coinciden en el discurso varios pronombres átonos en posición anterior al verbo. En este caso, deben colocarse en el siguiente orden: los pronombres de la segunda

138

persona *(te, os)* van antepuestos a los de primera persona *(me, nos)*; y tanto los de primera persona como los de la segunda persona se anteponen a los de la tercera *(le, la, lo...)*.

No *te me canses;* Me *lo debes;* Te *lo mereces.*

Se exceptúa la forma *se* que va delante de todas ellas:

Se *me/te ha ido el santo al cielo.*

Cualquier otro orden se considera vulgarismo:

\**Me se ha caído...,* \**Te se ha caído...*

3) Posición de los pronombres átonos: *sírvame/\*me sirva.*

Es obligado el uso pospuesto de las formas átonas con imperativos, infinitivos o gerundios:

Dígame; *¿Quedarte solo en casa un viernes?;* Piénsalo *bien.*

Sin embargo, cuando el infinitivo o el gerundio forman parte de una perífrasis, es decir, de una forma verbal compuesta de un verbo auxiliar más una forma no personal (infinitivo, gerundio o participio) pueden ir antepuestos o pospuestos:

Se lo *debes decir / Debes decírselo;* Me lo *estoy pensando / Estoy pensándomelo.*

Ahora bien, la posposición es propia de registros cultos o de la lengua escrita, y la antepuesta es la más usual en la lengua oral.

### Leísmo, laísmo, loísmo

Para entender estos fenómenos tenemos que recordar que la función de complemento directo la realizan los pronombres *lo, la, los, las,* y la de complemento indirecto, *le, les.*

El leísmo, laísmo y loísmo son desajustes que se producen en el uso de estos pronombres, debido a la pérdida del caso latino y al reajuste por la forma en cuanto al género:

— El *leísmo* consiste en emplear *le, les* para el complemento directo. Solo está admitido por la RAE la forma *le* para referirse a personas del género masculino en singular, pero no para animales o cosas:

*A Luis le vi* (= **lo** vi) *en el cine.*
*A tu hermano le encontré* (= **lo** encontré) *algo cansado.*

Pero son considerados usos no etimológicos el leísmo para animales y cosas:

*\*A tu perro le vi en el parque* (correcto: **lo** vi...).
*\*Ese libro le he leído varias veces* (correcto: **lo** he leído...).

— El *laísmo* es el empleo *la, las* para el complemento indirecto (CI). Aparece con fuerza en Castilla:

*\*La regalé a mi madre un ramo de flores* (correcto: *Le regalé a mi...*).
*\*A tus hermanas las entregaron las notas ayer* (correcto: *Les entregaron...*).

Sin embargo, *le-les* se ha mantenido en las hablas andaluzas, canarias e hispanoamericanas donde no se da el fenómeno del laísmo.

— El *loísmo* es el empleo incorrecto de *lo, los* para el CI:

*\*Lo di a tu perro mi bocadillo* (correcto: *Le di a tu perro...*).

## Usos incorrectos de los pronombres reflexivos

Son construcciones reflexivas aquellas en las que el sujeto realiza una acción que recae sobre el mismo que la ejecuta:

*Yo me lavo, tú te afeitas, ella se maquilla...*

1) Concordancia de los reflexivos: *volver en sí, dar más de sí, llevar consigo.*
   Los pronombres reflexivos deben concordar en número y persona con el sujeto al que se refieren:

140

*Debes **volver en ti** y tomar la decisión correcta* (incorrecto: *\*Debes volver en sí y tomar...*).
*No puedo **dar más de mí*** (incorrecto: *\*No puedo **dar más de sí**...*).

La forma *sí* queda reservada solo par la tercera persona:

*Debe **volver en sí**; Ya no **dan más de sí.***

2)  *Con mí, con ti, con sí / conmigo, contigo, consigo*
    Son incorrectas las construcciones *con mí, con ti, con sí*:

*\*Estoy muy enfadado **con mí mismo*** (correcto: *...**conmigo** mismo*).
*\*Reflexiona **con ti mismo** y decide* (correcto: *...**contigo** mismo*).
*\*Solo cuenta **con sí mismo*** (correcto: *...**consigo** mismo*).

---

**EL LEÍSMO EN LA VARIANTE DIALECTAL CASTELLANA**
La presión del leísmo es tan fuerte en Castilla que incluso está extendido el empleo de *les* —masculino plural— entre la gente culta. El escritor Miguel Delibes refleja este fenómeno en sus obras. Observa un texto con leísmo y otro no leísta.

| | |
|---|---|
| Daniel, el Mochuelo, no se saciaba:<br>—¿Verdad que los leones son más grandes que los perros?<br>—Más grandes.<br>—¿Y por qué a Daniel no le hacían nada? Al quesero le complacía desmenuzar aquella historia:<br>—**Les** vencía solo con los ojos; solo con mirar**les**; tenía en los ojos el poder de Dios.<br>—¿Queeeé?<br>Apretaba al hijo contra sí:<br>—Daniel era un santo de Dios.<br>—¿Qué es eso?<br>La madre intervenía, precavida:<br>—Deja al chico ya; le enseñas demasiadas cosas para la edad que tiene.<br>Se lo quitaba al padre y **le** acostaba.<br><br>(Miguel Delibes: *El camino*). | *Daniel, el Mochuelo, no se saciaba:*<br>*—¿Verdad que los leones son más grandes que los perros?*<br>*—Más grandes.*<br>*—¿Y por qué a Daniel no le hacían nada? Al quesero le complacía desmenuzar aquella historia:*<br>*—**Los** vencía solo con los ojos; solo con mirarlos; tenía en los ojos el poder de Dios.*<br>*—¿Queeeé?*<br>*Apretaba al hijo contra sí:*<br>*—Daniel era un santo de Dios.*<br>*—¿Qué es eso?*<br>*La madre intervenía, precavida:*<br>*—Deja al chico ya; le enseñas demasiadas cosas para la edad que tiene.*<br>*Se lo quitaba al padre y **lo** acostaba.* |

## 5.3.2. Usos y norma de los pronombres relativos

Son pronombres relativos aquellos que sustituyen a un grupo nominal enunciado antes, que recibe el nombre de antecedente:

*Envíe el <u>correo</u> que está encima de la mesa.*
      ↑    ↑
  antecedente relativo
*Ése es <u>el chico</u> cuyo padre ha fallecido.*
    ↑    ↑
  antecedente relativo

Son formas de los pronombres relativos: *que, quien (-es), el/la
cual (los/las cuales), cuyo (-a, -os, -as), cuanto (-a, -os, -as)*.
Veamos ahora algunas cuestiones normativas.

### Usos incorrectos de que

1) El quesuismo: *\*La señora que su hermano es alcalde.*
    El poco uso del relativo *cuyo* conlleva a su sustitución por
el giro del mismo valor relativo y posesivo *que su*, considerado
incorrecto. Así:

*\*Esa es la muchacha que su hermana es la juez* (correcto: *...cuya
hermana es...*).
*\*Trabaja en una empresa que sus socios son todos hermanos* (correcto: *...cuyos socios son todos...*).

    No debe considerarse incorrecto *que su* cuando el *que* es
conjunción:

*Ya te advertí que su hermana es la juez; Luis piensa que su moto es
la mejor.*

2) El relativo *que* y el artículo: *la pluma con la que escribo/la pluma
con que escribo.*
    El relativo *que* en función de complemento preposicional
puede llevar o no artículo cuando se emplea con las preposiciones *a, con, de, en*. La omisión del artículo es más propia de la lengua escrita culta.

| **Preferente uso oral:** | **Preferente uso escrito y culto:** |
|---|---|
| *La pluma **con la que** escribo.* | *La pluma **con que** escribo.* |
| *El libro **del que** te hablé.* | *El libro **de que** te hablé.* |
| *La casa **en la que** vivo.* | *La casa **en que** vivo.* |

Con el resto de las preposiciones, la presencia del artículo es obligada para que tenga sentido o se eviten ambigüedades:

*Esa es la ciudad hacia la que nos dirigimos.*
*\*Esa es la casa hacia que nos dirigimos.* (No tiene sentido).
*Han arreglado la valla por la que se escapaba el ganado.*
*Han arreglado la valla porque se escapaba el ganado.* (Tiene valor causal).

3) Usos incorrectos de *cual, cuales*.
  — Deben guardar siempre la concordancia:

  *\*Sean **cual** sean sus razones atiéndelas* (correcto: *Sean **cuales** sean sus razones...*).

  — Debe evitarse el uso de *cual* o *cuales* en lugar de *cuyo:*

  *\*Hay un perro en la casa, el dueño **del cual** es* (correcto: *...**cuyo** dueño...*).

4) El antecedente de *que* y *cual* puede ser cualquier nombre (persona, animal, cosa); pero el antecedente de *quien* siempre es un nombre de persona. Es incorrecto, por tanto, decir:

*\*Ha llegado el tren en **quien** venía mi hermano.*

5) Uso de *quien, quienes*.
  Siempre se refieren a persona, nunca a cosas, a no ser que estén personificadas:

*Fue Ramón **quien** rompió el cristal*
*No es la muerte a **quien** temo, sino a la enfermedad.*

  Pero serán considerados usos incorrectos:

*\*Fue el tabaco **quien** le produjo el cáncer* (correcto: *... **el que** le ha producido...*).

*Ha sido el viento **quien** ha golpeado la puerta* (correcto: *...**el que** ha golpeado...*).

## 5.4. LOS DETERMINANTES

### 5.4.1. Conceptos generales

Los determinantes tienen la función de presentar al nombre en la oración, a la vez que limitan y precisan su significado; por eso, se llaman también *presentadores* o *actualizadores*.

### Clases

Por las precisiones que aportan al nombre, se distinguen varias clases: artículos y adjetivos determinativos. Observe el cuadro siguiente:

| CLASE | SIGNIFICACIÓN | FORMAS |
|---|---|---|
| **A) artículos** | | |
| artículos determinados | Presentan a un nombre ya conocido o aludido antes. | *el, la, los, las, lo al, del* (formas contractas) |
| artículos indeterminados | Presentan a un nombre no conocido o aludido antes. | *un, una, unos, unas* |
| **B) adjetivos determinativos** | | |
| demostrativos | Indican la situación en que se encuentra un objeto con relación (espacial o temporal) al hablante o al momento del habla. | *este, ese, aquel... estos, esos, aquellos...* |

| CLASE | SIGNIFICACIÓN | FORMAS |
|---|---|---|
| posesivos | Indican la posesión o pertenencia del objeto que representa ese nombre. | *mi-mío, tu-tuyo, su-suyo...; mis-míos, tus...; nuestro, vuestro, suyo...* |
| numerales: cardinales, ordinales, fraccionarios y multiplicativos. | Realizan una precisión numérica de los objetos señalados por el nombre. | *uno, veinte, dos mil... primero, vigésimo primero... medio, tercio, doceavo... doble, triple, cuádruple, quíntuple...* |
| indefinidos | Indican la cantidad de manera indeterminada, sin concretarla. | *alguno, ninguno, mucho, varios, cierto, poco, bastante, demasiado, más, menos...* |
| interrogativos | Preguntan para precisar algún dato sobre el nombre al que acompañan. | Los interrogativos y exclamativos emplean las mismas formas: *qué; cuál, -es; cuánto, -a, -os, -as.* |
| exclamativos | Ponderan o enfatizan al nombre en una construcción exclamativa. | |

## Determinantes en función pronominal

Los adjetivos determinativos funcionan como pronombres cuando no acompañan al nombre:
1) Demostrativos: *Ponte esa chaqueta* (determinante), *yo me pondré ésta* (pronombre).

Son siempre pronombres las formas neutras *esto, eso* y *aquello*.

2) Posesivos: *Me gusta* tu (det.) *coche, pero yo prefiero* el mío (pron.). Son siempre pronombres las formas neutras: *lo mío, lo tuyo, lo suyo, lo nuestro...*

3) Numerales: *Yo vivo en el* primer piso (det.), *mi primos en el* sexto (pron.).

4) Indefinidos: Mucha gente (det.) *va al cine, pero poca al teatro* (pron.). Son siempre pronombres: *alguien, nadie, algo, nada.*

—*¿Ha llamado **alguien**? —No, **nadie**.*
—*¿Desea usted **algo**? —No, **nada**.*

5) Interrogativos y exclamativos:

*¿**Qué camisa** (det.) prefieres?; ¿**Cuál** (pron.) eliges?*
*¡**Qué ruido** (det.) hay en este bar!*

### Indefinidos y adverbios

— Los adverbios de cantidad *(más, menos, mucho, poco, demasiado, bastante...)* funcionan como determinantes cuando acompañan al nombre y precisan su significado o como adverbios cuando complementan al verbo:

*¿Has invitado a tu boda a **mucha** gente?* (indefinido)
*Ya he comido **mucho*** (adverbio), *no quiero más.*

— Las formas *algo* y *nada* pueden funcionar como adverbios para graduar la intensidad del adjetivo:

*Me encuentro algo (muy) cansado; Eso no es nada bueno para ti.*

EFECTOS RÍTMICOS Y EXPRESIVOS PRODUCIDOS
POR LA PRESENCIA U OMISIÓN DE DETERMINANTES

— **La omisión:**
Realza el carácter sentencioso en proverbios y refranes:
*Agua que no has de beber, déjala correr.*
*Pan para hoy, hambre para mañana.*

En u a enumeración acentúa la rapidez:
*Padre e hijos son muy buenos amigos.*
*Compramos pan, embutido, helados y refrescos.*

— **La presencia:**
Resalta la individualidad de cada uno de los elementos y hace la expresión más pausada:

Con resignación había aceptado que de las distracciones familiares quedaran excluidos, por inmorales para el espíritu, **el cine, el baile, el teatro, la radio,** y por onerosos para el presupuesto, **los restaurantes, los viajes y cualquier fantasía** en el atuendo corporal y en la decoración inmueble. Solo en lo que se refería a su pecado, la gula, había sido incapaz de obedecer al señor de la casa. Muchas veces había aparecido en el menú **la carne, el pescado y los postres cremosos.** Era el único renglón de la casa en que don Federico Téllez Unzátegui no había podido imponer su voluntad: un rígido vegetarianismo.

(Mario Vargas Llosa: *La tía Julia y el escribidor,*
Madrid, Alfaguara, 2003)

## 5.4.2. Usos y norma de los determinantes

*Concordancia con el nombre: el hambre o \*la hambre;*
*\*este alma o esta alma*

Los determinantes concuerdan con el nombre en género y número, al igual que el adjetivo, sin embargo, por eufonía se dan las siguientes excepciones:

Se emplean los artículos *el* y *un* con nombres femeninos que comienzan por *a-* o *ha-* tónicas:

| | | |
|---|---|---|
| *el asa* | *el hambre* | (no *\*la asa, \*la hambre*) |
| *el ancla* | *el habla* | (no *\*la ancla, \*la habla*) |
| *un aula* | *un hada* | (no *\*una aula, \*una hada*) |
| *un asa* | *un hacha* | (no *\*una asa, \*una hacha*) |

— También se pueden combinar los indefinidos *algún* y *ningún* en los mismos casos, pero de manera potestativa, siendo preferible mantener la concordancia:

*algún* y *ningún ave*            *algún* y *ningún hambre*
(preferibles: *alguna* y *ninguna ave*; *alguna* y *ninguna hambre*)

Sin embargo, hay que mantener la concordancia:
*a)* Con otros determinantes:

*Esta alma de Dios; Esa hambre atroz; Aquella arpa de la abuela*
(no *\*Este alma de Dios; \*Ese hambre atroz; \*Aquel arpa de la abuela*).
*Mucha hambre/poca hambre* (no *\*mucho hambre, \*poco hambre*).
*Toda el agua, toda África, toda esta área* (no *\*todo el agua,\*todo África, \*todo este área*).

*b)* Con las formas del demostrativo, en el español peninsular, está muy extendido, incluso en el nivel culto, *este aula, este agua*, etcétera.

*c)* En el plural:

*las aulas, unas asas, algunas aves.*

*d)* Cuando se interpone un adjetivo entre el determinante y el nombre:

*la veloz ave; la enigmática hada; alguna pequeña ancla.*

*e)* Delante de nombres propios de personas:

*La Ana de la que te hablé; La Ángela que te presenté.*

Pero no delante de nombres propios geográficos:

*El África negra; El Asia menor.*

*f)* Delante de acrónimos:

*la APA* (Asociación de Padres de Alumnos), *la ACE* (Asociación Colegial de Escritores).

### Normas sobre el uso de los determinantes

1) El artículo con nombres propios: *\*el Eutimio, la Caballé, El Quijote, La Haya.*
   Se considera no elegante el empleo del artículo con nombres propios de personas:

*la Luisa, la Irene, el Eutimio.*

Sin embargo, es correcto en los siguientes casos:
*a)* Delante de apellidos de mujeres famosas: *la Caballé, la Pardo Bazán.*
*b)* Con los sobrenombres y apodos: *Manuel Benítez, el* Cordobés; *Lola Flores, la* Faraona.
*c)* Cuando el nombre va con un complemento: *el Javi del Sevilla, la bella Lola, el Luis que te presenté ayer.*
*d)* Cuando el nombre da título a una obra: *La Celestina, El Lazarillo, El Quijote.*
*e)* Cuando se utiliza el español desde otra lengua, por ejemplo, el catalán: *la Montse, el Jordi.*

Es correcto el empleo del artículo con nombres de ciudades, países, comunidades autónomas, cuando forma parte del nombre propio:

*El Escorial, El Bierzo, La Haya, La Rioja.*

En otros casos, el uso del artículo es opcional:

*(los) Estados Unidos, (la) India, (el) Brasil.*

149

2) Los demostrativos referidos a personas: *Anda el niño este; ¿Quién es ésa?*
   Salvo en un contexto familiar, tiene un matiz despectivo, por lo que debe evitarse:

   *Anda el niño este con qué nos sale ahora; *Yo con ése no voy a ninguna parte; *Eso es más presumido que...; *¿Quién es ésa?*

3) Los posesivos con adverbios: *detrás mío/mía, enfrente suyo/suya.*
   Tiende a evitarse en el español culto peninsular la combinación de adverbio con posesivos:

   *detrás mío, *encima nuestro, *delante suyo*
   (preferible: *detrás de mí, encima de nosotros, delante de él o de ellos*).

   Aunque en Hispanoamérica es general su uso: *detrás suyo, enfrente nuestro.*
   Sin embargo, sí está admitida la combinación con *alrededor: alrededor mío, suyo, vuestro,* etcétera.

4) Uso correcto de los numerales cardinales:
   a) *Veintiún libros / treinta y una carpetas /, veintiún mil euros / treinta y un mil libras.* Los numerales compuestos con uno *(veintiuno, treinta y uno, cincuenta y uno...)* adoptan la forma apocopada delante del masculino, pero mantienen la forma plena delante del femenino:

      *treinta y una carpetas* (no *treinta y un carpetas*)
      *sesenta y una macetas* (no *sesenta y un macetas*)

      Sin embargo, en la combinación con *mil* es obligada la forma apocopada en nombres femeninos:

      *treinta y un mil libras esterlinas* (no *treinta y una mil libras esterlinas*)
      *cincuenta y un mil farolas* (no *cincuenta y una mil farolas*)

   b) *Veintinueve, treinta, treinta y uno, doscientos, doscientos uno.* Los numerales compuestos se escriben en una sola palabra hasta el *veintinueve*; y se escriben separados a partir del *treinta y uno*, a excepción de las decenas y centenas: *sesenta, ochenta, doscientos, cuatrocientos.*

Así, son incorrectos: *\*diez y ocho, \*treintaiuno, \*seis cientos.*

c) *\*Ventidós, \*sietecientos, \*nuevecientos / veintidós, setecientos, novecientos.* Son vulgarismos los usos de *\*ventidós, \*ventitrés, \*venticuatro..., \*sietecientos* y *\*nuevecientos.*

5) Uso correcto de los numerales ordinales:
   a) *Primer capítulo/primera edición, tercer piso/tercera planta.* Solo se admite el apócope para el masculino. Así, son incorrectas: *\*primer edición, \*tercer planta.*
   b) *Undécimo/\*decimoprimero, duodécimo/ \*decimosegundo.* La RAE solo admite las formas *undécimo* y *duodécimo.*
   c) *Octavo capítulo, octava vez, \*onceavo lugar, \*doceavo puesto.* La terminación *avo/ava* es propia de los determinantes partitivos: *un veintidosavo del capital de la empresa, una doceava parte de la herencia.*
   
   Las formas *octavo/octava* pueden ser numerales partitivos u ordinales, pero es incorrecto el empleo de la terminación *-avo/ava* para otros ordinales: *\*onceavo, \*catorceavo* (correcto: *undécimo, decimocuarto*).
   d) *Alfonso décimo* o *Alfonso diez, el Papa Benedicto quince, El Veintiún Simposio...* Los ordinales suelen usarse con normalidad hasta el diez *(capítulo segundo, Pablo sexto, siglo octavo...)*, hay titubeos en el diez *(Alfonso décimo o diez)* y está consolidado en el uso el empleo de los cardinales en lugar del ordinal del once en adelante *(el siglo diecinueve, el Papa Juan veintitrés, el treinta y seis simposio sobre...).*
   e) Se escriben en una sola palabra hasta el *vigésimo;* a partir de aquí, en dos: *vigésimo cuarto, trigésimo segundo,* a excepción de las decenas y centenas: *cuadragésimo, tricentésimo, milésimo...*

6) Uso de los indefinidos:
   a) *Cualquier, cualquiera, cualesquiera.* Se emplea la forma apocopada delante de nombres masculinos o femeninos: *cualquier hombre, cualquier mujer* (no *\*cualquiera mujer);* y la forma plena si va pospuesta al sustantivo: *un hombre cualquiera, una mujer cualquiera* (no: *\*un hombre cualquier, \*una mujer cualquier).*

*Cualesquiera* es plural: *Cómprame dos rotuladores cualesquiera; Elegiremos a dos señoras cualesquiera* (no: *\*dos rotuladores cualquieras, \*dos señoras cualquieras*).

Sin embargo, *cualquieras* es un sustantivo usado de manera correcta en expresiones del tipo: *Esos hermanos siempre han sido unos cualquieras; Esas señoras no son sino unas cualquieras.*

b) *Un poco de vino, un poco de agua.* La expresión *un poco de* se emplea de modo invariable con nombres masculinos o femeninos: *un poco de leche, un poco de carne* (no *\*una poca de leche, \*una poca de carne*).

7) Otros determinantes que crean problemas: *cada, sendos, ambos.*

a) *Cada* es distributivo con el valor de *uno y otro*: *Cada uno* (= 'uno y otro') *con sus manías; Debe llevar cada uno* (= 'uno y otro') *su comida y su bebida.*

Pero son considerados incorrectos los usos no distributivos, con valor totalizador, aunque se encuentran muy extendidos en el uso: *\*Cada año* (= todos los años) *llevo los niños al dentista; \*Cada día* (= todos los días) *paseo un par de horas.*

b) *Sendos, -as* es distributivo también con el significado de 'uno (para, con, de...) cada uno': *Los ganadores portaban sendas medallas; Las doncellas iban adornadas con sendas coronas de flores.*

Pero es incorrecto el uso con el significado equivalente de *repetidos* o *descomunales: \*Corrigió su desfachatez con sendas bofetadas.*

c) *Ambos, -as* significa 'uno y otro': *He visitado Salamanca y Zamora; ambas* (una y otra) *ciudades conservan muchos monumentos románicos; Coge la cesta con ambas manos.*

Pero es incorrecto el empleo con el numeral *dos: \*Agarra la caja con ambas dos manos. \*Ambos dos deberéis redactar el informe.*

---

EL HABLA POPULAR EN LA LITERATURA

Observe, señalados en negrita, el uso del artículo con nombre propio de persona (*la Enriqueta*), el laísmo (*la dije*) y vocablos con supresión de sonidos (*ustés* 'ustedes', *quiés* 'quieres', *pa* 'para', *ensalá* 'ensalada', *pasao* 'pasado'). De este modo se caracterizan los personajes a través del lenguaje.

Isidoro.— Toma y cuenta, cuenta.

Segunda.— Veréis por lo que ha sido la cosa. Una tarde, hace ya dos domingos, salimos la Enriqueta y yo a dar un paseo por las afueras, y sin saber cómo ni cuándo, nos encontramos de pronto en la Fuente del Berro, en el merendero del Badanas. Llegamos a la puerta del establecimiento, nos paramos ante un barril de escabeche, y como saben ustés lo caprichosa que es la Enriqueta, va y me dice: «¿Quiés que le demos un disgusto a ese bonito?» Yo la dije: «Pa luego es tarde». Conque nos sentamos mano a mano, y nos sirven una ensalá, medio frasco de Valdepeñas y unas naranjas que daban gloria. No habíamos pasao de la tercera aceituna, cuando de repente me siento una cosa que me corría por el pescuezo, me vuelvo, ¿qué dirás que era?

Isidoro.— ¡Una oruga!

Segunda.— ¡El señor Cosme!

Isidoro.— ¡El guardia!

Segunda.— El mismo, que me estaba haciendo cosquillas con una ramita.

(Carlos Arniches: *Del Madrid castizo. Sainetes*, Madrid, Ed. Cátedra, 1989).

## 5.5. El verbo

### 5.5.1. Conceptos generales

El verbo, desde el punto de vista semántico, expresa acciones *(correr)*, procesos *(dormir)* o estados *(permanecer)*.

Su función propia en la oración es ser núcleo del predicado, aunque puede adoptar distintas formas. Observa:

| ___ S ___ | _____ P _____ | |
|---|---|---|
| | *trabaja* en diseño gráfico. | (forma simple) |
| Berta | *ha ganado* varios premios. | (forma compuesta) |
| | *será ascendida* a jefa de sección. | (voz pasiva) |
| | *se ha puesto a estudiar* ruso. | (perífrasis verbal) |

Desde el punto de vista formal, es una categoría gramatical que consta de un radical, que posee el significado léxico, y unas desinencias, que proporcionan las informaciones gramaticales de persona, número, tiempo, modo y aspecto. Así, en *cantábamos* decimos que es la primera persona de plural del pretérito imperfecto de indicativo, aspecto imperfecto, del verbo *cantar*.

1) La *persona* (*yo, tú, él*) y el *número* (singular y plural) son variaciones que también experimentan otras clases de palabras.

El *infinitivo, gerundio* y *participio* carecen de desinencias de persona y, por ello, se llaman *formas no personales*.

2) El *tiempo* indica si la acción es simultánea (*presente*), anterior (*pasado*) o posterior (*futuro*) al momento en que se habla: *Jamás he visto, veo ni veré un programa basura de televisión*.

3) El *modo* manifiesta la actitud del hablante ante la acción verbal. Se emplea el modo:

— Indicativo cuando expresa la acción con objetividad, la considera real: *Hoy saldré del trabajo un poco tarde*.

— Subjuntivo si expresa la acción como un deseo, duda, temor... *Quizá llegue un poco tarde a cenar*.

— Imperativo si ordena, ruega o prohíbe algo al oyente: *Empezad la cena sin mí*.

4) El *aspecto* informa sobre el desarrollo interno de la acción y distingue entre acción acabada y no acabada. Fijémonos en estos ejemplos:

*Apagaba el ordenador cuando llegaste; Había apagado el ordenador cuando llegaste.*

*Apagaré el ordenador cuando llegues; Habré apagado el ordenador cuando llegues.*

Las formas *apagaba* y *apagaré* expresan una acción en el pasado o en el futuro sin indicar su final: tienen aspecto *imperfecto*; las formas *había apagado* y *habré apagado* señalan una acción ya acabada en el pasado o en el futuro: tienen aspecto *perfecto*. Son formas de *aspecto imperfecto* todas la simples, a excepción del pretérito perfecto simple (*canté*); y son formas de *aspecto perfecto* las compuestas y, además, el pretérito perfecto simple.

### 5.5.2. Usos rectos y desviados de las formas verbales

Cuando decimos que *Cervantes nació en Alcalá de Henares en 1547* o *Cervantes nace en Alcalá de Henares en 1547*, empleamos dos formas verbales *(nació* —pasado— y *nace* —presente—) de forma correcta. No obstante, observamos que *nació* expresa tiempo pasado (está en uso recto) mientras que *nace* adquiere un valor que, en principio, no le es propio (es un uso desviado). Veamos en la conjugación el valor en su uso recto y, a continuación, los principales usos desviados.

### 5.5.2.1. La conjugación verbal

La conjugación es la serie ordenada de todas las formas verbales. Todos los verbos acaban en el infinitivo en *-ar, -er, -ir*, dando lugar a los tres modelos de conjugación: *cantar* (1.ª), *temer* (2.ª), *partir* (3.ª).

|  | **Formas simples** | **Formas compuestas** |
|---|---|---|
| **FORMAS NO PERSONALES** | **Infinitivo:** cantar, temer, partir<br>**Gerundio:** cantando, temiendo, partiendo<br>**Participio:** cantado, temido, partido | **Infinitivo:** haber cantado, temido, partido<br>**Gerundio:** habiendo cantado, temido, partido |
| **INDICATIVO** | **Presente:** canto, temo, parto<br>**Pret. imperfecto** o **copretérito:** cantaba, temía, partía<br>**Pret. perfecto simple** o **pretérito:** canté, temí, partí<br>**Futuro:** cantaré, temeré, partiré<br>**Condicional** o **pospretérito:** cantaría, temería, partiría | **Pret. perf. compuesto** o **antepresente:** he cantado (temido, partido)<br>**Pret. pluscuamperfecto** o **antecopretérito:** había cantado (temido, partido)<br>**Pret. anterior** o **antepretérito:** hube cantado (temido, partido)<br>**Futuro perfecto** o **antefuturo:** habré cantado (temido, partido)<br>**Condicional perfecto** o **antepospretérito:** habría cantado (temido, partido) |

| | Formas simples | Formas compuestas |
|---|---|---|
| SUBJUNTIVO | **Presente:** cante, tema, parta **Pret. imperfecto** o **copretérito:** cantara(-se), temiera(-se), partiera(-se) **Futuro:** cantare, temiere, partiere | **Pret. perf. compuesto** o **antepresente:** haya cantado (temido, partido) **Pret. pluscuamperfecto** o **antecopretérito:** hubiera(-se) cantado (temido, partido) **Futuro perfecto** o **antefuturo:** hubiere cantado (temido, partido) |
| IMPERATIVO | **Presente:** canta, teme, parte (tú); cantad, temed, partid (vosotros) | |

Así, siguiendo este cuadro podemos definir los usos rectos de cada una de las formas verbales:
— *Temerías:* segunda persona de singular del condicional simple de indicativo, aspecto imperfecto.
— *Cantad:* segunda persona de plural del presente de imperativo, aspecto imperfecto.

**El pretérito perfecto simple, tiempo del relato;**
**y el pretérito imperfecto, tiempo de la descripción**
    Su alternancia en el relato permite la sucesión de hechos —la acción de la historia— junto a la presentación de personajes, espacios, ambientes, etc. (característica de la descripción).

EL NIÑO CINCO MIL MILLONES
En un día del año 1987 nació el niño Cinco Mil Millones. Vino sin etiqueta, así que podía ser negro, blanco, amarillo, etc. Muchos países, en ese día, eligieron al azar un niño Cinco Mil Millones para homenajearlo y hasta para filmarlo y grabar su primer llanto.
    Sin embargo, el verdadero niño Cinco Mil Millones no fue homenajeado ni filmado ni acaso tuvo energías para su primer llanto. Mucho antes de nacer, ya tenía hambre. Un hambre atroz. Un hambre vieja. Cuando por fin movió sus dedos, éstos tocaron la tierra seca. Cuarteada

y seca. Tierra con grietas y esqueletos de perros o de camellos o de vacas. También con el esqueleto del niño número 4.999.999.999.

El verdadero niño Cinco Mil Millones **tenía** hambre y sed, pero su madre **tenía** más hambre y más sed y sus pechos oscuros **eran** como tierra exhausta. Junto a ella, el abuelo del niño **tenía** hambre y sed más antiguas aún y ya no **encontraba** en sí mismo ganas de pensar o de creer.

Una semana después el niño Cinco Mil Millones **era** un minúsculo esqueleto y en consecuencia <u>disminuyó</u> en algo el horrible riesgo de que el planeta llegara a estar superpoblado.

(Mario Benedetti: *Despistes y franquezas*, Madrid, Alfaguara, 1998).

### 5.5.2.2. Usos desviados: estilística de las formas verbales

Las formas verbales, además de expresar el tiempo, modo y aspecto, estudiados en la conjugación, tienen otros usos para dar realce expresivo al enunciado y al texto.

1) Presente de indicativo *(canto, temo, parto)*.

Expresa tiempo presente y aspecto imperfecto. Sus usos más importantes son:

*a)* Presente con valor de «tiempo presente». Aparece con distintos matices:

— Presente actual. La acción coincide con el momento del habla, como en una retransmisión deportiva:

*Raúl coge la pelota, **regatea**, **lanza**, y el esférico **llega** a la red.*

— Presente intemporal o gnómico. Se utiliza en la exposición de conocimientos, proverbios y refranes de valor intemporal:

*Las ranas **son** animales anfibios; A quien **madruga**, Dios le ayuda.*

— Presente durativo. Expresa una acción en el presente que dura en el tiempo:

*Vivimos en una casa de campo.*

— Presente habitual. Señala acciones que ocurren *habitualmente*, aunque no coincidan con el momento del habla:

*Yo llevo a mis hijos al colegio.*

b) Presente histórico. Narra hechos ocurridos en el pasado con el fin de acercarlos al lector u oyente:

*Pablo Neruda publica* (= publicó) Veinte poemas de amor y una canción desesperada *en 1924.*

c) Presente por futuro. La acción expresada en el verbo refuerza la certeza de su realización:

*Esta tarde vamos* (= iremos) *al cine.*

d) Presente de mandato. Se emplea en el plano oral de la lengua para expresar el mandato con mayor emotividad y eficacia:

*Tú te callas* (= cállate) *y obedeces* (= obedece) *a papá.*

2) Pretérito imperfecto o copretérito *(cantaba, temía, partía).*
Expresa tiempo pasado y aspecto imperfecto, es decir, una acción que dura en el pasado sin indicar su final.
Otros empleos del imperfecto son los siguientes:
a) Imperfecto de cortesía. Se usa en lugar del presente para manifestar cortesía:

*¿Qué deseaba usted?* (cortesía) → *¿Qué desea usted?*
*Quería pedirle un favor* (cortesía) → *Quiero pedirle un favor.*

b) Imperfecto por condicional:

*Si consiguiera ese trabajo, me compraba* (= compraría) *un coche.*

c) Imperfecto de contrariedad:

*Ahora que tenía* (= tengo) *coche, me quitan el carné de conducir.*

*d)* Imperfecto de conato, para expresar acciones que no llegan a consumarse:

*Encuentra abierto por casualidad, porque ya me **iba**.*

3) Pretérito perfecto simple o pretérito *(canté)* y pretérito perfecto compuesto o antepretérito *(he cantado)*.
Ambos tiempos expresan tiempo pasado y aspecto perfecto. Veamos, pues, la diferencia:
— Se emplea el *pretérito perfecto simple* para señalar acciones realizadas fuera de la unidad de tiempo *(el mes pasado)* en la que se encuentra el hablante.
— Se emplea el *pretérito perfecto compuesto* para señalar acciones realizadas dentro de la unidad de tiempo *(en este mes)* en la que se encuentra el hablante.

*El invierno pasado **nevó** muchísimo, sin embargo, en éste apenas **han caído** dos gotas de agua.*

El *pretérito perfecto compuesto* se emplea en lugar del futuro para reforzar el cumplimiento de la acción en alternancia con el presente-futuro:

*Tómate un café; en unos minutos **he terminado*** (= termino o terminaré) *el informe.*

4) Futuro *(cantaré)* y futuro perfecto o antefuturo *(habré cantado)*.
El futuro expresa una acción objetiva, de tiempo venidero y aspecto imperfecto: *Te dejaré el coche este fin de semana.* Pero, en muchos casos, adquiere valores modales de mandato, incertidumbre, etcétera.
*a)* Futuro de mandato:

***Volverás*** (= vete) *al colegio y **pedirás*** (= pide) *disculpas a la profesora.*

*b)* Futuro de incertidumbre:

*¿Dónde **vivirá*** (= vive, si fuera real) *Ana ahora?*

*c)* Futuro de probabilidad: expresa una acción en el presente como probable:

**Serán** (= son, si hubiera certeza) *las doce.*

*d)* Futuro de cortesía:

*Se* **alegrará** (= se alegra) *mucho de volver a casa, ¿verdad?*

*e)* Futuro perfecto *(habré cantado):* expresa tiempo futuro y aspecto perfecto:

*Cuando vuelvas,* **habré terminado** *este informe.*

También puede expresar la *probabilidad* para un hecho del pasado:

*Pienso que ya habrá encontrado* (o *ha encontrado*, si es un hecho real) *trabajo.*

5) Condicional o pospretérito *(cantaría)* y condicional perfecto o antepospretérito *(habría cantado).*
Cuando no se emplea en oraciones condicionales, expresa un futuro a partir de un momento del pasado:

*Me aseguraste que hoy harías tú la compra.*

En oraciones condicionales expresa un futuro del presente:

*Si llegaras puntual, te lo* **agradecería.**

Al igual que el futuro, aparece con valores modales:
*a)* Condicional de cortesía:

**Querría** (= *quiere) alcanzarme el abrigo, por favor.*

*b)* Condicional de probabilidad. Expresa una acción en el pasado como probable:

— *Se* **graduó** *en 1998.* (Realmente)
— *Se* **graduaría** *en 1998.* (Probablemente)

*c)* Condicional perfecto. Indica una acción futura y acabada respecto de un momento del pasado:

**Habría estudiado** *Medicina si hubiera sacado una beca.*

6) Pretérito pluscuamperfecto o antecopretérito *(había cantado)* y pretérito anterior o antepretérito *(hube cantado)*.

Ambos expresan una acción anterior a otra también pasada y son de aspecto perfecto. Su diferencia es muy sutil:

*Llegamos cuando* **había comenzado** *el acto.*
*Llegamos cuando* **hubo comenzado** *el acto* (= nada más comenzar el acto).

La inmediatez es el rasgo diferenciador.

7) Formas del subjuntivo.

Los valores temporales del subjuntivo no son tan claros y precisos como los del indicativo, sino que dependen de diversos factores como la subjetividad del hablante o el significado de otras palabras del contexto. Así:

*a)* Con el *presente (cante)* se expresa una acción *presente (Me ha pedido que te* **dé ahora** *el regalo)* o *futura (Me han pedido que te* **dé** *el regalo esta tarde).*

También se emplea para el mandato en forma negativa:

*No* **te pongas** *la ropa de tu hermana sin permiso.*

*b)* Con el *imperfecto* o *copretérito (cantara* o *cantase)* nos referimos a una acción *presente (Si* **llegara** *ahora Luis, podríamos jugar un partido); pasada (Me pediste que te* **acompañara** *al médico pero no pude);* o *futura (Si* **tuviera** *tiempo esta tarde, pasaba por tu casa).*

*c)* Los *futuros (cantare* y *hubiere cantado...)* apenas se usan, y ello es debido al empleo del presente y del pretérito imperfecto para las acciones futuras que expresan la subjetividad del hablante.

La **probabilidad** y la **incertidumbre** se expresan con el futuro para hechos de presente, y con el futuro perfecto y el condicional para hechos del pasado.

—*¿Tiene usted una aspirina?* —***Tendré*** *una caja, por ahí, en ese cajón.*
—*¿****Tendrá*** *también agua mineral?* —*No, aquí el agua del grifo es muy buena.*
—*¿Ha ido Luis a casa de la abuela?* —***Habrá ido****, en casa no está.*
—*¿Le **habrá llevado** la comida de mañana?* —*No lo sé. Me imagino que se **habrá acordado**.*
—*¿Cuántos estabais cenando ayer en casa?* —*No te lo puede decir con seguridad;* ***estaríamos*** *unas veinte personas.*

## 5.5.3. Conjugación de los principales verbos irregulares

| 1. VERBOS QUE SUFREN ALTERACIONES EN LAS VOCALES: CAMBIO, DIPTONGACIÓN, CONTRACCIONES... | | | |
|---|---|---|---|
| | **CONCEBIR** | **DORMIR** | **ESTAR** | **VER** |
| PRESENTE DE INDICATIVO | concibo<br>concibes<br>concibe | duermo<br>duermes<br>duerme | estoy<br>estás<br>está | veo<br>ves<br>ve |
| PRESENTE DE SUBJUNTIVO | conciba<br>concibas<br>conciba | duerma<br>duermas<br>duerma | esté<br>estés<br>esté | vea<br>veas<br>vea |
| PRESENTE DE IMPERATIVO | concibe tú<br>concebid vosotros | duerme tú<br>dormid vosotros | está tú<br>estad vosotros | ve tú<br>ved vosotros |
| PRETÉRITO PERFECTO SIMPLE (o pretérito) | concebí<br>concebiste<br>concibió | dormí<br>dormiste<br>durmió | estuve<br>estuviste<br>estuvo | vi<br>viste<br>vio |
| PRETÉRITO IMPERFECTO (o copretérito) DE SUBJUNTIVO | concibiera<br>o concibiese<br>concibieras<br>o concibieses<br>concibiera<br>o concibiese | durmiera<br>o durmiese<br>durmieras<br>o durmieses<br>durmiera<br>o durmiese | estuviera<br>o estuviese<br>estuvieras<br>o estuvieses<br>estuviera<br>o estuviese | viera o viese<br>vieras o vieses<br>viera o viese |

|  | CONCEBIR | DORMIR | ESTAR | VER |
|---|---|---|---|---|
| FUTURO DE SUBJUNTIVO | concibiere<br>concibieres<br>concibiere | durmiere<br>durmieres<br>durmiere | estuviere<br>estuvieres<br>estuviere | viere<br>vieres<br>viere |
| FUTURO | *concebiré*<br>(regular) | *dormiré*<br>(regular) | *estaré*<br>(regular) | *veré*<br>(regular) |
| CONDICIONAL (o pospretérito) | *concebiría*<br>(regular) | *dormiría*<br>(regular) | *estaría*<br>(regular) | *vería*<br>(regular) |
| VERBOS QUE SE CONJUGAN DE IGUAL MANERA | *COMPETIR, DERRETIR, ELEGIR, EMBESTIR, EXPEDIR, GEMIR, IMPEDIR, MEDIR, PEDIR, REGIR, RENDIR, REPETIR, SEGUIR, SERVIR, VESTIR...* | *MORIR* | La reducción de vocales afecta también al verbo *DAR*. | *ENTREVER* y *PREVER* |

| 2. VERBOS QUE SUFREN ALTERACIONES EN LAS CONSONANTES | | | |
|---|---|---|---|

|  | HACER | HUIR | PONER | SALIR |
|---|---|---|---|---|
| PRESENTE DE INDICATIVO | hago<br>haces<br>hace | huyo<br>huyes<br>huye | pongo<br>pones<br>pone | salgo<br>sales<br>sale |
| PRESENTE DE SUBJUNTIVO | haga<br>hagas<br>haga | huya<br>huyas<br>huya | ponga<br>pongas<br>ponga | salga<br>salgas<br>salga |
| PRESENTE DE IMPERATIVO | haz tú<br>haced vosotros | huye tú<br>huid vosotros | pon tú<br>poned vosotros | sal tú<br>salid vosotros |
| PRETÉRITO PERFECTO SIMPLE (o pretérito) | hice<br>hiciste<br>hizo | huí<br>huiste<br>huyó | puse<br>pusiste<br>puso | *salí...*<br>(regular) |

| | HACER | HUIR | PONER | SALIR |
|---|---|---|---|---|
| PRETÉRITO IMPERFECTO (o copretérito) DE SUBJUNTIVO | hiciera o hiciese hicieras o hicieses hiciera o hiciese | huyera o huyese huyeras o huyeses huyera o huyese | pusiera o pusiese pusieras o pusieses pusiera o pusiese | *saliera* o *saliese...* (regular) |
| FUTURO DE SUBJUNTIVO | hiciere hicieres hiciere | huyere huyeres huyere | pusiere pusieres pusiere | *saliere...* (regular) |
| FUTURO | haré harás hará | *huiré...* (regular) | pondré pondrás pondrá | saldré saldrás saldrá |
| CONDICIONAL (o pospretérito) | haría harías haría | *huiría...* (regular) | pondría pondrías pondría | saldría saldrías saldría |
| VERBOS QUE SE CONJUGAN DE IGUAL MANERA | *CONTRAHACER, DESHACER, REHACER.* | *ARGÜIR, CONCLUIR, EXCLUIR, RECLUIR, CONSTITUIR, DESTITUIR, RESTITUIR, SUSTITUIR, DILUIR...* | Verbos acabados en **-oner**: *ANTEPONER, POSPONER, DISPONER...* Verbos acabados en **-ener**: *TENER* y sus compuestos: *RETENER...* | *SOBRESALIR, VALER...* |

## 3. Verbos que sufren alteraciones en las vocales y en las consonantes

| | DECIR | CABER | SER | IR |
|---|---|---|---|---|
| PRESENTE DE INDICATIVO | digo dices dice | quepo cabes cabe | soy eres es | voy vas va |
| PRESENTE DE SUBJUNTIVO | diga digas diga | quepa quepas quepa | sea seas sea | vaya vayas vaya |
| PRESENTE DE IMPERATIVO | di tú decid vosotros | cabe tú cabed vosotros | sé tú sed vosotros | ve tú id vosotros |

|  | DECIR | CABER | SER | IR |
|---|---|---|---|---|
| PRETÉRITO PERFECTO SIMPLE (o pretérito) | dije dijiste dijo | cupe cupiste cupo | fui fuiste fue | fui fuiste fue |
| PRETÉRITO IMPERFECTO (o copretérito) DE SUBJUNTIVO | dijera o dijese dijeras o dijeses dijera o dijese | cupiera o cupiese cupieras o cupieses cupiera o cupiese | fuera o fuese fueras o fueses fuera o fuese | fuera o fuese fueras o fueses fuera o fuese |
| FUTURO DE SUBJUNTIVO | dijere dijeres dijere | cupiere cupieres cupiere | fuere fueres fuere | fuere fueres fuere |
| FUTURO | diré dirás dirá | cabré cabrás cabrá | *seré...* (regular) | *iré...* (regular) |
| CONDICIONAL (o pospretérito) | diría dirías diría | cabría cabrías cabría | *sería...* (regular) | *iría...* (regular) |
| VERBOS QUE SE CONJUGAN DE IGUAL MANERA | Los compuestos de *DECIR: PREDECIR, DESDECIR...* | | | |

## 4. Otros verbos irregulares (Se enuncian las formas irregulares en letra redonda)

| ACERTAR | INDIC. | Presente | acierto, aciertas, acierta; *acertamos, acertáis,* aciertan |
|---|---|---|---|
|  | SUBJ. | Presente | acierte, aciertes, acierte; *acertemos, acertéis,* acierten |
|  | IMPER. | Presente | acierta tú; *acertad* vosotros |

**Verbos que se conjugan de igual manera:** *acrecentar, aferrar, apacentar, arrendar, asentar, atravesar, calentar, cegar, comenzar, concertar, confesar, denegar...*

| ADQUIRIR | INDIC. | Presente | adquiero, adquieres, adquiere; *adquirimos, adquirís,* adquieren |
| | SUBJ. | Presente | adquiera, adquieras, adquiera; *adquiramos, adquiráis,* adquieran |
| | IMPER. | Presente | adquiere tú; *adquirid* vosotros |

| ALMORZAR | INDIC. | Presente | almuerzo, almuerzas, almuerza; *almorzamos, almorzáis,* almuerzan |
| | SUBJ. | Presente | almuerce, almuerces, almuerce; *almorcemos, almorcéis,* almuercen |
| | IMPER. | Presente | almuerza tú; *almorzad* vosotros |

**Verbos que se conjugan de igual manera:** *acordar, acostar, aprobar, colgar, comprobar, consolar, contar, degollar, despoblar, encontrar, esforzar, mostrar, poblar, reforzar, renovar, rodar, rogar, sonar, volar, volcar...*

| ANDAR | INDIC. | Pret. perf. simple | anduve, anduviste, anduvo; anduvimos, anduvisteis, anduvieron |
| | SUBJ. | Pret. imperf. | anduviera o anduviese, anduvieras o anduvieses, anduviera o anduviese; anduviéramos o anduviésemos, anduvierais o anduvieseis, anduvieran o anduviesen |
| | | Futuro | anduviere, anduvieres, anduviere; anduviéremos, anduviereis, anduvieren |

| CAER | INDIC. | Presente | caigo, *caes, cae; caemos, caéis, caen* |
| | | Pret. perf. simple | *caí, caíste,* cayó, *caímos, caísteis,* cayeron (son formas aparentemente irregulares: ca-ió/cayó, ca-ieron/cayeron) |
| | SUBJ. | Presente | caiga, caigas, caiga; caigamos, caigáis, caigan |
| | | Pret. imperf. | cayera o cayese, cayeras o cayeses, etc. (son formas aparentemente irregulares) |
| | **Gerundio:** cayendo (aparentemente irregular) | | |

**Verbos que se conjugan de igual manera:** *decaer, recaer.*

| CEÑIR | INDIC. | Presente | ciño, ciñes, ciñe; *ceñimos, ceñís,* ciñen |
| | | Pret. perf. simple | *ceñí, ceñiste,* ciñó; *ceñimos, ceñisteis,* ciñeron |
| | SUBJ. | Presente | ciña, ciñas, ciña; ciñamos, ciñáis, ciñan |
| | | Pret. imperf. | ciñera o ciñese, ciñeras o ciñeses, ciñera o ciñese; ciñéramos o ciñésemos, ciñerais o ciñeseis, ciñeran o ciñesen |

166

|  |  | Futuro | ciñere, ciñeres, ciñere; ciñéremos, ciñereis, ciñeren |
|---|---|---|---|
|  | IMPER. | Presente | ciñe tú; *ceñid* vosotros |
|  | Gerundio: ciñendo | | |

**Verbos que se conjugan de igual manera:** *desteñir, reñir, teñir.*

| CONOCER | INDIC. | Presente | conozco, *conoces, conoce; conocemos, conocéis, conocen* |
|---|---|---|---|
|  | SUBJ. | Presente | conozca, conozcas, conozca; conozcamos, conozcáis, conozcan |

**Verbos que se conjugan de igual manera:** verbos acabados en -ecer: *abastecer, ablandecer, parecer, reconocer...*

| CREER | INDIC. | Pret. perf. simple | *creí, creíste,* creyó; *creímos, creísteis,* creyeron |
|---|---|---|---|
|  | SUBJ. | Pret. imperf. | creyera o creyese, creyeras o creyeses, creyera o creyese; creyéremos o creyésemos, creyerais o creyeseis, creyeran o creyesen |
|  |  | Futuro | creyere, creyeres, creyere; creyéremos, creyereis, creyeren |
|  | Gerundio: creyendo | | |

**Verbos que se conjugan de igual manera:** *leer, poseer, desposeer.*

| DAR | INDIC. | Presente | doy, *das, da; damos, dais, dan* |
|---|---|---|---|
|  |  | Pret. perf. simple | di, diste, dio; dimos, disteis, dieron |
|  | SUBJ. | Presente | dé, des, dé; demos, deis, den |
|  |  | Pret. imperf. | diera o diese, dieras o dieses, diera o diese; diéramos o diésemos, dierais o dieseis, dieran o diesen |
|  |  | Futuro | diere, dieres, diere; diéremos, diereis, dieren |

| DORMIR | INDIC. | Presente | duermo, duermes, duerme; *dormimos, dormís,* duermen |
|---|---|---|---|
|  |  | Pret. perf. simple | *dormí, dormiste,* durmió; *dormimos, dormisteis,* durmieron |
|  | SUBJ. | Presente | duerma, duermas, duerma; durmamos, durmáis, duerman |
|  |  | Pret. imperf. | durmiera o durmiese, durmieras o durmieses, durmiera o durmiese; durmiéramos o durmiésemos; durmierais o durmieseis, durmieran o durmiesen |

| | | Futuro | durmiere, durmieres, durmiere; durmiéremos, durmiereis, durmieren |
|---|---|---|---|
| | IMPER. | Presente | duerme tú; *dormid* vosotros |
| | **Gerundio:** durmiendo | | |

| ENTENDER | INDIC. | Presente | entiendo, entiendes, entiende; *entendemos, entendéis,* entienden. |
|---|---|---|---|
| | SUBJ. | Presente | entienda, entiendas, entienda; *entendamos, entendáis,* entiendan. |
| | IMPER. | Presente | entiende tú; *entended* vosotros |

**Verbos que se conjugan de igual manera:** *ascender, atender, condescender, contender, defender, distender, extender, perder, tender, trascender...*

| ERRAR | INDIC. | Presente | yerro, yerras, yerra; *erramos, erráis,* yerran |
|---|---|---|---|
| | SUBJ. | Presente | yerre, yerres, yerre; *erremos, erréis,* yerren |
| | IMPER. | Presente | yerra tú; *errad* vosotros |

| OÍR | INDIC. | Presente | oigo, oyes, oye; *oímos, oís,* oyen |
|---|---|---|---|
| | SUBJ. | Presente | oiga, oigas, oiga; oigamos, oigáis, oigan |
| | IMPER. | Presente | oye tú; *oíd* vosotros |

| OLER | INDIC. | Presente | huelo, hueles, huele; *olemos, oléis,* huelen |
|---|---|---|---|
| | SUBJ. | Presente | huela, huelas, huela; *olamos, oláis,* huelan |
| | IMPER. | Presente | huele tú; *oled* vosotros |

**Verbos que se conjugan de igual manera:** *cocer, conmover, desenvolver, devolver, disolver, moler, morder, promover, retorcer, torcer...*

| PODER | INDIC. | Presente | puedo, puedes, puede; *podemos, podéis,* pueden |
|---|---|---|---|
| | | Pret. perf. simple | pude, pudiste, pudo; pudimos, pudisteis, pudieron |
| | | Futuro | podré, podrás, podrá; podremos, podréis, podrán |
| | | Condicional | podría, podrías, podría; podríamos, podríais, podrían |
| | SUBJ. | Presente | pueda, puedas, pueda; *podamos, podáis,* puedan |
| | | Pret. imperf. | pudiera o pudiese, pudieras o pudieses, pudiera o pudiese; pudiéramos o pudiésemos, pudierais o pudieseis, pudieran o pudiesen |

| | | Futuro | pudiere, pudieres, pudiere; pudiéremos, pudiereis, pudieren |
|---|---|---|---|
| | Gerundio: pudiendo | | |

| PRODUCIR | INDIC. | Presente | produzco, *produces, produce; producimos, producís, producen* |
|---|---|---|---|
| | | Pret. imperf. | produje, produjiste, produjo; produjimos, produjisteis, produjeron |
| | SUBJ. | Presente | produzca, produzcas, produzca; produzcamos, produzcáis, produzcan |
| | | Pret. imperf. | produjera o produjese, produjeras o produjeses, produjera o produjese; produjéramos o produjésemos, produjerais o produjeseis, produjeran o produjesen |
| | | Futuro | produjere, produjeres, produjere; produjéremos, produjereis, produjeren |

**Verbos que se conjugan de igual manera:** *conducir, deducir, inducir, introducir, reducir, reproducir, traducir...*

| QUERER | INDIC. | Presente | quiero, quieres, quiere; *queremos, queréis,* quieren |
|---|---|---|---|
| | | Pret. perf. simple | quise, quisiste, quiso; quisimos, quisisteis, quisieron |
| | | Futuro | querré, querrás, querrá; querremos, querréis, querrán |
| | | Condicional | querría, querrías, querría; querríamos, querríais, querrían |
| | SUBJ. | Presente | quiera, quieras, quiera; *queramos, queráis,* quieran |
| | | Pret. imperf. | quisiera o quisiese, quisieras o quisieses, quisiera o quisiese; quisiéramos o quisiésemos, quisierais o quisieseis, quisieran o quisiesen |
| | | Futuro | quisiere, quisieres, quisiere; quisiéremos, quisiereis, quisieren |
| | IMPER. | Presente | quiere tú; *quered* vosotros |

| REÍR | INDIC. | Presente | río, ríes, ríe; *reímos, reís,* ríen |
|---|---|---|---|
| | | Pret. perf. simple | *reí, reíste,* rió; *reímos, reísteis,* rieron |
| | SUBJ. | Presente | ría, rías, ría; riamos, riáis, rían |
| | | Pret. imperf. | riera o riese, rieras o rieses, riera o riese; riéramos o riésemos, rierais o rieseis, rieran o riesen |

169

| | | Futuro | riere, rieres, riere; riéremos, riereis, rieren |
|---|---|---|---|
| | **IMPER.** | **Presente** | ríe tú; *reíd* vosotros |
| | **Gerundio:** riendo | | |
| **Verbos que se conjugan de igual manera:** *engreír, sonreír.* | | | |

| | | | |
|---|---|---|---|
| **SABER** | **INDIC.** | **Presente** | sé, *sabes, sabe, sabemos, sabéis, saben* |
| | | **Pret. perf. simple** | supe, supiste, supo; supimos, supisteis, supieron |
| | | **Futuro** | sabré, sabrás, sabrá; sabremos, sabréis, sabrán |
| | | **Condicional** | sabría, sabrías, sabría; sabríamos, sabríais, sabrían |
| | **SUBJ.** | **Presente** | sepa, sepas, sepa; sepamos, sepáis, sepan |
| | | **Pret. imperf.** | supiera o supiese, supieras o supieses, supiera o supiese; supiéramos o supiésemos, supierais o supieseis, supieran o supiesen |
| | | **Futuro** | supiere, supieres, supiere; supiéremos, supiereis, supieren |

| | | | |
|---|---|---|---|
| **SENTIR** | **INDIC.** | **Presente** | siento, sientes, siente; *sentimos, sentís,* sienten |
| | | **Pret. perf. simple** | *sentí, sentiste,* sintió; *sentimos, sentisteis,* sintieron |
| | **SUBJ.** | **Presente** | sienta, sientas, sienta; sintamos, sintáis, sientan |
| | | **Pret. imperf.** | sintiera o sintiese, sintieras o sintieses, sintiera o sintiese; sintiéramos o sintiésemos, sintierais o sintieseis, sintieran o sintiesen |
| | | **Futuro** | sintiere, sintieres, sintiere; sintiéremos, sintiereis, sintieren |
| | **IMPER.** | **Presente** | siente tú; *sentid* vosotros |
| | **Gerundio:** sintiendo | | |
| **Verbos que se conjugan de igual manera:** *adherir, advertir, arrepentirse, asentir, conferir, consentir, convertir, diferir, digerir, divertir, herir, hervir, invertir, preferir...* | | | |

| | | | |
|---|---|---|---|
| **TENER** | **INDIC.** | **Presente** | tengo, tienes, tiene; *tenemos, tenéis,* tienen |
| | | **Pret. perf. simple** | tuve, tuviste, tuvo; tuvimos, tuvisteis, tuvieron |
| | | **Futuro** | tendré, tendrás, tendrá; tendremos, tendréis, tendrán |
| | | **Condicional** | tendría, tendrías, tendría; tendríamos, tendríais, tendrían |

| SUBJ. | Presente | tenga, tengas, tenga; tengamos, tengáis, tengan |
|---|---|---|
| | Pret. imperf. | tuviera o tuviese, tuvieras o tuvieses, tuviera o tuviese; tuviéramos o tuviésemos, tuvierais o tuvieseis, tuvieran o tuviesen |
| | Futuro | tuviere, tuvieres, tuviere; tuviéremos, tuviereis, tuvieren |
| IMPER. | Presente | ten tú; *tened* vosotros |

**Verbos que se conjugan de igual manera:** *atenerse, contener, detener, mantener, obtener, sostener...*

| TRAER | INDIC. | Presente | traigo, *traes, trae; traemos, traéis, traen* |
|---|---|---|---|
| | | Pret. perf. simple | traje, trajiste, trajo; trajimos, trajisteis, trajeron |
| | SUBJ. | Presente | traiga, traigas, traiga; traigamos, traigáis, traigan |
| | | Pret. imperf. | trajera o trajese, trajeras o trajeses, trajera o trajese; trajéramos o trajésemos, trajerais o trajeseis, trajeran o trajesen |
| | | Futuro | trajere, trajeres, trajere; trajéremos, trajereis, trajeren |
| | **Gerundio:** trayendo. | | |

**Verbos que se conjugan de igual manera:** *abstraer, contraer, distraer, extraer, sustraer...*

| VALER | INDIC. | Presente | valgo, *vales, vale; valemos, valéis, valen* |
|---|---|---|---|
| | | Futuro | valdré, valdrás, valdrá; valdremos, valdréis, valdrán |
| | | Condicional | valdría, valdrías, valdría; valdríamos, valdríais, valdrían |
| | SUBJ. | Presente | valga, valgas, valga; valgamos, valgáis, valgan |
| | IMPER. | Presente | val o vale tú; *valed* vosotros |

| VENIR | INDIC. | Presente | vengo, vienes, viene; venimos, venís, vienen |
|---|---|---|---|
| | | Pret. perf. simple | vine, viniste, vino; vinimos, vinisteis, vinieron |
| | | Futuro | vendré, vendrás, vendrá; vendremos, vendréis, vendrán |
| | | Condicional | vendría, vendrías, vendría; vendríamos, vendríais, vendrían |

| SUBJ. | Presente | venga, vengas, venga; vengamos, vengáis, vengan |
|---|---|---|
| | Pret. imperf. | viniera o viniese, vinieras o vinieses, viniera o viniese; viniéramos o viniésemos, vinierais o vinieseis, vinieran o viniesen |
| | Futuro | viniere, vinieres, viniere; viniéremos, viniereis, vinieren |
| IMPER. | Presente | ven tú; *venid* vosotros |
| Gerundio: viniendo | | |
| Verbos que se conjugan de igual manera: *contravenir, convenir, devenir, prevenir...* | | |

## 5.5.4. Usos y norma

1) Usos del infinitivo no aceptados por la norma culta: *\*dejar de hacer ruido, \*callaros, \*encuentro a celebrar.*
   — Es incorrecto el uso del infinitivo en lugar del imperativo, aunque su empleo aparece muy difundido entre los hablantes de España:

   *\*Dejar de hacer ruido y venir a comer* (correcto: *Dejad de hacer ruido y venid a comer*).

   Solo está admitido cuando va con preposición (*¡A callar!*) o en órdenes de carácter impersonal en forma negativa:

   *No tocar los cuadros; No pisar fuera de la alfombra.*

   — Cuando se añade el pronombre *os* a la segunda persona del imperativo, éste pierde la *d:*

   *Callaos y poneos ya el pijama para ir a la cama.*

   Pero no puede sustituirse por una *r*, dando lugar a una forma de infinitivo:

   *\*Callaros y poneros ya el pijama para...*

   — Se considera galicismo rechazable el empleo del infinitivo precedido de la preposición *a* cuando complementa a un sustantivo:

*Agravante *a tener* en cuenta, *Congreso *a celebrar* (correcto: *Agravante *para tener* en cuenta, Congreso *que se ha de celebrar*).

2) Usos del gerundio que la norma culta recomienda evitar: *Se cayó de la moto rompiéndose una pierna; *Se necesita secretaria hablando ruso.

— No es correcto el uso del gerundio de posterioridad, es decir, aquel que expresa una acción ocurrida después de la indicada en el verbo principal, aun cuando los medios de comunicación —orales y escritos— lo difunden sin restricción alguna por todo el ámbito español. Así, es incorrecto decir:

*Se cayó de la moto *rompiéndose* una pierna (correcto: *Se cayó de la moto *y se rompió*...*).
*Cayó un coche al pantano *muriendo* sus dos ocupantes (correcto: *...y a consecuencia de ello *murieron* sus dos ocupantes*).

Sin embargo, es correcto su empleo en acciones simultáneas o anteriores a la principal:

*Ana estudia oyendo música; Caminando por la carretera me torcí el tobillo; Llorando de esa manera no conseguirás nada.*

— Es incorrecto el uso del gerundio con valor de una proposición adjetiva especificativa, es decir, que se pueda sustituir por una construcción de relativo:

*Se necesita secretaria *hablando* ruso (correcto: ... *que hable* ruso).
*Han publicando una ley *regulando* los derechos de los animales (correcto: *...que regula* los derechos...).

3) Verbos con dos participios: *atendido/atento, torcido/tuerto.*

atender → *atendido, atento*          proveer → *proveído, provisto*
despertar → *despertado, despierto*   soltar → *soltado, suelto*
freír → *freído, frito*               teñir → *teñido, tinto*
imprimir → *imprimido, impreso*       torcer → *torcido, tuerto*
prender → *prendido, preso*

La forma irregular se emplea solo como adjetivo, mientras que la forma regular se utiliza solo como verbo, a excepción de los verbos *freír, proveer* e *imprimir:*

He *freído* o he *frito* un par de huevos.
Hemos **imprimido** o hemos **impreso** las invitaciones de boda.
Han **proveído** o han **provisto** de alimentos a los acampados.
Pero: *han prendido* (no *\*han preso*), *han soltado* (no *\*han suelto*).

4) Usos incorrectos del imperativo: *\*no cantad; \*oyes, tú; \*me lo explique otra vez; \*siéntensen...*
    — El mandato en forma negativa se emplea con formas del subjuntivo:

    *\*no come (tú)* (correcto: *no comas), \*no comed (vosotros)* (correcto: *no comáis).*

    — Los imperativos de los verbos *ir* y *oír* son *ve-id* y *oye-oíd*, respectivamente; sin embargo, se oyen usos incorrectos, debidos al desarrollo de una falsa analogía con la desinencia de segunda persona *-s:*

    *\*Ves por el pan* (correcto: *Ve por el pan); \*Veis por unos refrescos* (correcto: *Id por unos refrescos).*
    *\*Oyes, estate quieto* (correcto: *Oye, estate quieto); \*Oís, aquí no se fuma* (correcto: *Oíd, aquí no se fuma).*

    — Los pronombres átonos van pospuestos al imperativo:

    *Explíquemelo otra vez, por favor* (incorrecto: *\*Me lo explique otra vez...).*

    — En los usos de las formas de subjuntivo con valor de imperativo se producen incorrecciones en construcciones pronominales:

    *\*Vayámosnos a casa y **preparémosnos** una buena merienda* (correcto: *Vayámonos a casa y **preparémonos**...).*

174

En verbos pronominales desaparece la -*s* de la primera persona de plural ante los pronombres enclíticos *nos, os, se.*

— Es vulgarismo añadir una -*n* en la tercera persona de plural del subjuntivo con valor de mandato.

*\*Siéntensen, por favor* (correcto: *Siéntense, por favor).*

— El sujeto del imperativo nunca puede ser de tercera persona, pues el hablante se dirige siempre a una segunda persona:

*\*Los interesados **llamad**...* (correcto: *Los interesados **llamen** o **que llamen**...*).

— El imperativo no puede aparecer nunca en oraciones subordinadas:

*\*Le ruego **sírvame** una docena de...* (correcto: *Le ruego **que me sirva**...*).

---

EXPRESIÓN DEL RUEGO Y MANDATO

En la actualidad, las relaciones sociales que se establecen entre hablantes dan origen a una progresiva debilitación aparente del imperativo y se crean expresiones del tipo siguiente:
— *Cállate.*
— *Tú te callas.*
— *Te ruego (te suplico, te pido) que te calles.*
— *Me gustaría que te callaras.*
— *Es posible que si te callaras, todo esto lo arreglaríamos mejor.*
— *Tal vez sería conveniente (oportuno, más apropiado) que te callaras.*

---

5) Usos incorrectos del condicional: *\*Si estudiarías más, \*El ministro estaría preparando...*
— Es incorrecto el uso del condicional simple o compuesto en la oración condicional:

*\*Si **estudiarías** más, tendrías más regalos* (correcto: *Si **estudiaras** más, tendrías...*); *\*Si te **habría llamado** antes de las siete, te habrías enfadado* (correcto: *Si te **hubiera llamado** antes...*).

Y también en otras subordinadas:

*Usted dijo que le **abriría** la puerta a las siete (correcto: ...*que le* **abriera**...); *Antes de que **abriría** la boca, ya sabía lo que iba a decir (correcto: Antes de que **abriera** la boca...).

Estos usos están muy extendidos entre los hablantes de español del País Vasco y avanza entre los hablantes de Cantabria.

— También debe evitarse el llamado condicional de rumor para expresar algo de lo que no se está totalmente seguro:

*Según algunas fuentes, el ministro de Industria* **estaría preparando** *una nueva ley sobre...* (preferible: ...*es posible que el ministro de Industria* **esté preparando**...).

— Es incorrecto añadir una *-s* a la segunda persona de singular del pretérito perfecto simple:

*Terminastes, *visitastes, *comistes, *ayudastes... (correcto: *terminaste, visitaste, comiste, ayudaste*...).

6) El verbo *haber* como auxiliar: *Este señor ha escrito y publicado*...
El verbo auxiliar *haber* en formas compuestas solo puede eliminarse cuando los tiempos verbales van juntos e indican acciones relacionadas:

*Este señor* **ha escrito y publicado** *varias guías de viaje.*

Pero se considera poco elegante la supresión cuando entre el auxiliar y el participio se interponen otras palabras:

*Este señor* **ha escrito** *varias guías de viaje y* **publicado** *algunos cuentos* (preferible: *Este señor* **ha escrito** *varias guías de viaje y* **ha publicado**...).

7) Uso unipersonal de *haber* y *hacer*: *Habían muchas posibilidades;*Habíamos unos veinte comensales; *Hoy hacen cinco años...*
— El verbo *haber* funciona como unipersonal cuando no es auxiliar de formas compuestas y, por tanto, no puede llevar sujeto, es decir, un grupo nominal que concuerde con él. Así, son incorrectas:

*Había* muchas posibilidades de ganar aquel partido (correcto: *Había muchas posibilidades...*); *Habíamos* allí unos veinte comensales (correcto: *Había unos veinte comensales*).

Entre los hablantes de español de origen levantino se halla muy extendido este uso.

— De igual modo, son incorrectas las expresiones en las que el verbo *hacer*, en uso impersonal, se hace concordar con el complemento directo:

*Hoy **hacen** cinco años de aquel horrible accidente* (correcto: *Hoy **hace** cinco años...*); *En el verano pasado **hicieron** unos días muy calurosos* (correcto: *En el verano pasado **hizo** unos días...*).

8) *Deber* y *deber de* + infinitivo: *Deben de ser las siete; *Deben ser las siete; Deben cuidar a los abuelos.*
   La perífrasis *deber + infinitivo* significa obligación, mientras que *deber de + infinitivo*, probabilidad. Por eso hay que decir: *Deben de ser las siete* (probabilidad) y *Deben cuidar a los abuelos* (obligación). Pero son incorrectas las expresiones: *Deben ser las siete, *Deben de cuidar a los abuelos*).
   Sin embargo, hay que señalar que, en términos generales, muchos hablantes no diferencian estos valores en la lengua oral.

---

IGUALES PERO CON DISTINTO SIGNIFICADO

Formas verbales iguales tienen diferente valor en función del contexto.

— **Han **suelto** al toro para el encierro. / He visto un toro **suelto** en el prado.*
— **Oyes**, tú, siéntate, que no veo la película. / ¿**Oyes** tú bien los diálogos de esta película?*
— **Ves** al súper a por unos refrescos. / Ves muy mal con esa luz.*
— *Los más pequeños **esperad** en la puerta. / **Esperad** todos en la puerta.*
— *Si **querrías** ayudarme, te lo agradecería. / **Querrías** ayudarme, pero no puedes.*
— *Allí **habíamos** veinte invitados. / Solo **habíamos** sido invitados veinte personas.*
— *Hoy **hacen** diez años de desde que me casé. / Hoy **hacen** diez años mis hermanos gemelos.*
— **Debe de** buscar un trabajo. / **Debe de** haber encontrado ya trabajo.*

---

## 5.6. El adverbio

### 5.6.1. Conceptos generales

La categoría gramatical del adverbio reúne un grupo de palabras muy diversas que se caracteriza por estos rasgos:
— El adverbio es una palabra invariable, es decir, carece de desinencias; pero admite sufijos para graduar la intensidad: *-ito, -illo, -ísimo*:

*ahorita, deprisita, prontito, tempranito; lejillos, poquillo; muchísimo, tardísimo, prontísimo.*

— Adverbio significa 'junto al verbo' porque su función primordial es la de complementarle, indicando una circunstancia de la acción verbal: *cómo, dónde, cuándo...* se realiza la acción del verbo:

*Me encuentro* **regular**; *Ponlo* **arriba**, *encima del televisor; Llegamos* **hoy** *por la mañana.*

Pero también puede modificar o complementar la significación de *adjetivos*:

*El ambiente está* **muy caldeado**.

Otro *adverbio*:

*Vivimos* **bastante bien**.

U *oraciones*, afirmando, negando o expresando una posibilidad o duda:

**Sí**, *lo sé.* **No** *lo había oído antes.* **Quizá** *tengamos suerte.*

— Desde el punto de vista del significado, expresa diversas circunstancias (lugar, tiempo, modo...) de la acción verbal.

### Clases de adverbios

Atendiendo a su significación, se pueden establecer varios grupos de adverbios:

— de **lugar**: *aquí, ahí, allí, acá, allá, encima, abajo, debajo, delante, detrás.*

— de **tiempo**: *hoy, ayer, mañana, ahora, entonces, antes, recientemente, constantemente.*

— de **modo**: *así, bien, mal, regular, deprisa, estupendamente, fácilmente.*

— de **cantidad**: *más, muy, mucho, poco, bastante, demasiado, casi, totalmente, sumamente.*

— de **afirmación**: *sí, cierto, ciertamente, también, efectivamente, evidentemente.*

— de **negación**: *no, nunca, jamás, tampoco.*

— de **duda, posibilidad** o **probabilidad**: *quizá (o quizás), acaso, tal vez, posiblemente.*

— de **orden**: *primero, primeramente, últimamente.*

— **interrogativos** y **exclamativos**: *dónde, adónde* (de lugar), *cuándo* (de tiempo), *cómo* (de modo), *cuánto* (de cantidad).

*Locuciones adverbiales*

La locución adverbial es la unión de dos o más palabras que equivale semántica y funcionalmente a un adverbio. Y existen locuciones adverbiales pertenecientes a las mismas clases semánticas:

*al final, al otro lado, en la cola* (lugar); *en un santiamén, de vez en cuando, mientras tanto* (tiempo); *a la chita callando, a las claras, a las mil maravillas* (modo); *poco más o menos* (cantidad); *en verdad, en efecto, sin ninguna duda* (afirmación); *de ninguna manera, ni por ésas, en absoluto* (negación); *tal vez, a lo mejor* (duda).

### 5.6.2. Usos y norma de los adverbios

1) Uso de las variantes *abajo/debajo, adelante/delante, adentro/dentro, afuera/fuera*
   Siguen las reglas siguientes:
   — Las formas con *a-* no pueden ir precedidas de la preposición *a*, pues ya la tienen como prefijo:

   *Ha ido **abajo**.* (Incorrecto: *\*Ha ido a abajo).*
   *Mira **adelante**.* (Incorrecto: *\*Mira a adelante).*

*Vayamos **adentro**.* (Incorrecto: *\*Vayamos a adentro*).
*Salgamos **afuera**.* (Incorrecto: *\*Salgamos a afuera*).

— Los adverbios con *a-* no se emplean, en el español culto de España, con un complemento introducido por la preposición *de:*

*Lo encontré **debajo de** la mesa* ( y no: *\*Lo encontré abajo de...*).
*Va **delante de** los novios* (y no: *\*Va adelante de...*).
*Lo encontré **dentro** del armario* (y no: *\*Lo encontré adentro de...*).
*Estaba **fuera de** la casa* (y no: *\*Estaba afuera de...*).

No obstante, su uso está extendido en el español de América en todos los niveles sociales.

2) *Adonde y donde, adónde y dónde: La calle adonde/a donde vamos; La casa donde vivo/\*adonde vivo; ¿Dónde estamos?; \*¿Adónde estamos?; \*¿Onde estamos?*
— Los adverbios *adonde* y *a donde* pueden emplearse indistintamente con verbos de movimiento:

*La calle **adonde** (o a donde) vamos; La ciudad **adonde** (o a donde) se dirigían.*

Pero con verbos que significan reposo o estado solo se emplea la forma *donde:*

*La casa **donde** vivo* (incorrecto: *\*La casa adonde vivo*); *Aquí es **donde** trabajo* (incorrecto: *\*Aquí es adonde trabajo*).

— Las formas *dónde* y *adónde* pueden emplearse indistintamente con verbos de movimiento:

*¿**Dónde** vas?; ¿**Adónde** vas?*

Pero con verbos que significan estado o reposo solo se utiliza la forma *dónde:*

*¿**Dónde** estamos?* (incorrecto: *\*¿Adónde estamos?*).

— Se considera vulgarismo la forma *onde por *dónde:*

*¿*Onde estamos?* (correcto: ¿*Dónde estamos?*; *¿*Onde vas?* (correcto: ¿*Dónde* —o *adónde*— *vas?*).

3) Adverbios en -*mente* coordinados: *amable y cortésmente, detalladamente y pausadamente.*
   Cuando varios adverbios en -*mente* van consecutivos con *y, pero, o, tan* o *tanto como* es preferible poner el sufijo solo en el último, aunque sea también correcto poner el sufijo en cada uno de ellos.

*Actúa* **amable y cortésmente**; *Explícaselo* **detalladamente y pausadamente**. *Esta compra, tanto* **económica** *como* **financieramente**, *ha sido una ruina.*

4) *Mayormente, mismamente.* Deben evitarse en un registro culto, aunque son correctos en el habla coloquial. *Mayormente* debe sustituirse por «principalmente» o «especialmente» y *mismamente* por «precisamente» o «justamente».

*Lo que mayormente comemos en casa son frutas y legumbres.* (Preferible: *Lo que principalmente...*).
*Yo mismamente soy el alcalde de este pueblo.* (Preferible: *Yo, precisamente, soy...*).

5) *Tan* y *tanto es así que,* *tal es así que.*
   Las expresiones *tan* y *tanto es así que* son correctas, si bien la segunda es preferible:

*Siempre se han querido como hermanos;* **tanto es así que** *siempre iban juntos de viaje.*

La construcción *tal es así que* es incorrecta:

*El hijo insultaba a sus padres;* **tal es así que** *los vecinos tuvieron que llamar a la policía.* (Correcto: *tanto es así que...*).

6) La combinación *como muy.* Si tiene valor de «aproximación» o «atenuación», su uso es correcto:

*Ayer encontré al abuelo* **como muy** *triste.*

Si no tiene ese valor, debe evitarse:

*La verdad es que el examen me salió como muy bien. (Correcto: La verdad es que el examen me salió muy bien).

7) Adverbios en una o en dos palabras: *aprisa/a prisa, entre tanto/entretanto.*
   Las formas *aprisa, deprisa, enfrente, en seguida, entre tanto, comoquiera, alrededor,* son las preferidas por la RAE frente a los usos también correctos: *a prisa, de prisa, en frente, enseguida, entretanto, como quiera, al rededor.*
   Pero siempre debe escribirse junto el adverbio *aparte,* y en dos palabras, *en torno:*

   **Aparte** de Luis no cuento con nadie más; Allí estaríamos reunidos **en torno** a cincuenta personas.

8) *Cuasi, *ansí, *cuantimás.* Son vulgarismos: *cuasi* (por 'casi'), *asín* y *ansí* (por 'así'), *cuantimás* (por 'cuanto más'), *na* (por 'nada').
9) Locuciones adverbiales: *a diestro o siniestro/*a diestra y siniestra, por casualidad/*por un casual.*

   Observe usos correctos e incorrectos:

| USOS CORRECTOS | USOS INCORRECTOS O EVITABLES |
|---|---|
| *campo a través* o *a campo través* | *a campo a través* |
| *a diestro o siniestro* | *a diestra y siniestra* |
| *por casualidad* | *por un casual* |
| *de sobra* | *de sobras* |
| *de una vez para siempre* | *de una vez por todas* (galicismo evitable) |
| *en tromba* | *en trompa* |
| *con cuentagotas* | *a cuentagotas* |
| *en líneas generales* | *a (en) grandes líneas* |
| *a ojos vistas* | *a ojos vistos* |
| *de ninguna manera* | *de ninguna de las maneras* |
| *a contracorriente* | *a contra corriente* |

Son incorrectos algunos usos de locuciones latinas precedidas de preposición o en las que se desvirtúa su forma, como *a grosso modo, *de motu proprio, *de córpore insepulto, *sensu stricto, y debe decirse: grosso modo, motu proprio, córpore insepulto, stricto sensu.

| Usos incorrectos | Usos correctos |
|---|---|
| — *Entremos dentro. | — Entremos. |
| — *Vayamos a afuera. | — Vayamos fuera. |
| — *El colegio adonde estudio está fuera de la ciudad. | — El colegio donde estudio está fuera de la ciudad. |
| — *¿Adónde duermo yo? | — ¿Dónde duermo yo? |
| — *Juan es muy generoso; tal es así que tenemos que evitar que pague siempre. | — Juan es muy generoso; tanto es así que tenemos que evitar que pague siempre. |
| — *Esta paella la encuentro como muy sosa. | — Esta paella la encuentro muy sosa. |
| — *Toda su vida giró entorno a la investigación. | — Toda su vida giró en torno a la investigación. |
| — *¿Por un casual no tendrás una cartulina negra? | — ¿Por casualidad no tendrás una cartulina negra? |

## 5.7. LAS PREPOSICIONES

Las preposiciones y las conjunciones son elementos de relación, cuya función en la oración es la de nexo o enlace para unir palabras, grupos de palabras u oraciones. Veamos, en primer lugar, las preposiciones.

### 5.7.1. Conceptos generales

*Concepto de preposición*

Las preposiciones presentan los siguientes caracteres:
1) Formalmente son palabras invariables:

Te veré a la una; Nos veremos a las diez.

183

2) Sintácticamente son nexos que siempre subordinan elementos de una oración, donde aparece la siguiente estructura:

| ELEMENTO NUCLEAR | ENLACE | TÉRMINO DE LA PREPOSICIÓN |
|---|---|---|
| La palabra complementada | La preposición | La palabra complemento |
| *casa* | *de* | *comidas* |
| *apto* | *para* | *el consumo* |
| *fácil* | *de* | *hacer* |
| *vivir* | *de* | *ilusiones* |
| *dárselas* | *de* | *listo* |
| *mal* | *de* | *salud* |

También pueden introducir una oración subordinada cuando el verbo está en forma no personal:

*De haber sabido eso, me hubiera callado.* (= Si hubiera sabido...)
*Por gritar tanto, no vas a tener más razón.* (= Porque grites...)

3) Desde el punto de vista semántico, se dan diferentes casos: hay preposiciones que aportan significados claros: *bajo* ('situación debajo'), *contra* ('oposición'), *desde* ('origen'), *sin* ('negación'), etc.; otras presentan significados más vagos que dependen del contexto, como *a, con, de, en... [máquina de escribir* ('uso'); *mesa de cristal* ('materia'); *voy a León* ('dirección'); *me invitó a cenar* ('finalidad'), etc.]; y, en ocasiones, carecen de significado: *He visto a Luis; Dale este informe a tu jefa.*

### Preposiciones y locuciones prepositivas

Hay preposiciones simples, locuciones prepositivas y preposiciones agrupadas:
1) Preposiciones simples. Son las siguientes: *a, ante, bajo, con, contra, de, desde, en, entre, hacia, hasta, para, por, según, sin, sobre, tras.*
Están anticuadas y en desuso *cabe* ('junto a') y *so* ('bajo'), usada en frases hechas: *so pena, so pretexto...*

184

La preposición *pro* ('en favor de') tiene un uso reducido *(cupón pro ciegos; manifestación en pro de la paz)*, y funcionan, casi siempre, como preposiciones los adverbios *durante* y *mediante*: *Te lo diré durante* (= en) *la cena; Lo elegiremos mediante* (= con) *un sorteo*.

2) Locuciones prepositivas. Son agrupaciones de dos o más palabras que funcionan como una preposición: *a base de, a causa de, a fin de, con relación a, de acuerdo con, debajo de, en lugar de, en vez de, en favor de, frente a, a fuerza de, a causa de, junto a*, etcétera.

*Está debajo de* (= bajo) *la mesa; Trabaja a favor de* (= por) *la paz*.

3) Preposiciones agrupadas. Las preposiciones pueden agruparse sumando sus significados gramaticales:

*de entre* las piedras; *de por* vida; *de a* dos euros
*hasta con* los dientes; *hasta de* quince años; *hasta en* la sopa
*para desde* allí; *para de* repente; *para por* la tarde
*por entre* la gente; *por en* medio, *por de* pronto

Las preposiciones *a* y *de* se agrupan con el artículo: *al, del*; pero es vulgar la contracción con *para*: *\*Toma pa'l bote*.

## 5.7.2. Usos y norma en el empleo de preposiciones

El uso correcto de las preposiciones constituye uno de los más graves problemas gramaticales que requerirá en la mayoría de los casos la consulta del diccionario. Los usos indebidos son de diverso orden: empleo de una preposición en lugar de otra, adición o supresión indebida de preposiciones, el uso de locuciones preposicionales que son calcos del francés o del inglés, creando estructuras ajenas a nuestro idioma, etcétera.

### 5.7.2.1. Empleo indebido de una preposición

El significado vago de algunas preposiciones hace que se empleen de manera incorrecta o indebida, aunque son usos muy extendidos en la lengua oral. Veamos algunos casos:

185

1) La preposición *a:*

*Atentar a* (preferible: *atentar contra*).
*Colaborar a algo* [con alguien] (preferible: *colaborar en algo con alguien*).
*Ingresar a un organismo* (preferible: *ingresar en un organismo*).

2) La preposición *con:*

*\*Siempre iba acompañado con su perro* (correcto: *...de/por su perro*).
*\*Se querelló con su vecino* (correcto: *...contra su vecino*).
*\*Sus aficiones son afines con las mías* (correcto: *...a las mías*).

3) La preposición *contra:*

*\*Contra más duermo, más sueño tengo* (correcto: *cuanto más duermo...*).
*\*Hoy se enfrentará el Betis contra el Sevilla* (correcto: *...con/a el Sevilla*).

4) La preposición *de:*
        El uso de la preposición *de* genera graves errores tanto por su empleo indebido *(dequeísmo)*, como por su supresión cuando es necesaria *(queísmo)*. Ello nos obliga a tratarlos más adelante.
        Veamos usos incorrectos de la preposición *de* empleada en lugar de otra preposición.

*\*Estamos impacientes (ansiosos) de ver a los nietos* (correcto: *...por ver*).
*\*Tengo mucho gusto de saludarle* (correcto: *...en saludarle*).
*\*Quedó de llegar a la hora de comer* (correcto: *...en llegar*).
*\*Nos dijo de bocajarro* (correcto: *...a bocajarro*).

5) La preposición *en:*

*\*Te atenderé en unos minutos* (correcto: *...dentro de unos minutos*).
*\*Nos veremos en la tarde* (correcto: *...por la tarde*).
*\*Es una característica en su carácter* (correcto: *...de su carácter*).
*\*Tengo esperanza en que mi hijo encuentre trabajo* (correcto: *...de que mi hijo*).

Sin embargo, se emplean indistintamente: *estar en/a favor de algo/de alguien.*

6) La preposición *para:*

*\*Te daré unas pastillas **para** el catarro* (correcto: *...**contra** el catarro*).

Es incorrecta la forma apocopada *\*pa:*

*\*No vales **pa** na* (correcto: *No vales **para** nada*).

7) La preposición *por:*

*\*Ayer noche, \*ayer tarde* (correcto: *ayer **por** la noche, ayer **por** la tarde*).
*\*Obstinarse **por**, \*empeñarse **por**, \*responsabilizarse **por*** (correcto: *obstinarse **en**, empeñarse **en**, responsabilizarse **de*** [algo]).

La construcción *a por* está muy extendida en el uso de todos los niveles, por lo que no debe considerarse incorrecta:

*Vete **a por** el pan; Suba al archivo **a por** los balances de los últimos meses.*

8) La preposición *sobre:*
*\*Solo hemos aprobado cinco alumnos **sobre** veinte* (correcto: ***de** veinte*).
*\*Los ladrones dispararon **sobre** la policía* (correcto: **a/contra** *la policía*).
*\*Estuvimos debatiendo **sobre** ese tema toda la noche* (correcto: *ese tema*).

### 5.7.2.2. Influencia de otras lenguas

Al traducir de otras lenguas —especialmente del francés o del inglés— se emplean usos inadecuados de preposiciones y de locuciones prepositivas. Veamos algunos de estos usos que hay que evitar.

1) Galicismos. Tienen procedencia del francés y deben evitarse:
   — El empleo de estructuras sintácticas del tipo:

   *máquina a vapor, cocina a gas, aparato a pilas, camisa a rayas, suplemento a color* (preferible: *máquina de vapor, cocina de gas, aparato de pilas, camisa de rayas, suplemento en color*).

   — El uso de la construcción *a + infinitivo* complementando a un sustantivo:

   *temas **a** discutir, problema **a** resolver, África, un continente **a** descubrir* (preferible: *temas **que** discutir, problema **que** resolver, África, un continente **para/por** descubrir*).

   Estos usos se han instalado en el lenguaje político y administrativo y son difundidos a través de los medios de comunicación.

   — La expresión *por contra* en lugar de *por el contrario* o *en cambio*:

   *No me parece que el Dépor vaya a perder en su campo; **por contra**, creo que ganará holgadamente* (preferible: *...**por el contrario/en cambio**, creo que...*).

2) Anglicismos. A través de los medios de comunicación se introducen del inglés expresiones del tipo siguiente:
   — Empleo de la preposición *en* con el valor de *dentro de*:

   *\*En unos días quedará resuelto el contencioso entre la empresa y Hacienda* (correcto: **Dentro de** *unos días...*).

   — Uso de *hacia* con los valores de *ante, con, para con*...:

   *\*Mi actitud hacia las religiones es de total respeto* (preferible: *...ante —con, para con— las religiones*).

### 5.7.2.3. Locuciones prepositivas

En la lengua escrita, y especialmente en temas académicos, hay una tendencia a abusar del empleo de ciertas locuciones prepositivas que deben evitarse en el uso culto. Veamos algunas de ellas.

1) *A nivel de.* Solo es correcta cuando tiene el significado de 'nivel' o 'altura que algo alcanza':

*Ciudades a nivel del mar; Ya estamos a nivel de Europa.*

Pero en otros casos, debe evitarse:

*\*La sanidad pública a nivel de urgencias es francamente mejorable* (preferible: *...en las urgencias); \*Estos temas es mejor resolverlos a nivel de la familia* (preferible: *...entre/en la familia).*

2) *Conforme a.* Tiene el significado de 'con arreglo a', por lo que no debe emplearse sin la preposición *a:*

*En esa reunión se resolvieron todos los conflictos conforme lo previsto* (preferible: *...conforme a lo previsto).*

3) *\*De acorde con.* Es uso vulgar que debe evitarse:

*\*Juan está de acorde con todos nosotros* (correcto: *...de acuerdo con todos nosotros).*

4) *De cara a/cara a.* Tienen el significado de 'en posición' o 'mirando hacia':

*Ponte (de) cara a la estrellas; Colócate (de) cara a la pared.*

Pero debe evitarse con el significado de 'ante' o 'con vistas a':

*Hace todo cara a la galería* (preferible: *...con vistas a la galería); El alcalde comienza el turno de inauguraciones de cara a las próximas elecciones* (preferible: *ante las próximas elecciones).*

5) *En base a.* Debe evitarse y sustituirse por construcciones como *basándose en, en relación con, a causa de, por,* etc.:

*\*Lo han destituido de director en base a unas irregularidades en el gasto presupuestario* (preferible: *...a causa de/por unas irregularidades...).*

6) *En aras de*. Tiene el significado de 'a favor de' o 'en honor de', y no simplemente *para*. Así, su uso es correcto en *El Estado ha tomado esa decisión en aras del bien común*, pero su uso debe evitarse en otros casos:

*En aras de ascender, hace cualquier cosa* (preferible: *...para/por ascender...*).

### 5.7.2.4. Dequeísmo y queísmo

El dequeísmo y el queísmo son usos que distorsionan el régimen verbal, por lo que deben evitarse.
1) El *dequeísmo* consiste en el empleo innecesario de la preposición *de:*

*Pienso de que no dice toda la verdad* (correcto: *pienso que...*).
*Es probable de que llueva* (correcto: *Es probable que...*).
*Te recuerdo de que tienes que ir al dentista* (correcto: *Te recuerdo que...*).

2) El *queísmo* tiene lugar cuando se omite una preposición necesaria: *de, en*, etcétera.

*Me acuerdo que tenías un hermano pequeño* (correcto: *Me acuerdo de que...*).
*Tengo el convencimiento que es inocente* (correcto: *Tengo el convencimiento de que...*).
*Estoy seguro que es culpable* (correcto: *Estoy seguro de que es...*).
*Confío que todo esté en orden* (correcto: *Confío en que todo...*).

El modo de poder averiguar si la presencia o ausencia de la preposición es correcta es sustituir la estructura oracional introducida con *que* por un pronombre y observar si tiene o no sentido o el mismo significado.

*Pienso eso; Es probable eso; Te recuerdo eso*; pero nunca se diría: *Pienso de eso; Es probable de eso; Te recuerdo de eso*.
*Tengo el convencimiento de eso; Estoy seguro de eso; Confío en eso*; pero no: *Tengo el convencimiento eso; Estoy seguro eso; Confío eso*.

No obstante, en la mayoría de los casos hay que recurrir al diccionario para saber el régimen preposicional que rigen algunas palabras.

| Usos incorrectos | Usos correctos |
|---|---|
| — *Sus gustos son comunes **con** los míos. | — Sus gustos son comunes **a** los míos. |
| — ***Contra** más estudio, menos rindo. | — **Cuanto** más estudio, menos rindo. |
| — *Ayer **tarde** pasé por tu casa y no estabas. | — Ayer **por la tarde** pasé por tu casa y no estabas. |
| — *Los manifestantes lanzaron piedras **sobre** la policía. | — Los manifestantes lanzaron piedras **contra** la policía. |
| — ***En una hora** acabo esto y nos vamos al cine. | — **Dentro de una hora** acabo esto y nos vamos al cine. |
| — ***En base a** los datos de la policía, no había en la manifestación más de 20.000 personas. | — **Basándose en** los datos de la policía, no había en la manifestación más de 20.000 personas. |
| — *Es imposible **de que** llegue antes de la cena. | — Es imposible **que** llegue antes de la cena. |
| — *Estoy convencido **que** no tiene el dinero. | — Estoy convencido **de que** no tiene el dinero. |

### 5.8. LAS CONJUNCIONES

### 5.8.1. Conceptos generales

Las conjunciones presentan los siguientes caracteres:
— Formalmente son palabras invariables:

Creo **que** Carlos es un buen amigo; Todos pensamos **que** Carlos y Ana se casarán pronto.

— Sintácticamente son elementos de relación que realizan la función de nexo o enlace: unen, normalmente, estructuras oracionales:

No encontró taxi **y** perdió el tren.
Ponte el abrigo **porque** está nevando.

191

También puede unir palabras o grupos de palabras:

*Paula y Marcos son hermanos.*
*¿Te preparo un café o un té?*

— Desde el punto de vista semántico, las conjunciones no tienen propiamente significado, aunque sí indican diversos tipos de relaciones semánticas:

*Estudia economía y derecho.* (Suma significados)
*No he terminado el informe porque me faltan datos.* (Expresa la causa)

### Clases de conjunciones y de locuciones conjuntivas

Pueden ser de dos tipos: coordinantes y subordinantes.
1) Las *conjunciones coordinantes* unen estructuras sintácticas en las que no existen relación de dependencia y podrían construirse como oraciones independientes:

*Apaga la televisión y vete a dormir.*
*Apaga la televisión. Vete a dormir.*

2) Las *conjunciones subordinantes* unen estructuras en las que se produce una relación de dependencia, de tal modo que al menos una de ellas no tendría sentido al considerarlas como independientes:

*Si llueve, no podremos ir al campo.*
**Si llueve. No podremos ir al campo.*

### Particularidades de las conjunciones coordinantes

1) *Copulativas.* Aportan el significado de adición o suma.
    Son las conjunciones *y, e, ni, que*:

*Llegó tarde y se fue a dormir; **Ni** quiere estudiar **ni** busca trabajo.*

192

La conjunción *e* se emplea en lugar de *y* cuando la siguiente palabra empieza por *i-* o *hi-*:

*Ana es mi hermana pequeña e Inés es mi prima; Ayer llegué a casa a las diez de la noche e hice la cena para todos, como de costumbre.*

Pero no se puede poner *e* ante una palabra que empieza por el diptongo *hie:*

*En esta zona llueve de día y hiela de noche.*

La conjunción *que* con valor copulativo solo se emplea en expresiones reiterativas del tipo: *erre que erre, dale que dale, llora que llora.*

2) *Disyuntivas.* Permiten establecer opciones entre las que hay que elegir.
Son las conjunciones y locuciones *o, u, o bien:*

*¿Vienes o vas?; O redactas tú solo el informe o bien permites que te ayude Juan.*

La conjunción *u* se utiliza en lugar de *o* ante las palabras que empiezan por *o-, ho-:*

*¿Has recogido todo u olvidas algo?; ¿Está Juan en casa u hospitalizado todavía?*

3) *Adversativas.* Unen secuencias que se oponen total o parcialmente.
Son las conjunciones y locuciones conjuntivas: *pero, mas, aunque, sin embargo, sino, sino que, antes, antes bien, excepto, salvo, menos,* etc.:

*No es muy inteligente, **pero sí** muy trabajador; No he escrito yo esa nota, **sino que** ha sido el jefe.*

La conjunción *mas* no lleva nunca acento, al contrario que cuando es adverbio o indefinido:

*Estudia, **mas** no aprueba; Quiero **más**; Quiero **más** sopa.*

4) *Distributivas.* Presentan diversas posibilidades o alternativas que no se excluyen.

Se introducen con palabras muy diversas que aparecen en forma correlativa en las dos proposiciones: *ya... ya, ora... ora, bien... bien:*

*Ya llueve ya nieva;* **Ora** *ríe* **ora** *llora.*

5) *Explicativas.* Una proposición explica el significado de la otra. Son: *esto es, es decir, o sea:*
*Los delfines son vivíparos,* **es decir**, *paren a sus crías.*

## Particularidades de las conjunciones y locuciones conjuntivas subordinantes

1) La enunciativa *que* y la interrogativa *si.* Introducen oraciones que equivalen a un sustantivo o a un pronombre:

*Quiero* **que** *me invites a tu boda (= ...una invitación para tu boda). Pregúntale* **si** *ha terminado ya el informe (= Pregúntale eso).*

Pueden emplearse juntas: *Pregúntale* **que si** *ha terminado ya el informe.*

2) *Locativas.* Indican lugar. Son: *donde, adonde, por donde, hasta donde.*
3) *Modales.* Expresan modo o manera. Son: *como, como si, según, tal y como...*:

*Te lo cuento* **como** *me lo dijeron a mí.*

4) *Temporales.* Indican tiempo. Son: *cuando, mientras, apenas, tan pronto (como), antes (de) que, hasta que:*

**Cuando** *llegues, llama por teléfono;* **Tan pronto como** *lo he sabido, he venido a contártelo.*

5) *Causales.* Expresan causa o motivo. Son: *porque, que, pues, puesto que, supuesto que, ya que:*

*No me pidas dinero,* **ya que** *sabes que no lo tengo.*

6) *Condicionales*. Expresan valores de condición o conjetura. Son: *si, como, con que, con tal (de) que, con solo que, a condición de que, a menos que*:

**Si** *no apagas la radio, no puedes estudiar;* **A menos que** *me lo pida de rodillas, no le pienso ayudar.*

7) *Concesivas*. Indican una objeción u oposición no excluyente. Son: *aunque, a pesar de que, aun cuando, si bien, por más que*:

*Terminaré este trabajo hoy,* **aun cuando** *me quede sin dormir.*

8) *Finales*. Expresan finalidad. Son: *para que, a fin de que, con el objeto de que*:

*Te dejaré el coche* **a fin de que** *puedas regresar antes.*

9) *Consecutivas*. Indican consecuencia. Hay dos tipos de consecutivas:
   *a)* Consecutivas *no intensivas: luego, conque, así (es) que, así pues, por consiguiente, por (lo) tanto...*:

   *Así están las cosas,* **conque** *elige.*

   *b)* Consecutivas *intensivas:* la conjunción *que* precedida en la estructura anterior por los intensificadores como *tan, tanto, tal,* etc.:

   **Tanto** *va el cántaro a la fuente,* **que** *al final se rompe.*

10) *Comparativas*. Expresan el resultado de una comparación. Son las conjunciones *como* y *que* precedidas en la secuencia anterior por los intensificadores *tan, como, más, menos...*:

   *Es* **tan** *honrado* **como** *lo fue su padre; Es* **menos** *estudioso* **que** *su hermana.*

### 5.8.2. Usos y norma de las conjunciones

1) La conjunción *que: *En cuanto que esté la cena...; *¡Qué bueno que está este vino!; Es que yo no sé nada; Te ruego disculpes mi mal carácter.*

195

Aparece indebidamente en los usos siguientes:
*a)* En *locuciones* de distinto valor:
— Temporal:

> \**En cuanto que* termines esta carta, me la traes al despacho* (correcto: *En cuanto* termines esta carta...); ***Entre que* po-néis la mesa, yo compraré el pan* (correcto: ***Mientras** ponéis...*).

— Causal:

> \**Esa actitud es poco solidaria **por cuanto que** eres un com-pañero como nosotros* (correcto: *...**puesto que** eres un compa-ñero...*).

*b)* En expresiones enfáticas:

> \**¡**Qué bien que** estamos aquí!* (correcto: *Qué bien estamos...*); \**¡**Qué bueno que** está este vino!* (correcto: *¡**Qué bueno** es-tá...!*).

*c)* Es un galicismo, que debe evitarse, la expresión *es que:*

> ***Es que** yo no sé nada* (preferible: *Yo no sé nada); **Es que** yo no he dicho nunca eso* (mejor: *Yo no he dicho nunca eso*).

*d)* Omisión de *que*. Se permite la omisión en expresiones del tipo:

> *Te ruego disculpes mi mal carácter; Espero sepas apreciar mi amis-tad.*

Sin embargo, es preferible su empleo:

> *Te ruego que disculpes...; Espero que sepas...*

Tampoco debe eliminarse en la locución temporal *una vez que:*

> \**Llámame por teléfono una vez hayáis concluido el informe* (pre-ferible: *...una vez que hayáis concluido...*).

2) La conjunción *y*: *¿Y Inés? ¿Dónde está Inés?*
No se transforma en *e* delante de *i-* cuando comienza por una interrogación:

*¿Estamos ya todos?* *¿E Isabel?* (correcto: *¿Y Isabel?* (= *¿Dónde está Isabel?*)

3) La conjunción *como*: *\*Tan pronto llegues a casa...*
No debe omitirse en la locución temporal *tan pronto como*:

*\*Tan pronto hayas acabado ese informe, súbeselo a la Directora* (correcto: *Tan pronto como hayas acabado...*).

4) La conjunción *pues*: *¿Te has decidido, pues?*
Es un uso regional que no pertenece al español culto, ya que no tiene el valor causal ni consecutivo:

*¿Te has decidido, pues?* (preferible: *¿Te has decidido ya?*); *¿Comes con nosotros, pues?* (preferible: *¿Comes con nosotros?*)

Debe omitirse siempre el vulgarismo *\*pos* por *pues*:

*\*Pos* (= pues) *yo me quedo en casa.*

5) *Conque, con que, con qué.*
— *Conque* es conjunción consecutiva y equivale a 'luego, por consiguiente':

*Es tu jefe, conque* (= luego, por consiguiente) *ten paciencia.*

— *Con que* (dos palabras) tiene dos valores:
   *a)* Preposición y pronombre relativo:

*Este es el ordenador con que* (= el cual) *trabajo.*

   *b)* Locución conjuntiva con valor condicional:

*Con que llegues* (= si llegas) *a las diez, nos da tiempo suficiente.*

— *Con qué* es preposición y pronombre interrogativo:

*¿Con qué te has hecho esa herida?*

6) *Porque, por que, por qué, porqué*
— *Porque* es conjunción causal:

*No puedo acompañarte **porque** tengo la gripe.*

— *Por que* es preposición y pronombre relativo:

*El parque **por que** (= por el que) paseamos está en obras.*

— *Por qué* es preposición y pronombre interrogativo:

*¿**Por qué** me gritas?*

— *Porqué* es un sustantivo con el significado de 'motivo, causa, razón':

*El **porqué** (= motivo) de esa discusión no lo he sabido nunca, pero seguro que Luis tenía sus porqués (= razones) para enfadarse.*

7) *Sino, si no*
— *Si no* (dos palabras) es conjunción condicional *si* y adverbio de negación *no:*
*Si **no** (= en el caso de que no...) puedes venir, llama por teléfono.*

— *Sino* tiene dos valores:
*a)* Conjunción adversativa:

*No iré yo al aeropuerto, **sino** (= pero sí) Luis.*

*b)* Sustantivo con el significado de 'destino':

*Mi **sino** (= destino) es trabajar y trabajar.*


## 5.9. LA CONCORDANCIA

La concordancia es la igualdad de número y persona entre el sujeto y el verbo del predicado, y de número y género del sustantivo con el adjetivo y con los determinantes.

Veamos las normas de concordancia entre el sujeto y el verbo, y entre el sustantivo y el adjetivo. La concordancia de los pronombres y determinantes ya la hemos visto antes.

## 5.9.1. Concordancia entre el sujeto y el verbo del predicado

Se siguen dos reglas generales:
— Cuando el verbo se refiere a un solo sujeto, concuerda con él en número y persona:

*Este perro es muy tranquilo.*          *Esos gatos están muy mimados.*
*Por aquí pasaba el río.*               *Por aquí pasaban las ovejas trashumantes.*

— Cuando el verbo se refiere a varios sujetos, debe ir en plural; y si concurren varias personas diferentes, la segunda se prefiere a la tercera, y la primera, a las otras dos:

*Este perro y este gato son de la abuela.*
*Luis y tú le llevaréis la medicina al abuelo* (no *\*...le llevarán...*).
*Ana, tú y yo cuidaremos a los abuelos durante el fin de semana* (no *\*cuidaréis* o *cuidarán*).

Veamos ahora algunos casos especiales.
1) *Una bandada de palomas se posó* (o se posaron) *en la plaza; Infinidad de perros son abandonados.*

El nombre colectivo debe respetar la concordancia de número con el verbo:

*Tanta gente me abruma.*

Pero si el colectivo va complementado con un grupo nominal en plural con *de*, se permite la doble opción:

*Una bandada de palomas se posó* (o *se posaron) en la plaza.*

Aunque siempre es preferible mantener la concordancia en singular:

*Un rebaño de ovejas cruza la carretera.*

No obstante, si el colectivo ha adquirido valor de cuantificador, como *una infinidad, una multitud, la mayoría*..., entonces es obligado el plural:

*La mayoría de los ancianos* **padecen** *una tremenda soledad* (incorrecto: *\*...padece); Infinidad de insectos* **sobrevuelan** *el parque* (incorrecto: *\*...sobrevuela).

2) *Los ingleses sois muy clasistas; En esta casa todo son problemas; Todos los asistentes al concierto era gente muy joven.*

Todas estas expresiones son correctas, si bien hay discordancias evidentes:

En *Los ingleses sois muy clasistas* hay discordancia de persona porque la concordancia se establece con el referente: *Vosotros, los ingleses, sois...*

En las oraciones *En esta casa todo son problemas; Todos los asistentes al concierto era gente muy joven* se permite que el verbo *ser* concuerde con el atributo en lugar del sujeto.

3) *Los ladrones somos gente honrada; ¿Cómo estamos?; En este asunto pensamos que...*

Son expresiones correctas, si bien existe una discordancia deliberada con fines expresivos o estilísticos:

— compartir la actividad con el interlocutor, en el habla coloquial:

*Los ladrones somos gente honrada; ¿Cómo estamos?*

— o bien como plural de modestia en la exposición culta de un tema:

*En este asunto pensamos que...*

4) *Están mal colocados el cabecero y la mesilla; Se permite la carga y descarga de mercancías; Ese ir y venir me marea.*

Cuando el sujeto está compuesto de dos o más componentes coordinados copulativos, el verbo se pone en plural:

*Están mal colocados el cabecero y la mesilla; Tanto el hijo como el padre tienen mucha culpa.*

Pero el verbo va en singular si los sustantivos asociados se sienten como un todo unitario:

*Se permite la carga y descarga de mercancías; El despegue y aterrizaje de aviones se ha suspendido por la niebla.*

Igualmente se pone el verbo en singular cuando el sujeto está formado por varios infinitivos:

*Ese ir y venir me marea, Comer poco y pasear mucho constituye un buen medio de cuidar la salud.*

5) *No es lo mismo que esa expresión la diga un hombre o una mujer; Se necesita camarero o camarera...*
   Cuando el sujeto está compuesto por sustantivos coordinados con la conjunción *o* se dan diversos casos de concordancia, dependiendo del valor de relación que se establece:
   — Con valor excluyente, el verbo va en singular:

   *No es lo mismo que esa expresión la diga **un hombre o una mujer.***

— Con valor indiferente puede ir en singular o en plural:

   *Se necesita (o necesitan) **camarero o camarera** para dar cenas.*

— Con valor de equivalencia o explicativo, en singular:

   *La **apicultura** o **arte** de cuidar abejas es una actividad muy placentera.*

## 5.9.2. Concordancia entre el adjetivo y el sustantivo

Se siguen dos reglas generales:
— Cuando el adjetivo se refiere a un solo sustantivo, concuerda con él en género y número:

*Lleva una **camisa blanca** con el **cuello sucio.***

— Si el adjetivo se refiere a varios sustantivos, va en plural, y si son de distinto género, va en masculino:

*Lleva una camisa y una corbata amarillas; Este niño tiene un talento y una inteligencia inadecuados para su edad.*

Veamos ahora algunos casos especiales.

1) *Admiro su extraordinaria inteligencia y sentido del humor / Admiro su inteligencia y sentido del humor extraordinarios.*

— Cuando el adjetivo va antepuesto a varios sustantivos, lo normal es que concuerde en género y número con el más próximo:

*Admiro su extraordinaria inteligencia y sentido del humor.*

— Pero si va pospuesto, sigue la regla general: en plural y en masculino si son de diferente género:

*Admiro su inteligencia y sentido del humor extraordinarios.*

2) *Lengua y literatura española / lengua y literatura españolas.*

Cuando el adjetivo se refiere a varios sustantivos que se sienten como una unidad, puede ir en singular o en plural.

---

**Anacolutos y discordancias:** *Yo me gustaría..., Yo me parece...*
El anacoluto es una construcción sintáctica con ruptura de coherencia oracional, basados muchos de ellos en discordancias.

| | |
|---|---|
| — *\*Yo me gustaría ser arquitecto.* | — *A mí me gustaría ser arquitecto.* |
| — *\*Yo me parece que es hora de irse.* | — *A mí me parece que es hora de irse.* |
| — *\* Los hijos parecen que no son conscientes de la muerte del padre.* | — *Parece que los hijos no son conscientes de la muerte del padre.* |
| — *\* Compraron cada uno un disfraz.* | — *Compró cada uno un disfraz.* |
| — *\* Son necesarios ganar los dos últimos partidos para no bajar a segunda división.* | — *Es necesario ganar los dos últimos partidos para no bajar a segunda división.* |
| — *\* Se están tratando de ocultar las causas del accidente.* | — *Se está tratando de ocultar las causas del accidente.* |

202

## 5.10. El léxico

Si consideramos el idioma como un elemento vivo que evoluciona a través del tiempo, el léxico es el aspecto que más variaciones sufre. Aquí nos vamos a detener en tres aspectos: impropiedades léxicas, precisión léxica y tratamiento de los extranjerismos.

### 5.10.1. Impropiedades léxicas

Muchos usos inadecuados provienen de la coincidencia en el idioma de palabras con sonidos parecidos. Veamos los más comunes:

- *absorber,* 'aspirar'; *absolver:* 'liberar, perdonar'
- *accesibles:* 'de fácil trato o acceso'; *asequible:* 'que se puede conseguir o alcanzar'
- *adaptar:* 'ajustar algo a alguna cosa'; *adoptar:* 'recibir como hijo, adquirir'
- *adición:* 'añadidura, acción de añadir'; *adicción:* 'hábito o afición desmedida hacia algo'
- *aludir:* 'mencionar, insinuar'; *eludir:* 'evitar'
- *aptitud:* 'capacidad para desarrollar una actividad'; *actitud:* 'postura del cuerpo, disposición de ánimo'
- *arrogarse:* 'apropiarse indebidamente de algo'; *irrogarse:* 'causar daño, perjuicio'
- *azahar:* 'flor del naranjo'; *azar:* 'casualidad'
- *bienal:* 'cada dos años'; *bianual:* 'dos veces al año'
- *bucal:* 'relativo a la boca'; *vocal:* 'relativo a la voz'
- *calificar:* 'apreciar o juzgar facultades o circunstancias de alguien'; *clasificar:* 'ordenar'
- *compete* (verbo *competer*): 'pertenece, incumbe'; *compite* (verbo *competir*): 'contender entre sí'
- *devastado* (v. *devastar*): 'destruido'; *desbastado* (v. *desbastar*): 'eliminado lo basto, pulir'
- *ejemplarizar:* 'dar ejemplos'; *ejemplificar:* 'poner ejemplos'
- *enjugar:* 'cancelar una deuda, pérdidas'; *enjuagar:* 'aclarar o limpiar con agua'
- *especia:* 'sustancia vegetal aromática'; *especie:* 'conjunto de seres o cosas semejantes entre sí'
- *espiar:* 'acechar'; *expiar:* 'purificar, borrar las culpas'
- *espirar:* 'exhalar, echar de sí el aire'; *expirar:* 'acabar la vida, morir'
- *estática:* 'que permanece en el mismo sitio'; *estética:* 'armoniosa, artística'
- *estirpe:* 'linaje'; *extirpe* (v. *extirpar*): 'arrancar'

- *exhaustivo:* 'que agota un tema'; *exhausto:* 'muy cansado, agotado'
- *incidente:* 'disputa, riña'; *accidente:* 'suceso del que resulta daño'
- *indigente:* 'pobre'; *indulgente:* 'inclinado a perdonar'
- *indolente:* 'insensible'; *insolente:* 'orgulloso, desvergonzado'
- *inerme:* 'desarmado, indefenso'; *inerte:* 'inactivo, inmóvil, sin vida'
- *infectar:* 'contaminar con gérmenes'; *infestar:* 'invadir un lugar animales o plantas'
- *inflación:* 'subida de precios'; *infracción:* 'trasgresión de ley o norma'
- *infringir:* 'quebrantar ley u órdenes'; *infligir:* 'causar daño'
- *inmunidad:* 'exención de gravámenes, privilegio'; *impunidad:* 'falta de castigo'
- *intercesión:* 'acción de interceder, mediar'; *intersección:* 'encuentro o cruce de líneas, calles...'
- *intimar:* 'estrechar amistad'; *intimidar:* 'causar miedo'

- *lapsus:* 'falta o equivocación cometida por descuido'; *lapso:* 'paso o transcurso'
- *lívido:* 'extremadamente pálido'; *libido:* 'deseo sexual'
- *perjuicio:* 'efecto de perjudicar, daño'; *prejuicio:* 'opinión previa desfavorable a algo o a alguien'
- *prescribir:* 'ordenar, determinar algo'; *proscribir:* 'excluir, prohibir'
- *ratificar:* 'aprobar, confirmar'; *rectificar:* 'modificar o corregir la propia opinión'
- *reivindicar:* 'reclamar'; *revindicar:* 'defender a alguien que ha sido injuriado'
- *surgir:* 'aparecer, manifestarse'; *surtir:* 'proveer a alguien de algo, producir'
- *tanda:* 'alternativo, turno': *tunda:* 'acción de castigar con golpes'
- *visionar:* 'ver imágenes cinematográficas o televisivas'; *visualizar:* 'representar mediante, imaginar'

Veamos ejemplos de precisión léxica en los verbos excesivamente polisémicos:

| Verbo: DAR | |
| --- | --- |
| Dar licencia (permiso) para algo. | Conceder licencia (permiso) para algo. |
| Dar problemas. | Ocasionar (causar) problemas. |
| Dar una conferencia. | Impartir (pronunciar) una conferencia. |
| Dar ánimos. | Infundir ánimos, animar. |
| Dar clase. | Impartir (un profesor) o recibir (un escolar) clase. |
| Dar cartas (en el juego de naipes). | Repartir las cartas a los jugadores. |
| Dar pena, gusto. | Causar pena, gusto. |
| Dar razones, argumentos. | Aducir (aportar) razones, argumentos. |
| Dar con el escondite. | Encontrar el escondite. |

| | |
|---|---|
| Darse con algo: ¿con qué te has dado? | Golpearse con algo. |
| Dar lástima. | Inspirar lástima. |
| Dar en el error. | Incurrir en el error. |
| Dar golpes, puñaladas. | Asestar golpes, puñaladas. |
| Darse a la bebida. | Dedicarse a la bebida. |

### Verbo: DECIR

| | |
|---|---|
| Decir un lugar, un sitio. | Indicar (señalar, precisar) un lugar, un sitio. |
| Decir un secreto. | Descubrir (revelar, manifestar) un secreto. |
| Decir sonidos. | Pronunciar (articular, emitir) sonidos. |
| Decir los pormenores. | Detallar (referir, tratar, precisar) los pormenores. |
| Decir insultos, blasfemias. | Proferir insultos (insultar), blasfemias (blasfemar). |
| Decir una historia. | Contar (referir, relatar, narrar) una historia. |
| Decir algo incorrectamente. | Expresar algo incorrectamente (cometer el error). |
| Decir una cantidad. | Precisar (fijar, concretar) una cantidad. |
| Decir la verdad. | Exponer (declarar, manifestar) la verdad. |
| Decir los nombres. | Mencionar los nombres, nombrar. |
| Decirle algo a alguien por sorpresa. | Espetarle algo a alguien. |

### Verbo: HABER

| | |
|---|---|
| Haber un percance. | Ocurrir (suceder) un percance. |
| Haber peligros, dificultades. | Acechar (aguardar) peligros, dificultades. |
| Haber junta, reunión, función. | Celebrarse junta, reunión, función. |
| Haber rumores. | Circular (correr, difundir) rumores. |
| Haber razones para algo. | Existir razones para algo. |
| Haber una fiesta. | Celebrarse una fiesta (festejar). |
| Haber gente en una lista. | Figurar (hallarse) gente en una lista. |
| Haber indicios. | Percibirse (detectarse) indicios. |
| Haber un crimen, un delito. | Cometerse (perpetrarse) un crimen, un delito. |
| Haber sospechas, dudas. | Suscitarse (originarse, producirse) sospechas, dudas. |
| Haber lluvias, vientos. | Registrarse (producirse) lluvias, vientos. |
| Haber una explosión. | Producirse (originarse) una explosión. |

### Verbo: HACER

| | |
|---|---|
| Hacer el cuerpo a las fatigas. | Habituar el cuerpo a las fatigas. |
| Hacer una raya. | Trazar (dibujar, pintar) una raya. |
| Hacer música. | Componer música. |
| Hacer daño a alguien. | Infligir (causar, producir, ocasionar) daño a alguien. |
| Hacer años. | Cumplir años. |
| Hacer una casa. | Construir (edificar) una casa. |

| | |
|---|---|
| Hacer una carrera de estudios. | Cursar una carrera de estudios. |
| Hacer amistad con alguien. | Trabar (entablar) amistad con alguien. |
| Hacer dinero, fortuna. | Conseguir (ganar, obtener) dinero, fortuna. |
| Hacer un expediente a alguien. | Incoar (abrir) un expediente a alguien. |
| Hacer una infracción de tráfico. | Cometer una infracción de tráfico. |
| Hacer un túnel. | Perforar (horadar) un túnel. |
| Hacer un poema (una redacción). | Escribir (elaborar) un poema (una redacción). |
| Hacer preguntas a alguien. | Formular preguntas (interrogar) a alguien. |
| Hacerse cristiano, comunista... | Abrazar una religión, una ideología. |
| Tener cariño, odio. | Sentir (profesar) cariño, odio. |

### Verbo: PONER

| | |
|---|---|
| Poner atención. | Prestar atención, atender. |
| Poner un negocio. | Establecer (instalar, montar) un negocio. |
| Poner un monumento. | Levantar (erigir) un monumento. |
| Poner unas normas. | Fijar (establecer) unas normas. |
| Poner argumentos. | Esgrimir (utilizar, emplear) argumentos. |
| Poner confusión. | Sembrar confusión, confundir. |
| Poner orden. | Restablecer el orden, ordenar. |
| Poner algo en un papel. | Escribir algo en un papel. |
| Pongamos por caso que... | Supongamos que... |
| Poner la alfombra. | Extender (colocar) la alfombra. |
| Poner una emisora. | Sintonizar una emisora. |
| Poner la mirada en algo. | Fijar la mirada en algo, observar. |
| Ponerse de rodillas. | Hincarse de rodillas, arrodillarse. |
| Ponerse de parte de alguien. | Prestar apoyo a alguien. |
| Ponerse bien para una fiesta. | Vestirse (ataviarse) bien para una fiesta. |

### Verbo: TENER

| | |
|---|---|
| Tener una sensación, una mejoría. | Experimentar (notar) una sensación, una mejoría. |
| Tener una postura o actitud. | Adoptar una postura, una actitud. |
| Tener miedo, vergüenza. | Experimentar miedo, vergüenza. |
| Tener buena salud. | Gozar (disfrutar) de buena salud. |
| Tener a alguien por rico. | Considerar a alguien rico. |
| Tener dinero, recursos económicos. | Disponer de dinero, de recursos económicos. |
| Tener obligaciones, compromisos. | Contraer (adquirir) obligaciones, compromisos. |
| Tener un cargo. | Desempeñar (ocupar, ejercer) un cargo. |
| Tener una ideología, una religión. | Profesar una ideología, una religión. |
| Tener una enfermedad. | Padecer (sufrir) una enfermedad. |
| Tener una meta, un objetivo. | Fijarse una meta, un objetivo. |
| Tener una actividad, una profesión. | Desarrollar (ejercer) una actividad, profesión. |
| Tener buenos resultados, buenas notas. | Conseguir (obtener, lograr) buenos resultados, buenas notas. |

## 5.10.2. Extranjerismos

Los extranjerismos no son rechazables en sí mismos, pues todos los idiomas se han enriquecido a través de su historia con palabras tomadas de lenguas diversas. Pero su empleo debe responder a necesidades comunicativas y no a modas que imponen determinados grupos sociales.

La RAE recomienda seguir los siguientes criterios para el uso de estas voces:
1) Rechazar los extranjerismos superfluos o innecesarios: *back-up*, *consulting*.

Deben evitarse cuando existe en español un vocablo del mismo significado con plena vitalidad: *back-up* ('copia de seguridad'), *consulting* ('consultora o consultoría'), *abstract* ('resumen, extracto'), *e-mail* ('correo electrónico'), *hacker* ('pirata informático'), *jeep* ('todoterreno'), *share* ('cuota de pantalla'), *sex symbol* ('símbolo sexual'), *short* ('pantalón corto'), *show* ('espectáculo'), *showman* ('animador, presentador'), *spot* ('anuncio'), *staff* ('equipo directivo'), *stand* ('pabellón').
2) Aceptar los extranjerismos necesarios o muy extendidos: *ballet*, *blues*, *máster*, *box*, *pádel*, *chucrut*.

Cuando no existe en español un término equivalente o está muy arraigado entre los hablantes, se aplican dos criterios en el empleo del extranjerismo:
— Mantener la grafía y pronunciación originarias: *ballet* (balet), *blues* (blus), *flash* (flas), *flashback* (flasbac), *jogging* (yoguing), *jazz* (yas), *hardware* (jaruer), *software* (softuer).

En este caso deben escribirse con cursiva o con comillas para señalar su carácter de vocablo ajeno: *input* o «input».
— Adaptación de la pronunciación o de la grafía originarias: *airbag* (pronunciado 'erbag'), *master*, que se escribe con tilde *máster*, *geisha* (pronunciado 'gueisa').

Estas formas adaptadas no necesitan resaltarse en la escritura ni con cursiva ni con comillas.
— Mantener la pronunciación, pero adaptando la escritura al sistema del español: *pádel* del inglés *paddle*, *chucrut* del francés *choucroute*. Igualmente: *curri* (de *curry*), *cúter* (de *cutter*), *filin* (de *feeling*), *sexi* (de *sexy*), *sexapil* (*sex appeal*), *eslip* (de *slip*), *esnob* (de *snob*), *suflé* (de *souffle*), *yacusi* (de *jacuzzi*).

Estas palabras se escriben sin el realce de la letra cursiva o de las comillas.

Sin embargo, la RAE no considera una incorrección lingüística el empleo de cualquier extranjerismo por los hablantes, siempre y cuando lo resalte tipográficamente mediante letra cursiva o comillas.

# CAPÍTULO VI

# Proceso de escritura: organización y creación textual

## 6.1. PREPARACIÓN PARA LA REDACCIÓN DE ESCRITOS

### 6.1.1. Saber redactar

Aprender a escribir es reflexionar con el lenguaje sobre el mundo, sobre los demás y sobre nosotros mismos. Asimismo, escribir es examinar la realidad y saber cómo la simbolizamos y la transmitimos. Mediante la escritura ejercitamos nuestra capacidad reflexiva de comunicación y expresión.

Para escribir bien, hay que tener necesidad de comunicar algo a alguien y de sentirse atraído por el manejo de la lengua. A ello contribuye la redacción, considerada como forma de composición organizada mediante la que se reproducen ideas por escrito. Pero todo el proceso de redacción ha de estar dirigido a escribir con corrección, orden y claridad, por un lado, y a elaborar y a crear textos variados, por otro. No es lo mismo redactar un informe científico que una descripción literaria.

Los dos requisitos esenciales en la redacción son la claridad y el orden. De ahí se deduce que hemos de reconocer la información que transmitimos a través del mensaje, cuyo contenido ha de expresarse de forma que pueda ser comprendido sin dificultad por el destinatario. Es en la redacción donde mostramos la capacidad comunicativa y el dominio de la lengua observando la *corrección ortográfica*, la *propiedad gramatical* y la *precisión* y la *variedad léxicas*. Según esto, escribir bien consiste en expresar el contenido de forma adecuada.

## 6.1.2. Construcción de textos

Para comunicarse, por vía oral o escrita, unimos los sonidos y las letras respectivamente, hasta constituir unidades lingüísticas mayores. A su vez, las palabras y las oraciones se convierten en unidades de comunicación al actualizarse y al adquirir el rango de enunciados y de unidades textuales. Los mensajes que se deducen de ellas han de ir dirigidos al lector de quien esperamos una respuesta satisfactoria, siguiendo el proceso de intercambio comunicativo:

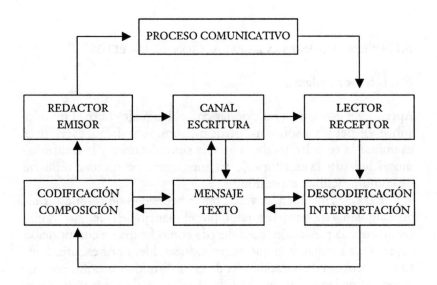

En cualquier acto de comunicación escrita, con independencia de la forma y la finalidad que adopte, intervienen la codificación, mostrada en el mensaje escrito por el autor, y la descodificación, en la interpretación del lector. En dicho proceso, las palabras constituyen una de las herramientas esenciales de la construcción textual. Una palabra aislada por sí misma puede constituir una unidad de comunicación completa, pero normalmente se integran en otras de mayor amplitud. Sabemos que las palabras están constituidas por una parte material —sonidos o letras— y por otra inmaterial —significado—, cuyo cometido es el de representar conceptos, objetos o simplemente nombrar.

Un texto no es un conjunto de palabras y de oraciones aisladas, sino que constituye una unidad de sentido organizada donde confluye la intención del hablante-escritor y la capacidad interpretativa del hablante-lector. En esta doble operación está presente el conocimiento mutuo y compartido de la realidad representada mediante la aplicación de reglas de combinación gramatical y de reglas de composición discursiva. Las formas de narrar, exponer y argumentar son las más características para organizar y relacionar las informaciones de los textos. La *Retórica clásica* contempla tres fases en la cons*rucción y producción de un texto escrito principalmente literario, aunque puede aplicarse a cualquier clase de texto:

— *Inventio* (invención): responde a la delimitación y fijación del tema a partir de la lluvia de ideas y de acuerdo con la capacidad suficiente para abordarlo.

— *Dispositio* (disposición): es el momento de la ordenación y planificación de las ideas mediante un esquema que constituya la estructura del contenido.

— *Elocutio* (elocución o formas de expresión empleadas). En esta fase se recurre a la expresión lingüística adecuada, es decir, la precisión y la variedad léxicas, la propiedad gramatical, la corrección ortográfica y la coherencia discursiva. Por ello, responde a la elaboración escrita o redacción del texto.

A pesar de que el proceso de construcción es similar en casi todos los textos, cada uno de ellos tiene su propio molde. En el proceso de cualquier texto intervienen un conjunto de elementos léxicos, ortográficos, gramaticales y pragmáticos, a los que se unen las estrategias de redacción y de estilo que permiten adecuar el contenido a cada tipo de texto. No es lo mismo redactar un anuncio publicitario y un telegrama que una breve noticia o una solicitud.

| ANUNCIO | TELEGRAMA |
| --- | --- |
| Comisiones de servicio 0 € Queremos ser tu banco Deja de pagar las comisiones de servicio, si tienes con nosotros tu nómina o pensión o hipoteca o plan de pensiones (Banco Santander) | Llegada tren Barajas 20,30 Espera salida 15 Saludos |

| NOTICIA | SOLICITUD |
|---|---|
| Acaba de aterrizar un avión procedente de Moscú en Orly (París) sin que la tripulación recibiera la orden de Control. Este hecho ha causado la alarma en todas las dependencias del aeropuerto internacional. | Antonio Buendía Sánchez, DNI __, nacido y domiciliado en Madrid, C/ Encina, 3, con todo respeto EXPONE: Que es licenciado en Matemáticas, tiene buenos conocimientos de Informática e Inglés y acumula tres años de experiencia, por lo que SOLICITA que se le conceda el puesto de trabajo anunciado para el que está capacitado. Con los mejores deseos Fecha y firma |

### 6.1.3. Algunas pautas previas a la redacción

Una vez delimitado el tema y obtenida la información necesaria, realizaremos la planificación del asunto que vamos a redactar. Sabido es que en el proceso de elaboración y de redacción de un escrito se producirán modificaciones desde el primer borrador hasta la última versión a la que aplicaremos la corrección y la revisión final.

Con el fin de estructurar la información que vayamos a proyectar en el escrito, es conveniente clarificar el propósito. Así tenemos que dar respuesta principalmente a preguntas del tipo: ¿qué me lleva a mí a escribir? o ¿por qué escribo?, ¿a quién me dirijo?, ¿qué deseo contar? y ¿cómo lo voy a contar? En definitiva, el propósito está contenido en la pregunta ¿qué respuesta espero y deseo del lector?

Cuando tengamos claro el tema, el propósito y la finalidad, tendremos que elegir la forma y el género textuales más adecuados a los objetivos previstos. Es recomendable pensar en cuál podría ser la actitud del lector ante el escrito en cuanto al enfoque, al tema, al lenguaje y al estilo empleados. Por eso, debemos saber qué antecedentes hay del tema, qué interés pueden tener los contenidos y cómo podrán los lectores interpretar la informa-

ción dada. Para que un escrito sea eficaz, debemos considerar los siguientes aspectos:
— El tema debe tener interés.
— Los contenidos han de desarrollarse con claridad.
— La forma de tratar el tema tiene que ser adecuado al contenido.
— La presentación del tema permitirá al lector captar lo esencial sin dificultad.
— El estilo ha de resultar atractivo por la variedad de expresión elegida.

Para ordenar y vertebrar las ideas en la redacción, podemos recurrir a distintos procedimientos. Según el modelo y el género de texto de que se trate, elegiremos una ordenación u otra en función de los siguientes aspectos:
— El establecimiento de agrupaciones temáticas.
— La relación de causa-efecto de las ideas desarrolladas.
— La ordenación secuencial y lineal de las ideas.
— La presentación jerárquica de las ideas.
— La ordenación cronológica de los hechos contados.
— La sucesión de características, propiedades o imágenes.
— El procedimiento comparativo o contrastivo de las ideas.
— El grado de importancia de las ideas presentadas.
— El orden lógico, deductivo o inductivo.

Una vez fijado el criterio de ordenación de las ideas, estaremos en disposición de elaborar un *esquema o guión* que nos facilite la redacción de cada apartado. Pero, además de disponer y presentar las ideas con coherencia, debemos apoyarlas con explicaciones claras, ejemplos, anécdotas, referencias, citas y otros recursos necesarios que proporcionen solidez al contenido del texto y despierten interés por la lectura. En la planificación, además de la estructuración y organización de las ideas del texto, hemos de determinar la *finalidad* del escrito (didáctico, lúdico, de crítica, ensayo, editorial, literario...), el *enfoque* que vamos a utilizar (impersonal, objetivo, subjetivo, 1.ª persona de singular o plural, 2.ª persona con tú, vosotros-as, usted-ustedes), la *modalidad* textual (descripción, exposición, diálogo...), el *género* (periodístico, científico, epistolar, administrativo, informativo, comercial, publicitario, práctico, literario, etc.), el *tono* (categórico, enérgico, objetivo, frío, lúdico, irónico, mordaz, sarcástico, etc.), el *lenguaje* y el *estilo* (culto, formal, informal, coloquial, amplificado, conciso, retórico, sencillo, natural, etc.), la *extensión* o el espacio que se va a emplear y el *destinatario* a quien nos dirigimos.

Todos estos aspectos han de ser utilizados tanto para textos formales como para textos de creación, aunque en este caso el orden puede variar en función de la intención comunicativa del autor y del carácter artístico y literario que se le otorgue al texto. De cualquier modo, en los textos creativos también hay que establecer un índice y un plan de seguimiento sin que suponga una distribución en capítulos y en epígrafes al estilo de los demás tipos de texto.

### 6.1.4. ¿Qué debemos conocer de antemano?

Un hablante de cultura media ya conoce muchos aspectos de la escritura por su formación académica y por su actividad lectora. Normalmente sabe manejar las letras de las palabras, construir oraciones ajustando la concordancia de los elementos que las forman y unirlas en párrafos con la idea de comunicar.

Pero es necesario mejorar en las técnicas del proceso de redacción para adquirir soltura en la escritura, como:
— Delimitar claramente el tema.
— Adecuar el tono y el registro idiomático al escrito, a la situación y al lector.
— Ordenar y estructurar las ideas.
— Distinguir lo importante de lo accesorio mediante la idea esencial y las secundarias.
— Usar los elementos de relación con mayor variedad y propiedad.
— Seleccionar y utilizar un léxico variado, natural y preciso.
— Construir oraciones y párrafos con soltura sin repeticiones innecesarias.
— Utilizar las características correspondientes a cada *modelo de texto*.
— Lograr un estilo natural y sencillo de acuerdo con el lenguaje y el género elegidos.

La tarea de escribir es claramente compleja, por lo que exige un proceso de aprendizaje de técnicas y estrategias de planificación, redacción, revisión y corrección. Se redacta el borrador y, a continuación, se procede a la lectura para la revisión y corrección. Durante el período de formación, son los profesores quienes corrigen los trabajos escritos. Pasada esa época, somos nosotros mismos quienes autocorregimos. Podemos recurrir a estrategias de contraste, como leérselo a algunas personas para que den su opinión o entregarlo a alguien para que te lo revise. Como lectores, nos interesa sacar una copia en papel para realizar una lectura reposada y completa del texto dejando transcurrir algún día desde su finalización. En cualquier caso, tenemos que ser muy exigentes y no fiarnos del simple corrector de los procesadores de textos.

Procedamos a la corrección y revisión de un texto de opinión sobre «pequeños monopolios»:

## 1.º: BORRADOR: COMPOSICIÓN

### Eliminación de los pequeños monopolios

¿Se imaginan que en España se eliminaran todos los pequeños Monopolios de Farmacias, Estancos, Notarios, Registradores, Líneas de Autobuses y otros muchos? Un ejemplo, voy a contar el cuento de la lechera: En mi ciudad de 18000 habitantes hay abiertas 6 Farmacias, no sé cuánto facturarán cada una de ellas, pero seguro que podría haber 10 farmacias más que eliminarían de la lista del paro a 10 farmacéuticos, que comprarían o alquilarían 10 locales comerciales, que instalarían sus farmacias, pidiendo 10 créditos a bancos, que podrían independizarse de sus padres, que comprarían 10 viviendas para vivir, que comprarían 10 neveras, 10 cocinas, 10 dormitorios, 10 salones, 10 plazas de garaje, 10 coches, etc. Esto daría trabajo a muchas personas.

Y lo que es más importante, 10 personas que trabajarían en lo que se han esforzado tantos años de estudio, convirtiéndose en ciudadanos normales, ciudadanos que tendrían trabajo, consumirían y pagarían sus impuestos. En definitiva que serían felices. Beneficios también para el resto de ciudadanos, competir en precios de los medicamentos, pues ya no valdría una caja de Aspirinas en todas las farmacias igual. Esto es Economía pura y dura, lo demás es Monopolio. Aproveche ahora Ministro S. para eliminar los pequeños Monopolios, la mayoría de los españoles se lo agradecerían (P.R.P.)

2.º: CORRECCIÓN-PRAGMÁTICA, GRAMÁTICA, LÉXICO Y ORTOGRAFÍA

- **Orden en el desarrollo de las ideas.**
  - — Cambio de una idea a otra sin distinción: «hay abiertas seis farmacias, no sé cuánto facturarán, pero seguro que...».
  - — Mezcla o superposición de ideas: salir del paro, trabajar, invertir, independizarse, comprar...
  - — Conclusiones anticipadoras: «Y lo que es más importante», «en definitiva».
- **Adecuación**: mezcla el análisis de la realidad con un tono crítico, algo irónico, y la intención: solicitar la supresión de los monopolios.
- **Falta de cohesión y discordancias**: «beneficios también..., competir..., pues ya no valdría». Uso del neutro resolutivo «esto, lo que».
- **Orden de elementos oracionales.**
  - — Mezcla de nombres de distinta clase.
  - — Falta de concordancia: «no sé cuánto facturará cada una de ellas».
  - — Construcción oracional extensa y recurrente por medio de «que».
  - — Elipsis: — «se imaginan ustedes», «durante tantos años de estudio», «ciudadanos que serían felices» o falta de puntuación «en definitiva, que serían felices».
  - — Expresiones coloquiales: cuento de la lechera, economía pura y dura.
- **Repeticiones** e **imprecisiones**: «eliminar» por «suprimir el régimen legal de los monopolios».
  - — Redundancia en: «todos y otros muchos» / «Un ejemplo y voy a contar el cuento de la lechera».
- **Uso incorrecto** de las mayúsculas y de signos de puntuación.

---

3.º: REVISIÓN Y REDACCIÓN

### Petición de supresión de los monopolios

¿Podrían imaginarse ustedes que se suprimieran los pequeños monopolios, como farmacias, estancos o notarías? Para ilustrarlo, les cuento que en mi pueblo, de unos 18.000 habitantes, funcionan seis farmacias. Si desapareciera el monopolio, con toda probabilidad se abrirían por iniciativa de algunos farmacéuticos otros tantos establecimientos como los existentes. A su vez, disminuiría el paro, se dinamizaría el mercado y se abrirían nuevas expectativas para quienes han dedicado muchos años a estudiar lo que les gusta.

La supresión del régimen de monopolios sería buena no solo para generar empleo, sino también para la sana competencia del libre mercado. La apertura de nuevas farmacias abarataría los precios de los medicamentos y tendría una repercusión positiva para el bolsillo de los ciudadanos.

Si la anulación de los monopolios presenta unas ventajas tan evidentes, le pedimos al gobierno y, en concreto, al ministro responsable que tome las medidas necesarias para llevarlo a la práctica cuanto antes.

## 6.1.5. Requisitos antes de iniciar el proceso de redacción

| DEBEMOS RECORDAR | |
|---|---|
| **Forma desaconsejable** | **Forma preferible** |
| 1. El sujeto concierta con el verbo en número y persona. | |
| — *La mayoría trabajamos aquí. <br><br> — *Un grupo han ido de viaje. <br><br> — *La historia son los hechos de la vida. | — La mayoría de nosotros trabaja o trabajan aquí. <br> — Un grupo de alumnos ha o han ido de viaje. <br> — La historia es el conjunto de hechos de la vida. |
| 2. El orden de los elementos de las oraciones ha de estar unido a la comprensión inequívoca. | |
| — *La ciudad a la que en verano fui de vacaciones tiene bandera azul todas las playas. <br> — *La casa de la ciudad distaba un kilómetro en línea recta desde la posición de partida. | — La ciudad a la que fui de vacaciones en verano tiene todas las playas con bandera azul. <br> — La casa distaba de la ciudad un kilómetro desde la posición de partida en línea recta. |

217

| DEBEMOS RECORDAR | |
|---|---|
| **Forma desaconsejable** | **Forma preferible** |
| 3. El adjetivo explicativo suele ir delante del nombre. Expresa subjetividad. | |
| — \*Ayer me dieron una noticia <u>grata.</u> <br> — \*A la <u>circular</u> plaza del pueblo la rodean casas <u>nobles</u> de donde cuelgan balcones <u>pintorescos</u> adornados con flores <u>delicadas y vistosas.</u> | — Ayer me dieron una grata noticia. <br> — A la plaza circular del pueblo la rodean nobles casas de donde cuelgan pintorescos balcones adornados con delicadas y vistosas flores. |
| 4. El adjetivo especificativo suele ir detrás del nombre. Expresa objetividad. | |
| — \*Los <u>más afectados</u> ciudadanos fueron los de los <u>periféricos</u> barrios. <br> — \*En un extremo del <u>oscuro</u> salón, se veía colgar de una <u>gran</u> pared un <u>pequeño</u> cuadro con <u>desfigurados</u> dibujos. | — Los ciudadanos más afectados fueron los de los barrios periféricos. <br> — En un extremo del salón oscuro, se veía colgar de una pared grande un cuadro pequeño con dibujos desfigurados. |
| 5. Se distinguen las oraciones subordinadas adjetivas especificativas y explicativas. | |
| — \*Las puertas de mi casa <u>que están torcidas y cierran mal</u> son de madera maciza → especificativo (no son unas pocas, sino todas). <br> — \*Las piezas de repuesto<u>, que tienes guardadas en el garaje,</u> no sirven para arreglar la avería del coche → explicativo (puede tener más guardadas en otro lugar). <br> — \*El camino, <u>que recorrimos</u> a pie, estaba lleno de baches y de piedras → explicativo (tiene carácter selectivo, no explicativo). | — Las puertas de mi casa, que están torcidas y cierran mal, son de madera maciza → explicativo (se refiere a todas las puertas). <br> — Las piezas de repuesto que tienes guardadas en el garaje no sirven para arreglar la avería del coche → especificativo (solo las del garaje). <br> — El camino que recorrimos a pie estaba lleno de baches y de piedras → especificativo (solo el que hicimos a pie, puesto que pudimos hacer otros recorridos en otro medio). |

| DEBEMOS RECORDAR | |
| --- | --- |
| **Forma desaconsejable** | **Forma preferible** |
| 6. Uso adecuado de los nexos coordinados. | |
| — *Este hombre <u>o es rico o es empresario</u>. <br> — *Este arquitecto <u>es buen diseñador y de París</u>. <br> — *Hay cuadros de Goya <u>feos, pero bonitos</u>. <br><br> — *La farmacia está <u>abierta o no te despachan</u>. <br> — *Tu amigo es <u>simpático y médico</u>. | — Este hombre o es rico o lo parece. <br> — Este arquitecto de París es un buen diseñador. <br> — Hay cuadros de Goya a primera vista feos que, cuando los contemplas bien, resultan bonitos. <br> — La farmacia está abierta, pero no te despachan. <br> — Tu amigo es un médico simpático. |
| 7. Un párrafo no se ha de iniciar por una cifra en número. | |
| — *<u>20 personas</u> de todas las edades asistieron a la fiesta de cumpleaños. | — Veinte personas de todas las edades asistieron a la fiesta de cumpleaños. |
| 8. Las fechas llevan punto detrás del mil excepto los años. | |
| — *Mi ciudad tenía <u>43 000</u> habitantes en el año <u>1.996.</u> | — Mi ciudad tenía 43.000 habitantes en el año 1996. |
| 9. Los números se escriben en una sola palabra hasta el treinta, y a partir de ahí en dos palabras. | |
| — *Hemos comprado <u>veinte y tres</u> estuches con bolígrafo y pluma de platino para regalar y nos hemos gastado <u>diez y ocho</u> mil euros. | — Hemos comprado veintitrés estuches con bolígrafo y pluma de platino para regalar y nos hemos gastado dieciocho mil euros. |

| DEBEMOS RECORDAR | |
|---|---|
| **Forma desaconsejable** | **Forma preferible** |
| 10. Sustitución de palabras y expresiones que actúan de comodines. | |
| — *Bueno, no entremos de lleno en el tema de la eutanasia, ¿te parece? Aunque, mira por dónde, hombre, me gustaría tratarlo, ¿no? pues, como sabemos, está en pleno debate. | — No entremos de lleno en el tema de la eutanasia, aunque me gustaría tratarlo por estar de actualidad. |
| 11. Se deben evitar los circunloquios y los rodeos. | |
| — *El director general del consorcio de empresas del sector de hostelería ha procedido a emprender las diligencias conducentes a favorecer la contratación de personal preparado en los centros especiales. | — El director general de empresas hosteleras ha presentado las propuestas necesarias para la contratación de personal especializado. |
| 12. Se ha de evitar el exceso de conjunciones, locuciones, adverbios o partículas. | |
| — *De todos modos, una de las mejores formas de aprender idiomas, a ciencia cierta y sin lugar a dudas, es la inmersión lingüística: el viaje al extranjero para convivir con una familia. Cuando la contraprestación es que después se reciba a uno de los hijos de esta familia en la casa propia, hablamos de intercambio. Desde luego parece una de las fórmulas más económicas, aunque hay que tener en consideración varias cosas. | — Una de las formas más eficaces para dominar idiomas es la inmersión lingüística. Se trata de un intercambio de estudiantes entre familias de países de habla inglesa o francesa y española con el fin de practicar oralmente la lengua de aprendizaje. |

220

| DEBEMOS RECORDAR | |
|---|---|
| **Forma desaconsejable** | **Forma preferible** |

**13. Se deben evitar las redundancias, las repeticiones innecesarias y los pleonasmos.**

| Forma desaconsejable | Forma preferible |
|---|---|
| — *A mis padres les dices de mi parte que les envío muchos besos y abrazos.<br>— *Sube arriba a la buhardilla y tráeme las gafas. | — Dales a mis padres muchos besos y abrazos.<br>— Tráeme las gafas de la buhardilla. |

**14. Se ha de prescindir de las acotaciones personales.**

| Forma desaconsejable | Forma preferible |
|---|---|
| — *Hay personas que no saben lo que quieren, a mi modo de ver.<br>— *Creo, desde mi punto de vista, que no ha conseguido lo que se proponía. | — Pienso que muchas personas no saben lo que quieren.<br>— Creo que no ha conseguido lo que se proponía. |

**15. Se han de evitar las expresiones cacofónicas.**

| Forma desaconsejable | Forma preferible |
|---|---|
| — *Su pretensión consistía en atraer la atención sin más razón que una escasa argumentación. | — Pretendía persuadir con escasos argumentos. |

**16. Uso correcto de los pronombres y de las partículas interrogativas.**

| Forma desaconsejable | Forma preferible |
|---|---|
| —*No la molesta que la diga piropos.<br>— *A mis padres los cuento todo.<br>— *El libro le he dejado en la mesa.<br>— *A tu amigo le veo todos los días.<br>— *No sabes cuanto lo siento.<br>— *Piensa en quien confías.<br>— *No has dicho a que te refieres.<br>— *No me explico por donde has venido.<br>— *No entiendo como no te enteras de la fiesta. | — No le molesta que le diga piropos.<br>— A mis padres les cuento todo.<br>— El libro lo he dejado en la mesa.<br>— A tu amigo lo veo todos los días.<br>— No sabes cuánto lo siento.<br>— Piensa en quién confías.<br>— No has dicho a qué te refieres.<br>— No me explico por dónde has venido.<br>— No entiendo cómo no te enteras de la fiesta. |

| DEBEMOS RECORDAR | |
|---|---|
| **Forma desaconsejable** | **Forma preferible** |
| 17. Evitar el uso de infinitivos al comienzo de frase. | |
| — *Deciros que mañana estoy invitado a una fiesta en el campo. | — Os cuento que mañana estoy invitado a una fiesta en el campo. |
| 18. Uso correcto de las preposiciones tras el verbo. | |
| — *Trata que venga pronto.<br>— *Adviérteles que va a venir.<br>— *Piensa de que viene como dice. | — Trata de que venga pronto.<br>— Adviérteles de que va a venir.<br>— Piensa que viene como dice. |
| 19. La concordancia del artículo y el adjetivo con el nombre en género y número. | |
| — *Este agua de botella es caro.<br>— *El último acta es un buen arma de apoyo.<br>— *El agua del río se desliza manso.<br>— *La entrada y la salida es estrecha.<br>— *Los edificios y las plazas son amplias; los pasadizos y las viviendas, estrechas.<br>— *El sol, la luna y las estrellas airosas brillan. | — Esta agua de botella es cara.<br>— La última acta es una buena arma de apoyo.<br>— El agua del río se desliza mansa.<br>— La entrada y la salida son estrechas.<br>— Los edificios y las plazas son amplios; los pasadizos y las viviendas, estrechos.<br>— El sol, la luna y las estrellas airosos brillan. |
| 20. La falsa concordancia en las impersonales con «haber». | |
| — *Habían muchos aficionados en la puerta del estadio para entrar a ver el partido de fútbol. | — Había muchos aficionados en la puerta del estadio para entrar a ver el partido de fútbol. |

| Debemos recordar | |
| --- | --- |
| **Forma desaconsejable** | **Forma preferible** |
| 21. Formas pronominales: activa o pasiva refleja en vez de la pasiva normal. | |
| — *Han sido desactivadas por la policía dos artefactos explosivos.<br>— *Ha sido descubierta una medicación que ayudará a los enfermos del sida. | — La policía ha desactivado dos bombas.<br>— Se ha descubierto una medicación contra el sida. |
| 22. Debe evitarse el gerundio de posterioridad. | |
| — *Salió de paseo, encontrándose a dos amigos.<br>— *Entró en casa de prisa, tropezando en el escalón. | — Salió de paseo y se encontró a dos amigos.<br>— Entró en casa de prisa y tropezó en el escalón. |
| 23. Incorrección de oraciones y de tiempos verbales. | |
| — *Iremos a las horas que no haya gente.<br>— *Ha venido el amigo que su novia está fuera.<br>— *Le hicieron un homenaje a todos que estaban.<br>— *La Comunidad de Madrid tratará recolocar a los médicos interinos que han quedado fuera de la Oferta Pública de Empleo.<br>— *Mi hijo acostumbra a venir pronto.<br>— *Espero que estaréis bien en el piso.<br>— *Quizá habrán conseguido su propósito.<br>— *Si habría venido, veríamos el partido juntos. | — Iremos a las horas en que no haya gentes.<br>— Ha venido el amigo, cuya novia está fuera.<br>— Les hicieron un homenaje a todos los que estaban.<br>— La Comunidad de Madrid tratará de recolocar a los médicos interinos que han quedado fuera de la Oferta Pública de Empleo.<br>— Mi hijo acostumbra venir pronto.<br>— Espero que estéis bien en el piso.<br>— Quizá hayan conseguido su propósito.<br>— Si hubiera venido, veríamos el partido juntos. |

| Debemos recordar | |
|---|---|
| **Forma desaconsejable** | **Forma preferible** |
| 24. Presencia o ausencia de nexos según el tipo de verbo. | |
| — *Acordaos que lo ha dicho en serio.<br>— *Daos cuenta que lo dice convencido.<br>— *Nos hemos olvidado recoger los encargos.<br>— *Fijaos que no nos ha asegurado nada.<br>— *Estamos seguros que lo va a conseguir.<br>— *Nos hemos enterado que tienes buen trabajo.<br>— *No hay duda que lo que dice es cierto.<br>— *Se da la circunstancia que estaba yo allí.<br>— *No sabía qué hablaba nunca.<br>— *Me informó que iba a venir el domingo. | — Acordaos de que lo ha dicho en serio.<br>— Daos cuenta de que lo dice convencido.<br>— Nos hemos olvidado de recoger los encargos.<br>— Fijaos en que no nos ha asegurado nada.<br>— Estamos seguros de que lo va a conseguir.<br>— Nos hemos enterado de que tienes buen trabajo.<br>— No hay duda de que lo que dice es cierto.<br>— Se da la circunstancia de que estaba yo allí.<br>— No sabía de qué hablaba nunca.<br>— Me informó de que iba a venir el domingo. |
| 25. Diferenciar las palabras homónimas y parónimas. | |
| — *Ay hay alguien que dice ahí.<br>— *Un coche arroyó a uno y calló en un arroyo.<br>— *Quien es vello no tiene mucho bello.<br>— *Iría haberlo, de a verlo sabido.<br>— *Alla lo que haya visto allá en el halla.<br>— *Sé que te preguntó que habías hecho. | — Ahí hay alguien que dice «¡ay!».<br>— Un coche arrolló a uno y cayó en un arroyo.<br>— Quien es bello no tiene mucho vello.<br>— Iría a verlo, de haberlo sabido.<br>— Halla lo que haya visto allá en el haya.<br>— Sé que te preguntó qué habías hecho. |

| DEBEMOS RECORDAR | |
|---|---|
| **Forma desaconsejable** | **Forma preferible** |
| — *Porque lo dije, me preguntó por que lo hice.<br>— *Sino está de acuerdo, no es si no por ti.<br>— *No hecho de menos lo que me han hecho.<br>— *Se le dio acto en un apto público. | — Porque lo dije, me preguntó por qué lo hice.<br>— Si no está de acuerdo, no es sino por tu culpa.<br>— No echo de menos lo que me han hecho.<br>— Se le dio apto en un acto público. |

26. Ordenación textual: nexos y elementos de relación.
En el texto hay desorden en las ideas y pocos nexos. El tema se recompone por medio de la elipsis, del contraste, de las referencias léxicas y de las asociaciones.

| | |
|---|---|
| — *Corren nuevos aires en la comunidad china. Del silencio y anonimato que siempre les caracterizó, a la dramática exposición pública: asesinatos, alimentos caducados, extorsiones, incendio de almacenes, mafias, clínicas piratas... Malo para ellos y malo para el ciudadano de a pie, que teme pasar del rumor a la certeza. ¿Cómo llegan? ¿Cómo mueren? ¿Cómo viven? ¿Y? Pasaportes al poder. Lo dicho: mejor el anonimato. | — La comunidad china pasa por una situación difícil ante la opinión pública. Lejos queda el silencio y el anonimato en que vivían por las extorsiones, las mafias y las actuaciones clandestinas. Esta forma de vida no beneficia para nada a los chinos ni a los demás ciudadanos con quienes conviven. Surgen al respecto muchos interrogantes sobre la llegada y la instalación en nuestro país. Lo mejor de todo sería permanecer en el anonimato como antes. |

## 6.2. PLANIFICACIÓN INFORMATIVA Y ORGANIZATIVA DEL TEXTO

### 6.2.1. Elección y fijación del tema

Al igual que hablamos habitualmente por necesidad comunicativa —la lengua es nuestro principal medio de expresión—, a escribir estamos obligados por razones académicas, laborales, profesionales, prácticas, sociales, culturales o creativo-literarias. En este último caso, podemos partir de una propuesta libre o elegir el tema por interés personal.

Es importante saber qué queremos decir, a quién nos dirigimos y cómo lo vamos a expresar. Según el tema que planteemos, el tiempo disponible y la finalidad del mismo, necesitaremos de un tipo de documentación e información o de otro. Por ejemplo, para escribir una carta, nos bastaría una reflexión sobre lo que queremos transmitir al destinatario; en cambio, un artículo requiere una información más consistente y amplia.

Antes de establecer el plan, debemos partir del procedimiento conocido como *lista de ideas*, que nos ayudará a fijar lo más certeramente posible el tema. Muchas veces no son suficientes nuestras experiencias y conocimientos sobre el tema, por lo que debemos afianzar nuestro saber leyendo artículos de periódicos o revistas y trabajos monográficos o especializados sobre el mismo contenido, consultando documentos u otras fuentes bibliográficas y «visitando» algunas páginas de Internet. También es útil dejarse guiar por el *flujo de la escritura* para la alimentación de ideas seleccionando y combinando palabras, expresando frases y componiendo párrafos completos hasta conformar el texto. Este proceso no requiere estructura previa, pero permite recomponerlo a partir de lo realizado eliminando repeticiones, ordenando los elementos y adecuando la expresión. Si hemos delimitado de alguna manera el tema, podemos atrevernos a proponer un *título*, aunque no sea el definitivo. Esta decisión será importante para el desarrollo del tema, porque nos permitirá seleccionar la documentación e información y nos ayudará a determinar la extensión, el tono, el género y el estilo dominantes. Se trata con ello de anticipar el resultado del texto, que ha de estar marcado por el orden, la naturalidad y la claridad de ideas expresadas para ser interpretado con facilidad.

### 6.2.2. Búsqueda de la información: generación y asociación de ideas

Para saber del tema o asunto de que vamos tratar, hemos de consultar las fuentes más fidedignas y más variadas. Cuando elegimos un tema personal, nuestra fuente es la experiencia y el conjunto de vivencias acumuladas. Si la redacción se centra en temas ajenos a la experiencia personal, nos vemos obligados a documentarnos en diferentes fuentes de información partiendo de los conocimientos básicos que tenemos sobre cualquier ámbito del saber humano.

Antes de comenzar, tenemos que pensar sobre lo que vamos a escribir y, además, concretar la importancia e interés del tema, la finalidad, la extensión y el efecto que podrá causar en el destinatario. No olvidemos que estos factores condicionan el estilo, el tono y el tipo de texto.

Una vez que has tenido el impulso de escribir sobre un tema y has previsto los factores señalados, acude a textos ya formados para utilizarlos como referencia de *modelos* sin que nos condicionen en nuestro propósito. ¿Qué pretendemos? Decir algo con sentido unitario a alguien que nos entienda fácilmente para conseguir un fin concreto: informar, explicar, narrar, describir, exponer, instruir, etc. Podemos recurrir a fuentes de información variadas.

1) Pensemos iniciar la redacción del tema a partir de la *información procedente de la experiencia y de la memoria*. Tenemos en cuenta los recuerdos, las vivencias y los conocimientos adquiridos. Recurrimos normalmente a nuestro repertorio cultural, a los hechos vividos, a sugerencias, a percepciones y a anotaciones curiosas.

2) Redacción de temas a partir de *informaciones extraídas de la generación de ideas* mediante la aplicación de técnicas especiales:
— Por medio de *asociaciones* de situaciones e ideas.
— Por medio del procedimiento del listado, de la lluvia o *torbellino de ideas*.
— Por medio del encadenamiento de hechos e ideas mediante la semejanza o *analogía*.
— Por medio de la relación de contraste u oposición entre hechos e ideas: *contrariedad*.
— Por medio de razones y causas que expliquen hechos, situaciones u opiniones.
— Por el procedimiento inductivo, desde los datos, casos concretos o ejemplos a los efectos o consecuencias.
— Por el procedimiento inductivo, desde lo particular a lo general.
— Por el procedimiento deductivo, desde lo general a lo particular: *causa-consecuencia*.
— Por deducción de experiencias previas por hechos parecidos (antecedentes).

— La utilización de procedimientos y recursos: la *sucesión* de ideas, la *generalización*, la *ejemplificación*, la *búsqueda de tipologías*, la *experiencia personal* y la *experiencia de autoridades* por su reconocido prestigio.

— La formulación de *preguntas y respuestas*, una técnica aplicada habitualmente en la actividad periodística. Estas preguntas se inician con un pronombre o adverbio interrogativo que tratan de dar respuesta a aspectos que guían el interés y la finalidad del tema tratado: ¿qué?, ¿quién?, ¿dónde?, ¿cuándo?, ¿cómo, ¿por qué? y ¿para qué?

— La elaboración de campos temáticos partiendo de asociaciones de informaciones y de las ideas, principales y secundarias, que vertebran el texto. Solemos recurrir también a representaciones gráficas, a esquemas de ideas y a mapas conceptuales.

— La elaboración de textos mediante el *procedimiento del tirón* o *flujo de la escritura*.

— Salga lo que salga y como salga tiene la ventaja de sobreponerse al bloqueo, pero requiere de un trabajo esmerado en la revisión. No obstante, este modo de escribir es habitual entre periodistas y entre algunos escritores profesionales.

3) Planificación y redacción de un tema a partir de *informaciones externas al autor: documentación*. En este caso, tenemos que buscar la información fuera de nosotros a partir de la lectura y de la consulta de documentación escrita (libros, manuales, periódicos, revistas, etc.), gráfica, audiovisual e Internet. En la obtención de este tipo de información, debemos considerar lo siguiente:

— Señalar con claridad la fuente de información.

— Recoger los datos e informaciones distintas en fichas separadas.

— Poner claramente el autor, obra, editorial, año, lugar y páginas leídas.

— Distinguir en las fichas entre resumen, comentario de ideas y frases literales.

— Dejar abierta las fichas para seguir anotando o puntualizando informaciones.

Para la obtención de ideas sobre un tema cualquiera, debemos documentarnos y, a la vez, estar abiertos a la generación de nuevas ideas que puedan surgir alentadas por el estímulo de las informaciones extraídas de las consultas. Lo más recomendable es seguir un orden gradual y progresivo en el proceso de adquisición de datos e informaciones que nos permita abordar y redactar el tema con solvencia y claridad:

— Leer textos de carácter general: manuales, artículos, enciclopedias, revistas, etcétera.
— Buscar otras fuentes bibliográficas y documentales.
— Tomar nota en fichas de las ideas esenciales tratadas.
— Establecer los objetivos de la investigación.
— Reunir y agrupar las ideas a partir de un esquema: delimitar el tema con un título.
— Redactar el contenido estructurado hasta lograr la unidad de sentido y coherencia.

## 6.2.3. Organización y estructura de la información: plan o esquema de ideas

Un problema importante que debemos tener en cuenta, tras reunir la información pertinente sobre el tema, se encierra en la pregunta, ¿cómo pasamos de la idea a la palabra escrita? Para responder, nos vemos obligados a definir el tipo de texto o modelo que vamos a elegir como cauce de las ideas.

Los tipos de escritos se nos presentan como modelos o arquetipos donde vamos a desarrollar las ideas expresadas en palabras escritas dentro del marco que los caracteriza. No tiene la misma estructura ni disposición una carta que un trabajo académico.

Además de identificar el modelo y el marco del texto, hemos de fijar la idea-piloto o central del tema. A partir de esta idea configuramos el resto de ideas que van a componer el texto siguiendo un orden claro. Antes de proceder a redactar el escrito, debemos seguir unas pautas y estrategias que nos faciliten la planificación y la aplicación de técnicas de estructura organizativa, tales como: resumen, esquema o guión, mapa conceptual y cuadro sinóptico.

Nos apoyamos en un texto expositivo de carácter didáctico sobre el tema «la cultura» con el fin de aplicar las técnicas de estructura organizativa al texto que escribimos.

## LA CULTURA Y SUS CLASES

Podemos definir la cultura como el estilo y los medios de vida propios de toda sociedad humana. Es, por lo tanto, el sistema de valores y metas vigentes en toda comunidad humana, a cuyo servicio se hallan las técnicas materiales de alimentación y defensa, y para cuya consecución hay que atenerse a usos y normas comunes. La cultura es, pues, el contenido del comportamiento humano en cuanto tal, esto es, algo puesto por el hombre y no meramente dado por la naturaleza de forma instintiva; es una creación humana que regula la propia vida del hombre y la potencia.

Con los términos, civilización y cultura, se pretende a veces diferenciar los aspectos materiales y espirituales del vivir humano. La civilización se refiere más a la esfera del trabajo, a la cara material de la cultura, a lo técnico y práctico, al ámbito de las necesidades inferiores y su satisfacción refinada, mientras la cultura apunta más al reino de las artes, las ideas, los valores científicos, morales y religiosos, esto es, al mundo de la libertad y del espíritu. El desarrollo industrial ha impulsado inmensamente el progreso de la civilización y difundido los niveles elementales de la cultura; ciertos aspectos superiores de esta se han visto, en cambio, frenados o negativamente afectados por el desarrollo de la civilización industrial.

Hay varias clases de cultura: una, la **cultura manifiesta**, que incluye: la **material** (civilización) centrada en la técnica y en los productos industriales; la **espiritual** (kultur) que marca el espíritu objetivo: ciencia, arte, literatura, derecho, etc.; y la **comportamental**, que se percibe en usos y pautas externas de comportamiento, modas, etc. Otra, la **cultura interior**, que representa valores subjetivamente estimados, vivencias habituales, encubiertas, creencias íntimas y pautas interiorizadas.

La cultura es el modo de vivir que el hombre adquiere y transmite en el transcurso de la historia, al comportarse como un ser social dotado de razón. La cultura es, por tanto, lo que nos separa de todas las demás especies y nos unifica como hombres; pero a la vez es también lo que separa y enfrenta a unos grupos humanos con otros. Las diferencias culturales enriquecen el patrimonio espiritual y material de la humanidad con aportaciones diferentes, pero, al enfrentar unos valores con otros, contribuyen también a fomentar una lucha fratricida que es casi desconocida en el resto de la naturaleza.

(José Luis Pinillos: *La mente humana*, Madrid, Temas de Hoy, 1991).

*Resumen:* es una técnica común para la *lectura* y la *escritura.* Nos sirve como técnica de comprensión lectora al expresar de manera abreviada el contenido de un texto amplio y como técnica de escritura al anticipar en pocas frases el tema que vamos a desarrollar.

| RESUMEN DE COMPRENSIÓN LECTORA | RESUMEN COMO BOCETO PARA LA ESCRITURA |
|---|---|
| La cultura es producto de las formas de vida propias de todo grupo humano que adquiere y transmite a lo largo de la historia. La constituyen un conjunto de valores y de comportamientos humanos puestos al servicio de cualquier comunidad. Mientras el concepto de cultura está relacionado con la creación artística, las ideas, los valores científicos, morales y religiosos; el de civilización se refiere a la parte material de la cultura, a la técnica y a la práctica. Según esto, puede hablarse de dos tipos de cultura: una, que se manifiesta en lo material —la civilización—, en creativo-artístico-científico y en lo comportamental; y otra interior, que refleja los valores, las vivencias y las creencias. De todo ello se deduce que las diferencias culturales enriquecen material y espiritualmente a la humanidad. | La cultura es el modo de vida heredado y transmitido por los seres humanos. Es, a su vez, el resultado de la combinación de valores, comportamientos y técnicas que comparten los miembros de una sociedad. La cultura es un concepto muy amplio que abarca el de civilización, circunscrita a la esfera de lo material, de la técnica, de la industria y del desarrollo. Existen, además, otros tipos de cultura en relación con la creación artística, la investigación científica, las formas de comportamiento social y la expresión interna de vivencias, creencias y sentimientos. |

*Esquema o guión:* es una técnica apropiada para comentar y planificar un texto escrito. Así estructuramos el tema distribuyendo las ideas en enunciados numerados para desarrollarlas una a una. Es también una técnica válida tanto para medir la comprensión de un texto, como para presentar el boceto de un tema que vamos a desarrollar.

| ESQUEMA DE COMPRENSIÓN LECTORA | ESQUEMA COMO BOCETO PARA LA ESCRITURA |
| --- | --- |
| El texto está constituido por cuatro ideas que se corresponden con los cuatro párrafos de su estructura externa:<br>1. [1.er párrafo] Delimitación del concepto de «cultura».<br>2. [2.º párrafo] Diferencia entre cultura y civilización.<br>3. [3.º párrafo] Clases y formas de presentarse la cultura.<br>4. [4.º párrafo] Conclusión: La cultura diferencia, pero enriquece. | Intentamos establecer un esquema que nos sirva de base para el desarrollo de un tema semejante, aunque no sabemos todavía la composición ni la distribución de párrafos:<br>1. Relación entre cultura y sociedad.<br>2. Formas de identificación cultural: arte, ciencia, costumbres, valores, comportamientos y creencias.<br>3. Cultura heredada y aprendida: diferencias y confluencias. |

*Mapa conceptual:* es una técnica de aplicación para sistematizar las ideas de una obra leída, pero también es útil para establecer las asociaciones de ideas previas a la redacción.

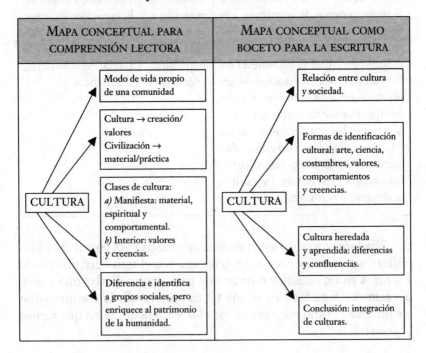

*Cuadro sinóptico:* es una técnica que sirve para esbozar o simplificar las partes principales de un tema o de una materia con un fin didáctico o informativo:

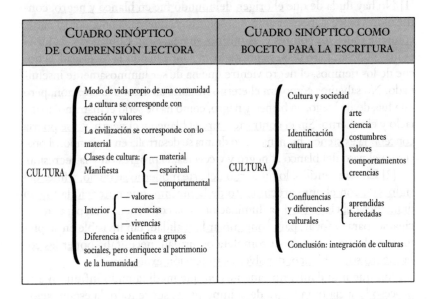

Con independencia de la técnica que empleemos, cada grupo de ideas podemos reorganizarlo en subgrupos o en subapartados y también cabe la posibilidad de establecer listas ordenadas por categorías o por niveles. Hay, sin embargo, diferencias en la forma de presentar las ideas: por ejemplo, en el *mapa conceptual*, las ideas principales aparecen en el centro y las secundarias, los ejemplos y las experiencias personales en los márgenes; en el *esquema*, las ideas se sitúan siguiendo un orden jerárquico.

De cualquier forma, debemos aclarar cuál será el orden que vamos a seguir —deductivo, inductivo, analítico o sintético— para estructurar y relacionar las ideas que redactaremos. Nos podemos servir de indicaciones numéricas, de tipos y cuerpos distintos de letras y de símbolos. Importa, ante todo, que dispongamos con claridad las ideas secundarias en torno a la principal.

Volvemos a utilizar el procedimiento del esquema o guión en otro texto, pero partiendo del subrayado y de la delimitación de ideas:

## «NEGRO»
### TEXTO CON SUBRAYADO Y DELIMITACIÓN DE IDEAS

[1] No hay duda de que el origen del mundo fue en blanco y negro, con-
tracolores entre sí, por ser ambos absolutos, ya que, cada uno, por su parte,
contiene todos los colores y, asimismo, su negación. El blanco —la luz—
es más popular, pero debe su prestigio creador a hendir la oscuridad, la noche de los tiempos, el negro vientre que ha de ser luminosamente insemi-
nado. No sabemos cómo era el eterno instante anterior a la creación, pero
esta fue, desde luego, en blanco y negro, como ha de serlo el matrimonio del
cielo y el infierno. Sin el contraste entre el blanco y el negro, no se podría
concebir la existencia humana, cuyo drama se desarrolla en el tiempo: el proceso o el paso del blanco al negro y viceversa, la progresión y la regresión.

[2] En este sentido, lo moderno del arte moderno se inició, a fines del
siglo XVI, con el ennegrecimiento de la pintura, que potenció la fuerza
dramática del claroscuro, la iluminación de la conciencia, que, para eman-
ciparse, para enfocar, para contemplar la realidad, tan invisible en su plenitud radiante como en su completa oscuridad, necesitaba poner las cosas negro sobre blanco, devolverles su tensión expresiva.

Aunque indudable, no sabemos en qué medida pudo influir en este
proceso la sucia tinta negra de la imprenta y, sobre todo, la estampación
de imágenes grabadas; pero, de Caravaggio en adelante, con Rembrandt,
Velázquez y Goya, todo el impulso modernizador se ha hecho en una negra clave naturalista, el color de las entrañas de la tierra. En 1865, con motivo de su viaje a Madrid para visitar el Museo del Prado, el naturalista
Manet descubrió, fascinado, que el revulsivo poder fecundante de la tradicionalmente menospreciada Escuela Española se debía a la negra conversación que Goya había mantenido con Velázquez.

La radical paleta española estuvo basada principalmente en el absoluto del blanco y negro, dejando como una rebaba de gris para que
cupiera el drama humano. También contaron en ella el rojo y el ocre, la sangre y la arena, las entrañas de la pura terrenalidad profundamente oscura.

[3] La fotografía, el cine, la televisión: también estas técnicas artísticas
nacieron en blanco y negro, aunque su progreso sea en colorines, la des-
figuración del grama original, algo entretenido, pero sin sustancia. Sin
embargo, sin retorno a la primera oscuridad, sin regresar al principio, sin
ese proceso que los alquimistas denominaron nigredo, el del «oscureci-
miento», simplemente, no hay creación, no hay regeneración. Para el sen-
sual Renoir resultaba inconcebible usar el negro en un cuadro, pero el trá-

gico último Van Gogh se debatió por pintar una noche tan oscura que acabó convirtiendo las estrellas en gigantescas ruedas de fuego. [4] El cuadro de historia más importante del siglo XX, el *Guernica* de Picasso, es en blanco y negro. No obstante, nuestra actualidad es casi completamente tecnicolor, y yo entonces me pregunto: ¿dónde estará su salvador agujero negro, ese punto crítico en el que se cobija la luz?

(F. Calvo Serraller).

## ESQUEMA O GUIÓN DEL TEXTO
## EL TEXTO ESTÁ CONSTITUIDO POR CUATRO IDEAS

### Planteamiento

[1] (1.er párrafo) El blanco y el negro son consustanciales con la existencia humana.

[1.1] Los dos colores contienen todos los colores y su negación.

[1.2] El paso del blanco al negro y viceversa suponen al tiempo la regresión y el progreso.

### Cuerpo: desarrollo

[2] (2.°, 3.° y 4.° párrafos) La modernidad del arte se inicia en el siglo XVI con la fuerza dramática del claroscuro.

[2.1] Contemplar la realidad consistía en poner las cosas negro sobre blanco: Caravaggio, Rembrandt, Velázquez y Goya.

[2.2] El impulso modernizador se ha logrado en negra clave naturalista, sin saber el grado de influencia de la imprenta y de la estampación de imágenes.

[2.3] La pintura española se ha basado en el absoluto del blanco y negro.

[3] (5.° párrafo) La creación y la regeneración artísticas se producen con el retorno al «nigredo» o al «oscurantismo».

[3.1] Las técnicas artísticas, fotografía, cine y televisión, surgieron en blanco y negro, pero el progreso las ha desvirtuado al incorporar los colorines.

[3.2] Algunos pintores, como Renoir y Van Gogh, no consideran necesario el negro.

### Conclusión

[4] (6.° párrafo) El mejor cuadro del siglo XX, el *Guernica*, está en blanco y negro, aunque domine el tecnicolor.

# Capítulo VII

# Construcción y redacción del texto

## 7.1. Unidades y relaciones integradoras de los textos

Normalmente un texto está integrado por unidades fónicas, morfológicas, sintácticas, semánticas y pragmáticas, es decir, por fonemas, morfemas, palabras, sintagmas, oraciones, períodos y párrafos que giran en torno a un tema central. Se requiere que todas estén interrelacionadas con el fin de que contribuyan a lograr una unidad completa con sentido coherente.

Así las *palabras* se asocian entre sí para formar *oraciones* y estas se agrupan en *períodos*, que son unidades formadas por conjuntos de oraciones enlazadas por nexos coordinantes y subordinantes y separadas normalmente por el punto y seguido.

En el siguiente cuadro podemos observar la integración de las unidades y las materias que se ocupan de ellas:

| UNIDADES DEL TEXTO | | |
| --- | --- | --- |
| Clases | Conceptos | Materias |
| Texto ↑ | — Unidad máxima de comunicación intencional de sentido completo y vinculada a un contexto. | — Lingüística textual o Pragmática |

| Unidades del texto | | |
|---|---|---|
| Clases | Conceptos | Materias |
| Párrafo<br><br>Período<br>↑<br><br>Enunciado<br>↑ | — Unidad estructural y de significación.<br>— Unidad constituida por un conjunto de oraciones separadas por punto y aparte.<br>— Unidad mínima de comunicación formada por una o varias palabras dentro de un contexto. | — Lingüística textual o Pragmática |
| Oración<br><br>Sintagma<br>↑ | — Unidad superior sintáctica y significativa.<br>— Unidad mínima de función sintáctica. | — Gramática oracional |
| Palabra<br><br>Morfema<br>↑ | — Unidad de significado y gramatical.<br>— Unidad mínima de significado léxico o gramatical. | — Morfología y Lexicología |
| Fonema | — Unidad mínima de diferenciación fónica. | — Fonología o Fonética funcional |

Los *párrafos* constituyen las unidades estructurales y significativas de los textos, puesto que dan cuenta de las ideas principales y secundarias a partir del plan esquemático previsto y proyectado acerca de un determinado tema. Los párrafos varían en extensión y disposición según el tipo de texto, el género y el estilo elegidos por el autor. Unos prefieren párrafos cortos y sencillos; otros, largos y complejos. Normalmente utilizamos marcas delimitadoras de los párrafos, como el punto y aparte, pero no es una regla fija: hay párrafos largos que contienen varias ideas; y, al contrario, hallamos textos con muchos párrafos, pero que no aportan ideas nuevas ni distintas. Los párrafos se agrupan dentro de una unidad de comunicación superior: *el texto*, que aporta el significado global y constituye la unidad de sentido completo.

## 7.1.1. La idea expresada y representada con palabras

Nos situamos ahora en el proceso de textualización, donde las ideas y el pensamiento adquieren forma lingüística para el intercambio comunicativo entre los hablantes. Está claro que normalmente no hablamos ni escribimos con palabras aisladas, sino combinadas y relacionadas en los enunciados. Pero la elección apropiada de la palabra y su combinación dentro de la oración contribuyen a proporcionar unidad y coherencia al texto.

La *palabra* es la unidad que utilizamos para referirnos a la realidad informativa que transmitimos. Es el núcleo esencial de la comunicación, de tal modo que, cuanto más amplio sea nuestro vocabulario, más capacidad y facilidad tendremos de comunicarnos oralmente y de componer textos escritos. La fuente del enriquecimiento léxico está fundamentalmente en la lectura de obras clásicas y modernas, científicas y humanísticas, literarias y no literarias. Al redactar, hemos de saber que cada palabra tiene un cometido informativo y ejerce una función dentro del entramado oracional.

### Clases de palabras

El *sustantivo:* sirve para nombrar lo material (personas, animales, vegetales y objetos) y lo inmaterial (cualidades, acciones, circunstancias, etc.) y funciona como sujeto y complemento. Debemos conocer la morfología (flexión de género y número, composición y derivación), el tipo de sustantivo, la combinación y la concordancia.

| DEBEMOS RECORDAR | |
|---|---|
| **Evite estos usos** | **Procure elegir estas formas** |
| **Combinación-concordancia: género y número** | |
| — *De <u>ese agua</u> no beberé.<br>— *El informe está recogido en <u>algún acta.</u><br>— *Ha presentado varios <u>currículums.</u> | — De esa agua no beberé.<br>— El informe está recogido en alguna acta.<br>— Ha presentado varios currículos. |

239

| DEBEMOS RECORDAR | |
|---|---|
| **Evite estos usos** | **Procure elegir estas formas** |
| — *El hipérbaton es una figura sintáctica y en este texto hay muchos <u>hiperbatones.</u><br>— *Les dieron <u>dos accésit uno a cada uno.</u><br>— *Todos los clubs están endeudados.<br>— *<u>Tenerife</u> es <u>hermoso</u> y Santiago, maravillosa.<br>— *<u>La entrada y la salida son</u> por la puerta trasera.<br>— *<u>La historia son los hechos</u> del pasado.<br>— *<u>Lo que acaba de decir son mentiras.</u> | — El hipérbaton es una figura sintáctica y en este texto hay muchos hipérbatos.<br>— Les dieron sendos accésits.<br>— Todos los clubs o clubes están endeudados.<br>— Tenerife es (isla) hermosa y Santiago, maravillosa.<br>— La entrada y la salida es por la puerta trasera.<br>— La historia se conforma con los hechos del pasado.<br>— Lo que acaba de decir es mentira. |

**Comunes y propios**

| | |
|---|---|
| — *_Los Pazos de Ulloa_ la escribió <u>la Emilia o Pardo Bazón en un pazo de La Coruña.</u><br>— *<u>Las obras</u> son <u>los amores</u> y no buenas razones. | — _Los Pazos de Ulloa_ la escribió Emilia Pardo Bazán en un pazo de La Coruña.<br>— Obras son amores y no buenas razones. |

**Individuales y colectivos**

| | |
|---|---|
| — *La abeja son insectos que producen miel y cera.<br>— *El enjambre de abejas asolaron los girasoles. | — La abeja es un insecto que produce miel y cera.<br>— El enjambre de abejas asoló(aron) los girasoles. |

| Debemos recordar | |
|---|---|
| **Evite estos usos** | **Procure elegir estas formas** |
| **Animados e inanimados** | |
| — *Aprecio a las piedras preciosas. <br> — *Lee traduciendo a las palabras literalmente. <br> — *Alertó la policía mediante llamada de móvil. <br> — *Acaricia a las flores como personas. | — Aprecio las piedras preciosas. <br> — Lee traduciendo las palabras literalmente. <br> — Alertó a la policía mediante una llamada de móvil. <br> — Acaricia las flores como a las personas. |
| **Contables y no contables** | |
| — *Dame el agua, que yo no bebo el vino. <br> — *Hay pocas arenas en las playas del Sur. | — Dame agua, que yo no bebo vino. <br> — Hay poca arena en las playas del Sur. |
| **Nombres homónimos con variante de artículo sin cambio de significación** | |
| — *Él es un buen artisto y ella, una buena artista. <br><br> — *No ha venido hoy la conserja a trabajar. <br> — *Conozco bien al jefe, a la jefe y a la abogado. | — Él es un buen artista y ella, también (una buena artista) = Ella y él son buenos artistas. <br> — No ha venido hoy la conserje a trabajar. <br> — Conozco bien al jefe, a la jefa y a la abogada. |
| **Nombres homónimos, cuya variación de artículo implica un cambio de significación** | |
| — *Lee la editorial del periódico de hoy. <br> — *No sabe el orden que le han dado en la orden del día. | — Lee el editorial del periódico de hoy. <br> — No sabe la orden que le han dado en el orden del día. |

| DEBEMOS RECORDAR | |
|---|---|
| **Evite estos usos** | **Procure elegir estas formas** |
| **Ambiguos en cuanto al género** | |
| — *El mar es bonita verla en calma. <br> — *El azúcar negra no me gusta. | — El mar es bonito verlo en calma o la mar es bonita verla en calma. <br> — El azúcar negro no me gusta (o la azúcar negra). |
| **Derivados y compuestos** | |
| — *No hay verdadero <u>conciencia-miento</u> ciudadano. <br> — *Hay poco <u>agilizamiento</u> en la tramitación. <br> — *Mantiene un <u>posicionamiento</u> inadmisible. <br> — *He subrayado las <u>palabras claves.</u> <br> — *Lo hemos pasado como todas las <u>noches viejas.</u> <br> — *Nos hemos topado con los <u>guardas costas.</u> | — No hay verdadera concienciación ciudadana. <br> — Hay poca agilización en la tramitación. <br> — Mantiene una posición inadmisible. <br> — He subrayado las palabras clave. <br> — Lo hemos pasado como todas las noche viejas. <br> — Nos hemos topado con los guarda costas. |
| **Abreviaturas y siglas** | |
| — *Primero he dado el <u>visto b.</u> al vol. que U. ha presentado en la <u>edit.</u> y seg. he indicado <u>el d. sin añ.</u> <u>en la fac. del banco</u> para cobras <u>a</u> <u>cuent.</u> <br> — *La <u>lou</u> es la ley orgánica universitaria. <br> — *FIAT colabora con la UNESCO y UNICEF. <br> — *El RADAR lleva incorporado LASER. | — 1.º he dado el Vº Bº al vol. que Vd. ha presentado en la Ed. y 2.º he indicado d., s. á. en la fac.. de. Bco. para cobrar a/c <br> — La LOU es la Ley Orgánica Universitaria. <br> — Fiat colabora con Unesco y Unicef. <br> — El radar llevar incorporado un sistema de láser. |

El *adjetivo:* expresa cualidades y caracteriza a los sustantivos. Suele acompañar al sustantivo y funciona como adjunto del sustantivo o como atributo. Debemos conocer la combinación y la concordancia que se establece con las palabras a las que complementa.

| DEBEMOS RECORDAR | |
|---|---|
| **Evite estos usos** | **Procure elegir estas formas** |
| **Concordancia con el nombre** | |
| — *Pasea por caminos y sendas <u>estrechas.</u> <br> — *El sol y la luna son día y noche <u>luminosas.</u> <br> — *Funciona tanto el ataque como la defensa <u>españolas.</u> <br> — *Estudia Derecho y economía <u>empresarial.</u> | — Pasea por caminos y sendas estrechos. <br> — El sol y la luna son día y noche luminosos. <br> — Funciona tanto el ataque como la defensa españoles. <br> — Estudia Derecho y Economía empresarial/es. |
| **Calificativo y determinativo** | |
| — *Me han contado una <u>historia vieja.</u> <br> — *Lo dice el Ministerio de <u>Exteriores Asuntos.</u> <br> — *Se conocen <u>informes otros muchos.</u> | — Me han contado una vieja historia. <br> — Lo dice el Ministerio de Asuntos Exteriores. <br> — Se conocen otros muchos informes. |
| **Explicativo (antepuesto) y especificativo (pospuesto al sustantivo)** | |
| — *Un tapiz de <u>ramas verdes</u> adorna la <u>brisa suave.</u> <br> — *Se nos ha presentado <u>un madrileño pensador.</u> <br> — *Este asunto es <u>de trámite mero.</u> <br> — *Tengo <u>un nuevo</u> coche por <u>capricho simple.</u> | — Un tapiz de verdes ramas adorna la suave brisa. <br> — Se nos ha presentado un pensador madrileño. <br> — Este asunto es de mero trámite. <br> — Tengo un coche nuevo por simple capricho. |

| DEBEMOS RECORDAR | |
|---|---|
| **Evite estos usos** | **Procure elegir estas formas** |
| **Comparativo y superlativo** | |
| — *Mi amigo eres <u>más mayor</u> que yo y <u>más menor</u> que tú.<br>— *La secuencia <u>más principal</u> de la película es <u>muy estupenda.</u><br>— *Es una persona <u>muy pobrísima</u> y no tiene <u>el más máximo</u> reparo en reconocerlo. | — Mi amigo es mayor que yo y menor que tú.<br>— La secuencia principal de la película es estupenda.<br>— Esta persona es paupérrima y no tiene el más mínimo reparo en reconocerlo. |
| **Verbo ser o estar + adjetivos** | |
| — *<u>Está normal</u> que venga, aunque <u>sea cansado.</u><br>— *<u>Está delicado</u> ahora cuando habla, porque <u>es sensible.</u> | — Es normal que venga, aunque esté cansado.<br>— Es delicado ahora cuando habla, porque está sensible. |
| **Indefinidos** | |
| — *En los <u>libros todos</u> hay <u>demás</u> cuentos y <u>lo de más</u> es un cuento.<br>— *Dime dónde está <u>el otro área</u> del campo.<br>— *Tiene <u>mucho cara</u>, porque es un <u>cualquier caballero.</u> | — En todos los libros hay cuentos de más y lo demás es un cuento.<br>— Dime dónde está la otra área del campo.<br>—Tiene mucha cara, porque es un caballero cualquiera. |
| **Numerales: cardinales, ordinales y partitivos** | |
| — *Tiene <u>veinte y nueve años</u>, pero aparenta <u>veinte y uno.</u><br>— *Ha quedado en el <u>veintiún puesto</u> de la carrera.<br>— *Me dieron unos regalos, <u>ambos</u> me gustan.<br>— *No ha superado el <u>onceavo puesto</u> de la maratón. | — Tiene veintinueve años, pero aparenta veintiuno.<br>— Ha quedado en el vigésimo primer puesto.<br>— Me dieron dos regalos, un libro y un bolígrafo, ambos me gustan.<br>— No ha superado el undécimo puesto de la maratón. |

244

| DEBEMOS RECORDAR | |
|---|---|
| **Evite estos usos** | **Procure elegir estas formas** |
| **Distributivos** | |
| — *Me levanto <u>cada día</u> a las ocho de la mañana.<br>— *<u>Cada varias semanas</u> voy al cine una vez.<br>— *Mi padre ejerce <u>sendas tareas</u>, la de arquitecto y concejal.<br>— *Mis padres ejercen <u>ambos</u> de arquitecto y de concejal. | — Me levanto todos los días a las ocho de la mañana.<br>— Cada cinco semanas voy al cine una vez.<br>— Mi padre ejerce ambas tareas.<br><br>— Mis padres ejercen sendas tareas, la de arquitecto y concejal (una tarea para cada uno). |
| **Locuciones y expresiones marcadas por la expresividad** | |
| — *No tiene <u>la mínima idea</u> de nada.<br>— *<u>No es cierto para nada, ni con mucho.</u><br>— *¡<u>Cuánta de</u> gente hay en este lugar!<br>— *¡<u>La de personas</u> que acudieron al concierto!<br>— *Vino <u>la mar de jóvenes</u> a la final de la copa de fútbol. | — No tiene la menor idea de nada.<br>— No es para nada cierto, ni mucho menos.<br>— ¡Cuánta gente hay en este lugar!<br>— No te imaginas cuántas personas acudieron.<br>— Vinieron muchos jóvenes a la final de la copa. |

Los *determinativos:* el *artículo* —junto con demostrativos, posesivos, indefinidos, numerales e interrogativo-exclamativos cuando van delante de los sustantivos— concreta al nombre morfológica, sintáctica e incluso significativamente porque aportan valores determinativos.

| DEBEMOS RECORDAR | |
|---|---|
| **Evite estos usos** | **Procure elegir estas formas** |
| **Concordancia, presencia o ausencia de determinantes** | |
| — *En <u>este aula</u> las mesas están rayadas. | — En esta aula las mesas están rayadas. |
| — *Tengo <u>mucho </u>hambre, aunque pongamos <u>el hache.</u> | — Tengo mucha hambre, aunque pongamos la hache. |
| — *No sé <u>cuánto agua</u> hay <u>embalsado</u> hasta ahora. | — No sé cuánta agua hay embalsada hasta hoy. |
| — *Siempre pone <u>todo el ansia</u> en ganar la carrera. | — Siempre pone toda el ansia en ganar la carrera. |
| — *Este año estamos en <u>el mismo aula</u> del año pasado. | — Este año estamos en la misma aula del año pasado. |
| — *Se lo llevó <u>con las manos</u> llenas. | — Se lo llevó a manos llenas. |
| — *Se compran <u>las alhajas</u> a buen precio. | — Se compran alhajas a buen precio. |
| — *Salió <u>a paso</u> de palabras necias oídas. | — Salió al paso de las palabras necias oídas. |
| — *Quiero <u>comprar coche barato.</u> | — Quiero comprar un coche barato. |
| — *No dice nada más <u>que las</u> tonterías. | — No dice nada más que tonterías. |
| — *<u>Añade a comida la sal y la pimienta.</u> | — Añade a la comida sal y pimienta. |
| — *Los Martínez <u>vieron espectáculo en Calderón.</u> | — La familia Martínez vio un espectáculo en el (teatro) Calderón. |
| — *<u>Los </u>años de nieves son <u>los </u>años de bienes. | — Año de nieves, año de bienes. |
| — *No tires <u>las piedras </u>contra ti. | — No tires piedras contra tu propio tejado. |

| DEBEMOS RECORDAR | |
|---|---|
| **Evite estos usos** | **Procure elegir estas formas** |
| **Elección de determinativos** | |
| — *Cuando me aburro, no sé qué hacer en tales casos. <br> — *En la sala de reuniones me coloqué tras de ti. | — Cuando me aburro, no sé qué hacer en esos casos. <br> — En la sala de reuniones me coloqué detrás de ti. |
| **Sustantivación y formas enfáticas que aparecen con frecuencia en la variante coloquial del español peninsular** | |
| — *Lo de ayer fue de aurora boreal. <br> — *No sé lo bastante del tema. <br> — *No te imaginas el dinero que gana. <br> — *Fíjate lo alegres que están. <br> — *La de personas que acudieron al acto. <br> — *Mira lo simpática que es esta chica. <br> — *Tu hermano era todo un caballero. <br> — *Tiene un coche que no veas. <br> — *En la casa había una de gente. | — Lo que ocurrió ayer fue de aurora boreal. <br> — No sé mucho o tanto del tema. <br> — No te imaginas cuánto gana. <br> — Fíjate qué alegres están. <br> — Al acto acudieron muchas personas. <br> — Mira qué simpática es esta chica. <br> — Tu hermano era un caballero. <br> — Tiene un gran coche. <br> — En la casa había mucha gente. |
| **Otras determinaciones** | |
| — *No me atendió bien, en cuyo caso me marché. <br> — *No importa que vengan cualesquieras personas. <br> — *Basta con que se presenten dos niños cualesquier. <br> — *Cualquiera asunto o historia merece la pena contarla. | — No me atendió bien, por lo cual me marché. <br> — No importa que vengan cualesquiera personas. <br> — Basta con que se presenten dos niños cualesquiera. <br> — Cualquier asunto o historia merece la pena contarla. |

El *pronombre:* es la palabra que sustituye a un nombre, a una oración o a una idea completa y pone en relación el contenido y la situación comunicativa con el emisor y el receptor.

| DEBEMOS RECORDAR | |
|---|---|
| **Evite estos usos** | **Procure elegir estas formas** |
| **Usted/es, tú, vos y os** | |
| — *Pueden ustedes estar seguros de que estoy a <u>vuestra</u> disposición.<br>— *<u>Ustedes sabéis</u> perfectamente lo que digo.<br>— *<u>Sentaros</u> y <u>callaros</u> para que podamos entendernos. | — Pueden ustedes estar seguros de que estoy a su disposición.<br>— Ustedes saben perfectamente lo que digo.<br>— Sentaos y callaos para que podamos entendernos. |
| **Uso de «la/las, le/les, lo/los»** | |
| — *<u>La</u> dije a mi hermana que viniera a verme.<br>— *A mis compañeras ya <u>las</u> conté toda mi vida.<br>— *El libro <u>le</u> he dejado encima de la mesa.<br>— *Los bocadillos <u>les</u> compro en la panadería.<br>— *A estos alumnos <u>les</u> han preparado bien.<br>— *<u>Lo</u> hice un regalo a mi madre en su cumpleaños.<br>— *<u>Le</u> va a brindar el toro <u>a todos</u> los espectadores. | — Le dije a mi hermana que viniera a verme.<br>— A mis compañeras ya les conté toda mi vida.<br>— El libro lo he dejado encima de la mesa.<br>— Los bocadillos los compro en la panadería.<br>— A estos alumnos les/los han preparado bien.<br>— Le hice un regalo a mi madre en su cumpleaños.<br>— Les va a brindar el toro a todos los espectadores. |
| **Las formas «me, te, se, mí, ti y sí»** | |
| — *<u>Me se</u> da bien jugar a las cartas.<br>— *<u>Te se</u> caen las cosas y no te enteras. | — Se me da bien jugar a las cartas.<br>— Se te caen las cosas y no te enteras. |

| DEBEMOS RECORDAR | |
|---|---|
| **Evite estos usos** | **Procure elegir estas formas** |
| — *Yo no doy más de sí en el trabajo.<br>— *Me regale este libro de cocina.<br>— *Se lo hay que pensar dos veces antes de hablar. | — Yo no doy más de mí en el trabajo.<br>— Regáleme este libro de cocina.<br>— Hay que pensárselo dos veces antes de hablar. |
| **Conviene evitar el alejamiento del relativo respecto de su antecedente** | |
| — *Tras el viaje, recibí un premio, sobre el que no me hago ilusiones.<br>— *Busqué al gerente del hotel, en el centro de la ciudad, que resultó ser un viejo gruñón. | — Tras el viaje, sobre el que no me hago ilusiones, recibiré un premio.<br>— Busqué al gerente del hotel, que era un viejo gruñón, en el centro de la ciudad. |
| **Supresión de la preposición delante del relativo** | |
| — *El día que sucedió el hecho no se preveía nada.<br>— *Con la persona que he estado me lo paso bien.<br>— *Son muchos los asuntos que trató en la conferencia.<br>— *Fue por un amigo que lo supe.<br>— *No sabía a las causas que te referías. | — El día en que sucedió el hecho no se preveía nada.<br>— Con la persona con que he estado me lo paso bien.<br>— Son muchos los asuntos de (los) que trató...<br>— Fue por un amigo por quien (el que) lo supe.<br>— No sabía a las causas a las que te referías. |
| **Uso adecuado de «quien, que, cual y cuanto»** | |
| — *Nos relacionamos con los que nos parece oportuno.<br>— *El Ayuntamiento es el que tiene la última palabra.<br>— *Este es el perro con quien vivo.<br>— *Se han enfadado conmigo, lo que no entiendo. | —Nos relacionamos con quienes nos parece oportuno.<br>— El Ayuntamiento es quien tiene la última palabra.<br>— Este es el perro con el que vivo.<br>— Se han enfadado conmigo, lo cual no entiendo. |

| DEBEMOS RECORDAR | |
| --- | --- |
| **Evite estos usos** | **Procure elegir estas formas** |
| — *He comprado una casa, <u>la cual</u> es muy cara. <br> — *Sean <u>los que</u> sean los motivos, no me convencen. <br> — *Esta es la playa <u>en la cual</u> me baño en verano. <br> — *Desconoce lo que cuesta este ordenador. | — He comprado una casa, que es muy cara. <br> — Sean cuales sean los motivos, no me convencen. <br> — Esta es la playa en que me baño en verano. <br> — Desconoce cuánto cuesta este ordenador. |
| **Uso de «que» y «cual» por «cuyo»** | |
| — *He visitado su casa, <u>cuya</u> vivienda tiene dos salones. <br> — *Este pueblo tiene una iglesia <u>en la que</u> en el campanario anidan las golondrinas. <br> — *Me han regalado un libro en <u>el cual</u> las hojas están manuscritas. <br> — *He leído un libro <u>en el que</u> el protagonista es un niño. | — He visitado su casa que tiene dos salones. <br> — Este pueblo tiene una iglesia en cuyo campanario anidan las golondrinas. <br> — Me han regalado un libro <u>cuyas hojas</u> están manuscritas. <br> — He leído un libro cuyo protagonista es un niño. |

El *verbo:* es el predicado y núcleo de la oración que expresa la acción, el estado o el proceso que realiza el sujeto.

| DEBEMOS RECORDAR | |
| --- | --- |
| **Evite estos usos** | **Procure elegir estas formas** |
| **Activa y pasiva. Formas pronominales** | |
| — *Ha sido desalojada la sala por razones de seguridad. <br> — *Solo ha sido prevista una reunión. | — Se ha desalojado la sala por razones de seguridad. <br> — Solo está prevista/se ha previsto una reunión. |

| DEBEMOS RECORDAR | |
|---|---|
| **Evite estos usos** | **Procure elegir estas formas** |
| — *La operación <u>ha estado dirigi-da</u> por el jefe de la policía.<br>— *<u>No me recuerdo</u> mucho de lo que pasó ese día.<br>— *Ya sabes, <u>marcho</u> mañana a primera hora en tren. | — El jefe de policía ha dirigido la operación.<br>— No recuerdo mucho lo que pasó ese día.<br>— Ya sabes, me marcho mañana a primera hora en tren. |

**Verbos transitivos e intransitivos**

| | |
|---|---|
| — *La policía de costas <u>incautó</u> un alijo de droga.<br>— *El Ministro <u>cesó</u> al Secretario de Estado.<br>— *Me <u>quedo tu libro</u> para leerlo.<br>— *Le <u>ríen las gracias</u> sin fundamento.<br>— *Llegué y <u>me encontré con que</u> se habían ido.<br>— *Este chico <u>entrena</u> todos los días. | — La policía de costas se incautó de un alijo de droga.<br>— El Ministro destituyó al Secretario de Estado.<br>— Me quedo con tu libro para leerlo.<br>— Se ríen de sus gracias sin fundamento.<br>— Llegué a casa y no encontré a nadie.<br>— Este chico se entrena todos los días. |

**Tiempos y modos verbales: indicativo, subjuntivo e imperativo**

| | |
|---|---|
| — *Te aseguro <u>que viene</u> mañana.<br>— *Lamento <u>que no has ganado</u> el partido.<br>— *No creo <u>que estás</u> en lo cierto.<br>— *<u>Quizá ya habrán llegado</u> a estas horas del viaje.<br>— *Confío <u>en que lo pasaréis</u> bien de vacaciones.<br>— *<u>Ayer he estado</u> en la sierra paseando.<br>— *<u>Esta semana tuve</u> mucho trabajo en la oficina. | — Te aseguro que vendrá mañana.<br>— Lamento que no hayas ganado el partido.<br>— No creo que estés en lo cierto.<br>— Quizá ya hayan llegado a estas horas del viaje.<br>— Confío en que lo paséis bien de vacaciones.<br>— Ayer estuve en la sierra paseando.<br>— Esta semana he tenido mucho trabajo en la oficina. |

| DEBEMOS RECORDAR | |
|---|---|
| **Evite estos usos** | **Procure elegir estas formas** |
| — *Lo dejemos estar tal como se presenta. | — Dejémoslo estar tal como se presenta. |
| — *Poneros bien e iros, o vayámosnos, cuanto antes. | — Poneos bien e idos, o vayámonos, cuanto antes. |
| — *Me sugirieron que tendría paciencia y tranquilidad. | — Me sugirieron que tuviera paciencia y tranquilidad. |
| — *Esto me lo contó el que fuera director. | — Me lo contó el que fue director. |
| — *No entendí lo que me dijera en la reunión. | — Nunca entendí lo que me había dicho en la reunión. |
| — *Quisiese que me dijeses lo que piensas sobre esto. | — Quisiera que me dijeras lo que piensas sobre esto. |
| **Perífrasis: auxiliar + infinitivo, gerundio o participio** | |
| — *Cuando lo dice, debe estar en lo cierto. | — Cuando lo dice, debe de estar en lo cierto. |
| — *El equipo debe de ganar para ascender de categoría. | — El equipo debe ganar para ascender de categoría. |
| — *A mi amigo se lo tengo que decir antes que a nadie. | — Tengo que decírselo a mi amigo antes que a nadie. |
| — *Va hacer falta más entrenamientos para ganar. | — Va a hacer falta más entrenamientos para ganar. |
| — *El billete de autobús viene costando 1,5 euros | — El billete de autobús cuesta 1,5 euros. |
| — *El tren está para salir a las tres de la tarde. | — El tren sale a las tres de la tarde. |
| — *Cuando salimos, vendrían a ser las diez de la noche. | — Cuando salimos, serían las diez de la noche. |
| — *El desalojo quedó resuelto en pocos minutos. | — El desalojo se resolvió en pocos minutos. |

| DEBEMOS RECORDAR | |
|---|---|
| **Evite estos usos** | **Procure elegir estas formas** |
| **Rigen preposición** | |
| — *Le <u>advierto que</u> ha incumplido el compromiso.<br>— *No <u>te aseguro que</u> vaya a asistir a la reunión.<br>— *<u>Confía que</u> todo saldrá en condiciones.<br>— *No <u>hay duda que</u> le han contado la historia.<br>— *<u>Lo que</u> me refiero es a tus palabras iniciales.<br>— *Me <u>he enterado que</u> te marchas a EE. UU. | — Le advierto de que ha incumplido el compromiso.<br>— No te aseguro de que vaya a asistir a la reunión.<br>— Confía en que todo saldrá en condiciones.<br>— No hay duda de que le han contado la historia.<br>— A lo que me refiero es a tus palabras iniciales.<br>— Me he enterado de que te marchas a EE. UU. |
| **No rigen preposición** | |
| — *Pienso <u>de que</u> no dice la verdad.<br>— *Me <u>temo de que</u> se va a presentar cualquier día.<br>— *Creemos <u>de que</u> lo sabía. | — Pienso que no dice la verdad.<br>— Me temo que se va a presentar cualquier día.<br>— Creemos que lo sabía. |
| **Infinitivo, gerundio y participio** | |
| — *<u>Deciros que</u> estoy a vuestra disposición.<br>— *Solo <u>indicarles que</u> el acto comenzará dentro de una hora <u>iniciandose</u> con un grupo de rock.<br>— *Tropezó en la calle <u>rompiéndose</u> la cadera.<br>— *Pasó delante una persona <u>dando voces</u> sin parar.<br>— *Se <u>quedó absorbido</u> contemplando el cuadro. | — Tengo que deciros que estoy a vuestra disposición.<br>— Solo quiero indicarles que el acto comenzará dentro de una hora y se iniciará con un grupo de rock.<br>— Tropezó en la calle y se rompió la cadera.<br>— Pasó delante una persona que daba voces sin parar.<br>— Se quedó absorto contemplando el cuadro. |

| DEBEMOS RECORDAR | |
|---|---|
| **Evite estos usos** | **Procure elegir estas formas** |
| — *Este cargo <u>es elegido</u>.<br>— *<u>El discurso me parece escrito</u> por su secretaria. | — Este cargo es electo.<br>— El discurso parece estar escrito por su secretaria. |
| **Verbo «haber»** | |
| — *<u>Hubieron muchos</u> jóvenes en el concierto.<br>— *<u>Han habido muchas</u> críticas a programas de cotilleo. | — Hubo muchos jóvenes en el concierto.<br>— Ha habido muchas críticas a programas de cotilleo. |
| **Verbos atributivos** | |
| — *<u>Es obligado que</u> se presente mañana.<br>— *<u>Está seguro</u> que va a venir.<br><br>— *<u>Está normal</u> la situación en todo momento.<br>— *<u>Es aceptable</u> la comida que has preparado hoy.<br>— *Por lo que dices, <u>estará firme</u> tu postura en la reunión. | — Está obligado a presentarse mañana.<br>— Está seguro de que va a venir o es seguro que vendrá.<br>— Es normal la situación en todo momento.<br>— Está aceptable la comida que has preparado hoy.<br>— Por lo que dices, será firme tu postura en la reunión. |

El *adverbio* (y locución adverbial): es un modificador del verbo, del adjetivo o de otro adverbio. Unos expresan circunstancia (lugar, tiempo, modo, cantidad) e intensidad, y otros adquieren valor de existencia y de modalidad.

| DEBEMOS RECORDAR | |
|---|---|
| **Evite estos usos** | **Procure elegir estas formas** |
| **Adverbios relativos e interrogativos** | |
| — *Se ha ido <u>adonde</u> tenía pensado. <br> — *Se marchó a la <u>casa a donde</u> había quedado. <br> — *No <u>sé a dónde</u> iremos esta semana. | — Se ha ido a donde tenía pensado. <br> — Se marchó a la casa adonde había quedado. <br> — No sé adónde iremos esta semana. |
| **Colocación y combinación de los adverbios y locuciones adverbiales** | |
| — *La niña ha salido de casa <u>media dormida.</u> <br> — *Se fue caminando <u>adelante por la calle.</u> <br> — *Iba conduciendo <u>de prisa demasiado.</u> <br> — *Miraba <u>arriba el cielo</u> desde la ventana. <br> — *<u>En seguida vino</u> y <u>se marchó así mismo.</u> <br> — *Lo hizo <u>también</u> que recibió el aplauso de todos. <br> — *Tu amigo está <u>tan bien</u> convencido. <br> — *No pienses en ti, <u>sino</u> te importa, <u>si no</u> en los demás. <br> — *Se expresa <u>justamente y certeramente.</u> <br> — *En aquella ocasión estaba con <u>mi entonces</u> marido. | — La niña ha salido de casa medio dormida. <br> — Se fue caminando (por la) calle adelante. <br> — Iba conduciendo demasiado de prisa o deprisa. <br> — Miraba el cielo arriba desde la ventana. <br> — Vino enseguida y asimismo se marchó. <br> — Lo hizo tan bien que recibió el aplauso de todos. <br> — Tu amigo está también (asimismo) convencido. <br> — No pienses en ti, si no te importa, sino en los demás. <br> — Se expresa justa y certeramente. <br> — En aquella ocasión estaba con mi ex marido. |

| DEBEMOS RECORDAR | |
|---|---|
| **Evite estos usos** | **Procure elegir estas formas** |
| **Formas enfáticas o superlativas** | |
| — *Está <u>terriblemente</u> cansado, estoy <u>absolutamente</u> seguro.<br>— *Había <u>así de gente</u> en la calle.<br>— *El trabajo está <u>muy cerquísima</u> de casa.<br>— *No te imaginas <u>lo lejísimos</u> que estoy de mi ciudad. | — Está muy cansado, estoy seguro.<br>— Había mucha gente en la calle.<br>— El trabajo está muy cerca de casa.<br>— No te imaginas lo lejos que estoy de mi ciudad. |
| **Concurrencia de adverbios: redundancia** | |
| — *Mi casa está subiendo por la <u>cuesta arriba.</u><br>— *La carrera comienza <u>allá abajo adelante enfrente.</u><br>— *El <u>hasta ayer</u> portero del equipo se ha marchado. | — Mi casa está subiendo por la cuesta.<br>— La carrera comienza enfrente.<br>— El portero que era hasta ayer del equipo se ha marchado. |

Los *nexos oracionales* son palabras funcionales que se utilizan para relacionar palabras, sintagmas, proposiciones y oraciones entre sí: preposiciones, conjunciones y locuciones prepositivas y conjuntivas.

| DEBEMOS RECORDAR | |
|---|---|
| **Evite estos usos** | **Procure elegir estas formas** |
| **Ajuste de los nexos** | |
| — *<u>Fíjate que</u> aún no ha llegado.<br>— *Se <u>ha olvidado venir</u> a <u>la hora que</u> hablamos. | — Fíjate en que aún no ha llegado.<br>— Se ha olvidado de venir a la hora de que hablamos. |

| DEBEMOS RECORDAR | |
|---|---|
| **Evite estos usos** | **Procure elegir estas formas** |
| — *2003 fue el año que obtuve un premio de teatro. | — 2003 fue el año en que obtuve un premio de teatro. |
| — *Este es el caso que te hablé. | — Este es el caso de que te hablé. |
| — *Insiste que no estuvo presente en el acto. | — Insiste en que no estuvo presente en el acto. |
| — *Confío que haga bien el trabajo encomendado. | — Confío en que haga bien el trabajo encomendado. |
| — *Yo que usted no me callaría. | — Yo, si fuera usted o al contrario, no me callaría. |
| — *Bajo mi punto de vista estás equivocado. | — Desde mi punto de vista estás equivocado. |

**Dequeísmo y queísmo**

| | |
|---|---|
| — *Pienso de que esté verano hará mucho calor. | — Pienso que este verano hará mucho calor. |
| — *Me contaron de que no acudió a la fiesta. | — Me contaron que no acudió a la fiesta. |
| — *No advirtió de que estaba siendo observado | — No advirtió que estaba siendo observado. |
| — *Me he dado cuenta que he olvidado el móvil. | — Me he dado cuenta de que he olvidado el móvil. |
| — *Está convencido que dice la verdad. | — Está convencido de que dice la verdad. |
| — *Me acuerdo que me lo contó con todo detalle. | — Me acuerdo de que me lo contó con todo detalle. |
| — *Estoy seguro que miente constantemente. | — Estoy seguro de que miente constantemente. |
| — *No tuvo en cuenta de que estaba acompañado. | — No tuvo en cuenta que estaba acompañado. |
| — *Lo que no tiene duda es que estuvo conmigo. | — Lo que no tiene duda es de que estuvo conmigo. |
| — *Hay obligación que cuentes lo que sabes. | — Hay obligación de que cuentes lo que sabes. |

| DEBEMOS RECORDAR | |
|---|---|
| **Evite estos usos** | **Procure elegir estas formas** |
| **Combinación y agrupación de nexos** | |
| — *Esperamos que esté dispuesto a hacerlo. <br> — *Me esfuerzo porque consigáis vuestros deseos. <br> — *Se camufló por entre el follaje del bosque. <br> — *Lo hace todo para con sus amigos. <br> — *Dile que vaya a por los paquetes. | — Esperamos a que esté dispuesto a hacerlo. <br> — Me esfuerzo por que consigáis vuestros deseos. <br> — Se camufló entre el follaje del bosque. <br> — Lo hace todo para o por sus amigos. <br> — Dile que vaya a recoger los paquetes. |
| **Locuciones prepositivas y conjuntivas** | |
| — *No vendrá a la reunión a expensas de que lo llamen. <br> — *No ha venido a tiempo a causa de la lluvia. <br> — *Respecto de su trabajo, no tiene nada que decir. <br> — *Actúa siempre de cara a la galería. <br> — *Ha trabajado en base a tus propuestas. <br> — *Habla como que no sabe nada. <br> — *Le creeré según cuándo y cómo lo diga. | — No vendrá a la reunión a no ser que lo llamen. <br> — No ha venido a tiempo por la lluvia. <br> — Con respecto a su trabajo, no tiene nada que decir. <br> — Actúa siempre cara a la galería. <br> — Ha trabajado a tenor de o sobre tus propuestas. <br> — Habla como si no supiera nada. <br> — Le/lo creeré según lo diga. |

## Propiedad y precisión léxicas

Con frecuencia los hablantes usamos algunas palabras con significados que no les son propios. Este hecho trae como consecuencia las impropiedades e inadecuaciones léxicas:

| DEBEMOS RECORDAR | |
|---|---|
| **Evite estos usos** | **Procure elegir estas formas** |
| **Palabras inadecuadas e impropias** | |
| — *Barajar <u>una posibilidad</u>.<br>— *<u>Doceavo</u> lugar.<br><br>— *<u>Adolece de</u> bienes.<br>— *El barco hace <u>aguas</u>.<br>— *El barco realizó una <u>singladura</u> de varios días.<br>— *No hay <u>buen clima</u> dentro de la casa.<br>— *El concejal se mantuvo <u>insubordinable</u> ante las presiones.<br>— *Resultó <u>deleznable</u> su postura sobre libertad de expresión. | — Barajar posibilidades.<br>— Duodécimo o decimosegundo lugar.<br>— Carece de recursos.<br>— El barco hace agua.<br>— El barco realizó una travesía durante varios días.<br>— No hay buena relación en la casa.<br>— El concejal se mantuvo insobornable ante las presiones.<br>— Resultó detestable su postura sobre libertad de expresión. |
| **Palabras-comodín y expresiones de apoyo** | |
| — *Ríete, <u>venga, hombre</u>, aunque <u>no esté el horno para bollos.</u><br>— *Ha estado con nosotros todo el día, <u>¿no es así?</u><br>— *<u>Bueno, ya ves</u>, estamos haciendo tiempo. | — Ríete, aunque no sea fácil.<br><br>— Es evidente que ha estado con nosotros todo el día.<br>— Esperamos con paciencia. |
| **Palabras ómnibus o generalizadoras** | |
| — *Se me ha estropeado <u>el aparato.</u><br>— *No hablemos más de <u>este asunto</u> tan molesto. | — Se me ha estropeado el televisor.<br>— No hablemos de la política inmigratoria. |

| DEBEMOS RECORDAR | |
| --- | --- |
| **Evite estos usos** | **Procure elegir estas formas** |
| — *Las <u>personas</u> somos complicadas en las relaciones.<br>— *<u>Esto</u> no es <u>una cosa</u> de poca monta.<br>— *Es muy caro este <u>chisme</u> que has comprado. | — Somos complicados para las relaciones.<br>— La salud no es un tema insignificante.<br>— El ordenador que has comprado es muy caro. |
| **Repetición de palabras y pleonasmos** | |
| — *Lo <u>he visto yo mismo</u> con <u>mis propios ojos.</u><br>— *Lo que digo es <u>tan claro como la luz del día.</u><br>— *Le dices a tu hermano <u>de mi parte</u> que <u>me</u> responda.<br>— *Ya es hora de que <u>pasemos adentro.</u><br>— *<u>Yo</u> sabía que era <u>muy buenísima</u> la película. | — Yo he sido testigo.<br>— Lo que digo es evidente.<br>— Le dices a tu hermano que me conteste.<br>— Ya es hora de que entremos.<br>— Sabía que era muy buena la película. |
| **Impropiedades léxicas: palabras y expresiones grandilocuentes** | |
| — *Esta persona es <u>deleznable.</u><br>— *Estamos pendientes <u>a expensas de</u> que venga.<br>— *Tiene la <u>intencionalidad</u> de decir lo que piensa.<br>— *Lo que pretende es <u>instrumentalizar</u> a las personas cercanas.<br>— *El acto estuvo rodeado de una <u>gran espectacularidad</u>.<br>— *El informe tuvo una <u>enorme repercusión</u> en toda Europa. | — Esta persona es detestable o despreciable.<br>— Estamos pendientes o a la espera de que llegue...<br>— Tiene la intención de decir lo que piensa.<br>— Lo que pretende es influir en las personas cercanas.<br>— El acto fue brillante.<br>— El informe se conoció en toda Europa. |

| DEBEMOS RECORDAR | |
| --- | --- |
| **Evite estos usos** | **Procure elegir estas formas** |

**Uso de parónimos**

| | |
| --- | --- |
| — *La lectura de este libro es <u>accesible</u> a cualquier lector. | — La lectura de este libro es asequible a cualquier lector. |
| — *Se ha quedado <u>inerme</u> ante la adversidad. | — Ha permanecido inerte (inactivo) ante la adversidad. |
| — *Este amigo es bastante <u>comprensible</u> conmigo. | — Este amigo es muy comprensivo conmigo. |
| — *La ley <u>proscribe</u> importantes penas para delitos graves. | — La ley prescribe importantes penas para delitos graves. |
| — *Los servicios secretos <u>expían</u> en todo el mundo. | — Los servicios secretos espían en todo el mundo. |
| — *El fútbol le <u>absolvió</u> el tiempo de las vacaciones. | — El fútbol le absorbió el tiempo de vacaciones. |
| — *El conductor <u>ha infligido</u> las normas de tráfico. | — El conductor ha infringido las normas de tráfico. |
| — *Tenemos que esperar <u>haber qué</u> pasa con el recurso. | — Tenemos que esperar a ver qué pasa con el recurso. |

**Conque, con qué y con que**

| | |
| --- | --- |
| — *Lo hace con el entusiasmo <u>conque</u> trabaja siempre. | — Lo hace con el entusiasmo con que trabaja siempre. |
| — *He terminado la tarea, <u>con que</u> me voy a casa. | — He terminado la tarea, conque (luego) me voy a casa. |
| — *Dime <u>conqué</u> criterios vas a juzgar el expediente. | — Dime con qué criterios vas a juzgar el expediente. |

**Porque, por que, porqué y por qué**

| | |
| --- | --- |
| — *Se enfadó conmigo <u>por que</u> no había llegado a tiempo. | — Se enfadó conmigo porque (por el hecho de que) no había llegado a tiempo. |
| — *No llegó a la hora señalada, <u>por que</u> se retrasó el tren. | — No llegó a la hora señalada, porque se retrasó el tren. |
| — *Ya conozco la <u>casa porque</u> has luchado toda la vida. | — Ya conozco la casa por (la) que has luchado toda la vida. |
| — *No sé <u>porqué</u> no explicas <u>el por qué</u> de tu marcha. | — No sé por qué no explicas el porqué de tu marcha. |

| DEBEMOS RECORDAR | |
|---|---|
| **Evite estos usos** | **Procure elegir estas formas** |
| **Fuera-afuera   Dentro-adentro   Delante-adelante** | |
| — *Mi amigo está fuera y yo me he quedado afuera.<br>— *El barco fondea mar dentro.<br>— *Nuestro trabajo de investigación va delante. | — Mi amigo está afuera y yo me he quedado fuera.<br>— El barco fondea mar adentro.<br>— Nuestro trabajo de investigación va adelante. |
| **Latinismos** | |
| — *Ha explicado el tema a grosso modo.<br>— *El problema se ha de resolver de ipso ipso.<br>— *Aceptamos el status quo establecido por los negociadores.<br>— *El respeto a la legalidad es condición sine quanon para presentarse a las elecciones. | — Ha explicado el tema grosso modo.<br>— El problema se ha de resolver ipso ipso.<br>— Aceptamos el statu quo establecido por los negociadores.<br>— El respeto a la legalidad es condición «sine qua non» para presentarse a las elecciones. |
| **Barbarismos** | |
| — *El coche lo ha tasado el perito por debajo de su valor.<br>— *No hay concienciamiento suficiente para hablar del tema.<br>— *Fue ejemplificadora su posición ante la desdicha.<br>— *Ha tenido que posicionarse ideológicamente.<br>— *Esta situación tiene mucho complicamiento.<br>— *Sale a hacer footing todos los días.<br>— *Esta idea la podemos tomar en lato senso o stricto sensu. | — El coche lo ha tasado el perito por debajo del valor real.<br>— No hay una concienciación suficiente para hablar del tema.<br>— Fue ejemplar su posición ante la desdicha.<br>— Ha tenido que decantarse ideológicamente.<br>— Esta situación presenta mucha complicación.<br>— Sale a correr todos los días.<br>— Esta idea la podemos tomar lato sensu o stricto sensu. |

| DEBEMOS RECORDAR | |
| --- | --- |
| **Evite estos usos** | **Procure elegir estas formas** |
| **Neologismos** | |
| — *En las democracias predomina el tripartidismo.<br>— *Se está produciendo una deslocalización de empresas.<br>— *El gobierno impulsa la autorregularización del empleo.<br>— *Desde hace tiempo esta persona es drogodependiente.<br>— *Este atleta es recordman o plusmarquista en salto. | — En las democracias predomina el multipartidismo.<br>— Se están desmontando empresas.<br>— El gobierno trata de regular el empleo.<br>— Desde hace tiempo esta persona es adicta a la droga.<br>— Este atleta ha logrado la mejor marca en salto de altura. |
| **Extranjerismos** | |
| — *Hay que tomar medidas antidoping.<br>— *Se ha publicado un nuevo magazine y se ha estrenado otro en la televisión pública.<br><br>— *Se ha abierto un stand especializado en libros de viaje.<br>— *La dirección de televisión ha propuesto un cásting musical.<br>— *Mándame un mensaje por e-mail.<br>— *He comprado el coche mediante leasing. | — Hay que tomar medidas antidopaje.<br>— Se ha publicado una nueva revista y se ha estrenado un programa de variedades en la televisión pública.<br>— Se ha abierto un pabellón especializado en libros de viaje.<br>— Ha propuesto un proceso de selección de cantantes.<br>— Mándame un mensaje por correo electrónico.<br>— He comprado el coche por el sistema de arrendamiento. |

Las palabras designan los conceptos referidos a todo lo que representa la realidad concreta y abstracta. Por ello, debemos usarlas no solo con propiedad, sino con sentido específico para evitar ambigüedades e imprecisiones. Debemos así construir expresiones con palabras lo más precisas posibles, como:

— La precisión en los términos empleados: confesar un secreto en vez de «decir un secreto», razonar el problema en vez de pensar el problema, etcétera.
— El uso preferente de términos que eviten las palabras-comodín: *cosa, caso, asunto, instrumento, elemento...* por su carácter general.
— La sustitución de pronombres de referencia inconcreta por palabras concretas: *esto, eso, aquello...*
— El empleo de palabras únicas que sustituyan a expresiones en paráfrasis: edificar (no «hacer el edificio»), leer (no «hacer lectura»), viajar (no «hacer un viaje»).
— La sustitución de verbos de vaga significación, como: *hacer* preguntas, una casa, una fiesta, una novela, un resumen / *tener* partes, síntomas, efecto / *haber* un cambio, un gran silencio, gente / *poner* atención, una tarea, un negocio / *decir* un poema, sonidos, los nombres, insultos / *dar* razones, argumentos, lástima, miedo, apoyo, un título, información / *echar* una instancia, un discurso, a un trabajador, de clase, abajo.

### Variedad léxica

La variedad es otro de los procedimientos de selección de palabras que se utiliza para evitar la repetición y la redundancia léxicas. Ambas formas de representación producen pobreza léxica, torpeza comunicativa y monotonía expresiva. Son frecuentes la utilización de pares de términos agrupados: *falsa alarma, divino tesoro, estrella televisiva, personaje principal, alto el fuego*, etcétera, o expresiones como: *salir del atolladero, cantar las cuarenta, subirse por las paredes, estar al loro, estar a verlas venir, estar en sus trece*, etcétera.

Para evitar la repetición de los mismos términos, nos servimos de recursos semánticos, como la sinonimia, la hiperonimia y la hiponimia. Y, para suplir la redundancia o repetición de ideas, recurrimos a expresiones y palabras sustitutivas.

A veces, sin embargo, no son suficientes estas modificaciones léxicas y tenemos que acudir a sustituciones pronominales, a giros o paráfrasis y a variaciones en la construcción de las frases. No obstante, tanto la repetición como la redundancia en algunos textos se convierten en un recurso estilístico o didáctico.

Conviene activar el léxico constantemente leyendo, escribiendo y consultando los diccionarios, tanto generales como los especializados y los de sinónimos y antónimos. Así conseguiremos una más amplia variedad léxica, que se refleja en estas clases de términos:

| Debemos recordar | |
|---|---|
| **Evite estos usos** | **Procure elegir estas formas** |
| **Sinónimos** | |
| — *Su presencia ha pasado <u>desapercibida.</u> <br> — *La carrera de sacos está actualmente en <u>desuso.</u> <br> — *<u>Ha equivocado</u> la luna con una estrella. | — Su presencia ha pasado inadvertida. <br> — La carrera de sacos es actualmente inusual. <br> — Ha confundido la luna con una estrella. |
| **Antónimos** | |
| — *<u>Conocer disipa la ignorancia.</u> <br> — *Lo inexplicable puede tener justificación. <br> — *Muchas veces <u>soñamos despiertos.</u> | — El conocimiento disipa la ignorancia. <br> — Lo inexplicable puede ser justificable. <br> — Con frecuencia nos ilusiona la realidad. |
| **Hiperónimos e hipónimos** | |
| — *En la <u>ciudad</u> hay <u>barrios</u> con <u>edificios</u> bajos. <br> — *En los <u>aeropuertos</u> encontramos <u>pistas</u> de aterrizaje, <u>aviones,</u> <u>terminales</u> y <u>vestíbulos</u> por donde pasan los <u>pasajeros</u> provistos de <u>equipaje.</u> | — La ciudad se distribuye en barrios y estos, en edificios bajos. <br> — Los aeropuertos están formados por pistas de aterrizaje, aviones de carga y de pasajeros, que pasan por los vestíbulos hasta llegar a las terminales y salidas cargados con su equipaje. |

| DEBEMOS RECORDAR | |
| --- | --- |
| Evite estos usos | Procure elegir estas formas |
| **Homónimos** | |
| — *Alla a quien <u>haya visto un aya</u> o un haya.<br>— *Tomó el vino degustándolo tal como vino. | — Halla a quien haya visto un aya (cuidadora) o un haya (árbol)<br>— Degustó el vino en el momento en que llegó. |

## Agrupación de palabras

Las *palabras* se eligen de acuerdo con su forma y su significado; si alteramos la forma o la escritura de la palabra, cometemos un barbarismo o una falta de ortografía, al igual que, si modificamos el significado, cambiaríamos el sentido de la comunicación. Las palabras son como los ladrillos que configuran la estructura (en este caso, las oraciones) de un edificio (texto: unidad textual). Son unidades aislables que pueden combinarse y ordenarse de manera libre e intencional, con tal de que no infrinjan las reglas de la semántica y de la sintaxis. Es cierto que, al igual que sucede en la albañilería con los materiales prefabricados, la lengua dispone de conjuntos de palabras agrupadas que constituyen unidades de sentido, como:

| EXPRESIONES Y FORMAS FRASEOLÓGICAS CONSAGRADAS EN LA LENGUA HABLADA | | |
| --- | --- | --- |
| Clases | Formas coloquiales frecuentes para usar con cuidado | Usos preferentes |
| **Locuciones**<br>Resultan de la unión de dos o más palabras con el significado de una sola. | Salida de tono<br>De punta en blanco<br>Lo hizo en un santiamén<br>Estaba de bote en bote | — desajustado<br>— elegante<br>— rápido<br>— lleno |

| Clases | Formas coloquiales frecuentes para usar con cuidado | Usos preferentes |
|---|---|---|
| **Frases hechas** Son equivalentes a oraciones, aunque en gramática se analizan como locuciones verbales. | Reír las gracias Sacar las castañas del fuego Sacar punta a las cosas Tener la cabeza sobre los hombros Sonar la flauta por casualidad Soñar despierto Caer en la cuenta, en la trampa Echar de menos Tomar el pelo Mandar a paseo | — alegrarse — solucionar o resolver — agudizar — equilibrar, razonar — acertar — idear — recordar / engañar — necesitar — mofarse o desdeñar — desairar |
| **Dichos** Expresiones que contienen rasgos sentenciosos. | No lo tome usted tan a mal o tan a pecho Estar a las duras y a las maduras De casta le viene al galgo | — no se enfade / no se obsesione — afrontar la realidad — le viene de herencia |
| **Máximas** Expresiones breves que contienen un pensamiento moral del que se extrae alguna enseñanza. | El amor es libre para quien sabe elegir La vida es bella si te va bien Sé infiel y no mires a quién No es todo oro lo que reluce | — la libertad consiste en saber elegir — vive para disfrutar — actúa pensando en ti — lo que vemos no es todo real |

| Clases | Formas coloquiales frecuentes para usar con cuidado | Usos preferentes |
|---|---|---|
| **Aforismos** Son sentencias que resumen un pensamiento. Si la sentencia contiene un significado moralizante, sería un adagio. | Las apariencias engañan No te fíes ni de tu sombra Para muestra basta un botón Cada uno es preso de sus palabras y dueño de sus silencios | — desconfía de los sentidos — sé desconfiado — la experiencia lo demuestra — ser comedido al hablar |
| **Refranes** Son expresiones de tipo popular basadas en la experiencia que contienen alguna enseñanza para la vida. | Agua pasada no mueve molino Quien se pica ajos come El que sirve al público a nadie sirve Quien ríe el último ríe dos veces Quien bien te quiere te hará llorar A perro flaco todo son pulgas | — olvida lo pasado — algo le afecta — sentirse o no correspondido — espera la mejor ocasión — el amor entraña dolor — cebarse el mal sobre uno |
| **Circunloquios** Expresiones realizadas por medio de rodeos en vez usar las palabras directas. | En el transcurso de la historia, a lo largo de los años De buenas a primeras lo soltó En vista de lo ocurrido En lo concerniente a tus asuntos Percibo unas sensaciones térmicas cambiantes | — durante — lo dijo de pronto — por — sobre — tengo frío o calor |

| Clases | Formas coloquiales frecuentes para usar con cuidado | Usos preferentes |
|---|---|---|
| **Tópicos estilísticos** Son formas de construcción muy repetidas por los hablantes para resaltar algún rasgo o enfatizar. | Su comportamiento es fiel reflejo de su vida | — copia |
| | Tiene una salud de hierro | — buena salud |
| | Este tema es de rabiosa actualidad | — actual |
| | Actúa en el teatro con una pasión desenfrenada | — ímpetu |
| | He visto una película maravillosa | — gran película |
| | Hemos presenciado una ridícula situación | — hecho desagradable |

Normalmente todas las expresiones y frases hechas tienen una gran vitalidad en la lengua oral, aunque en la lengua escrita hay que utilizarlas con sentido incisivo, no de manera abundante ni frecuente. Conviene relegar o desechar las *expresiones vacías* o *gastadas*, los *tópicos estilísticos*, la incorporación de *voces extranjeras o barbarismos* y el recurso a palabras altisonantes. Para empezar a escribir, resulta imprescindible tener ideas, ya sean generadas por la imaginación y el pensamiento o provengan de sugerencias, de estímulos externos o internos. A partir de ahí, elegiremos las palabras portadoras de las ideas que deseamos transmitir de acuerdo con los principios de propiedad, claridad, sencillez, naturalidad, corrección, coherencia y elegancia, que proporcionan la unidad de sentido y la armonía al texto.

### 7.1.2. La combinación de palabras en oraciones

Cuando escribimos, elegimos las palabras y las combinamos para construir oraciones, consideradas como unidades mayores de la construcción sintáctica dotadas de sentido completo. Es decir, las palabras se unen formando conjuntos sintácticos a los que llamamos oraciones constituidas por sujeto y predicado.

El predicado puede estar integrado por un verbo predicativo + complementación (adverbio, adjetivo, nombre o proposición en función de CD, CI, CC): construcción predicativa («Juan estudia Filosofía durante el día y trabaja por la noche»); o por un verbo atributivo + adjetivo u otra palabra en función de atributo: construcción nominal («La casa de edificios es elegante»). El orden más normal de los elementos de la oración puede ser *lógico*: SVO → Sujeto: determinante + nombre + modificadores o complementos del núcleo nominal y predicado: verbo + adverbio y/o CD, CI y CC («La casa del molino se ha deteriorado mucho por no estar ocupada»). Sin embargo, la construcción de las oraciones no está marcada por un orden fijo, puesto que intervienen *factores lógicos, psicológicos* y *pragmáticos*. Cuando el orden natural de los elementos oracionales se altera completamente, se produce el *hipérbaton* empleado literariamente para proporcionar ritmo y musicalidad («Del salón en el ángulo oscuro» por «en el ángulo oscuro del salón» / «desde mi ventana, la lluvia caer veía sin cesar» por «veía caer la lluvia sin cesar desde mi ventana»). En el ámbito estilístico se admite cualquier orden en consonancia con la armonía de las frases.

El orden oracional tiene algunos límites, como el de colocar el verbo al final de todos los elementos (*El sol antes de ponerse con luz propia brilló). Podemos variarlo por razones psicológicas para dar mayor impulso a la frase o para hacerlo más expresivo, pero conviene no abusar de cambios que obstaculicen la lectura y la comprensión del texto. Al redactar, debemos utilizar algunas estrategias básicas:

— La colocación de los modificadores, complementos y determinaciones, al lado de las palabras modificadas o contiguos a los núcleos.
— La posición de adjetivos, complementos preposicionales, aposiciones, explicaciones, adverbios y proposiciones subordinadas inmediatamente antes o después de las palabras que modifican.
— El pronombre relativo se colocará detrás de su antecedente.
— Se utilizarán los signos de puntuación —comas, rayas, paréntesis, dos puntos y punto y coma— para clarificar la relación de las palabras dentro de la oración.
— Utilización de las elipsis necesarias que hagan más ágil el texto y que no dificulten la comprensión de las ideas del texto.

— Preferencia de la voz activa y de la construcción pronominal en vez de la pasiva.

— La posición de las construcciones de relativo será contigua a los antecedentes.

— Cambio de posición de complementos nominales para evitar que se concentren en un solo punto de la secuencia («En verano, los habitantes de las ciudades de poblaciones grandes, a lo largo de julio y agosto, mayoritariamente van a la playa»).

— El atributo debe ir detrás del verbo, salvo por razones enfáticas.

— El adverbio se coloca al lado del verbo, al que suele modificar.

— La acumulación de palabras con sonidos semejantes debe evitarse por razones de cacofonía, al igual que la repetición innecesaria de palabras («El resplandor dominador del verdor es desolador»).

— En enumeraciones de adverbios en -*mente*, solo el último lo lleva.

— La intercalación continua y excesiva de explicaciones entorpece la lectura y dificulta la comprensión.

Por lo demás, las oraciones no tienen límites determinados. Podemos utilizar frases extensas, complejas o simples. El predominio de oraciones amplias da lugar a períodos largos y a un estilo amplificado, mientras que el de frases breves y sencillas contribuye a la formación de períodos cortos y de un estilo conciso.

Se suele decir que los textos construidos con frases simples y yuxtaposiciones resulta más ágil y se comprende con mayor facilidad; en cambio, los textos construidos con oraciones subordinadas son más difíciles de entender. Por esta razón, se recomienda con frecuencia el uso de períodos cortos. Pero no siempre es así, puesto que un texto construido completamente en períodos cortos resulta pobre, entrecortado y falto de unidad. Lo más recomendable es la combinación de períodos largos y cortos, según las exigencias armónicas de los párrafos, para hacer más ágil, variada y comprensiva la lectura de los textos.

El *estilo amplificado* viene dado mediante las frases largas, las perífrasis, las comparaciones, las digresiones, las explicaciones, las recurrencias y las enumeraciones. *El estilo conciso*, por el contrario, es breve, lacónico y preciso en la forma de expresar los conceptos, de ahí que predominen las frases cortas y sencillas.

## ESTILO AMPLIFICADO
### Las lanzas coloradas

Sentía el encanto de aquella conversación, donde tanta ternura había. Nunca había conocido persona semejante. Era dulce como ninguno, y, al mismo tiempo, rudo y fuerte como todos los otros; como todos los otros, hablaba también de la guerra. Había hecho la guerra en Europa y contaba historias terribles, de moribundos que escribían con sangre su adiós a las amadas, de regimientos fantasmas que venían a presentar armas a sus coroneles, de soldados que habían escogido entre su madre y la patria. Como los otros. Pero solo él, solo él y nadie más sabía tanta cosa grata de oír. Aquellos cuentos de los hombres que se suicidaban de amor; de bandoleros, de capitanes piratas que prescindían de la sociedad de los hombres; aquellas descripciones de París, de las ciudades de España, de Italia, de Londres, de las noches en el teatro de Drury Lane, de los trajes de Madame Recamier, de las chisteras de Jorge Brummel; ninguno que como él cantase y recitase en inglés, traduciendo luego con tanta gracia: —... un ojo que, al contemplarlas, dora las cosas...—.

(A. Uslar Pietri: *Las lanzas coloradas*, Madrid, Alianza, 1996).

## ESTILO CONCISO
### Castilla

En el jardín, lleno de silencio, se escucha el chiar de las rápidas golondrinas. El agua de la fuente cae deshilachada por el tazón de mármol. Al pie de los cipreses se abren las rosas fugaces, blancas, amarillas, bermejas. Un denso aroma de jazmines y magnolias embalsama el aire. Sobre las paredes de nítida cal resalta el verde la fronda; por encima del verde y del blanco se extiende el añil del cielo. Alisa se halla en el jardín, sentada, con un libro en la mano. Sus menudos pies asoman por debajo de la falda de fino contray; están calzados con chapines de terciopelo negro, adornados con rapacejos y clavetes de bruñida plata. Los ojos de Alisa son verdes, como los de su madre; el rostro, más bien alargado que redondo. ¿Quién podría contar la nitidez y sedosidad de sus manos? Pues de la dulzura de su habla, ¿cuántos loores no podríamos decir?

En el jardín todo es silencio y paz. En lo alto de la solana, recostado sobre la barandilla, Calixto contempla extático a su hija. De pronto, un halcón aparece revolando rápida y violentamente por entre los árboles. Tras él, persiguiéndole, todo agitado y descompuesto, surge un mancebo. Al llegar frente a Alisa, se detiene absorto, sonríe y comienza a hablarle.

(Azorín: *Castilla*, Madrid, Biblioteca Nueva, 1989).

### 7.1.3. La integración de oraciones en párrafos

Al igual que las palabras se combinan formando oraciones, estas se unen entre sí constituyendo *párrafos*, unidades que expresan pensamientos completos dentro de un marco lógico. Cuando se integran de modo coherente, dotan al texto de unidad de sentido y coherencia significativa.

El párrafo está conformado por un conjunto de oraciones integradas y armónicamente relacionadas en torno a una idea central. Es también la unidad estructural que funciona jerárquicamente dentro de la secuencia del texto. En cada párrafo hay una idea que se relaciona con las precedentes y las siguientes como partes vertebradoras de la unidad temática. Podemos decir que el párrafo está constituido por una serie de oraciones unidas significativamente entre sí. El párrafo se caracteriza principalmente por ser una *unidad temática*, por presentar *claridad comprensiva* y por tener *coherencia semántica*.

Es preciso que la unidad de los párrafos se nos muestre claramente en la disposición y en la conexión entre las oraciones que lo integran. Los párrafos no tienen dimensiones fijas. Se recomienda componer párrafos de extensión variable, aunque no deben ser ni muy extensos ni muy complejos. Lo importante es que reflejen con claridad las ideas y su relación con el tema manteniendo el mismo tono general y un estilo natural. Los párrafos en que dominan las oraciones simples y yuxtapuestas aportan dinamismo y fluidez al texto; en cambio, en los que dominan las construcciones subordinadas, los textos son más lentos.

Es aconsejable en la composición no utilizar más de tres o cuatro variedades de párrafos en el mismo texto, poniendo su estructura en correspondencia con la distribución de las ideas. Existen diferentes tipos de párrafos, que elegiremos en función del criterio que adoptemos y la orientación que demos al escrito.

Observamos las diferencias de párrafos según la *disposición* que tienen en el siguiente texto de Guillermo Cabrera Infante:

| DISPOSICIÓN DE LAS IDEAS |
| --- |

**Introductores**

[1] Una vez declaré que el idioma español era demasiado importante para dejarlo en manos de los españoles. A esta provocación mía siguió una

273

sarta de insultos de los que opinan que no hay que dejar opinar a los demás. Lo que yo pretendía no era una ridícula propuesta de modificar la ortografía española, cuando el español no tiene nada que copiar de las otras ortografías occidentales. Todo lo contrario.

## Medulares

[2] La ortografía española es, en el sentido de conjugar la forma con el fondo, una de las más lógicas, y tendría mucho que enseñar al francés y al inglés, con sus ortografías endiabladas. (Tanto, que en inglés ese arte se llama *spelling* y es uno de los vocablos más usados por esclarecedor).

[3] Podría lamentar que entre escatología, una de las formas de la metafísica, y escatología, la expresión de lo asqueroso, no existe en español ninguna distinción, arcadas ambas. Pero hay ciertas novedades que me resisto a compartir. *Entorno* no quiere decir medio ambiente, sino que se dice cuando una puerta queda entreabierta. Tampoco quiere decir *decantar* por favorecer o decidirse es un barbarismo. *Mitómano* (una manía tan abusada como carisma) no quiere decir amante de los mitos, sino dado a decir mentiras. Estas son unas pocas nociones del español usadas en España que nunca me leerán usando. Soy amigo del idioma, pero más amigo de su uso.

## Esenciales

[4] Dice Borges, en su *Historia universal de la infamia* (un título usado y abusado): «A veces creo que los buenos lectores son cisnes aún más tenebrosos y singulares que los buenos autores». Quiero confesar que prefiero los buenos lectores a los mejores autores. Pero, añade Borges, «leer es una actividad posterior a la de escribir». De decir: yo escribo, los lectores leen. Sucede, sin embargo, que los lectores no saben o ignoran que entre la escritura y la lectura median demasiados intermediarios: lectores profesionales, correctores, editores, correctores de estilo y ese oficio del siglo XXI que antes ejercían las linotipias: los ordenadores de palabras. Este es un nuevo orden.

## Finales

[5] Hace un tiempo traduje y publiqué en España un tomito de cuentos de James Joyce que titulé *Dublineses*. En uno de los cuentos hay un juego de palabras entre *neumático* y *reumático*. Un lector me achacó el crimen de lesa literatura de haber destruido el juego joyceano. Pero no fui yo, por supuesto, que sé de paronomasias, sino el linotipista, que creyó enmendarme la traducción. Ahora, otro lector piensa que yo no sé la diferencia que

hay entre la moral, ética, y la enfermedad, ético por tuberculoso. Pero viene en mi auxilio esa autoridad, María Moliner, que en su *Diccionario de uso del español* pone: «Ético. Igual a héctico, tísico, tuberculoso». Ah, desocupado lector, que no dejas lugar al juego, que crees que Paronomasia es algún lugar de Asia, que no me dejas ser ético sin padecer la *h* de tuberculoso, como en la canción que dice: «Ético, esquelético y espeletancúdico». O aquel piropo soez a una belleza rauda: «No corras, niña, que te eticas. ¡Qué me eticas!».

(G. Cabrera Infante: *De nombres y de erratas*).

Veamos diferentes párrafos *(a)* según la *función* que desempeñan dentro del texto de Almudena Grandes titulado «Áreas de influencia» y *(v)* según la distribución de ideas principales y secundarias en el texto de Fernando Savater titulado *El pesimismo optimista:*

## *(a)* FUNCIÓN QUE EJERCEN LOS PÁRRAFOS

### Explicativos

[1] El mercado no termina allá donde sus puertas parecen sugerirlo. Como otros edificios grandes y singulares se alzan con el protagonismo en sus respectivos barrios, él también ha ido configurando poco a poco su paisaje más inmediato hasta convertir las calles que lo rodean en una peculiar zona de influencia. Si las grandes estaciones ferroviarias hacen florecer hoteles y pensiones, si el Museo del Prado siembra tiendas de *souvenirs* y la Puerta del Sol despachos de lotería, mi mercado, aunque de horizontes mucho más modestos, sale también de sí mismo para ejercer una autoridad simbólica sobre el comercio de los alrededores. El resultado haría las delicias de cualquier hipotético sociólogo empeñado en tipificar las necesidades y las aspiraciones del modelo de mujer consumidora de clase media, que puede abastecerse aquí de todo lo necesario para triunfar en su doble y acrisolada vertiente de ama de casa ejemplar y seductora congénita.

### Ejemplificadores

[2] Las droguerías, las mercerías, las tintorerías y las ferreterías coexisten pacífica y provechosamente con las peluquerías, las tiendas de cosméticos y perfumes, las pequeñas joyerías y bisuterías, los gimnasios y hasta un flamante local de bronceado por rayos UVA —renovarse o morir—, que convertirían las oficinas bancarias en una excepción si no fue-

275

ra por un pequeño y hermético *sex-shop* que acapara para sí mismo todos los grados de la rareza.

## Comparativos

[3] En este contexto, tan representativo de lo típicamente femenino —por eso el sociólogo al que he aludido antes es solo hipotético, porque, descontando los rayos UVA, y los bombos y los platillos que han celebrado el comienzo del milenio de las mujeres, yo me temo que, por desgracia, no hay tantas cosas nuevas que tipificar—, subsisten algunos viejos negocios que no necesitan conservar la fachada ni el mobiliario original para hablar de otras épocas, otros modos de vida. Son reliquias de un tiempo ya remoto en el que cada cosa tenía su valor; y este bastaba para que mereciera la pena repararlas cuando se estropeaban. El taller de reparación de calzado sigue oliendo exactamente igual que en mi infancia, y perfuma la acera con el aroma delicioso y tóxico de pegamento especial de color de caramelo. Cerca sigue habiendo un cerrajero, y un local pequeñito donde se enfilan collares, y otro que ofrece cremalleras de todas las variedades imaginables, y una modista que vuelve abrigos, arregla solapas y ensancha y estrecha las costuras de cualquier prenda.

## Causativo-consecutivos

[4] Todos ellos parecen aguantar el tirón, porque conservan, como mínimo, una clientela de la misma edad que sus propietarios, y, sin embargo, su futuro, más que dudoso, es improbable. Cuando paso por delante de su puerta, recuerdo aquellos cilindros de metal que vibraban mientras una especie de aguja manejada por dedos expertos trazaba diminutos círculos sobre una superficie de nailon transparente, y me pregunto si algún niño de los de ahora sería capaz de encontrar la solución de ese acertijo, cuando ni siquiera yo me acuerdo de en qué momento empecé a tirar las medias con carreras a la basura.

## Analógicos y contrastivos

[5] La memoria de la máquina desaparecida me produce una extraña sensación de superviviente de un planeta extraño, e imprime un inquietante tono sepia a las fachadas de esos muertos en vida, las pequeñas tiendas y talleres condenados a subsistir apenas futuros catálogos de exposiciones.

## Sintetizadores

[6] En resumen, un paseo por los alrededores del mercado también sirve para meditar sobre algunos paradójicos aspectos de la idea de progreso,

un concepto que aquí, más que identificarse, llega a confundirse con el de consumo. Nada ha cambiado, pero todo ha cambiado, porque ha cambiado el valor de las cosas. Amas de casa ejemplares y seductoras congénitas, las parietarias del nuevo milenio atraviesan con toda clase de objetos de mala calidad y precio fijo, que no llega ni siquiera a un euro. Y todavía se creen que están haciendo un buen negocio.

(Almudena Grandes: «Áreas de influencia»).

*(b)* DISTRIBUCIÓN DE LAS IDEAS PRINCIPALES Y SECUNDARIAS

### Inductivos

[1] Estoy acostumbrado a soportar que, después de escuchar una de mis charlas o leer algún libro mío, haya alguien que se acerque y me diga, con leve reproche: «Me parece que es usted demasiado optimista». Como yo me tengo por un auténtico integrista del pesimismo, a veces me siento un poco dolido. Hasta que recuerdo que es una cuestión de perspectiva, como cuando alguien que está frente a nosotros dice «a la izquierda» y una reprocesa inmediatamente la indicación con «o sea, a mi derecha».

### Deductivos

[2] Para mí, el pesimismo y el optimismo son actitudes teóricas ante el universo, mientras que para la mayoría de la gente son disposiciones prácticas o solo reconocibles por sus efectos prácticos (que por otra parte suelen interpretar también al revés).

### Generalizadores

[3] La mayoría de la gente —aunque no usted, querido lector, cuya inteligencia natural le hace coincidir con mi punto de vista— cree que es *pesimista* quien nunca mueve un dedo para modificar el orden del mundo porque no vale la pena ni intentarlo, ya que es imposible. Usted y yo sabemos que *pereza* y *pesimismo* no son lo mismo (al contrario, la pereza suele ser muy optimista): por tanto, como buenos pesimistas, luchamos sin cesar contra lo que nos parece malo porque estamos convencidos de que nos va la vida en ello.

### Paralelos-contrastivos

[4] Según yo entiendo —es decir, usted y yo lo entendemos— *pesimista* es quien está convencido:

277

*a)* de la presencia poderosa y real de lo malo de este mundo;

*b)* de que lo malo nunca es solo malo para otros, sino que siempre descubrirá nuestro escondrijo e irá también a por nosotros. Luego nuestro pesimismo es necesariamente activo y defensivo, nunca inmovilista. Supongamos que alguien descubre que en su casa (o en casa del vecino) hay fuego. Si es un verdadero optimista se sentará a ver la televisión, convencido de que en pocos minutos llegarán los bomberos a apagar el incendio (o de que el fuego no se extenderá desde la casa del vecino hasta la propia.

[5] En cambio, el pesimista, convencido de que los bomberos siempre llegan demasiado tarde y de que todos los fuegos se propagan velozmente, se pondrá de inmediato a intentar sofocar las llamas propias o ajenas.

### Circulares o concéntricos

[6] Esta diferencia de perspectiva es mi única discrepancia con un libro que por otra parte me resulta positivamente simpático: *Optimismo inteligente*, de María Dolores Avia y Carmelo Vázquez (Editorial Austral). Se trata de un razonable estudio que ofrece argumentos de peso contra la pereza y la apatía vital, que ellos consideran señales de pesimismo. Si su obra se hubiera titulado *Pesimismo inteligente* me hubiera parecido perfecta... Pero no nos enredemos en disputas de palabras.

### Encuadrados

[7] Pero no nos enredemos en disputas de palabras. Admitamos que existe un «pesimismo optimista», que no busca coartadas para arrojar la toalla ante lo inevitable, sino que lo ve como un estímulo para poner manos a la obra e intentar salvar lo que pueda salvarse... ¡o por lo menos no perecer sin luchar!

[8] Si de lo que se trata es de amar la vida, seguro que la quiere más el que la ve en peligro e intenta rescatarla que quien la considera ya salvada por la benevolencia del destino o de los dioses.

### Sintetizador-deductivo

[9] Puede que también haya un pesimismo inmovilista, cuyos creyentes decidan que no merece la pena tomarse molestias. Seguro que comparten un criterio de Leibniz que pasa por el colmo del optimismo y según el cual, ¡imagínense!, el nuestro es «el mejor de los mundos posibles...».

(F. Savater: *El pesimismo optimista*).

Veamos los tipos de párrafos de acuerdo con el desarrollo de las ideas en dos textos extraídos, uno de Juan Rulfo, de *Pedro Páramo*, y otro de *La selva del lenguaje*, de José Antonio Marina:

## FORMA EN QUE SE DESARROLLAN LAS IDEAS EN LOS PÁRRAFOS

### TEXTO 1

#### Narrativo-cronológico
[1] Por el techo abierto al cielo vi pasar parvadas de tordos, esos pájaros que vuelan al atardecer antes que la oscuridad les cierre los caminos. Luego, unas cuantas nubes ya desmenuzadas por el viento que viene a llevarse el día. Después salió la estrella de la tarde, y más tarde la luna.

[2] El hombre y la mujer no estaban conmigo. Salieron por la puerta que daba al patio y cuando regresaron ya era de noche. Así que ellos no supieron lo que había sucedido mientras andaban afuera.

[3] Y esto fue lo que sucedió:
Viniendo de la calle, entró una mujer en el cuarto. Era vieja de muchos años, y flaca como si le hubieran estirado el cuero. Entró y paseó sus ojos redondos por el cuarto. Se fue derecho a donde estaba la cama y sacó de ella una petaca. La esculcó (exploró). Puso unas sábanas debajo de su brazo y se fue andando de puntita como para no despertarme.

[4] Yo me quedé tieso, aguantando la respiración, buscando mirar hacia otra parte. Hasta que al fin logré torcer la cabeza y ver hacia allá, donde la estrella de la tarde se había juntado con la luna.

#### Descriptivo
[5] El calor me hizo despertar al filo de la medianoche. Y el sudor. El cuerpo de aquella mujer hecho de tierra, envuelto en costras de tierra, se desbarataba como si estuviera derritiéndose en un charco de lodo. Yo me sentía nadar entre el sudor que chorreaba de ella y me faltó el aire que se necesita para respirar. Entonces me levanté. La mujer dormía. De su boca borbotaba un ruido de burbujas muy parecido al del estertor.

[6] Salí a la calle para buscar el aire; pero el calor que me perseguía no se despegaba de mí.
Y es que no había aire; solo la noche entorpecida y quieta, acalorada por la canícula de agosto.

No había aire. Tuve que sorber el mismo aire que salía de mi boca, deteniéndolo con las manos antes de que se fuera. Lo sentía ir y venir, cada vez menos; hasta que se hizo tan delgado que se filtró entre mis dedos para siempre.

(Juan Rulfo: *Pedro Páramo*, Barcelona, Anagrama, 1993).

## TEXTO 2

### Introductor-expositivo

[1] Me interesa mucho averiguar cómo comprendemos un chiste, porque me parece tarea de extremada dificultad. Decimos que hay personas sin sentido del humor, que no captan el significado de las ingeniosidades. ¿Qué les pasa?

[2] Intentaré seguir el proceso del humor estudiándolo en los niños pequeños. El chiste supone una violación de las expectativas, una irremediable sorpresa. El discurso no sigue la vía prevista, descarrila, organiza estropicios sin cuento. La secuencia previsible se rompe, como en el caso siguiente.

### Dialógico

[3] Una niña dice:
—Mamá, ¿cuando sea mayor me casaré y tendré un marido como papá?
La mamá, sonriendo:
—Claro que sí, mi amor.
—¿Y si no me caso, seré una solterona como la tía Ernestina?
—Sí, querida.
—¡Ay, qué dura es la vida de las mujeres, mamá!

### Expositivo-argumentativo

[4] Este suceso puede comprenderse de manera realista, y entonces resulta trágico, no cómico. Es verdad que en la vida real puede darse la trágica alternativa entre la aspereza y la soledad. Por eso, para interpretar la afirmación de la niña como un suceso cómico hay que instalarse en la irrealidad, hay que sintonizar afectivamente con él. Françoise Bariaud, autora del mejor estudio que conozco sobre la génesis del humor en el niño, explica que la comprensión del chiste tiene dos etapas: la percepción de lo inesperado y su evaluación. Hace después una finta interesante y lista. Antes de hablar de la comprensión habla de la incomprensión. ¿Por qué una persona no entiende un chiste? Hay una incomprensión de origen cognitivo que es fácil de explicar. El oyente no dispone de los conocimientos necesarios para saber de qué va la cosa. Se queda, pues,

in albis. Más interesante es la incapacidad emocional. El sujeto que encuentra divertido un chiste tiene que percibir la incongruencia y, además, adherirse a ella. Tiene que entrar en el juego. Los niños nos instruyen adecuadamente sobre eso. La sorpresa solo les resulta graciosa si la experimentan en un contexto afectivo de seguridad y juego. De lo contrario, puede resultarles turbadora.

(José Antonio Marina: *La selva del lenguaje*,
Barcelona, Anagrama, 1999).

Un texto se conforma, generalmente, mediante una idea esencial, que constituye el núcleo temático, al que se van añadiendo otras ideas sucesivas que responden a nuevas aportaciones y que constituyen el *rema* (es decir, la información nueva o añadida). Partimos, para ello, de la elaboración de un plan o de un esquema para construir la unidad semántica del texto mediante la configuración y articulación de párrafos, delimitados por medio de marcas gráficas: el sangrado y el punto y aparte. Para la ordenación de la información, utilizaremos *párrafos introductorios*, a modo de síntesis anticipadora, de presentación de alguna anécdota, de una afirmación general, de una cita, de una pregunta o de una comparación, *párrafos medulares*, donde se explican y desarrollan las ideas que constituyen el cuerpo del texto; y los *párrafos conclusivos*, que constituyen el resumen de las ideas esenciales presentadas o deducidas. Y, a su vez, para el logro de la integración y de la unidad de sentido del texto, debemos recurrir a los párrafos de *enumeración*, de *secuencia*, de *comparación-contraste*, de *desarrollo de conceptos*, de *planteamiento-solución de problemas*, de relación *causa-efecto* y de *ejemplificación* explicativa.

## 7.2. EL TEXTO: UNIDAD TEMÁTICA E INTEGRADORA DE PÁRRAFOS

La construcción de oraciones y la distribución de párrafos han de estar al servicio de la significación global y de la coherencia del texto. Los párrafos forman parte de la organización textual al incorporar ideas, informaciones, datos, detalles o anécdotas. A través de ellos se explican, ejemplifican, comparan, contrastan, refuerzan o demuestran las opiniones mantenidas sobre el tema presentado al inicio. Por ello, los párrafos deben estar relacionados con la intención comunicativa general.

Al escribir un texto, pretendemos ante todo expresar una serie de ideas con claridad y orden aplicando reglas gramaticales y discursivas para lograr un todo unitario y coherente. El fin de la elaboración se consigue cuando el texto adquiere la coherencia y la armonización semántica completas. A este cometido contribuyen la adecuación de las formas, la ordenación lógica de las ideas, la progresión temática y la cohesión acorde con las exigencias del desarrollo temático y la intención textual. El texto sí constituirá una unidad de información.

### 7.2.1. Concepto y extensión de los textos

El *texto*, al igual que el *enunciado*, lo definimos como una unidad de comunicación intencional vinculada a un contexto. Es el marco donde se integran las demás unidades menores para conseguir el efecto comunicativo deseado.

Siempre que hablamos o escribimos reproducimos y creamos textos. Ahora bien, los textos no presentan dimensiones fijas, de manera que podemos generar textos breves, formados por una sola palabra o una oración con valor de enunciado, y textos de gran extensión integrados por una suma de oraciones hasta constituir incluso un tratado. La escritura, a diferencia de la oralidad, favorece la composición formal, correcta y acabada de los textos.

### 7.2.2. La información del texto

Un texto está formado por un conjunto integrado de palabras, oraciones y párrafos que informa coherentemente acerca de un tema. Pero no todo lo que aparece en el texto tiene el mismo valor informativo. Sea como fuere, todo texto contiene una información básica, que coincide con la idea esencial temática.

En torno a la idea central se agrupan y se asocian las demás ideas, consideradas como secundarias, aunque con distinta función. Generalmente en un texto hay información conocida, identificada con «tema», y otra nueva, llamada «rema», que nos permite

avanzar y progresar en la información del texto. De manera concreta observamos varias formas de presentarse la información:
— Información anticipadora del contenido.
— Información sobre las fuentes o voces de la información dada.
— Información explicativa y justificativa.
— Información estabilizadora mediante el uso de elementos fáticos o de contacto.
— Información persuasiva para atraer la atención del destinatario.
— Información llamativa e insólita.
— Información derivada a partir de explicaciones previas.

No todas las informaciones señaladas están presentes siempre en todos los textos, ni necesariamente se corresponden con la secuencia de párrafos del texto. Como redactores de textos, hemos de distribuir la información que deseamos transmitir en función de la intención, del interés que pueda despertar y de la situación comunicativa concreta. En cualquier caso, en un texto debe estar presente la combinación del tema y del rema.

La información que transmite un texto se fundamenta en lo que es conocido por parte del autor y del lector (tema) y la información nueva que se va incorporando (rema):

TEXTO
*Encuentros con los animales*, de Gerald Durrell

(T) La mayor parte de los animales se toman muy en serio el galanteo de sus parejas, (R) y a lo largo de siglos han ido creando formas fascinantes de atraer a la hembra de su elección. (R) Han ido dotándose de una diversidad asombrosa de plumas, cuernos, puntas y papadas, y de una variedad fascinante de colores, dibujos y olores, todo ello para obtener pareja. (T) No contentos con esto, a veces llevan un regalo a la hembra, o construyen para ella una exposición de flores, o la intrigan con exhibiciones acrobáticas, o con una danza o una canción. (R) Cuando los animales van a cortejar se dedican a ello en cuerpo y alma e incluso, si es necesario, están dispuestos a morir.

(T) Claro que los amantes isabelinos del mundo animal son las aves: se atavían con magníficos ropajes, bailan y se exhiben, (R) y están dispuestas a cantar un madrigal o combate en un duelo a muerte en cualquier momento.

(T) Las más famosas son las aves del paraíso, (R) porque no solo poseen algunos de los atavíos de galanteo más espectaculares del mundo, sino que además los exhiben con elegancia.
(T) Tomemos por ejemplo al ave rey del paraíso. (R) Una vez tuve la suerte de ver a uno de estos que se exhibía en un zoo de Brasil. Allí, en una pajarera enorme llena de plantas tropicales y árboles, vivían tres aves del paraíso: dos hembras y un macho. (T) El macho tiene más o menos el tamaño de un grajo, con una cabeza naranja aterciopelada que contrasta vívidamente con el pelo de un blanco níveo y la espalda de un escarlata brillante, cuyas plumas tienen tal brillo que parecen bruñidas. Tiene el pico amarillo y las patas de un precioso azul cobalto. (R) Las plumas de los costados las veía largas, porque era estación de apareamiento y las dos plumas centrales de la cola se proyectaban hacia atrás como dos tallos de unos 25 centímetros de largo.

| TEMA INFORMACIÓN CONOCIDA | REMA INFORMACIÓN NUEVA |
|---|---|
| — La mayor parte de los animales se toman muy en serio el galanteo de sus parejas. | — A lo largo de siglos han ido creando formas fascinantes de atraer a la hembra de su elección. |
| — No contentos con esto, a veces llevan un regalo a la hembra, o construyen para ella una exposición de flores, o la intrigan con exhibiciones acrobáticas, o con una danza o una canción. | — Han ido dotándose de una diversidad asombrosa de plumas, cuernos, puntas y papadas, y de una variedad fascinante de colores, dibujos y olores, todo ello para obtener pareja. |
| — Claro que los amantes isabelinos del mundo animal son las aves: se atavían con magníficos ropajes, bailan y se exhiben. | — Cuando los animales van a cortejar se dedican a ello en cuerpo y alma e incluso, si es necesario, están dispuestos a morir. |
| — Las más famosas son las aves del paraíso. | — Y están dispuestas a cantar un madrigal o combate en un duelo a muerte en cualquier momento. |
| — Tomemos por ejemplo al ave rey del paraíso. | — Porque no solo poseen algunos de los atavíos de galanteo más espectaculares del mundo, sino que además los exhiben con elegancia. |
| — El macho tiene más o menos el tamaño de un grajo, con una cabeza naranja aterciopelada que contrasta vívidamente con el pelo de un blanco níveo y la espalda de un | — Una vez tuve la suerte de ver a uno de estos que se exhibía en un |

| | |
|---|---|
| escarlata brillante, cuyas plumas tienen tal brillo que parecen bruñidas. Tiene el pico amarillo y las patas de un precioso azul cobalto. | zoo de Brasil. Allí, en una pajarera enorme llena de plantas tropicales y árboles, vivían tres aves del paraíso: dos hembras y un macho.<br>— Las plumas de los costados las veía largas, porque era estación de apareamiento y las dos plumas centrales de la cola se proyectaban hacia atrás como dos tallos de unos 25 centímetros de largo. |

### 7.2.3. Propiedades del texto: adecuación, coherencia y cohesión

El texto se nos presenta como una unidad informativa organizada e integrada por párrafos. Estos deben secuenciarse siguiendo el orden establecido para la proyectar las ideas que representan la información temática y conceptual. Hemos de fijarnos en el *contenido* (lo que queremos decir) y en la *expresión* (cómo lo queremos decir). La sucesión de ideas que permiten armonizar la información del texto exige la aplicación de reglas discursivas basadas en el cumplimiento de las propiedades textuales: adecuación, coherencia y cohesión.

En el siguiente esquema, comparamos la influencia de las propiedades discursivas en los textos orales y escritos:

| PROPIEDADES | TEXTO ORAL | TEXTO ESCRITO |
|---|---|---|
| Adecuación | — Reflejo de las variedades de habla y de registros idiomáticos. | — Manifestación de una lengua más estable, normalizada y estandarizada. |
| Cohesión | — Combinación espontánea de ideas.<br>— Recurso a las repeticiones, a los gestos, a la mímica, al tono y a la intensidad. | — Relación ordenada de las ideas.<br>— Uso variado de los distintos nexos de la lengua: conjunciones, locuciones, verbos, deixis y pronombres. |

| PROPIEDADES | TEXTO ORAL | TEXTO ESCRITO |
|---|---|---|
| | — Diálogo: alternancia de preguntas-respuestas y vinculación al contexto. | — Referencias al contexto y al texto. |
| Coherencia | — Escaso rigor en la selección de la información y cambios de tema.<br>— Superposición de ideas y de temas. | — Mayor documentación e información.<br>— Orden planificado e intención de decir lo esencial ajustado al género y estilo. |

### Adecuación del tratamiento del tema a la situación comunicativa

Cuando escribimos, estamos obligados a pensar en los diferentes aspectos que intervienen en la adquisición de la forma definitiva de los textos. La *adecuación* es la propiedad textual que nos permite adaptar los principales factores de la comunicación a la situación concreta y a cada tipo de texto.

Cuando escribimos o hablamos tenemos que pensar en el *destinatario*, que generalmente es colectivo y heterogéneo. El periodista dirige sus artículos, crónicas o comentarios a sus lectores. Los textos académicos y los jurídico-administrativos suelen ir dirigidos a receptores más definidos. En un texto académico —examen, resumen, trabajo, comentario— el receptor es el profesor que conoce la información dada por el alumno, luego no informa sino que trata de mostrar sus conocimientos.

Aunque cualquier tema puede ser tratado en moldes distintos, es evidente que no todos los temas requieren el mismo tratamiento. Por esa razón, los *temas* condicionan el tipo de texto y el lenguaje elegido. Y, por último, la adecuación influye también en la acomodación del *registro lingüístico*, el *tono*, el *estilo* y el *género* a la *intención comunicativa* del emisor y a la *finalidad* del escrito. El *canal o medio* de transmisión de la información cumple una función importante, puesto que a los medios de tradición convencional impresos tenemos que añadir los de *soporte informático* y *electrónico*. Como propiedad textual, la adecuación conforma la coherencia

286

externa del texto, puesto que pone en relación el contenido y la forma del lenguaje del texto con la situación comunicativa dada. Mediante la *adecuación* ponemos en relación al receptor con el tema, el tipo de texto, el contexto comunicativo discursivo (registro idiomático, código y estilo) y el marco espacio-temporal. En el resumen de la conferencia «Del microcosmos al macrocosmos» observamos desajustes que inciden en la falta de adecuación de la forma al contenido temático.

## TEXTO CON DESAJUSTES EN LA ADECUACIÓN

En el último cuarto de siglo, las investigaciones en la estructura de la materia llevaron a los científicos a la conclusión de que toda la materia que conocemos está hecha de tres tipos de fuerzas, además de la gravitación.

Por otra parte, la exploración del espacio realizada en esa misma época indica que todos los cuerpos del sistema solar, incluso de nuestra galaxia y de las galaxias más próximas, están constituidos por los mismos elementos que interaccionan como lo hacen en la Tierra.

Sin embargo, en los últimos años, las observaciones realizadas tanto en cúmulos galácticos o en galaxias muy lejanas, como en el fondo de microondas que permea el universo, nos han proporcionado una evidencia cada vez más profunda de que hay un universo más aparte del definido en el modo estándar que hemos comentado al principio.

Tal vez sea una materia oscura, distinta de los familiares electrones, neutrinos y quarks, tal vez una energía oscura que aleja las galaxias lejanas a gran velocidad y también, probablemente, una desconocida fuerza que estiró el universo en sus inicios.

Por ello siguen estando vigentes las grandes preguntas: ¿Cuál es la explicación de estos extraordinarios fenómenos? ¿Qué lugar tienen en el modelo standard? No lo sabemos. (Extracto de la conferencia «Del microcosmos al macrocosmos», Francisco J. Ynduráin Muñoz).

## TEXTO ADECUADO

En el último cuarto del siglo XX, las investigaciones acerca de la estructura de la materia (¿orgánica o inorgánica?) permitieron a los científicos afirmar que está hecha de cuatro fuerzas, una de ellas gravitatoria. Por el mismo período, se realizaron estudios experimentales sobre la exploración del espacio. De ellos se dedujeron que todos los cuerpos de nuestra galaxia y de las más próximas están formados por los mismos elementos que interaccionan en la Tierra.

No obstante, las últimas observaciones realizadas tanto en cúmulos galácticos o en galaxias muy lejanas, como en el fondo de microondas que permeabiliza el universo, nos permiten pensar que hay otro universo distinto del definido al inicio. Probablemente pueda tratarse de una materia oscura, compuesta de elementos distintos a lo electrones, neutrinos y quarks; de una energía extraña que aleja las galaxias distantes; y de una fuerza desconocida que pudo ensanchar el universo desde el principio de los tiempos.

Aunque el conocimiento del cosmos es cada vez mayor, falta mucho por saber; de ahí que los científicos de la Física continúen preguntándose: ¿de qué elementos está constituido el universo?, ¿qué fenómenos y fuerzas interactúan?, ¿qué lugar ocupan en el modelo estándar? Confiemos que algún día puedan responderse.

## *Coherencia textual*

En este momento tratamos de pasar las ideas desarrolladas en borrador a texto escrito para el lector. Normalmente, cuando escribimos para nosotros, los textos aparecen desajustados e incluso mutilados e incompletos. Al transformarlos en textos legibles para un destinatario, seleccionamos las palabras, ordenamos los elementos oracionales y dotamos a los enunciados y párrafos de coherencia. No es lo mismo escribir para nosotros que para que nos lean.

La coherencia nos permite entender e interpretar el contenido del texto por partes y en su totalidad, al dotarlo de unidad organizativa, temática, lógica (lineal, jerárquica), progresiva y relevante. Es decir, como una unidad semántica, temática e informativa. La coherencia, pues, se fundamenta en la información pertinente dada, en la ordenación e integración progresiva de las ideas dentro del significado global y en la orientación vinculada a la intención comunicativa del texto.

Un texto adquiere unidad de sentido coherente, si atiende a estos aspectos:

— El asunto ha de plantearse en torno a un núcleo temático.
— El tema ha de tratarse siguiendo un plan o esquema que recoja las ideas esenciales.
— La distribución y la secuenciación de ideas han de seguir un orden jerárquico y sistemático.

— El enfoque del tema ha de ir unido a situaciones comunicativas determinadas.

— La modalidad textual (narración, exposición, argumentación, etc.) ha de ajustarse a la intención comunicativa, a la homogeneidad terminológica y al tipo de registro elegido (formal, culto, literario, coloquial, etc.).

— La utilización de los elementos de cohesión deben enlazar adecuada y coherentemente las partes del texto con el fin de facilitar la comprensión e interpretación del contenido.

Un escrito, sea cual fuere la forma que adquiera, ha de constituir una unidad de sentido, lógica y coherente, que permita una lectura de fácil comprensión. A ello deben contribuir la estructura y la relación secuenciada de los contenidos con el fin de identificar con claridad las ideas esenciales y el sentido general del texto. Una vez concluido, el texto constituirá una unidad temática y de información completas.

La coherencia trata de conjugar el código lingüístico con la situación comunicativa y la intención del hablante. Hallamos falta de coherencia en obras de ficción y aquellas en que se da cuenta de lo insólito y de lo inverosímil. Comprobémoslo en estos textos:

---

### TEXTO 1

#### Algunos desajustes de la coherencia

---

# Feriarte
## La fiesta primaveral del diseño

*Arranca la quinta edición del Feriarte, un espacio de intercambio cultural donde el diseño, la moda y los nuevos creadores son los protagonistas.*

Este fin de semana el Centro Cívico del Convento de San Agustín de Barcelona se convertirá en un escaparate abierto al público donde se mostrarán las últimas novedades en diseño, moda y artesanía. Es el Feriarte, el festival multidisciplinar y urbano organizado por el Espacio Cultural Desde el Sur, que este año celebra su quinto cumpleaños.

Tras el éxito de las <u>ediciones pasadas</u>, <u>donde participaron más de 300 expositores y cerca de 50 artistas</u>, el <u>festival de esta primavera</u> incluye un popular mercadillo con <u>las últimas tendencias en diseño de autor</u>: ropa y complementos, creaciones de joyería, objetos elaborados con materiales reciclados, como instrumentos o lámparas, <u>así como un amplio surtido de originales jabones y esencias aromáticas.</u> Será <u>un punto de encuentro cultural</u>, donde artistas y público compartirán inquietudes y experiencias.

Para animar el ambiente, el mercadillo <u>acogerá un</u> <u>extenso repertorio de espectáculos,</u> *performances* en directo, Dij's, números de danza, shows cómicos y teatro callejero.

(Vanesa Sánchez).

### Reajustes de la coherencia
### (Mezcla de registros, tono e intención)

— El Feriarte → la fiesta primaveral del diseño.
— El Feriarte → un espacio de intercambio cultural.
— El Feriarte → festival multidisciplinar y urbano.
— El Feriarte → un punto de encuentro cultural.
— El diseño, la moda y los nuevos creadores por «los nuevos creadores de la moda y del diseño son los protagonistas».
— Quinta edición → quinto cumpleaños.
— El Centro Cívico del Convento de S. Agustín → Escaparate abierto al público = expuesto al público.
— Éxito de <u>ediciones pasadas</u> (¿cuáles?), donde participaron más de 300 expositores y cerca de 50 artistas.
— (Popular) merca<u>dillo</u> con las últimas tendencias en diseño de autor, así como un amplio surtido de originales jabones y esencias aromáticas.
— Artistas y público compartirán inquietudes y experiencias.
— Acogerá un extenso repertorio de espectáculos.
— Performances, Dj's, números de danza, shows cómicos y teatro callejero.

## TEXTO 2

### Algunos desajustes de la coherencia

**¿Sabe usted lo que es el arquitrueno?**

Arquímedes <u>tuvo una idea genial que, al parecer</u>, dejó descrita en su *Tratado de los Juegos*. Lamentablemente, la obra no ha llegado a nuestros días.

Quizá Leonardo da Vinci llegara a conocerla: al menos es él quien atribuye ia invención al sabio griego que vivió dos siglos antes de nuestra era. Lo curioso es que, al parecer, Arquímedes estaba intentando crear la locomotora de vapor pero lo que le salió fue el arquitrueno: una especie de cañón compuesto por un tubo posiblemente de cobre, cuyo tercio posterior, ocluido, se calentaba antes de dejar correr agua sobre él. El agua se transformaba inmediatamente en vapor e impulsaba una bala cuyo peso fijó el propio Leonardo en un talento y medio (36 gramos). No debió funcionar bien porque se siguieron utilizando las catapultas en lugar del arquitrueno: el cañón de pólvora no se inventó hasta el segundo decenio del siglo XIV. Hace poco más de una década se inventó el término *locomotora* para designar a los países que tiran de los demás en materia económica. Pero la expresión es incorrecta porque no siempre los vagones se enganchan a la locomotora. Así ha pasado con Estados Unidos y Alemania en 1998. A veces van por delante, frenando, o por detrás, pero impulsando. Incluso pueden estar en vía muerta mientras los demás circulan por otro carril, o moverse a gran velocidad mientras los otros van al ralentí. Ya digo. Ni locomotora ni cañones ni catapultas: son arquitruenos.

(Luis Ignacio Parada: «¿Sabe usted lo que es el arquitrueno?»).

### Reajustes de la coherencia
### (Mezcla de opinión y objetividad. Transposición semántica de términos: locomotora-arquitrueno)

— Arquímedes tuvo una idea genial que, al parecer.

— Quizá Leonardo da Vinci llegara a conocerla (la conoció).

— Arquímedes estaba intentando crear la locomotora de vapor pero lo que le salió fue el arquitrueno (¿una especie de cañón?) impulsaba una bala cuyo peso fijó el propio Leonardo en un talento y medio (36 gramos).

— Catapultas en lugar del arquitrueno.

— El término *locomotora* para designar a los países que tiran de los demás en materia económica (metaforización).

— La expresión es incorrecta porque no siempre los vagones se enganchan a la locomotora.

— A veces van por delante, frenando, o por detrás, pero impulsando. Incluso pueden estar en vía muerta mientras los demás circulan por otro carril.

— Ni locomotora ni cañones ni catapultas: son arquitruenos.

## TEXTO 3

### Algunos desajustes de la coherencia

**Lotería y vacuna**

Dos hombres hablaban en el autobús. El más alto dijo:

—Yo me vacuno todos los años porque soy <u>grupo de riesgo</u>.

Se me quedó en la cabeza la expresión «soy grupo de riesgo», porque me pareció una afirmación excesiva. Otra cosa sería decir «pertenezco a un grupo de riesgo». <u>Por la tarde fui a la consulta del médico y había 20 o 30 personas, esperando. Hablaban de catarros y de temperaturas.</u> Todo el mundo estaba de acuerdo en que debería de hacer más frío <u>para las fechas</u> en las que nos encontramos.

—Este tiempo es un <u>caldo de cultivo</u> para toda clase de enfermedades, dijo una señora.

Me quedé fascinado porque era una frase que mi madre decía todos los años en primavera y en otoño, con independencia de cómo fuera la situación atmosférica. Yo me imaginaba el caldo de cultivo como una sopa de fideos y me daba asco tomarla. Todavía hoy, cuando me sirven un consomé al jerez, digo para mis adentros: «caldo de cultivo». «<u>Grupo de riesgo</u>» y «caldo de cultivo»: dos expresiones inquietantes.

—Pues yo, <u>desde que han cambiado la hora, no concilio el sueño</u>, dijo un señor extremadamente delgado, <u>con un bigote que se le salía de la cara</u>.

—Aquí nos contagiamos unos a otros, añadió la señora del caldo de cultivo.

(Juan José Millás: «Lotería y vacuna»).

### Reajustes de la coherencia
### (Distintos niveles de habla, precisión de términos
### y adecuación de la expresión sintáctica)

— Soy grupo de riesgo. Otra cosa sería decir «pertenezco a un grupo de riesgo».

— <u>Por la tarde</u> fui a la consulta del <u>médico y había</u> 20 o 30 personas, esperando (¿dónde está «por la mañana»?).

— Hablaban de catarros y de temperaturas.

— Todo el mundo estaba de acuerdo en que debería de hacer más frío para las fechas en las que nos encontramos.

— Este tiempo es un caldo de cultivo para toda clase de enfermedades.

— «Grupo de riesgo» y «caldo de cultivo»: dos expresiones inquietantes.
— No concilio el sueño.
— Un bigote que se le salía de la cara.
— <u>Nos contagiamos unos a otros</u>, añadió la señora del caldo de cultivo.

## La cohesión

La *cohesión* es la propiedad que permite ensamblar las partes y proporcionar unidad informativa y coherencia semántica al texto mediante los mecanismos de relación lingüística y discursiva. El texto constituye una unidad de sentido completo y una estructura organizada en partes integradas entre sí en torno a la idea temática central. El texto constituye una estructura semántica, determinada por una secuencia de ideas asociadas, una sintáctica, a través de oraciones relacionadas, y una pragmática.

Mediante la cohesión establecemos una relación gramatical y semántica entre las diferentes unidades que componen un texto.

TEXTO: «EFECTOS BENEFICIOSOS DE LA RISA»

**Desajustes en la cohesión de un texto**

La risa <u>no es la panacea, ni la felicidad, pero</u> está muy emparentada con esta. <u>Lo que parece fuera de toda duda es que</u> ayuda a sentirse mejor.

<u>La risa incrementa la autoestima y la confianza</u> en uno mismo; evita la depresión y la tristeza al forzar cambios emocionales en la persona. Es <u>también</u> una fórmula eficaz para eliminar pensamientos y emociones negativos —<u>es imposible reír y pensar al mismo tiempo</u>—, <u>por lo que</u> ayuda a combatir enfermedades psicosomáticas. Alivia el <u>insomnio al producir</u> una sana fatiga que el sueño repara con <u>facilidad, la hipertensión, al aumentar</u> el calibre de los vasos sanguíneos y reparar los músculos lisos de <u>las arterias, reduce</u> la presión arterial. <u>Combate miedos y fobias y la timidez, al facilitar la comunicación entre las</u> personas ayuda a expresar <u>emociones y favorece</u> <u>los lazos afectivos. Asimismo</u> alivia el sufrimiento y <u>sirve para descargar tensiones, potencia</u> la creatividad y la imaginación.

<u>Por otro lado</u> puede ejercer efectos positivos contra enfermedades fisiológicas: refuerza el sistema inmunológico, facilita la digestión, fortale-

293

ce el corazón <u>acelerando</u> el ritmo <u>cardíaco, mejora</u> la respiración, <u>ya que</u> la <u>ventilación respiratoria llega al máximo cuando reímos y aumenta la actividad vital al incrementar la circulación nerviosa.</u> <u>En definitiva, y como dice un viejo proverbio chino:</u> «Para estar sano, hay que reírse al menos treinta veces al día».

(Marisa Domínguez).

---

### Ajustes de la cohesión del texto

---

La risa, aunque no es lo mismo que la felicidad, está relacionada con ella. Lo cierto es que ayuda a sentirnos mejor. Más aún, la risa incrementa la autoestima y la confianza en uno mismo; evita la depresión y la tristeza al forzar cambios emocionales en la persona. Es, además, una fórmula eficaz para eliminar pensamientos y emociones negativos e incluso combatir enfermedades psicosomáticas. Alivia el insomnio, al producir una sana fatiga que el sueño repara con facilidad, y la hipertensión, al aumentar el calibre de los vasos sanguíneos y reparar los músculos lisos de las arterias, con lo que se reduce la presión arterial. Contribuye a superar el miedo, la fobia y la timidez mediante la comunicación entre las personas, a expresar las emociones y a fortalecer las relaciones afectivas. A su vez, alivia el sufrimiento, provoca la descarga de tensiones y potencia la creatividad y la imaginación.

La risa es un buen remedio para afrontar las enfermedades fisiológicas, puesto que refuerza el sistema inmunológico, facilita la digestión, fortalece el corazón mediante el incremento del ritmo cardíaco y mejora la respiración. Recordemos que la ventilación respiratoria llega al máximo cuando reímos y la actividad vital aumenta si se activa la circulación nerviosa. Coincidimos, por ello, con el proverbio chino, que dice: «Para estar sano, hay que reírse al menos treinta veces al día».

---

### 7.3. Elementos de relación o cohesión textual

El conjunto de relaciones que determinan la *coherencia textual* viene dado sobre todo por medio de la *cohesión textual*. Para lograrla se recurre normalmente a la selección y presentación de la información de manera progresiva mediante la aplicación de los conceptos de *tema* (información anterior dada o conocida) y *rema* (adición de información nueva), la puesta en funcionamiento de *reglas de coherencia cohesiva* (de repetición, de avance, de adecuación y de relación) y el establecimiento de conexiones de los elementos lingüísticos, los paralingüísticos (tono, modalidad, intensidad, pausas...) y los pragmáticos.

Una vez organizada y distribuida la información en párrafos, hemos de proceder a secuenciarla por medio de los elementos de relación. Se deduce de ello que el texto es una unidad temática integrada por las ideas que proporciona el conjunto de párrafos que lo constituyen. Entre los mecanismos lingüísticos y procedimientos de cohesión textual que permiten combinar las palabras en las oraciones, relacionar las oraciones dentro de los párrafos y articular los párrafos en el texto, señalamos los siguientes:

Los elementos léxico-semánticos contribuyen a establecer relaciones significativas entre las palabras y la situación comunicativa, entre el contenido temático y la expresión. Al escribir, tenemos que conocer el tema y adaptarnos a la situación comunicativa tratando de utilizar un código elaborado que nos permita seleccionar las palabras adecuadas y precisas.

| LÉXICO-SEMÁNTICOS | |
| --- | --- |
| **Evite estos usos** | **Procure elegir estas formas** |
| **Distinción de parónimos** | |
| — *Ha adoptado una <u>aptitud</u> muy valiente.<br>— *Ha demostrado que tiene <u>actitud</u> para este trabajo. | — Ha adoptado una actitud muy valiente.<br>— Ha demostrado que tiene aptitud para este trabajo. |
| **Precisión de las palabras** | |
| — *Tenemos que <u>amedrantar</u> a quienes critican la propuesta.<br>— *Tomemos <u>una alternativa</u>: nos vamos o nos quedamos. | — Tenemos que amedrentar a quienes critican la propuesta.<br>— Tomemos una opción: nos vamos o nos quedamos. |

| LÉXICO-SEMÁNTICOS | |
| --- | --- |
| **Evite estos usos** | **Procure elegir estas formas** |
| **Elección de sinónimos** | |
| — *He leído <u>una magna</u> obra literaria.<br>— *<u>Mira</u> la realidad sin más y <u>ve</u> con profundidad el mar. | — He leído una gran obra literaria.<br>— Ve la realidad sin más y mira con profundidad el mar. |
| **Palabras polisémicas** | |
| — *El defensa central fue <u>la figura</u> del partido.<br>— *No hay mejor <u>figura</u> que la obra del Moisés de M. Ángel. | — El defensa central fue el mejor del partido.<br>— No hay mejor escultura que el Moisés de M. Ángel. |
| **Sustitución de palabras ómnibus** | |
| — *No <u>hace lo que le mandan</u> y, en cambio, <u>hace novillos.</u><br>— *Siempre <u>toma las uvas</u> el día de Nochevieja.<br>— *<u>Se puso las botas</u> en el restaurante al mediodía.<br>— *<u>Da las buenas tardes</u> todos los días. | — Desobedece y no asiste a clase.<br>— Siempre lo celebra el día de Nochevieja.<br>— Comió excesivamente en el restaurante al mediodía.<br>— Saluda todos los días. |
| **Asociaciones significativas y/o pragmáticas** | |
| — *Sensación de oscuridad se veía por la puerta al amanecer.<br>— *Una luz parda alumbra el cielo a modo de triste lámpara. | —Sensación de penumbra asoma por la puerta al amanecer.<br>— Una luz parda se vislumbra tenue cuando comienza el atardecer. |

La cohesión se produce con frecuencia por el orden que guardan las palabras dentro de las oraciones independientemente de la función sintáctica que desempeñen. Pero intervienen otros mecanismos gramaticales, como la repetición y la sustitución.

| PROCEDIMIENTOS GRAMATICALES | |
|---|---|
| Evite estos usos | Procure elegir estas formas |
| **Perífrasis** | |
| — *En el bosque se ven pájaros de múltiples colores.<br>— *No está el horno para bollos. | — En el bosque se ven pájaros multicolores.<br>— La situación es complicada. |
| **Derivación** | |
| — *En las fiestas se procesiona por las calles.<br>— *No quiero ningún otro complicamiento. | — En las fiestas salen en procesión por las calles.<br>— No quiero ninguna complicación. |
| **Repetición: encadenamiento o concatenación, reduplicación, pleonasmo, tautología** | |
| — *Es un caso, pero un caso irrepetible.<br>— *El sol es una estrella de día; el día da la vida; y la vida, el corazón.<br><br>— *Ríe que ríe sin parar, sin parar, a todas horas.<br>— *Lo que digo es más claro que la luz de pleno día.<br>— *Lo dice como lo piensa y, tal como lo idea, lo dice. | — Es un caso único e irrepetible.<br>— El sol es una estrella que ilumina el día; el día alegra la vida; y la vida, el corazón.<br>— Ríe constantemente.<br>— Lo que digo es evidente.<br><br>— Lo dice tal como lo piensa e imagina. |

| Procedimientos gramaticales | |
| --- | --- |
| **Evite estos usos** | **Procure elegir estas formas** |
| **Sustitutos: pronombres, adverbios, elipsis** | |
| — *De todos ellos señálamelos algunos de ellos.<br>— *Allí en la sierra se disfruta de la naturaleza siempre.<br>— *Los lunes sale pronto; los martes, tarde. | — De todos los presentes señálame algunos.<br>— En la sierra (o allí) se disfruta de la naturaleza.<br>— Los lunes Antonio sale pronto del trabajo; los martes, tarde. |
| **Nexos oracionales** | |
| — *No sé si ir contigo al cine mañana.<br>— *Mi primo es médico y de Madrid. | — No sé si iré contigo mañana al cine.<br>— Mi primo nació en Madrid y estudió medicina. |

Conexión mediante la relación anafórico-pragmática. Nos referimos con estos procedimientos a palabras o ideas mencionadas antes o después en el texto y a elementos del contexto situacional (realidad extralingüística) vinculado al hablante, al oyente, al espacio y al tiempo. Se recurre, para ello, a pronombres personales, demostrativos, posesivos, adverbios y locuciones adverbiales.

| **Evite estos usos** | **Procure elegir estas formas** |
| --- | --- |
| **Anáfora pronominal y adverbial** | |
| — *Habló Juan y, al oírle esto, sintió que la vista se la nublaba y que la insensatez se le iba a enfurecer.<br>— *Para la montaña salimos hacia allá en el instante en que me digan ahora puedes hacerlo, así nos vemos ahora allá. | — Al oír a Juan decírselo, sintió que le nublaba la vista y que la insensatez lo iba a enfurecer.<br>— Nos marchamos dentro de un momento a la montaña, así que nos vemos luego allá. |

| Evite estos usos | Procure elegir estas formas |
|---|---|
| **Catáfora pronominal y adverbial** | |
| — *Lo que se lo ocurre a Juan es que se descontrola. <br> — *Por lo de pronto allí lo asustó un silencio en plena calle. | — Lo que le ocurre a Juan es que se descontrola. <br> — De pronto le asustó un silencio en plena calle. |
| **Deixis pronominal y adverbial** | |
| — *Muy tarde llegaron a la habitación. Lo esperaban algunas sorpresas: les habían sustraído de allí el equipaje y solo dejaron los regalos comprados de mañana allí. <br> — *Al día siguiente, no los dejaron salir en toda la mañana para testificar de lo que había sucedido ayer de noche aquí en el hotel para el esclarecimiento. | — Llegaron a la habitación tarde. Al entrar, se percataron de que les habían sustraído el equipaje y solo les dejaron lo que compraron por la mañana allí. <br> — Al día siguiente de lo ocurrido, no les dejaron salir a los afectados durante la mañana para testificar aquí sobre la sustracción del equipaje ayer por la noche y lograr su esclarecimiento. |
| **Forma consecutiva** | |
| — *La novela tiene, al igual que cualquier galaxia, su forma de funcionamiento, que, mirada por el revés, anuncia la norma. Por lo que todo defecto queda totalmente al descubierto. | —La novela tiene, como el sistema solar, sus formas de creación, que se muestran en el funcionamiento de los elementos. Por eso, cualquier variación modifica claramente el resultado. |
| **Forma explicativa** | |
| — *En principio, el hombre tiene más de la cola del saurio que los simios antropoides. Además, el varón posee cinco residuos vertebrales del apéndice caudal; la hembra cuatro; por el contrario, el orangután se ha quedado con tres. | —El hombre conserva más de la cola del saurio que los simios antropoides. Ahora bien, el varón posee cinco residuos vertebrales del apéndice caudal, mientras la hembra tiene cuatro. En cambio, el orangután se ha quedado con tres. |

| Evite estos usos | Procure elegir estas formas |
|---|---|
| **Forma elíptica: oracional, nominal, verbal** ||
| — *¿Estás preparado para salir? Bueno, ya veré.<br>— *El frío; aunque no me molesta, lo noto.<br>— *Tú estudias y yo también, aunque no mucho. | — ¿Estás preparado para salir? No tengo claro que salga.<br>— El aire es frío; y, aunque no me molesta, lo noto.<br>— Tú estudias y yo (estudio) también, aunque no me esfuerzo mucho. |
| **Recurrencia sintáctica** ||
| — *Era conocido de todos; mucho más conocido, y era tan conocido de todos por sus constantes salidas de tono.<br>— *El sol se refleja en los cristales, es una luz que brilla con insistencia, como cuando insiste el músico en templar las cuerdas del arpa; son sensaciones que asocian luz y sonido. | — Era conocido de todos, tan conocido, por sus constantes salidas de tono, que nadie le miraba a los ojos.<br>— El sol se proyecta en los cristales con el brillo de luz incandescente a modo del sonido penetrante de quien frota las cuerdas de un violín. |
| **Tiempos verbales** ||
| — *Ya me disponía a contar la historia como fuera en otro tiempo, quise decir y decía cuanto había soñado; así dije que me hubiera atrevido a manifestar lo que más tarde sentía. | — Me dispuse a contar la historia tal como fue en otro tiempo, dije cuanto soñé, imaginé y presentí que sucedería. |

*Nexos oracionales:* son elementos que relacionan las palabras dentro de las oraciones. Funcionan como nexos oracionales: las preposiciones, las conjunciones, los adverbios, las locuciones y el pronombre relativo «que», elemento de cohesión oracional e interoracional. Observemos el esquema:

| NEXOS ORACIONALES | |
|---|---|
| **Evite estas construcciones** | **Procure utilizar estas construcciones** |
| COORDINANTES | |
| **Copulativos: y, e, ni, que** | |
| — *La carretera está inundada por agua e hielo.<br>— *María es buena persona y de Andalucía. | — La carretera está inundada por agua y hielo.<br>— María, que es de Andalucía, es buena persona. |
| **Disyuntivos: o, u** | |
| — *Explícame tu queja o te callas.<br>— *Este señor o es rico o empresario. | — Explícame tu queja, si no te callas.<br>— Este señor es rico o pobre, es empresario o no. |
| **Adversativos: pero, sin embargo, sino** | |
| — *Intenté favorecerle y no me deja.<br>— *Buenos son que no santos varones.<br>— *Mi amigo está triste, pero alegre. | — Intenté favorecerle, y (pero) no me dejó.<br>— Serán buenos, pero no santos varones.<br>— Mi amigo está triste, pero es alegre. |

| Nexos oracionales | |
|---|---|
| **Evite estas construcciones** | **Procure utilizar estas construcciones** |
| **Distributivos: ya, ya; bien, bien; ora, ora** | |
| — *Ya vengan ya lleguen viene a ser igual.<br>— *Bien digas bien hables te critican. | — Ya vengan ya se marchen son movimientos distintos.<br>— Bien hables bien te calles te critican. |
| SUBORDINANTES | |
| **Nexos sustantivos: que, si, de que, a que** | |
| — *Trata que haga el trabajo pronto.<br>— *Temo de que va a venir sin avisarnos.<br>— *Dinos sino nos acompañas en la excursión. | — Trata de que haga el trabajo pronto.<br>— Temo que va a venir sin avisarnos.<br>— Dinos si no nos acompañas en la excursión. |
| **Nexos adjetivales o relativos: que, quien, cual, cuyo** | |
| — *Las calles que han arreglado las aceras están sucias.<br>— *Es el Ayuntamiento que ha comprado el edificio.<br>— *Te entrego los libros que he recibido.<br>— *Fíjate lo tontos que son. | — Las calles cuyas aceras han arreglado están sucias.<br>— El Ayuntamiento es el que (quien) ha comprado el edificio.<br>— Te entrego cuantos libros he recibido.<br>— Fíjate qué tontos son. |
| **Adverbial de lugar: donde, adonde** | |
| — *Ha ido de vacaciones adonde le dijiste.<br>— *El hotel a donde fuimos nos ha gustado mucho. | — Ha ido de vacaciones a donde le dijiste.<br>— El hotel adonde (al que) fuimos nos ha gustado mucho. |

| NEXOS ORACIONALES | |
| --- | --- |
| **Evite estas construcciones** | **Procure utilizar estas construcciones** |
| **Tiempo: cuando, antes, después que, apenas** | |
| — *Después de que me lo preguntaste, lo suponía.<br>— *Apenas hablo, cuando se callan todos. | — Antes de que me lo preguntases, lo suponía.<br>— Apenas o cuando hablé, se callaron todos. |
| **Modo: como, según** | |
| — *Mis compañeros me ayudaron, como bien lo sabes.<br>— *Según lo ha dicho, me parece bien. | — Mis compañeros me ayudaron, como bien sabes.<br>— En el momento en que lo ha dicho, me parece bien. |
| **Comparación: tan-como, así-como, más, menos que** | |
| — *Le pareció tan interesante como que lo felicitó.<br>— *Disfruta tanto lo que puedas en el viaje.<br>— *Tu propuesta no resulta más mejor que la mía. | — Le pareció tan interesante que lo felicitó.<br>— Disfruta cuanto puedas en el viaje.<br>— Tu propuesta no resulta mejor que la mía. |
| **Consecución: luego, así que, de manera que** | |
| — *Ya está libre de todo, entonces vendrá.<br>— *Está contento por todo, así que lo sabe. | — Ya está libre de todo, luego vendrá.<br>— Está contento por todo, así que le felicito. |

303

| NEXOS ORACIONALES | |
|---|---|
| **Evite estas construcciones** | **Procure utilizar estas construcciones** |
| **Condición: si, en caso de, siempre que** | |
| — *Cuando lo dice, será verdad.<br>— *Explica si no es verdad lo que digo.<br>— *No sé si acompañarte, sino me lo pides. | — Si lo dice, será verdad.<br>— Si no es verdad lo que digo, explícalo.<br>— Si no me lo pides, no sé si acompañarte. |
| **Concesión: aunque, a pesar de que** | |
| — *Enfadado y todo, tiene un buen comportamiento.<br>— *Con gritar no se resuelven los problemas. | — Aunque esté enfadado, tiene un buen comportamiento.<br>— Aunque grites, no vas a solucionar los problemas. |
| **Causa: porque, pues, puesto que** | |
| — *Como no está invitado, no viene a la fiesta.<br>— *De tan agradable que es, se hace insoportable. | — No viene a la fiesta, porque no está invitado.<br>— Por ser tan agradable resulta insoportable. |
| **Finalidad: para que, para, que** | |
| — *Déjame la hoja que te explique.<br>— *Acércate que te lo comente. | — Déjame la hoja para que te la explique.<br>— Acércate para que te lo comente. |

*Elementos de relación pragmática.* Muchos de los nexos textuales coinciden formalmente con los oracionales, pero realizan una función distinta que afecta al plan general y organizativo del texto. Sirven para enlazar todas las unidades del texto mediante procedimientos que expliquen la causa-efecto, la consecuencia, el tiempo, la síntesis, etc. A estos *elementos de relación textual* les corresponde no solo unir los párrafos, sino también armonizar las ideas y establecer las relaciones lógicas que proporcionan unidad de sentido y coherencia global al texto.

| UNIDADES GRAMATICALES | |
|---|---|
| **Evite estas construcciones** | **Procure utilizar estas construcciones** |
| **Conjunciones** | |
| — *Yo veía el bulto y no supe qué era; entiéndelo, pues. <br><br> — *Encendió la luz, que era tarde, para salir a la mar. | —Yo veía el bulto, pero no sabía qué era; te lo digo para que lo entiendas. <br> — Encendió la luz para ver la hora, pues era tarde para salir a la mar. |
| **Adverbios** | |
| — *Vino ya a la cita, cuando pronto se marchó. <br> — *Se veía también en la foto, como tan bien antes me veía yo. | — Vino pronto a la cita, poco después se marchó. <br> — Se veía tan bien en la foto, como yo también me vi antes. |
| **Locuciones** | |
| — *A las primeras de cambio salió de repente de la casa sin decir nada a nadie. <br> — *Otras veces, a primera vista, no sabemos a qué atenernos en el trabajo de ninguna manera. | — Salió de repente de la casa sin decir nada. <br><br> — Unas veces no acertamos, a primera vista, y otras no sabemos a qué atenernos en el trabajo. |
| **Sintagmas** | |
| — *En otro orden de cosas, no tengo más que decirte. <br><br> — *En última instancia, recuerda las sugerencias que te he hecho. | — En carretera, ten cuidado con la velocidad; de otras cuestiones, no tengo nada que decirte. <br> — La primera idea es observar lo que ves; la segunda, analizar la realidad; y la última, recordar otras sugerencias. |

| UNIDADES GRAMATICALES | |
|---|---|
| Evite estas construcciones | Procure utilizar estas construcciones |
| Oraciones/Verbos | |
| — *Veníamos diciendo que los trapos se lavan en casa.<br>— *Estamos en disposición de presentar todo lo dicho. | — Te recuerdo que los trapos se lavan en casa.<br>— Presentamos todo lo dicho. |

Muchos de los nexos textuales coinciden formalmente con los oracionales. No obstante, suelen realizar una función distinta que afecta al plan general y organizativo del texto, tal como podemos comprobar en el siguiente esquema:

| NEXOS TEXTUALES | |
|---|---|
| PÁRRAFOS INICIALES<br>**Iniciadores** | |
| Sirven como punto de partida | *Antes de nada, para iniciar* |
| **Introductores** | |
| Ayudan a identificar el tema | *Me interesa dejar claro* |
| **Presentadores** | |
| Plantean la idea esencial | *Esencialmente, básicamente* |

| NEXOS TEXTUALES | |
|---|---|
| **PÁRRAFOS CENTRALES**<br>**Explicativos** | |
| Sirven para aclarar ideas | *Así, es decir, en otras palabras* |
| **Aditivos** | |
| Añaden elementos al tema | *Además, incluso, y, asimismo* |
| **Ejemplificadores** | |
| Demuestran y clarifican ideas | *Por ejemplo, véase, obsérvese* |
| **Adversativos** | |
| Introducen oposiciones | *No obstante, ahora bien, pero* |
| **Concesivos** | |
| Presentan dificultades | *Aunque, a no ser que, por más* |
| **Comparativos** | |
| Comparan diferencias-semejanzas | *Como, de modo similar, igual* |
| **Causativos** | |
| Añaden razones y motivos | *Pues, porque, puesto que* |
| **Consecutivos** | |
| Incorporan consecuencias-efectos | *Por lo tanto, por eso, luego* |
| **Distributivos** | |
| Unen dos componentes alternos | *Ya, ya; bien, bien; ora, ora* |

| Nexos textuales |  |
| --- | --- |
| **Correlativos** |  |
| Establecen correspondencias | *No solo, sino; por un lado, por otro* |
| PÁRRAFOS FINALES **Conclusivos** |  |
| Sintetizan o resumen lo tratado siguiendo un proceso lógico | *En suma, en resumen, en definitiva, concluyendo* |

Estos elementos de relación funcionan como señales explícitas para proporcionar sentido lógico-semántico al conjunto de párrafos integradores del texto. A las palabras gramaticales que actúan dentro del texto, los investigadores en Pragmática las denominan *marcadores discursivos*, en cuanto a que, además de unir las ideas, orientan al lector sobre la estructura informativa e interpretativa del texto.

| Marcadores | Funciones | Clases | Formas |
| --- | --- | --- | --- |
| Estructuradores de información | Señalan al lector la organización informativa | — Comentadores — Digresores — Ordenadores | *Pues, pues bien, dicho esto Por cierto, a propósito Primero, en fin, por último* |
| Conectores | Unen semánticamente dos oraciones o dos párrafos como parte de la unidad semántica | — Aditivos — Deductivos-consecutivos — Contraargumentativos | *Además, también, aún más Por tanto, por ello, de ahí En cambio, por el contrario* |

| MARCADORES | FUNCIONES | CLASES | FORMAS |
|---|---|---|---|
| Reformuladores | Relacionan dos partes en donde la que se repite actúa como reformulación de la anterior | — Explicativos<br>— Rectificativos<br><br>— Distanciadores<br>— Recapitulativos | *Es decir, o sea, a saber*<br>*Mejor dicho, aún mejor*<br>*En cualquier caso*<br>*En suma, en conclusión* |
| Operadores argumentativos | Condicionan las posibilidades argumentativas de la oración en que aparecen sin relacionarla con la anterior | — Reforzadores argumentativos<br><br>— Ejemplificadores<br><br>— Formuladores | *—En realidad, de hecho, en esencia, fundamentalmente*<br>*—Por ejemplo, en concreto*<br>*—Bueno, vamos a centrarnos en* |
| Marcadores conversacionales de control o contacto | Unen las intervenciones de los hablantes y ayudan a la interacción comunicativa | — Modalidad epistémica<br><br>—Modalidad deóntica<br>— Indicadores de alteridad<br><br>—Estructuradores de la conversación | *Por supuesto, por lo visto, en efecto, desde luego*<br>*Bueno, claro, bien, venga*<br>*Hombre, mira, oiga, escucha, ¿no?, ¿verdad?*<br>*Ya, sí, bueno, vale, bien, esto* |

Cuando queremos caracterizar los rasgos y las cualidades del objeto o de la idea que pretendemos definir, recurrimos a *ejemplificaciones, analogías y explicaciones*. Veámoslo leyendo un fragmento de Ortega y Gasset:

| OBSERVE ESTAS FORMAS DE COMPOSICIÓN | |
|---|---|
| Ejemplificaciones | La Historia, cuando es lo que debe ser, es una elaboración de films. No se contenta con instalarse en cada fecha y ver el paisaje moral que desde ella se divisa, sino que a esa serie de imágenes estáticas, cada una encerrada en sí misma, sustituye la imagen de un movimiento. Las «vistas» antes discon- |

| Observe estas formas de composición | |
|---|---|
| | tinuas aparecen ahora emergiendo unas de otras, continuándose sin intermisión unas en otras. La realidad, que un momento pareció consistir en una infinidad de hechos cristalizados, quietos en su congelación, se liquida, mana y toma un andar fluvial. La verdadera realidad histórica no es el dato, el hecho, la cosa, sino la evolución que con esos materiales fundidos, fluidificados, se construye. La Historia moviliza, y de lo quieto nace lo raudo. |
| Analogías | En el museo se conserva a fuerza de barniz el cadáver de una evolución. Allí está el flujo del afán pictórico que siglo tras siglo ha brotado del hombre. Para conservar esta evolución ha habido que deshacerla, triturarla, convertirla de nuevo en fragmentos y congelarla como en un frigorífico. Cada cuadro es un cristal de aristas inequívocas y rígidas separado de los demás, isla hermética. |
| Explicaciones | Y, sin embargo, no sería difícil resucitar el cadáver. Bastaría con colocar los cuadros en un cierto orden y resbalar la mirada velozmente sobre ellos –y si no la mirada, la meditación—. Entonces se haría patente que el movimiento de la pintura, desde Giotto hasta nuestros días, es un gesto único y sencillo, con su comienzo y su fin. Sorprende que una ley tan simple haya dirigido las variaciones del arte pictórico en nuestro mundo occidental. Y lo más curioso, lo más inquietante es la analogía de esta ley con la que ha regido los destinos de la filosofía europea. Este paralelismo entre las dos labores de cultura más distantes permite sospechar la existencia de un principio general aún más amplio que ha actuado en la evolución entera del espíritu europeo. (J. Ortega y Gasset: *La deshumanización del arte*, Madrid, Alianza, 2004). |

A veces nos servimos del recurso de la *afirmación, la negación y la modalización*, mediante la utilización de expresiones que representan ideas objetivas o manifiestan opiniones y pensamientos convincentes y firmes.

| Evite estos usos | Procure elegir estas formas |
|---|---|
| **Afirmación** | |
| — *Está <u>como muy claro lo que</u> digo, <u>tanto como que el sol</u> alumbra cuando sale. <br> — *Yo <u>sí lo he estado viéndolo</u> <u>punto por punto.</u> | — Es tan cierto como la luz del sol. <br><br> — Lo he visto con todo detalle. |
| **Negación: partículas o prefijos negativos** | |
| — *<u>No me importa nada en abso-</u>luto por lo que ha dicho. <br> — *<u>Ha descambiado</u> el libro que compró <u>por innecesario.</u> | — No me interesa lo que ha dicho. <br><br> — Ha cambiado el libro que compró por no ser útil. |
| **Modalización** | |
| — *<u>Seguramente</u> duda de todo lo que ha hablado. <br> — *<u>Con toda probabilidad</u> estás de acuerdo en esto que digo. | — Probablemente duda de lo que ha hablado. <br> — Seguro que estás de acuerdo en lo que digo. |

# Capítulo VIII

# Forma y estilo de la escritura

## 8.1. Forma y estilo

No estamos habituados a redactar escritos e incluso tenemos dificultades para escribir cuando se nos coloca sobre la mesa una hoja en blanco. Tanto es así que nos preguntamos, ¿cómo planteamos el tema?, ¿cómo empezamos?, ¿cómo lo desarrollamos? y ¿adónde queremos llegar? Para responder a estas incógnitas y superar nuestras inhibiciones, debemos servirnos de algún método que nos permita afrontar nuestros condicionamientos.

Una vez seleccionado el tema, debemos recomponerlo y estructurarlo teniendo en cuenta la situación, el contexto y la intención comunicativa. Para lograr la estructura y la configuración textual previstas, utilizaremos la forma y la función lingüística adecuadas. Sabido es que la forma de expresión y la disposición del significado global determinan la organización del texto, el registro (formal, informal) y el tipo de texto elegidos en relación con la intención comunicativa. Por ello, cada tipo de texto presenta una configuración en la que se incluyen la *intención*, el *registro*, la *función*, la *forma de expresión* y el *estilo*.

La disposición y la secuenciación de la información en el texto son exigencias del plan organizativo para el logro de la coherencia textual. Así un relato, una carta o un informe pueden presentar la idea esencial al principio, en medio o al final. Algunos textos se caracterizan por su brevedad frente a otros que precisan de explicaciones complementarias, y también los hay dinámicos y variados a diferencia de otros que son lentos y redundantes. Ante todo, hay que evitar que la versión definitiva del texto incurra en ambigüedades, en ruptura de la coherencia y en modificaciones de la intención comunicativa prevista.

Tras la distribución de las ideas y el establecimiento del plan, estaremos en disposición de proceder a la redacción escrita siguiendo una secuenciación clara. Si en este proceso observamos alguna alteración de la estructura por razones de coherencia, modifiquemos lo que convenga. Pero, además de armonizar la información, debemos utilizar adecuada y correctamente las técnicas de redacción derivadas del dominio del *léxico*, de la *construcción gramatical* y de la *ortografía*; de la aplicación de la *modalidad*; y de la delimitación del *género* y del *estilo* adaptados a cada texto.

Si para la planificación de la estructura del texto se dispone de un proceso gradual y abierto, para la redacción conviene partir de un primer borrador, siempre que el tiempo lo permita. Este procedimiento favorecerá las modificaciones oportunas tanto en la disposición de ideas, como en supresiones, aclaraciones, inclusión de ideas o expresiones y anotaciones explicativas. Solamente en los textos en que tenemos limitación del tiempo (exámenes, escritos puntuales como solicitud, recurso, carta, etc.), hallamos dificultades para elaborar escritos en borradores. Si disponemos de tiempo, es imprescindible construir uno o más borradores con el fin de revisar hasta lograr una versión definitiva del texto a gusto con nuestra intención comunicativa.

El estilo es la forma particular que adquiere la lengua utilizada en un escrito. Lo mismo que hay modelos de textos, existen también prototipos de estilo tomando como referencia a los escritores clásicos y consagrados, a las escuelas literarias y a las tendencias de época. Así distinguimos el estilo clásico, barroco, natural, sencillo, cervantino, gongorino, quevedesco, azoriniano, etcétera.

El estilo depende de la selección y del valor semántico de las palabras, de la construcción y extensión de las oraciones, del tono y de la intención del escritor. Se recomienda utilizar enunciados breves y sencillos y cultivar las cualidades de concisión, claridad y naturalidad. Se pide, a su vez, evitar el estilo ampuloso, las imprecisiones, las asonancias y cacofonías, las redundancias y repeticiones, los incisos y las digresiones, la pobreza léxica y las ambigüedades (su, que).

Lea estos fragmentos de escritores de épocas diferentes y observe las diferencias de estilo:

### Estilo sencillo y realista en *El Lazarillo*

Pues sepa Vuestra Merced ante todas cosas que a mí llaman Lázaro de Tormes, hijo de Tomé González y de Antonia Pérez, naturales de Tejares, aldea de Salamanca. Mi nacimiento fue dentro del río Tormes, por la cual causa tomé el sobrenombre; y fue de esta manera: mi padre, que Dios perdone, tenía cargo de proveer una molienda de una aceña (molino) que está ribera de aquel río, en la cual fue molinero más de quince años; y estando mi madre una noche en la aceña, preñada de mí, tomóle el parto y parióme allí. De manera que con verdad me puedo decir nacido en el río.

Pues siendo yo niño de ocho años, achacaron a mi padre ciertas sangrías mal hechas en los costales de los que allí a moler venían, por lo cual fue preso, y confesó y no negó, y padeció persecución por justicia. Espero en Dios que está en la gloria, pues el Evangelio los llama bienaventurados.

*(El Lazarillo de Tormes).*

## ESTILO NATURAL Y CLÁSICO EN LA OBRA DE CERVANTES

En la venta del Molinillo, que está puesta en los fines de los famosos campos de Alcudia, como vamos de Castilla a la Andalucía, un día de los calurosos del verano se hallaron en ella acaso dos muchachos de hasta edad de catorce a quince años; el uno ni el otro no pasaban de diez y siete; ambos de buena gracia, pero muy descosidos, rotos y maltratados; capa, no la tenían; los calzones eran de lienzo, y las medias de carne. Bien es verdad que lo enmendaban los zapatos, porque los del uno eran alpargates tan traídos como llevados, y los del otro, picados y sin suelas, de manera que más le servían de cormas que de zapatos. Traía el uno montera verde de cazador, el otro, un sombrero sin toquilla, bajo de copa y ancho de falda. A la espalda, y ceñida por los pechos, traía el uno una camisa de color de camuza, encerrada y recogida toda en una manga.

(Cervantes: *Rinconete y Cortadillo).*

## ESTILO BARROCO CULTERANO: GÓNGORA. SINTAXIS LATINA

Era del año la estación florida / en que el mentido robador de Europa / —media luna las armas de su frente, / y el Sol todos los rayos de su pelo— / luciente horno del cielo, / en campos de zafiro pasce estrellas; / cuando el que ministrar podría la copa / a Júpiter mejor que el garzón de Ida, / —náufrago y desdeñado, sobre ausente—, / lagrimosas, de amor, dulces querellas / da el mar: que condolido, / fue a las ondas, fue al viento, / el mísero gemido, / segundo de Arión dulce instrumento.

(Góngora: *Las Soledades).*

315

ESTILO CONCEPTISTA: QUEVEDO

Entramos, primer domingo después de Cuaresma, en poder de el hambre viva, porque tal lacería no admite encarecimiento. Él era un clérigo cerbatana, largo solo en el talle, una cabeza pequeña, pelo bermejo (no hay más que decir para quien sabe el refrán), los ojos avecinados en el cogote, que parecía que miraba por cuévanos tan hundidos y oscuros, que era bien sitio el suyo para tiendas de mercaderes; la nariz entre Roma y Francia, porque se le había comido de unas búas de resfriado, que aún no fueron de vicio porque cuestan dinero.

(Quevedo: *El Buscón*).

ESTILO PERIODÍSTICO: LARRA

Escribir y crear en el centro de la civilización y de la publicidad, como Hugo y Lherminier, es escribir. Porque la palabra escrita necesita retumbar, y como la piedra lanzada en medio del estanque, quiere llegar repetida de onda hasta el confín de la superficie; necesita irradiarse, como la luz, del centro a la circunferencia. Escribir como Chateaubriand y Lamartine en la capital del mundo moderno es escribir para la humanidad, digno y noble fin de la palabra del hombre, que es dicha para ser oída. Escribir como escribimos en Madrid es tomar una apuntación, es escribir en un libro de memorias, es realizar un monólogo desesperante y triste para uno solo. Escribir en Madrid es llorar, es buscar voz sin encontrarla, como en una pesadilla abrumadora y violenta. Porque no escribe uno siquiera para los suyos. ¿Quiénes son los suyos?

(Mariano J. de Larra: «Horas de invierno»).

ESTILO NATURALISTA: CLARÍN

El Magistral conocía una especie de Vetusta subterránea: era la ciudad oculta de las conciencias. Conocía el interior de todas las casas importantes y de todas las almas que podían servirle para algo. Sagaz como ningún vetustense, clérigo o seglar, había sabido ir poco a poco atrayendo a su confesionario a los principales creyentes de la piadosa ciudad. Las damas de ciertas pretensiones habían llegado a considerar en el Magistral el único confesor de buen tono. Pero él escogía hijos e hijas de confesión. Tenía habilidad singular para desechar a los importunos sin desairarlos. Había llegado a confesar a quien quería y cuando quería. Su memoria para los pecados ajenos era portentosa.

Hasta de los morosos que tardaban seis meses o un año en acudir al tribunal de la penitencia, recordaba la vida y flaquezas. Relacionaba las confesiones de unos con las de otros, y poco a poco había ido haciendo el plano espiritual de Vetusta, de Vetusta la noble; desdeñaba a los plebeyos, si no eran ricos, poderosos, es decir, nobles a su manera.

(L. Alas «Clarín»: La Regenta).

### Estilo narrativo-descriptivo: Unamuno

Era una casa dulce y tibia. La luz entraba por entre las blancas flores bordadas en los visillos. Las butacas abrían, con intimidad de abuelos hechos niños por los años, sus brazos. Allí estaba siempre el cenicero con la ceniza del último puro que apuró su padre. Y allí, en la pared, el retrato, del padre y de la madre, la viuda ya, hecho el día mismo en que se casaron. Él que era alto, sentado con una pierna cruzada sobre la otra, enseñando la lengüeta de la bota, y ella, que era bajita, de pie a su lado y apoyando la mano, una mano fina que no parecía hecha para agarrar, sino para posarse, como paloma, en el hombro de su marido.

Su madre iba y venía sin hacer ruido, como un pajarillo, siempre de negro, con una sonrisa, que era el poso de las lágrimas de los primeros días de viudez, siempre en la boca y en torno de los ojos escudriñadores. «Tengo que vivir para ti, para ti solo —le decía por las noches, antes de acostarse—, Augusto». Y este llevaba a sus sueños nocturnos un beso húmedo aún en lágrimas.

(M. de Unamuno: Niebla).

### Estilo narrativo actual: A. Bioy Casares

En camino del hotel, se dijo que no había que confundir gente que uno conoce con gente que reconoce por haberla visto en la calle, o en un negocio, o en el hotel. En esta categoría podría incluir a un hombre —un perfecto desconocido— a quien esa misma tarde, en diversos lugares había visto no menos de tres veces.

Volvió al hotel. Se recostó en la cama, porque estaba cansado. Cuando despertó, comprendió que faltaba poco para que cerraran el restaurante. Se arregló frente al espejo y corrió abajo. Cuando llegó, no había ninguna mesa ocupada. De nuevo no le trajeron el menú; le sirvieron un plato de macarrones y después *costite*, una carne con hueso. De todos modos no fue el último en llegar al restaurante. Antes de que le sirvieran los macarrones, entró ese hombre que había encontrado en varias oportunidades, el de cabeza casi rapada, parecido al secretario vitalicio del club de tenis. «Un turista como yo, seguramente y, si vive en el hotel, como todo lo indica, pronto empezaremos a saludarnos y seremos amigos».

(A. Bioy Casares: *Una magia modesta*).

## 8.2. Redacción y estilo de un texto normalizado

Los textos son formas de producción de la comunicación escrita. Aunque no hay esquemas preconcebidos y las variantes que pueden presentar son ilimitadas, partimos de modelos reconocidos por el valor literario, por exigencia institucional (académico, administrativo, jurídico, etc.), por el sentido práctico o por el carácter instructivo. A la identificación contribuyen también el grado de formalización, las modalidades utilizadas, el género, la intención comunicativa y el estilo.

El modelo normalizado es un tipo de texto utilizado habitualmente por parte de los hablantes. A través de estos textos contamos hechos, describimos la realidad, opinamos, razonamos, reflexionamos y sacamos conclusiones. Suelen presentar una disposición secuencial donde se combinan de forma variada lo concreto con lo abstracto y el hecho con la idea.

La forma de relacionar las ideas, los datos o los hechos puede partir de lo abstracto para llegar a lo concreto, de lo general a lo particular, y al contrario. Esto nos permite hablar, al menos, de dos tipos de disposición textual: una deductiva, que va de lo general a lo particular, y otra inductiva, de lo particular a lo general. En ocasiones, se introducen ejemplificaciones o abstracciones intermedias. Es, a su vez, frecuente en estos textos la combinación de enunciados argumentativos con elementos narrativos y otras informaciones con distinto nivel de concreción y abstracción.

Un texto normalizado presenta un desarrollo ordenado donde la información se distribuye en la estructura que presentan los párrafos que lo integran. Según esto, el texto presentaría una organización semejante al modelo expositivo-argumentativo en que aparecen tres partes bien diferenciadas:

1) Presentación o parte introductoria, cuya función es presentar la idea básica del tema, señalar los antecedentes y dirigirse al destinatario.

2) Cuerpo o parte central, donde se explica y se justifica el contenido y la información conocida y desconocida por medio de argumentos, ejemplos, opiniones, citas, testimonios o mediante recursos dialécticos.
3) Conclusión o parte final, donde se resume lo tratado o se deduce la tesis de la explicación informativa. Al final, pueden añadirse otras informaciones complementarias donde se planteen otros supuestos que dejen abierto el tema a nuevas expectativas.

Veamos cómo se nos muestra la organización en el siguiente texto de F. Ayala.

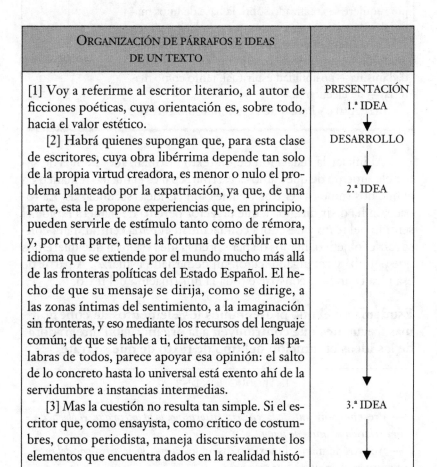

| ORGANIZACIÓN DE PÁRRAFOS E IDEAS DE UN TEXTO | |
|---|---|
| [1] Voy a referirme al escritor literario, al autor de ficciones poéticas, cuya orientación es, sobre todo, hacia el valor estético. | PRESENTACIÓN 1.ª IDEA |
| [2] Habrá quienes supongan que, para esta clase de escritores, cuya obra libérrima depende tan solo de la propia virtud creadora, es menor o nulo el problema planteado por la expatriación, ya que, de una parte, esta le propone experiencias que, en principio, pueden servirle de estímulo tanto como de rémora, y, por otra parte, tiene la fortuna de escribir en un idioma que se extiende por el mundo mucho más allá de las fronteras políticas del Estado Español. El hecho de que su mensaje se dirija, como se dirige, a las zonas íntimas del sentimiento, a la imaginación sin fronteras, y eso mediante los recursos del lenguaje común; de que se hable a ti, directamente, con las palabras de todos, parece apoyar esa opinión: el salto de lo concreto hasta lo universal está exento ahí de la servidumbre a instancias intermedias. | DESARROLLO 2.ª IDEA |
| [3] Mas la cuestión no resulta tan simple. Si el escritor que, como ensayista, como crítico de costumbres, como periodista, maneja discursivamente los elementos que encuentra dados en la realidad histó- | 3.ª IDEA |

| Organización de párrafos e ideas de un texto | |
|---|---|
| rica presente, se ve trabado por las brutales alternativas en que esa realidad se descoyunta y, en particular, por el hecho de haber sido desconectado del pleno (tejido) social originario, también, aunque sutil, la invención literaria se cumple y ha de cumplirse bajo el supuesto de un cierto ambiente, y sometida a las condiciones que éste le impone. | |
| [4] El literato, el poeta, produce, es cierto, a partir de su personal genio; pero este impulso propio requiere ser realizado sobre la base de unos materiales de experiencia con los que se relacionará, no solo el contenido concreto de la obra, y no solo el grado de su logro estético, sino incluso la posibilidad misma —posibilidad espiritual, tanto como material— de ejecutarla. | CONCLUSIÓN ↓ 4.ª IDEA |
| (F. Ayala: «Para quién escribimos nosotros»). | |

Al iniciar la redacción de un texto normalizado, hemos de saber claramente de qué vamos a escribir, cuál es el núcleo temático en el que nos vamos a centrar y cuáles son las ideas secundarias. La redacción ha de ir dirigida a que el lector perciba de manera rápida el sentido del texto y descubra con facilidad el tema central. Para conseguir el objetivo, hemos de pensar en la idea esencial que queremos que perciba y retenga el lector sin demasiado esfuerzo. A partir de esa idea central se construye toda la información del texto.

**Esquema en el que presentamos los elementos de cohesión más frecuentes que contribuyen a la organización integradora de las ideas en función del tipo de texto de que se trate**

| Introducción de temas |
|---|
| — Presentación: *ante todo, en primer término, lo primero que, el objeto de, con relación a, antes de nada...* |
| — Apoyos de inicio de texto o discurso: *bueno, bien, vaya por delante, alguien se preguntará, me pregunto...* |

## Explicaciones sucesivas

— Adición (unión, agregación de ideas o progresión del texto: *y más aún, incluso, asimismo, además, también, cabe añadir, después de, por otra parte, aún más, todavía más, incluso*...

— Advertencia: *mira, fíjate, observa, cuidado con, te pongo en antelación, piensa detenidamente, ah*...

— Anáfora (o repetición): *Sabía que..., también sabía que...; a veces habla y habla sin parar*...

— Aprobación (afirmación): *Sí, claro, bien, así es, por supuesto, en efecto, por descontado, desde luego*...

— Atenuación: *en cierto modo, hasta cierto punto, si acaso, en todo caso, siquiera*...

— Autocorrección: *mejor dicho, dicho de otro modo, quiero decir, o sea, más bien deseo decir, esto es*...

— Causa: *así que, así pues, puesto que, pues, porque, la razón del hecho, esto tiene una explicación*...

— Comparación (o semejanza): *de igual modo, como, de modo semejante, similarmente, asimismo, parecido a*...

— Concesión: *a pesar de todo, con todo (y con eso), aunque, por mucho que, pese a, si bien, por otro lado*...

— Condición: *en todo caso, si fuera posible, vistos los hechos, de haberlo sabido*...

— Corrección: *mejor dicho, quiero decir, más bien digo, en otros términos u otras palabras, de otro modo*...

— Correlación: *ahora-luego, no solo sino también, aquí-allí, cerca-lejos, por un lado-por otro, antes-después*...

— Consecuencia: *por tanto, por consiguiente, por eso, por lo cual, de ahí, de forma que, conque, total que*...

— Continuación: *a continuación, posteriormente, después, ahora bien, entonces, volviendo a lo anterior*...

— Contraste: *al contrario, pero, en cambio, no obstante, sin embargo, por el contrario, antes bien*...

— Deixis (o referencia deíctica o señaladora): *dicho esto, de ahí que, a ello vamos, habla mucho, sabemos ya*...

— Digresión: *a propósito de lo dicho, al respecto, así también, aunque no venga a cuento, me viene a la mente*...

— Duda: *acaso, quizá(s), tal vez, ya veremos, no tengo claro, sería cuestión de, no tengo criterios para*...

— Ejemplificación: *por ejemplo, pongo por caso, así sucede en, es decir, pongamos por ejemplo, como...*

— Enumeración: *en primer lugar, en segundo, primero, segundo, luego, después, antes-ahora-después...*

— Evidencia: *claro, es evidente, ciertamente, está claro que, por supuesto, desde luego, no hay duda, sin duda...*

— Excepción (o restricción): *si acaso, salvo, excepto, al menos, un caso excepcional, caso aparte, al margen...*

— Exclusión: *antes bien, al contrario, por el contrario...*

— Explicación: *es decir, en otros términos, a saber, mejor dicho, o sea, esto es, o lo que es igual, en todo caso...*

— Expresión negativa: *ni mucho menos, ni aun así, en absoluto, no, tampoco, ni hablar, nunca, jamás...*

— Generalización: *de cualquier modo, generalmente, en sentido amplio, en líneas generales, de todos modos...*

— Intensificación: *más, aún más, incluso, y encima, y también, así así...*

— Matización intensificadora: *sobre todo, principalmente, más aún, es más, aún más, de sumo interés...*

— Precisión: *en rigor, más exactamente, es más, esencialmente, en realidad, exactamente, claramente...*

— Puntualización: *estrictamente, ahora, aquí, en este instante o lugar, precisamente ahora, ahora pues...*

— Relación espacial: *aquí, allí, abajo, al lado, encima, arriba, en medio, a la derecha, al fondo, a la izquierda...*

— Relación temporal: *ahora, antes, luego, más tarde, finalmente, en cuanto, después, a continuación, luego...*

— Relación temática: *en cuanto a, con respecto a, con relación a, por lo que se refiere a, a propósito de...*

— Relación de transición: *por otro lado, en otro orden de cosas, pasando a otro asunto, además, siguiendo...*

— Restricción: *al menos, en todo caso, en cierto modo, más bien...*

— Transición: *pasamos a otro tema, en otro orden de cosas, por otro lado, pasemos por alto...*

## CONCLUSIONES

— Formas de conclusión: *en consecuencia, a fin de cuentas, en última instancia, en consecuencia, resumiendo...*

— Cierre de discurso o texto: *en definitiva, por fin, en suma, en fin, en resumen, finalmente, terminando...*

La redacción ha de estar presidida por el orden, la claridad y la brevedad y, al mismo tiempo, guiada por la intención comunicativa del redactor. Pero, al escribir, hemos de pensar en el interés y en la reacción del lector. Por ello, debemos recurrir a estrategias que no solo capten y atraigan el ánimo del lector, sino que le convenza en los juicios, valoraciones y apreciaciones. Entre estas estrategias, podemos apuntar las siguientes:

1) Orientación de las ideas desarrolladas y la elección de palabras y estilo hacia el lector por medio del recurso de la 3.ª persona genérica, la 1.ª de plural asociativa, la 2.ª persona (tú, vosotros/as) y la 3.ª de tratamiento (usted/es).

2) Utilización de informaciones contrastadas mediante referencias, datos, testimonios, citas, argumentos de autoridad, estudios y explicaciones que den credibilidad.

3) Los datos se suelen presentar en cifras concretas, en porcentajes seguros o aproximados («ha subido el pan en torno a un 3 por ciento»). Las cifras deben escribirse con letra hasta el número 10, con letra o número hasta el 20 y con número desde el 20, excepto la edad. Los números de más de tres cifras (millares, millones, etc.) se separan con punto; sin embargo, los números decimales se separan con un coma en la parte inferior.

4) Las referencias han de estar claramente definidas. Por ello, han de evitarse las informaciones subliminales o subyacentes y las deducciones informativas no explícitas en la literalidad de las palabras.

5) Ordenación de las ideas orientadas a resaltar las informaciones deseadas. De esa manera, se conjugarán las funciones de proyección discursiva —tema y rema— mediante:

— La anteposición de palabras esenciales en oraciones que inician o cierran párrafos.

— La utilización de frases breves recapitulatorias.

— La segregación de expresiones o palabras esenciales.

— La repetición de palabras clave.

— El empleo de la recurrencia como elemento estabilizador del texto.

— El uso de marcas tipográficas complementarias: negrita, cursiva o subrayado.

— También se puede recurrir a acotaciones, paréntesis y explicaciones llamativas por razones eruditas, científicas, literarias, culturales, lúdicas o irónicas.

En la redacción interesa el tratamiento del tema, la ordenación y la orientación de las ideas, pero es imprescindible la elección de los materiales como en una edificación. La lengua constituye el repertorio y la fuente que abastece al texto de componentes léxicos, gramaticales y semánticos. La acertada selección y combinación de todos ellos en relación con el enfoque del tema y la secuenciación de ideas determinan el estilo de cada escrito. Lograremos el estilo deseado si es adecuada la elección de los elementos de lengua para el logro de nuestro propósito. No es lo mismo un texto especializado que otro divulgativo, como no es igual el registro de lengua formal que el informal o el culto frente a otro descuidado y vulgar.

**Composición y redacción de un texto normalizado extraído de *La felicidad*, de José M. R. Delgado, donde el lenguaje y el estilo se ponen al servicio del fin divulgador e incluso didáctico del texto**

---

### MECANISMOS DEL PLACER Y DE LA FELICIDAD

Considerando los placeres humanos, pueden diferenciarse tres grandes grupos que en realidad se mezclan y se solapan:

a) Los placeres sensoriales, incluyendo la comida, la bebida, el sexo y las cualidades físicas corporales, con menor interés hacia las actividades del intelecto. Este grupo puede gozar de una felicidad que tiene un gran fondo instintivo, utilizando de manera insuficiente la potencialidad de las estructuras neuronales complejas que son las que caracterizan el desarrollo del cerebro humano.

b) El segundo grupo se caracteriza por la potencia de pensamientos, observando su mayor placer en las actividades mentales que se traducen en creatividad material y social. Aquí podemos incluir a los músicos, a los artistas en general, y en parte a los científicos.

c) El tercer grupo, derivado del anterior pero más reducido en número, comprende a las personas que encuentran su placer en la más alta actividad mental, que en gran parte se expresa por comunicación a través de la escritura y del lenguaje. Son los pensadores «puros», en los que la conducta morosa es simplemente un apoyo para su productividad intelectual. Se incluye aquí a los místicos, los filósofos, los matemáticos, los físicos teóricos, y profesiones análogas.

> Esta clasificación es muy esquemática, sin que cada grupo tenga límites precisos, sino amplias zonas imbricadas. Lo que conviene subrayar es que a pesar de la diversidad de elementos integrantes, el placer y la felicidad están en el cerebro individual de cada persona.
>
> (José M. R. Delgado: *La felicidad*).

Lo normal es escribir con orden, claridad y corrección, pero también con propiedad y precisión. Para un mejor dominio de las formas de expresión, nos interesa conocer algunas de las estrategias de redacción más características:

— Utilización de un *lenguaje positivo* frente a expresiones negativas.
— Empleo de palabras y expresiones que *carezcan de carga deformante* o desfavorable.
— Uso de género de palabras que *no contengan elementos discriminatorios*: sexismo.
— Elección de palabras y de expresiones que *no descalifiquen* a grupos ni a personas.
— Sustitución de palabras malsonantes, groseras o disfemísticas por *otras suaves*.
— Elección de palabras con *significado pleno* y no devaluado por el uso.
— *Marginación de las palabras vacías de contenido*, términos expletivos o comodines.
— *Variedad de términos* que contribuyan al enriquecimiento del tema para el lector.
— Utilización de *construcciones variadas*, de breve extensión, que conforme una lengua de fácil comprensión y un estilo sencillo y atractivo.
— *Adecuación del lenguaje a la finalidad* y al tipo de texto de que se trate. Hay textos que permiten un léxico más arcaico que otros. Respecto de los *textos jurídicos y administrativos* se recomienda, de acuerdo con la norma vigente, que se empleen formas más naturales y se eviten las expresiones formulares, los términos protocolarios, las fórmulas hechas, los tratamientos suntuosos y los arcaísmos tradicionales: solicitudes, recursos, actas, etcétera.
— Un escrito debe estar dotado al menos de *cinco cualidades esenciales: claridad, variedad, sencillez, precisión* y *corrección*.
— En un escrito se han de evitar los términos y las expresiones marcados por la afectación, las palabras comodín, la redundancia, el

exceso de nexos, el uso de barbarismos y de extranjerismos, el uso abusivo de formas no personales (comienzo de frase con el infinitivo, acumulación de infinitivos, el uso del infinitivo por imperativo; el abuso del gerundio y, sobre todo, el de posterioridad), el empleo de frases grandilocuentes, la claridad en las determinaciones y complementaciones, el abuso de las construcciones de relativo y de las adverbiales, el exceso de acotaciones —explicaciones marginales— construcciones parentéticas, formas de perífrasis y construcciones pronominales y pasivas.

— Uso de palabras y expresiones locutivas inadecuadas: *errores léxicos*. Manejo de diccionarios de consulta y de comprobación. *Listado de ejemplos de palabras empleadas de manera inadecuada o incorrecta*: estos errores proyectan una imagen negativa de nosotros mismos.

### 8.3. REVISIÓN Y CORRECCIÓN DE TEXTOS

En la revisión del borrador o borradores de un texto hemos de atender a todos los aspectos relacionados con la forma y el contenido transmitido. Por ello, hemos de realizar una lectura global y otra parcelada con el fin de observar que:

— El orden secuencial y jerárquico de las ideas desarrolladas se sigue en relación con el índice y la estructura establecida. Esto implica que la idea esencial y las secundarias están bien desarrolladas.
— La distribución de epígrafes, subepígrafes y títulos elegidos es clara y comprensible para el público a quien se destina el escrito.
— La extensión, el orden y el grado de vinculación de los párrafos siguen criterios lógicos para lograr la coherencia y la unidad de sentido textual que aportan las informaciones, las explicaciones, los argumentos y los ejemplos que los conforman.
— La corrección gramatical, basada en el principio de concordancia y en la presentación ordenada de las oraciones que integran los párrafos, es la adecuada.
— La modificación de frases poco claras, largas y complejas por otras más sencillas, cortas y simples se lleva a cabo.
— La adecuación de los elementos de relación a la secuencia de ideas desarrolladas es aceptable.

— El orden de los elementos de las oraciones y frases responde a las exigencias gramaticales, significativas y comprensivas.

— En las construcciones sintácticas se sustituirán las discordancias, las construcciones relativas, las dobles negaciones, la acumulación de palabras de significado similar, las expresiones burocráticas, las frases hechas abundantes, etc. Se dará preferencia a las construcciones activas en detrimento de las pasivas.

— La modalidad, el género y el estilo en relación con la coherencia armónica del texto, es decir, la relación entre forma elegida y unidad de sentido global se cumple.

— El grado de precisión y de variedad del léxico empleado con el fin de sustituir, suprimir o añadir palabras, siempre que ayude a clarificar y a hacer más ameno y fluido el texto es el adecuado. Se evitarán las palabras superfluas y vacías de contenido: muletillas, comodines, apoyaturas, etc.

— La corrección ortográfica, centrada sobre todo en el uso normativo de las letras, de las reglas de acentuación y de los signos de puntuación, se aplica.

— La repetición de sonidos y las simetrías se sustituirán por formas más naturales.

— Las convenciones de márgenes, espaciados interlineales, sangrados se observan.

— Los tipos y tamaños de letras son los adecuados.

— La indicación de notas y de citas o referencias bibliográficas son las adecuadas.

La revisión de textos tiene por objeto lograr una redacción de lectura amena y fluida y, a la vez, facilitar la comprensión respetando las técnicas y las normas de corrección escrita. Nos debemos fijar en algunos aspectos que pueden derivar en incoherencias como:

— La ruptura de la unidad temática, organizativa y lógica del texto.

— La inconsistencia de las relaciones entre las partes, enunciados y párrafos.

— La dificultad para entender e interpretar el contenido.

— La presencia de inexactitudes en la información, de incongruencias y de contradicciones.

— La falta de progresión temática en donde se combine información conocida y nueva.

— La utilización de informaciones vagas, repetitivas y generales.

— La aparición de divagaciones, explicaciones intercaladas constantes y digresiones.

### 8.3.1. Expresión fluida y estilo cuidado

Al escribir, conviene que elija cada palabra en función del tema y de la significación contextual. Debe evitar la repetición e introducir recursos y mecanismos de expresión que le ayuden a conseguir un estilo claro, propio y variado.

Entre las indicaciones que ha de observar, analizar y corregir, estarían:

— Preferencia por las *oraciones breves*, sencillas y simples.
— El *orden lógico y lineal* ha de prevalecer sobre el impulsivo y el desmembrado.
— Las *oraciones compuestas*, tanto coordinadas como subordinadas, no serán extensas.
— En la *subordinada adjetiva* el relativo ha de estar al lado de su antecedente.
— La *subordinada sustantiva* ha de ir detrás del verbo principal.
— La *subordinada adverbial* se suele colocar tras la principal, aunque a veces se invierte por razones expresivas o llamativas.
— Las *palabras que complementan o califican* —adjetivos, complementos del nombre y adverbios— se colocan lo más próximo a las palabras que califican. Por ejemplo, no es lo mismo decir «la vida alegre de la joven» que «la vida de la alegre joven».
— Elección del *adjetivo* siempre que el sustantivo lo precise con el fin de aclarar o limitar su significado. Por ejemplo, para diferenciar: «una casa grande» (de tamaño) de «una gran casa» (de prestigio).
— Preferencia de la *voz activa y de la construcción pronominal* sobre la pasiva.
— Uso de *pronombres y de adverbios* en lugar de la repetición de la misma palabra en forma anafórica, catafórica o deíctica.
— Utilización de las *conjunciones y de las preposiciones* de manera ordenada y precisa.
— El *enfoque de los enunciados* de los textos puede hacerse en 1.ª, 2.ª y 3.ª persona. Lo que importa es mantener el mismo criterio en todo el texto escrito. Para evitar interpretaciones erróneas, se sugiere emplear las formas impersonales pronominales y no pronominales.

## 8.3.2. Recursos de estilo a los que debemos atender

Las ideas han de organizarse de acuerdo con el plan establecido para el desarrollo de las ideas del texto con el fin de dotarlo de unidad de sentido y de coherencia. Aunque cada texto tiene su propia dinámica y estructura, en todos ellos la forma ha de estar en consonancia con el contenido desarrollado.

Para expresar las ideas con claridad conviene usar el léxico con propiedad y variedad y aplicar las normas de corrección ortográfica, gramatical y pragmática.

Observemos en el siguiente esquema el repertorio de aspectos que debemos revisar y corregir en los textos.

| REPERTORIO DE USOS QUE HA DE EVITAR | RECURSOS DE ESTILO QUE HA DE USAR |
|---|---|
| — Los barbarismos, los extranjerismos y las palabras inapropiadas | — El vocabulario selecto, preciso y variado |
| — Las frases y expresiones hechas muy usadas y los tópicos | — Respeto de las reglas esenciales de la ortografía y de la gramática |
| — Las expresiones ambiguas y vagas | — Uso de una lengua más estable, formalizada y estandarizada |
| — Las derivaciones inapropiadas | — Relación ordenada de las ideas |
| — Las perífrasis y los circunloquios | — Los enunciados, las frases y las oraciones no han de ser largos |
| — Las exageraciones, las hipérboles y las intensificaciones abusivas | —Los párrafos, separados por puntos y aparte, no han de ser farragosos ni largos. Se sugiere que se utilicen no más de 4 tipos |
| — Faltas de concordancia y rupturas de frase por cambio de orden | — Adecuación a la forma de expresión (narración, descripción, etc.) y al tipo de texto elegido |

## 8.3.3. Palabras y expresiones que ofrecen dificultades

En el proceso de revisión y de corrección debemos repasar los usos frecuentes de expresiones y de palabras que infringen la propiedad léxica y la corrección gramatical. Para ello, disponemos de un conjunto de expresiones características.

| PROPIEDAD E IMPROPIEDAD LÉXICAS DE EXPRESIONES Y DE PALABRAS | |
| --- | --- |
| **Usos que debe evitar** | **Formas que debe elegir** |
| — *Ira campo través | — Ir a campo través |
| — *Acredor | — Acreedor |
| — *Adecúa | — Adecua |
| — *Aerodromo | — Aeródromo |
| — *A los efectos de | — A efecto de |
| — *Alineado (situado en línea) | — Alienado |
| — *Alimentario (relativo a alimentos) | — Alimenticio (propiedad de alimentar) |
| — *Altiplano | — Altiplanicie |
| — *Antidiluviano | — Antediluviano |
| — *Así mismo | — Asimismo |
| — *Primero de todo | — Antes de nada |
| — *En base a | — A partir de, por |
| — *Aplazado el partido en razón al mal tiempo | — Aplazado el partido por el mal tiempo |
| — *Avión a reacción | — Avión de reacción |
| — *Carnecería | — Carnicería |
| — *Iba a cien kilómetros a la hora | — Iba a cien kilómetros por hora |
| — *Coger de sorpresa | — Coger por sorpresa |
| — *Al objeto de | — Con el objeto de |
| — *A la mayor brevedad posible | — Con la mayor brevedad posible |
| — *En relación a | — Con relación a o en relación con |
| — *De cara a | — Con vistas a |
| — *Contra más trabaja menos gana | — Cuanto más trabaja menos gana |
| — *De acuerdo a | — De acuerdo con |
| — *De arriba a abajo | — De arriba abajo |
| — *Bajo mi punto de vista | — Desde mi punto de vista |

| PROPIEDAD E IMPROPIEDAD LÉXICAS DE EXPRESIONES Y DE PALABRAS | |
|---|---|
| **Usos que debe evitar** | **Formas que debe elegir** |
| — *Va bien a nivel de estudios | — Va bien en los estudios |
| — *El agravante y el atenuante | — La (circunstancia) agravante y la atenuante |
| — *El maratón | — La maratón |
| — *Espúreo | — Espurio |
| — *Estar en ventaja de | — Estar con ventaja de |
| — *Hacer bien de no venir | — Hacer bien en no venir |
| — *Inalterable (no puede alterarse) | — Inalterado (no alterado) |
| — *Infectar (contagiar) | — Infestar (causar daños) |
| — *Inflacción | — Inflación |
| — *Preveer | — Prever |
| — *No poder por menos de | — No poder menos de |
| — *Por contra | — Por el contrario |
| — *Sentarse en la mesa | — Sentarse a la mesa |
| — *Bajo la base de | — Sobre la base de |
| — *Tan es así | — Tanto es así |
| — *Temas a tratar | — Temas que se van a tratar |
| — *Tortículis | — Tortícolis |
| — *Aquí mi amigo | — Le presento a mi amigo |
| — *Callarse | — Cállense, callad o callaos |
| — *Es por eso que me decidí al final | — Por eso me decidí al final |
| — *No me hagas de reír | — No me hagas reír |
| — *Se ha bebido todo el agua y tengo mucho hambre | — Se ha bebido toda el agua y tengo mucha hambre |
| — *Intentó subir a arriba cayéndose por la escalera | — Intentó subir y se cayó por la escalera |

## 8.4. ¿CUÁL ES LA FINALIDAD DE UN TEXTO?

Inicialmente la finalidad en sí es escribir, es decir, representar ideas por escrito. Pero normalmente escribimos para nosotros o para los lectores. De la finalidad dependerá en gran medida la naturaleza y la forma que adquieran los textos. Así unos textos tendrán un carácter informativo; y otros, un carácter didáctico o literario. Además no usamos el mismo nivel ni el mismo registro de la lengua para un hablante-lector más culto o menos culto. Habrá que adaptar el léxico y la sintaxis al tipo de texto y a los receptores a quienes se destina principalmente.

Todo escrito, con independencia de su configuración, debe constituir una unidad de sentido completo. Para ello, los elementos que contenga han de presentarse de manera sistemática, coherente y armónica. Como redactores, tenemos que adaptar las formas de expresión al modelo textual elegido en cada momento. No obstante, en cada actualización el texto suele adquirir nuevas peculiaridades en relación con la orientación y la finalidad que elijamos.

Los textos son formas de producción de la comunicación escrita. Aunque no hay esquemas preconcebidos y las variantes que pueden presentar son ilimitadas, partimos de modelos reconocidos por el valor literario, por exigencia institucional (académico, administrativo, jurídico, etc.), por el sentido práctico o por el carácter instructivo. A la identificación contribuyen también el grado de formalización, las modalidades utilizadas, el género, la intención comunicativa y el estilo.

El modelo normalizado es un tipo de texto utilizado habitualmente por parte de los hablantes. A través de estos textos contamos hechos, describimos la realidad, opinamos, razonamos, reflexionamos y sacamos conclusiones. Suelen presentar una disposición secuencial donde se combinan de forma variada lo concreto con lo abstracto y el hecho con la idea.

La forma de relacionar las ideas, los datos o los hechos puede partir de lo abstracto para llegar a lo concreto, de lo general a lo particular, y al contrario. Esto nos permite hablar, al menos, de dos tipos de disposición textual: una deductiva, que va de lo general a lo particular, y otra inductiva, de lo particular a lo general. En ocasiones, se introducen ejemplificaciones o abstracciones intermedias. Es, a su vez, frecuente en estos textos la combinación de enunciados argumentativos con elementos narrativos y otras informaciones con distinto nivel de concreción y abstracción.

# Capítulo IX

# Modelos de textos según la modalidad: narración y descripción

## 9.1. Formas de expresión escrita

Podemos decir que las formas de expresión constituyen por sí mismas una tipología de textos escritos. Tradicionalmente los textos se identificaban atendiendo a la forma de expresión escrita. Así decimos que un cuento pertenece a la narración y un artículo, al ensayo y a la argumentación. Actualmente, se utilizan la narración, la descripción, la exposición, la argumentación, el diálogo y la forma epistolar como secuencias textuales esenciales y también como modelos de textos. Cada uno de ellos presenta un modo de organización, una estructura y unas convenciones de lengua y de estilo propias. Por esa razón, suelen utilizarse con una finalidad específica: el descriptivo y el narrativo se relacionan generalmente con la expresión literaria; el expositivo y el argumentativo se asocian a la comunicación científica y humanística; el del diálogo es más propio de la relación interlocutiva (conversación, teatro); y el epistolar se adapta a la comunicación de un interlocutor con otro ausente mediante la carta. No obstante, es frecuente la combinación de dos o más formas de expresión dentro del mismo texto, de tal manera que la descripción aparece en medio de la narración y el diálogo y la argumentación, dentro de la exposición. De todos modos, cada una de las secuencias textuales tiene características propias:

| Formas de expresión - modelos textuales o secuencias textuales | ¿Cómo se presentan? |
|---|---|
| Descripción | Presenta los rasgos y las características de objetos, de la naturaleza, del paisaje, de vegetales, de animales y de personas. La descripción puede ser objetiva y subjetiva, literaria y técnica. Cualquiera de ellas se identifica por la minuciosidad y el detallismo de los elementos que integran el objeto temático de que se trate. |
| Narración | Sirve para relatar o contar hechos reales, imaginarios o ficticios que se desarrollan durante un período de tiempo en medio de algún escenario con unos determinados personajes. En la narración es importante la acción de los personajes que está ligada a los hechos que se relatan generalmente de modo lineal, siguiendo el esquema clásico: planteamiento, nudo y desenlace, es decir, principio, medio y fin. |
| Exposición | Plantea un tema que ha de ser explicado con ideas ordenadas, objetivas y claras para que pueda ser comprendido e interpretado certeramente por los lectores. Predomina el orden lógico —presentación, cuerpo y conclusión— con un desarrollo deductivo o inductivo. |
| Argumentación | Suele presentarse unida a la exposición con la incorporación de razones que sirven para defender las ideas propuestas y contrarrestar otras ajenas. |
| Diálogo | Muestra la relación comunicativa interpersonal que se produce entre dos o más interlocutores. A través del diálogo se observa el grado cultural y el dominio lingüístico de los hablantes. |
| Epístola o carta | Se muestra como mensaje escrito que juega con la 2.ª persona, destinatario ausente, y con la 1.ª persona, el remitente. En función de la relación entre remitente y destinatario se elegirá tú o usted, en singular, y vosotros/as y ustedes, en plural. |

Cualquier tipo de texto, no solo el literario, es producto de una elaboración reflexiva y fruto de un trabajo creativo.

## 9.2. ESTILO OBJETIVO Y ESTILO EXPRESIVO

Aunque distinguimos diferentes tipos de textos por la forma de expresión que utilizamos, conviene reconocer que no siempre producimos textos totalmente puros. Tendríamos que referirnos, más bien, a secuencias textuales —dialógica, narrativa, descriptiva, expositiva, argumentativa o epistolar— dentro de un marco general en que predomina una forma de expresión sobre las demás. Por esta razón, todas las secuencias textuales pueden aparecer en todos los géneros.

En general, cada secuencia presenta una forma organizativa particular; de ahí que recurramos a estrategias determinadas y a la selección de recursos que hagan atractivo el discurso. Se trata de estructuras lingüísticas básicas que constituyen los textos comunes. Así, por ejemplo, la *narración* puede tener como función entretener, pero también informar o enseñar. En ella se cuentan episodios en un orden lineal y cronológico. Tiene primacía la acción, la identificación de los personajes y las estrategias para hacer que el argumento de la historia sea interesante. Manifestamos en ella qué nos parece el mundo. Entretanto, la *exposición* tiene como objetivo informar y, a veces, argumentar para convencer a los lectores. El lenguaje, en este caso, debe ser preciso y convincente, puesto que tratamos de mostrar cómo funciona el mundo.

Las modalidades textuales no presentan oposiciones claras, sino que más bien suelen combinarse dentro de los textos. Es normal intercalar narraciones en escritos de tipo expositivo o informar en los narrativos y también que unos textos contengan más información que otros; de ahí que en unos domina el estilo objetivo frente a los que tienen un carácter más expresivo.

Generalmente lo objetivo se asocia con textos no literarios y lo expresivo, con los literarios, aunque con frecuencia aparecen combinados.

### *A)* TEXTO DE ESTILO OBJETIVO

Lo de saber vivir no resulta tan fácil porque hay diversos criterios opuestos respecto a qué debemos hacer. En matemáticas o geografía hay sabios e ignorantes, pero los sabios están casi siempre de acuerdo en lo fundamental. En lo de vivir, en cambio, las opiniones distan de ser unánimes.

Si uno quiere llevar una vida emocionante, puede dedicarse a los coches de fórmula uno o al alpinismo; pero si se prefiere una vida segura y tranquila, será mejor buscar las aventuras en el videoclub de la esquina. Algunos aseguran que lo más noble es vivir para los demás y otros señalan que lo más útil es lograr que los demás vivan para uno. Según ciertas opiniones lo que cuenta es ganar dinero y nada más, mientras que otros arguyen que el dinero sin salud, tiempo libre, afecto sincero o serenidad de ánimo no vale nada. Médicos respetables indican que renunciar al tabaco y al alcohol es un medio seguro de alargar la vida, a lo que responden fumadores y borrachos que con tales privaciones a ellos desde luego la vida se les haría mucho más larga.

En lo único que a primera vista todos estamos de acuerdo es en que no estamos de acuerdo con todos. Pero fíjate que también estas opiniones distintas coinciden en otro punto: a saber, que <u>lo que vaya a ser nuestra vida es, al menos en parte, resultado de lo que quiera cada uno</u>. Si nuestra vida fuera algo completamente determinado y fatal, irremediable, todas estas disquisiciones carecerían del más mínimo sentido. Nadie discute si las piedras deben caer hacia arriba o hacia abajo; caen hacia abajo y punto. Los <u>castores hacen presas en los arroyos</u> y las <u>abejas panales de celdillas hexagonales</u>: no hay castores a los que tiente hacer celdillas de panal, ni abejas que se dediquen a la ingeniería hidráulica. En su medio natural, <u>cada animal parece saber perfectamente lo que es bueno y lo que es malo para él</u>, sin discusiones ni dudas. No hay animales malos ni buenos en la naturaleza, aunque quizá la mosca considere mala a la araña que tiende su trampa y se la come. Pero es que la araña no lo puede remediar.

(F. Savater: *Ética para Amador*, Barcelona, Ariel, 2000).

---

## *B)* TEXTO DE ESTILO EXPRESIVO

<u>Quizá tuviera que aceptar entonces que la situación le gustaba hasta el punto de haber llegado a negar los indicadores de la realidad.</u> O, lo que es peor, <u>he sufrido un proceso identificador con este paciente; algo hay en su locura que concierne a la mía</u>, algo de su pasado se relaciona con mi historia; yo he contribuido sin saberlo —o sin querer saberlo— a levantar esta trampa en la que estamos metidos los tres, los cuatro, si incluimos a la difunta Teresa.

En fin. <u>Qué vida.</u>

<u>Años de estudios, de contactos, de oposiciones, de análisis, años de inteligente y devastador trabajo político, para que al final la existencia em-</u>

piece a hacer agua por el sitio por el que menos se podía esperar. Años, pues, dedicados a una razonable acumulación de poder personal que ahora carece de sentido sin el soporte del amor, del amor, abandonado a los rigores de la intemperie, como la juventud, como el valor moral, como el conjunto de principios bajo los cuales llegué a pensar que debería organizarse la vida. Años de vergüenza también, de llamar a cien puertas para que se abriera una de ellas, de adquirir con dinero fantasías adolescentes no realizadas, años de renuncia; años, en fin, de intercambio, de venta, años de mezquindad, de entrega, cinismo, que seguramente han llegado a convertirme en lo que más podría detestar.

El agua estaba demasiado fría.

Miró a su alrededor y contempló los muebles de cocina, la nevera, la lavadora, el frigorífico. Luego descendió a los detalles pequeños e informales: un bloc de notas sobre el azulejo italiano, una colección de tarros de cerámica, un calendario de complicada lectura, un cuadro... Deseaba estas cosas incluso cuando las había negado, pero la memoria y la nostalgia hacen una combinación explosiva, destiñen todo lo que tocan. En fin.

Se levantó despacio, salió de la cocina y atravesó el salón a oscuras. El pensamiento es una enfermedad sagrada y la vista un engaño, dijo a media voz.

(J. J. Millás: *El desorden de tu nombre*, Madrid, Alfaguara, 1998).

---

Savater, en el texto *a)*, trata de explicarnos con un desarrollo lineal y de modo objetivo que los criterios sobre la vida son muy diversos. El análisis de algunas formas de pensamiento y de actuación humanas le lleva a afirmar que la vida es de cada uno. Las referencias al funcionamiento del resto de la naturaleza parecen estar de su parte, aunque no queramos asumirlo. Savater afirma, explica, analiza, contrasta las ideas y ejemplifica. Es un texto expositivo de carácter objetivo.

Millás, en el texto *b)*, nos muestra un proceso de interiorización del personaje sobre el sentido de la vida. Todas las referencias objetivas van dirigidas a plasmar el cúmulo de sensaciones, de recuerdos y de evocaciones del pasado. El autor recurre a la primera persona verbal, a las enumeraciones de objetos y a las repeticiones (o recurrencia) para manifestar un estado de ánimo maltrecho y una visión de la vida pesimista: «El pensamiento es una enfermedad sagrada y la vista un engaño». Es un texto narrativo de carácter expresivo.

## 9.3. FORMAS TEXTUALES

Los textos se nos presentan como procesos cognitivos complejos. El significado de las palabras junto con la información proporcionada por las frases se integran para formar la unidad del contenido textual. Pero la significación global no es la suma de los significados parciales de cada una de las partes, sino que depende de la distribución de las informaciones explícitas e implícitas, es decir, de significados no dichos expresamente, pero sí observados e interpretados por deducción.

Podemos decir que los textos responden a intenciones distintas y, aun teniendo elementos en común, muestran variaciones importantes en la parte formal y en la organización de los contenidos. Estas variaciones responden a criterios informativos, estilísticos, sociológicos, humanísticos, jurídicos o literarios, pero no afectan de manera esencial a la organización de la información en el texto.

La competencia que poseemos los hablantes nos permite comprender e interpretar los textos como unidades totales de sentido y de información, dejando a un lado las variaciones que los definen de modo particular y, a su vez, los diferencian entre sí. De todo esto deducimos que la complejidad producida en la lectura de un texto es similar a la que se produce en el proceso de construcción textual. Al *leer*, captamos las informaciones, pero no literalmente, sino que las reconstruimos mentalmente en resumen breve; en esta operación hay informaciones que olvidamos y las que retenemos son las que nos ayudan a recomponer mentalmente la estructura organizativa de los significados. Al *escribir*, nos servimos de un conjunto de operaciones muy complejas que afectan a la identificación y a la relación de los significados y contextos, a la ordenación o la jerarquización de las informaciones y a la disposición e integración formales del contenido.

Existen diferentes criterios para clasificar los textos. El más general se apoya en aspectos relacionados con el contenido, con la forma y la disposición de las ideas: narrativo, descriptivo, expositivo y argumentativo. En realidad, al expresar nuestras ideas, tratamos de representar o bien el mundo visible y la realidad externa mediante palabras indicadoras de referencias concretas, o bien pretendemos establecer representaciones abstractas por medio de términos y expresiones que señalan las referencias abstractas. Asimismo, al dar a conocer una información, podemos recomponer las referencias espacio-temporales mediante los nexos e indicaciones locativas y temporales o prescindir de ellos. Según estas diferencias de criterio, podríamos hablar de *textos concretos y abstractos*, en función de la referencias a la realidad representada, y de *textos secuenciales y acumulativos*, en relación con la forma y la disposición de las ideas expresadas. Apoyándonos en este criterio, los textos pueden ser:

| TEXTOS | ¿QUÉ REPRESENTAN? |
| --- | --- |
| Narrativos | Representan contenidos concretos interrelacionados. En ellos predomina la información de hechos, situaciones y acontecimientos señalando referencias espacio-temporales y estableciendo relaciones secuenciales. |
| Descriptivos | Son textos de contenido concreto acumulativo. En estos textos las ideas se adhieren y se yuxtaponen de forma acumulada, lo que dificulta la unidad global del texto. Normalmente la descripción se combina con otras formas de expresión dentro del texto. |
| Expositivos | Son textos de contenido abstracto acumulativo. La disposición de ideas añadidas sucesivamente no facilita plenamente la integración y la unidad total del texto. |
| Argumentativos | Son textos de contenido abstracto concatenado. En estos textos la información de carácter abstracto se secuencia de manera progresiva. |

Normalmente ninguna de estas categorías se presenta de manera pura, de tal manera que podríamos decir que el *texto normalizado* y, por tanto, el más frecuente es el que combina información concreta con abstracta y la presenta secuencialmente. La construcción del texto facilita la lectura y la comprensión, si la información la presentamos de manera progresiva (coherencia lineal) y la integramos dentro de la unidad total (coherencia global). Si un texto no muestra esta forma de configuración, nos hallaríamos ante una construcción anómala que dificultaría la comprensión adecuada de las informaciones contenidas.

339

TEXTO NORMALIZADO CON VARIAS FORMAS DE EXPRESIÓN:
NARRACIÓN, DIÁLOGO Y DESCRIPCIÓN

El Hombre que lo Tenía Todo, Todo Todo, abrió los ojos muy asustado. Mientras dormía no tenía nada. Despertó bajo la lluvia de las campanillas de los relojes. Mientras dormía no tenía nada. Cien relojes despertadores, más de cien relojes, Mil relojes, más de mil relojes. Todos sonando al mismo tiempo.

Un reloj de carambolas, detrás de los cristales biselados, mirábase el cuadrante con las horas en números romanos, y las tres pelotitas doradas que acababan de hacer la carambola de la hora y el timbre de alarma que alargaba un «¡Yo te despierto! ¡Yo te despierto! ¡Yo te despierto...!».

Un reloj que simulaba un globo terrestre, con un Ángel y un Esqueleto que con su dedo descarnado señalaba las horas, en un cuadrante dorado, consiguió hacerse oír, oír, oír... «¡Tú me despiertas! ¡Tú me despiertas! ¡Tú me despiertas...!».

Un reloj cara negra, espectro luctuoso con números plateados, plañía: «¡Él se despierta! ¡Él se despierta! ¡Él se despierta...!»

Un reloj de bronce, ronco rezongaba a solas en su rincón: «¡Nosotros nos despertamos! ¡Nosotros nos despertamos! ¡Nosotros nos despertamos...!»

Un viejo reloj de faro, más farol que reloj, martillaba al dar la hora: «¡Ellos despier-tan! ¡Ellos despier-tan! ¡Ellos despier-tan... tan... tan... tan...!».

Y un reloj-casita tirolesa de cucú melódico, con el pajarito mecánico a la puerta, repetía imperativo: «¡Despertad vosotros cú-cú...! ¡Despertad vosotros cú-cú...!»

El Hombre que lo Tenía Todo Todo Todo metió el brazo bajo la cama y extrajo el menos esperado de los adminículos domésticos. Un paraguas o, como decía él, un «para qué...».

Lo abrió en seguida. Es de mal agüero abrir el paraguas en una habitación, pero a él le urgía interponer algo entre el campanilleo de los relojes y su persona.

Y ahora que sonaran. Ya él con el paraguas abierto que sonaran. Los oiría como oír llover sobre el paraguas.

(M. Á. Asturias: *El hombre que lo tenía todo todo todo*,
Madrid, Alborada, 1988).

Fijémonos en cómo construye Miguel Ángel Asturias un texto narrativo partiendo de un personaje ficticio y de las sensaciones que le produce el campanilleo de los diferentes relojes que le rodeaban. El narrador omnisciente, además de narrar lo que percibe el protagonista, describe las sensaciones del sonido de los relojes que las representa en expresiones de habla por medio del estilo directo.

El texto está construido con frases breves que forman párrafos entrecortados, pero que están unidos mediante la repetición (en este caso, la forma paralelística), el uso del pretérito perfecto simple y la 3.ª persona de singular.

## 9.4. Modelo de texto narrativo

La narración trata de contar hechos y sucesos vividos por unos personajes referidos temporalmente dentro de un espacio determinado. Está constituida por tres partes: *principio*, donde se presentan las expectativas del hecho; *medio*, donde se desarrolla la trama de los acontecimientos desencadenados; y *fin*, momento en que se resuelven los conflictos y se produce el desenlace.

En la narración es importante mantener el interés y desarrollar la acción con cierto dinamismo sin que se pierda el hilo conductor de la acción principal ni de las secundarias. La narración refiere los acontecimientos unidos a la significación de la historia estableciendo relaciones con las causas y circunstancias en que se producen y las consecuencias resultantes. En medio de la narración pueden interpolarse otras formas de expresión, principalmente descripciones y diálogos. De cualquier forma, los textos narrativos son textos completos; a diferencia de los descriptivos que se nos presentan como partes o pasajes incompletos.

Uno de los géneros narrativos más utilizados es el relato, donde se cuentan hechos sucedidos a unos personajes, reales o ficticios, mediante una acción dinámica y llena de interés. En este tipo de textos dominan las expresiones y los enunciados destinados a referir hechos y a desarrollar acciones de los personajes.

### 9.4.1. ¿Qué es narrar?

Narrar consiste en contar hechos o historias reales, imaginarios o ficticios de algún personaje durante un tiempo en un lugar o lugares determinados. Todas las personas, no solo los escritores, contamos historias y hechos habitualmente.

### 9.4.2. ¿Cómo narrar?

Narrar es contar hechos y leyendas de tiempos pasados. La narración ha estado unida a la historia de todos los pueblos desde la época más remota. La forma de contar ha adquirido formas específicas: épica, cantar de gesta, romance, poema épico, cuento, leyenda, novela, relato, etcétera.

Para tejer la trama y la acción, el autor recurre a la expresión narrativa, pero también a la descriptiva y al diálogo. No obstante, necesita conocer los elementos y las técnicas de la narración.

### 9.4.3. Elementos de la narración

La narración es el relato de hechos situados en un *tiempo* y en un *lugar* determinados y entrelazados por unos *personajes* que generalmente son los protagonistas de la *acción*.

| ESQUEMA DE LOS PRINCIPALES ELEMENTOS NARRATIVOS | | | | | |
|---|---|---|---|---|---|
| Narrador | Punto de vista | Personajes | Lugar | Tiempo | Argumento o historia |
| 1.ª persona | Omnisciente | Protagonista | Interior | Externo | Planteamiento |
| 2.ª persona | Objetivo | Antagonista | Exterior | Interno | Nudo |
| 3.ª persona | | Secundarios | Abierto | | Desenlace |
| | | | Cerrrado | | |

### 9.4.4. Enfoques de la narración

El narrador es quien relata la historia, traza el hilo de la narración y proyecta la perspectiva, como narrador omnisciente u objetivo; además presenta a los personajes, que son los promotores de la acción, y los sitúa en un lugar concreto y en un tiempo determinado.

Para tejer la trama y la acción recurre a la expresión narrativa, pero también a la descriptiva y al diálogo.

| Persona gramatical | Tipo de narración | Características |
|---|---|---|
| 3.ª persona | Objetiva | El narrador cuenta desde fuera. |
| | Omnisciente | El narrador conoce lo que piensan los personajes. |
| | Testimonial | El narrador testigo cuenta lo que ve. |
| | Enfoque múltiple | Da sensación de objetividad, como en el cine. |
| | Colectiva | Los demás personajes describen al protagonista. |
| 2.ª persona | | Se dirige al lector o a sí mismo. |
| 1.ª persona | Autobiográfica | El narrador del relato es el mismo autor. |
| | No autobiográfica | El narrador es uno de los personajes. |

Aunque es frecuente que el narrador se identifique con el autor, el relato puede presentar otras perspectivas:

1) Narración en *3.ª persona:* el narrador cuenta los hechos sucedidos a los personajes sin participar en la historia. Normalmente el autor tiene varias posibilidades o puntos de vista de presentarla:

   *a)* Perspectiva *subjetiva,* como *narrador omnisciente,* en donde el autor cuenta la historia dando a conocer las acciones, los sucesos externos y los sentimientos de los personajes.

   *b)* Perspectiva *objetiva,* como *narrador objetivo,* al limitarse a contar de los personajes solo lo que saben los demás para que puedan ser criticados y juzgados por ellos. El diálogo es el medio a través del cual los personajes se dan a conocer.

*c)* Narrador *testigo*: el que narra no es el autor, sino que lo hace a través de un personaje que cuenta, en 3.ª persona, todo lo que observa. Cuenta la historia solo como observador de los hechos sin conocer las interioridades ni muchos detalles o bien la relata a través del punto de vista de un personaje en 3.ª persona.

*d)* Técnica del *perspectivismo* o enfoque narrativo múltiple, que consiste en narrar la acción desde distintos puntos de vista.

2) Narración en *2.ª persona*, dirigido al lector.
3) Narración en *1.ª persona*: puede constituir un *relato autobiográfico*, cuando el autor se identifica con el personaje que narra los hechos, con independencia de que sea o no verdad; y *no autobiográfico*, cuando uno de los personajes se reviste de narrador para dar mayor sentido objetivo o verosimilitud a lo que cuenta. Aquí el autor y el narrador son distintos.

### 9.4.5. Desarrollo de la acción

En la narración lo que importa es lo que sucede, es decir, la *acción*, que se mueve, se desarrolla y se transforma a través del tiempo en el espacio Las escenas se concatenan una con otra hasta llegar al desenlace. El hilo conductor de la acción es la *narración*, sin importar el orden en que se presenten los hechos. No obstante, el desarrollo de la acción puede presentarse de varias formas:

1) *Lineal:* tiene principio, nudo y desenlace. Se trata de una secuencia lógica, puesto que sigue un orden cronológico. Se asemeja a la vida misma, donde todo discurre de manera progresiva. Sigue una estructura fija:

a) *Principio:* es la parte donde se presentan los hechos, los personajes y el ambiente, por lo que las formas verbales son las de presente o imperfecto.

b) *Nudo:* comprende la sucesión de hechos relatados de forma amena y fluida, donde concurren emociones, tensiones, sentimientos y devaneos, por lo que se prefiere el presente histórico y el pretérito indefinido del verbo.

c) *Desenlace:* responde a la solución de la situación planteada y a la finalización de la tensión, del misterio o suspenso.

2) *Comienzo de la narración por el resultado o el desenlace* y continuación del relato de los hechos que llevaron a tal fin. En este caso, se cuentan antes las causas que los efectos, y los resultados antes que los sucesos que los desencadenan.

3) *Inicio por el medio* de la narración o «in medias res».

4) *Por cualquier otra parte* de acuerdo con la composición libre o artística.

En el relato no interesa la narración pura, puesto que los retratos de los personajes, las descripciones de ambientes, los diálogos y otros recursos ayudan a mantener la emoción y el interés. Además, el lector debe emocionarse ante los sentimientos y las impresiones que el narrador transmite. La sinceridad, la coherencia y la verosimilitud han de estar presentes por haberlos vivido o por tener un conocimiento vivo y referencias claras de lo que se cuenta.

### 9.4.6. Características y técnicas narrativas

El narrador trata de mantener el *interés del lector* mediante el recurso al orden *lineal y progresivo*, a la supresión de elementos superfluos (digresiones), a la selección del enfoque narrativo (1.ª, 2.ª o 3.ª persona), a la relación espacio-tiempo y a la perspectiva (objetiva, subjetiva, omnisciente, narrador-testigo y colectivo).

Dentro del ritmo *dinámico y progresivo*, el narrador da prioridad al tiempo pasado: pretérito perfecto, indefinido y presente histórico. La narración puede presentarla de manera *actual* (presente), *retrospectiva* (pasado) o *prospectiva* (futuro). A su vez, tiene la posibilidad de utilizar otras técnicas en la planificación de la acción, como: la *superposición de acciones*, la *simultaneidad*, el *contrapunto* (cruce de varias historias), el *flashback* del cine (vuelta al pasado), *in medias res* (si la historia se inicia en medio de la narración), etcétera.

En el desarrollo de la acción es importante seleccionar el enfoque: 1.ª persona (autobiográfica), 2.ª (dirigida al lector) o 3.ª persona (objetiva); establecer adecuadamente la relación entre *espacio real-espacio narrativo y tiempo interno* (el de la historia y el de la narración, que es el que tarda el autor en contarla); el *tiempo externo* (se refiere a la época). Sirve para reflejar *la ambientación* exterior o interior (lugar, escenario, momento...) mediante pronombres, deixis y adverbios para indicar la referencia contextual y situacional.

345

No hay que confundir al *autor* del relato, que está fuera del texto, con el *narrador*, que es guía de los hechos que se narran con *verosimilitud y fondo de verdad*. De cualquier modo, la historia puede contarse mediante una perspectiva única o múltiple y un enfoque que permite caracterizar al *narrador* del relato como:
— *objetivo*
— *subjetivo*
— *omnisciente* (conoce lo que sucede)
— *narrador testigo* (está presente en los sucesos)
— *narrador protagonista* (en relatos autobiográficos) y
— *móvil o caleidoscopio*: varios personajes se alternan en el relato de la historia).

Los *personajes*, que suelen caracterizarse física y/o psicológicamente, aparecen en las narraciones con diferentes cometidos: *protagonista* («redondo»: suele cambiar durante el relato), *secundario* («plano»: no suele evolucionar), *tipo*, *individual* y *colectivo*.

El *argumento*, identificado con la historia concreta que se cuenta, refiere los hechos mediante el *diálogo* —directo e indirecto—, la *descripción*, el *monólogo interior* (reflexión subjetiva y expresión de la conciencia), el *ambiente* y la *acción* que articula la *trama* dirigida a crear intriga.

A diferencia del argumento, el *tema* es el punto esencial en torno al cual gira la narración. A partir del tema se eligen los escenarios y los personajes y se traza el plan. A continuación, los narradores se disponen a urdir la trama. Pero existen muchas maneras de comenzar una narración; sirvámonos de ejemplos a partir de:
— un hecho testimonial del narrador, en las novelas de aventuras y personales, como *Memorias de Leticia Valle* de Rosa Chacel;
— una referencia temporal, como en *La cabeza de la hidra*, de Carlos Fuentes;
— un diálogo entre los personajes, como *Las guerras de nuestros antepasados*, de Miguel Delibes;
— la descripción del escenario, como *La Regenta*, de Clarín; *El fulgor y la sangre*, de Ignacio Aldecoa; *El Jarama*, de Rafael Sánchez Ferlosio o *La sonrisa etrusca*, de José Luis Sampedro;
— un hecho histórico referido, como en *La ciudad de los prodigios*, de Eduardo Mendoza;

— un pretexto o tópico literario, como sucede en el *Quijote*, de Cervantes; *La familia de Pascual Duarte*, de Camilo José Cela, y *La verdad sobre el caso Savolta*, de Eduardo Mendoza.

Una vez que se ha producido la apertura de la narración, se desencadenan los *episodios o escenas* a través de los cuales se articula la *trama* y se presenta la *intriga* hasta llegar al desenlace, que puede ser esperado o imprevisible. Lo que importa es presentar los hechos con aire de misterio e interés.

### 9.4.7. ¿Qué debemos considerar al iniciar la narración?

— Coherencia y unidad en el relato en cuanto a que los hechos contados han de estar al servicio de la historia.
— Presentar los hechos siguiendo un orden cronológico, aunque pueden utilizarse otras técnicas. La narración no necesariamente presenta una construcción fija, sino que más bien la acción se desarrolla de manera constante. Puede aparecer un orden lógico-causal o también una composición libre o artística.
— Diferenciar las acciones principales de las secundarias.
— Incorporar a los hechos narrados descripciones y diálogo a los personajes.
— Mantener la atención y un aire de suspense sobre la intriga contada.
— Adecuación de la expresión al relato para la determinación de un estilo variado, fluido y ameno.
— Los tiempos verbales suelen estar en pasado: el presente narrativo e histórico, el pretérito perfecto simple y el imperfecto de indicativo.
— Se deben evitar las fórmulas estereotipadas y las redundancias.
— Es esencial un buen comienzo.
— Intercambio de descripciones y de diálogos de los personajes.
— Lo importante es la trama humana, no las anécdotas ni los hechos secundarios.
— Dar sensación de veracidad y de verosimilitud.
— La acción ha de organizarse de modo progresivo manteniendo el interés y el suspense.
— El componente central de interés que mueve la acción forma el conflicto de fuerzas, puesto que es el elemento que incita a la

acción. El conflicto puede ser externo (entre dos o más personas) o interno (estados de conciencia o el mundo interior).

### 9.4.8. Clases de narración y géneros narrativos

A los autores les interesa resaltar la acción para despertar el máximo interés en los lectores. Es la ampliación de los *temas narrativos* lo que determina en gran medida los *tipos de narración*. Así vemos la gran variedad de asuntos que nos brinda el tratamiento de:
1) *Hechos externos*. En ellos se centran las novelas *picaresca, social, científica, realista, naturalista, de viajes, crónica...* Pío Baroja podría servir de ejemplo:

NARRACIÓN DE HECHOS EXTERNOS
Avanzaron los dos rivales hasta el centro de la taberna, lanzándose furiosas miradas. El interés y el espanto sobrecogió a los espectadores.
    El primero que acabó fue el Valencia, se inclinó hacia delante, como si quisiera saber dónde le heriría al contrario, se agachó, apuntó a la ingle y se lanzó sobre Leandro; pero viendo que éste le esperaba sin retroceder, tranquilo, dio un rápido salto hacia atrás. Luego volvió a los mismos ataques en falso, intentando sorprender al adversario con sus fintas, amagando al vientre y tratando de herirle en la cara; pero ante el brazo inmóvil de Leandro, que parecía querer ahorrar movimiento hasta tener el golpe seguro, el matón se desconcertó y retrocedió. Entonces avanzó Leandro.
    (Pío Baroja: *La busca*, Madrid, Caro Reggio, 1972).

2) *Motivaciones internas*. De ella dan cuenta las novelas *psicológica, onírica* (de sueños), *vivencial, melancólica, de sentimiento amoroso y apasionado, de desengaño, de amistad...* Juan Valera es un ejemplo peculiar:

NARRACIÓN DE MOTIVACIONES INTERNAS
—¡Ay, señor don Luis! —replicó Pepita toda desolada y compungida—. Ahora conozco cuán vil es el metal de que estoy forjada y cuán indigno de que la penetre y mude el fuego divino. Lo declararé todo, desechando hasta la vergüenza. Soy una pecadora infernal. Mi espíritu grosero e inculto no alcanza esas sutilezas, esas

distinciones, esos refinamientos de amor. Mi voluntad rebelde se niega a lo que usted propone. Yo ni siquiera concibo a usted sin usted. Para mí es usted su boca, sus ojos, sus negros cabellos, que deseo acariciar con mis manos; su dulce voz y el regalado acento de sus palabras, que hieren y encantan materialmente mis oídos; toda su forma corporal, en suma, que me enamora y seduce; y al través de la cual, y solo al través de la cual, se me muestra el espíritu invisible, vago y lleno de misterios.

(Juan Valera: *Pepita Jiménez*, Madrid, Espasa-Calpe, 1998).

3) *Imaginación y fantasía*. Se encuadran aquí las *novelas idealista, romántica, fantástica, futurista...* Gabriel García Márquez nos sirve de ejemplo:

IMAGINACIÓN Y FANTASÍA EN LA NARRACIÓN

El ángel era el único que no participaba de su propio acontecimiento. El tiempo se le iba en buscar acomodo en su nido prestado, aturdido por el calor del infierno de las lámparas de aceite y las velas de sacrificio que le arrimaban a las alambradas. Al principio trataron de que comiera cristales de alcanfor, que, de acuerdo con la sabiduría de la vecina sabia, era el alimento específico de los ángeles. Pero él los despreciaba, como despreció sin probarlos los almuerzos papales que le llevaban los penitentes, y nunca se supo si fue por ángel o por viejo que terminó comiendo nada más que papillas de berenjena. Su única virtud sobrenatural parecía ser la paciencia. Sobre todo en los primeros tiempos, cuando lo picoteaban las gallinas en busca de parásitos estelares que proliferaban en sus alas, y los baldados le arrancaban plumas para tocarse ellos sus defectos».

(G. García Márquez: *La increíble y triste historia de la cándida Eréndira*, Barcelona, Barral Editores, 1977).

Desde la antigüedad ha habido una necesidad de narrar sucesos. Las diferentes formas de presentarlos han determinado los *géneros narrativos*: epopeya, poemas épicos (cantares de gesta y romances) en la Edad Media, la novela desde el Renacimiento, el relato, la fábula, el cuento, el apólogo y la leyenda.

Podemos escribir textos narrativos utilizando las técnicas que hemos explicado y siguiendo un plan de desarrollo similar al de los escritores clásicos. Para ello, fijemos el tema, el enfoque y la finalidad que pretendamos.

### 9.4.9. Estilo narrativo: recursos lingüísticos y literarios

— El narrador procurará *despertar interés y cautivar* al lector con *argumentos atractivos*, con una disposición *dinámica*, con la presentación *verosímil* de los hechos, con la descripción de los *personajes* unida al *ambiente* y con una *expresión sencilla, variada y fluida*.

— En la narración se combinan, además de lo narrativo propiamente dicho, la *descripción*, el *diálogo* (directo e indirecto) e incluso lo expositivo y lo epistolar. Hay también novelas en que se intercalan fragmentos literarios, en prosa y en verso: es decir, pasajes y composiciones que tienen por objeto resaltar la creación estética.

— En la narración hay un predominio de formas verbales y de pronombres para dinamizar la acción. Se prefiere el pretérito indefinido, pretérito perfecto y el presente histórico para darle al lector la impresión de actualidad. Las frases no han de ser densas ni complejas con el fin de que la acción avance fluidamente en conexión con el paso del tiempo.

— Expresión sencilla, variada y fluida.

### 9.4.10. ¿Cuáles son las características de la narración y de la descripción?

En los relatos la descripción se entrelaza con la narración. Pueden distinguirse por los recursos literarios y las características propias de cada modalidad.

| NARRACIÓN | DESCRIPCIÓN |
|---|---|
| Dinámica por la rapidez en el paso del tiempo | Estática por el estancamiento del tiempo |
| Verbos activos y de movimiento | Verbos estativos y contemplativos |
| Dominio de pronombres | Predominio de adjetivos |

| NARRACIÓN | DESCRIPCIÓN |
|---|---|
| Tiempos pasados: pretérito perfecto, indefinido y presente histórico | Tiempos: presente e imperfecto |
| Palabras individualizadas | Palabras agrupadas y enumeradas |
| Oraciones enunciativas simples y compuestas | Oraciones coordinadas y yuxtapuestas |
| Función representativa: enunciado de acción. Adjetivación especificativa | Función expresiva, poética y representativa: adjetivación explicativa, epítetos, comparaciones, metáforas y enumeraciones |
| Ordenación de los elementos en el tiempo | Ordenación de los elementos en el espacio |

## 9.5. MODELO DE TEXTO DESCRIPTIVO

La descripción representa los objetos fijos, yuxtapuestos en espacio y sin avance temporal. Nos proporciona una visión contemplativa y estática de la realidad. En el texto descriptivo se considera el objeto u otra parte de la realidad en su totalidad sin evolución temporal. La unidad total proviene del conjunto de rasgos, cualidades y características que conforman la descripción: paisaje, cuadro, calle, animal, persona o sentimiento. En la descripción la representación de lo concreto se logra a través del lenguaje como base de la caracterización, la clasificación y la acumulación de cualidades. La descripción da preferencia a los adjetivos, a las enumeraciones y a la presencia de elementos sensoriales. No suelen constituir por sí mismos textos completos, sino que se nos presentan como partes segmentadas que tienen una cierta autonomía dentro de modelos textuales más amplios: narrativos y argumentativos.

## 9.5.1. ¿Qué es describir?

Describir consiste en explicar las características o cualidades de un objeto, un animal, una planta, un lugar, un ambiente, una persona, un sentimiento, una sensación de un paisaje o una escena. Carece de acción y nos brinda una visión estática de la realidad.

## 9.5.2. ¿Cómo describir?

La descripción es estática, al presentar las características o cualidades de la realidad en el espacio. El autor puede adoptar un punto de vista *objetivo*, si trata de dar una visión exacta de la realidad, con un enfoque denotativo, o *subjetivo*, si se transmite la impresión que le produce la realidad, mediante la expresión connotativa.

La descripción recurre a los sentidos para transmitir las impresiones y las sensaciones de la realidad percibida. A través de la descripción reflejamos los colores, las formas, los tamaños, los ruidos, los movimientos y las emociones. Con la *vista* observamos el objeto y lo situamos n el espacio; con el *oído* captamos los sonidos, las tonalidades de voz, los ruidos, la música; con el *olfato*, los olores; con el *tacto*, percibimos la textura, la forma y la temperatura; con el *gusto*, los sabores.

Según este planteamiento, podemos diferenciar dos tipos de descripción: una objetiva y otra subjetiva.

| DESCRIPCIÓN OBJETIVA O DENOTATIVA | DESCRIPCIÓN SUBJETIVA O CONNOTATIVA |
|---|---|
| — Actitud imparcial y precisión léxica | — Manifestación de sensaciones subjetivas |
| — Enumera los rasgos con precisión y objetividad | — Explica las cualidades que sugiere el objeto |
| — Uso de léxico específico y técnico | — Léxico variado y expresivo. Actitud subjetiva |
| — Adjetivos especificativos | — Adjetivos explicativos: epítetos |
| — Presente de indicativo: valor atemporal | — Presente e imperfecto de indicativo |

| DESCRIPCIÓN OBJETIVA O DENOTATIVA | DESCRIPCIÓN SUBJETIVA O CONNOTATIVA |
|---|---|
| — Función representativa o referencial<br>— Descripción objetiva y técnica: textos científicos | — Función expresiva y poética<br>— Recursos poéticos: comparaciones: textos literarios |

### 9.5.3. Características de la descripción

— La descripción atiende a la realidad percibida, imaginada o sentida.
— En la descripción se recurre a los sentidos para presentar la imagen de la realidad: forma, tamaño, volumen, grosor, olor, sonoridad, ambiente, etcétera.
— Los temas se centran en objetos, paisaje, personas o escenas.
— Manifestación de los sentimientos anímicos y de las sensaciones percibidas.
— Asociación de la realidad percibida con las emociones del autor.
— Observación y fijación de la realidad con cualidades y propiedades detalladas.
— Adopción de un punto de vista: objetivo o subjetivo.

### 9.5.4. ¿Para qué sirve la descripción?

La descripción es la forma de expresión que representa las partes, las cualidades, las notas características y los elementos que constituyen un ser animado, una persona o un objeto.

Mientras en una descripción literaria pueden presentarse las características de modo desordenado y enfocarse de manera subjetiva, en la científica y académica solo se admiten datos objetivos y comprobados y una ordenación lógica y clara.

### 9.5.5. ¿Qué técnicas se utilizan para describir?

Debemos observar la realidad con el fin de captar las características, las cualidades y las impresiones sensoriales de manera detallada. Una vez seleccionados los rasgos más llamativos, pasaríamos a la ordenación espacial (o descripción estática) o bien a la ordenación temporal (o descripción dinámica), al enumerar las acciones unidas a las características.

Mediante la descripción explicamos las partes de que consta un objeto, las cualidades que lo componen, las funciones que desempeñan y lo ponemos en relación con el espacio y el tiempo con otros objetos. Del conjunto de datos y de características que conocemos de los objetos, utilizamos las que mejor reflejan lo que deseamos describir. En esta tarea es imprescindible la selección y la ordenación de los datos y características en relación con la visión que deseamos dar a conocer. Podemos recurrir a técnicas distintas que van de lo *general a lo particular*, y al contrario; de la forma al contenido, y al contrario; y de lo *próximo a lo alejado en el tiempo y en el espacio*, y a la inversa.

Además del punto de partida y el orden adoptado, en la *descripción literaria* hay que proceder a la elección de los recursos literarios. Una descripción puede iniciarse con la explicación de las sensaciones externas o de una emoción concreta; en cualquiera de los casos se utilizan figuras literarias, como: la comparación o símil, la metáfora, la imagen, la sinestesia, el adjetivo explicativo y la enumeración.

### DESCRIPCIÓN CON DOMINIO DE RECURSOS LITERARIOS: EL ADJETIVO, LA ENUMERACIÓN Y EL POLISÍNDETON

Procedían todos de otras tierras y en el pueblo les llamaban «la chusma». Hacía poco que se explotaban las minas de las vertientes de Laguna Grande, y aquellas gentes mineras invadieron el pueblo. Eran en su mayoría familias compuestas de numerosos hijos, y vivían en la parte vieja del pueblo, en pajares habilitados primariamente: arracimados, chillones, con fama de pendencieros. En realidad eran gentes pacíficas, incluso apáticas, resignadas. Excepto el día de paga, en el que ese iban a la taberna del Guayo, a la del Pinto o a la de María Antonia Luque, con el dinero fresco, y donde se emborrachaban y acababan a navajazos.

Ellos, naturalmente, se pasaban el día en los pozos o en el lavadero de la mina. Mientras, sus mujeres trajinaban afanosamente bajo el sol o la lluvia, rodeadas de niños de todas las edades; o porfiaban con el de la tienda para que les fiase el aceite, las patatas o el pan; o lavaban en el río, a las afueras, en las pozas que se formaban bajo el puente romano; o lloraban a gritos cuando cualquier calamidad les afligía. Esto último, con bastante frecuencia.

Entre los de la «chusma» había una familia llamada los «Galgos». No eran diferentes a los otros, excepto, quizás, en que, por lo general, el padre no solía emborracharse. Tenía nueve hijos, desde los dos hasta los dieciséis años. Los dos mayores, que se llamaban Miguel y Félix, también empleados en la mina. Luego, les seguía Fabián, que era de mi edad [...]. Fabián era un niño muy moreno y pacífico, de pómulos anchos y de voz lenta, como ululante.

(Ana M.ª Matute: *El árbol de oro y otros relatos*,
Madrid, Bruño, 1997).

Para la *descripción científica* se recurre a un lenguaje de carácter denotativo con dominio de la precisión, la objetividad, la claridad y la ordenación lógica. A ello se une el recurso a palabras técnicas y específicas de la materia de que se trate y a estrategias que se incluyen en las descripciones:

— La *definición* es una estrategia discursiva que se utiliza en la descripción y en la exposición. Consiste en determinar cuáles son las características que singularizan un objeto, un fenómeno, un concepto o un proceso. Sirve en las descripciones científicas para delimitar las características y propiedades particulares de un ser, un objeto, un hecho, una situación o un concepto pertenecientes al mundo físico, social, cultural o psicológico.

— La *analogía* es una estrategia discursiva que consiste en explicar las características de un objeto y compararlas con algún otro con componentes similares. Es un procedimiento válido para la transmisión de conocimientos por su proyección didáctica. De ahí que se utilice frecuentemente en los textos académicos, en los prácticos, en los instructivos y en los divulgativos.

### Estrategias en la descripción: definición y analogía

La materia cerebral es un gigantesco receptor de multitud de estímulos proporcionados por el medio ambiente exterior, que impone, sin embargo, una serie de restricciones funcionales: las únicas puertas de entrada al cerebro son los receptores sensoriales, que requieren una concordancia entre su sensibilidad específica y las características de la información. Por ejemplo: los receptores visuales de la retina solo son excitados por longitudes de onda comprendidas entre 400 y 700 milímicrones, y los receptores del oído solo responden a sonidos entre 16 y 20.000 ciclos por segundo; por tanto, todo lo que está fuera de estas escalas ni se ve, ni se oye. Los rayos X, los rayos cósmicos, los ultrasonidos y otros muchos fenómenos pasan desapercibidos para el cerebro por falta de receptores adecuados.

Los receptores sensoriales convierten las energías recibidas en actividades nerviosas químicas y eléctricas, cambiando, por tanto, el código informativo. La realidad no es aceptada por el sistema nervioso, al que solo pueden llegar los códigos que la representan, lo que supone una alteración del simbolismo que representa la información. Esta afirmación no debe interpretarse como un intento materialista de reducir la información y los procesos mentales a electricidad y química. Simplemente, hay que reconocer el papel esencial de los portadores materiales de la información, sin confundirlos con ésta, ni con el simbolismo de códigos.

(José M. R. Delgado: *Mi cerebro y yo*, Madrid, Temas de Hoy, 1994).

Aunque la descripción es estática frente al carácter dinámico de la narración, el autor puede proporcionar cierto movimiento cuando aplica *la técnica cinematográfica*. Para ello, se recurre al presente de indicativo con valor actual y la percepción visual semejante al de una cámara, que oscila desde una visión panorámica a aspectos concretos o detalles y al contrario.

### 9.5.6. ¿Qué proceso seguimos en la descripción?

Conviene distinguir entre la descripción técnica, que ha de ser completa, clara y concisa, y la literaria, que ha de crear la ilusión de una realidad vivida porque en ella se reflejan las impresiones y sentimientos del escritor.

La descripción suele incluirse dentro de la narración, puesto que normalmente actúa como soporte. No obstante, el acto de describir precisa de algunos aspectos:

— Observación detallada y minuciosa de la realidad. En esta parte intervienen todos los sentidos y la reflexión que actúa al tratar de responder a: ¿qué voy a describir?, ¿cómo?, ¿dónde?, ¿cuándo?, ¿qué rasgos lo componen?, ¿qué me llama la atención?, ¿qué deseo destacar?, ¿para qué sirve? y ¿qué espero?

— Selección y ordenación de los datos, elementos y rasgos que se ajustan al tema descrito. Este doble cometido se obtiene reor-

ganizando los elementos yendo de lo general a lo particular, de lo cercano a lo lejano o de la forma al contenido y al revés.
— Integración de los elementos observados en torno al núcleo temático. En este momento nos detenemos en las particularidades de los elementos y en la adecuación de las palabras que representen y simbolicen todo el conjunto de elementos.
— Redacción coherente y unitaria de todos los rasgos de interés. Es el momento de la descripción propiamente dicha mediante el ajuste de la expresión lingüística y literaria.

## 9.5.7. Clases y técnicas descriptivas

Cualquier objeto o parte de la realidad puede ser objeto de la descripción. A través de ella nos referimos al mundo *externo* (objetos, paisajes, animales, personas, escenas) y al *interno* (sentimientos, emociones, vivencias). En el texto descriptivo se puede partir de un hecho real o imaginario. Para establecer una tipología de la descripción recurrimos a algunos criterios —finalidad, realidad y punto de vista—, tal como figuran en el siguiente cuadro:

| Finalidad | Realidad | Punto de vista |
|---|---|---|
| Técnica: objetiva y lógica. | Objetos (Paisajes: color, luz, matiz, sensación) | Externo (Contempla la realidad desde fuera) |
| Literaria: subjetiva y expresiva. | — Cinematográfica: objeto móvil y sujeto inmóvil. | — Cinematográfico: objeto móvil y sujeto inmóvil. — Pictórico: objeto y sujeto inmóviles. |
| | — Cronográfica: caracteriza una época determinada. | — Expresionista: domina lo intuido y lo sentido sobre la impresión de los objetos. Es surrealista y esperpéntica. |
| | — Pictórica: objeto y sujeto inmóviles. Detallada y llena de matices. | — Impresionista: se centra en impresiones y sensaciones percibidas. |

357

| FINALIDAD | REALIDAD | PUNTO DE VISTA |
|---|---|---|
| | — **Topográfica**: objeto inmóvil y sujeto en movimiento. | — **Topográfica**: objeto inmóvil y sujeto en movimiento. |
| | PERSONAS | INTERNO (Contempla la realidad desde dentro) |
| | **Autorretrato**: definición de sí mismo. | **Emociones** |
| | **Caricatura**: burla de personas. | **Fantasía** |
| | **Etopeya**: rasgos morales de alguien. | **Imaginación** |
| | **Prosopografía**: rasgos físicos. | **Realidad abstracta e inventada** |
| | **Retrato**: rasgos físicos y morales. | **Sentimientos** |
| | ANIMALES (Caracteres y/o personificaciones) | **Vivencias internas** |
| | ESCENAS (Hechos, ambientes, situaciones) | **Experiencias místicas o espirituales** |

## 9.5.8. ¿A qué criterios recurrimos para clasificar la descripción?

*Atendiendo a la forma de expresión empleada, distinguimos:*
— Descripción *científica o técnica*: es denotativa, objetiva y lógica, que requiere precisión, claridad y exactitud de las palabras en las

358

enumeraciones y características. Sirve para dar a conocer los elementos y partes que constituyen un objeto o una realidad. Requiere las siguientes cualidades: precisión, objetividad, claridad y orden lógico. Mediante este tipo de descripción se define y se precisa.

### EJEMPLO DE DESCRIPCIÓN TÉCNICA

En el oído vital se distinguen tres grandes períodos: desarrollo, madurez y vejez. El primero, que es el que nos interesa comentar aquí, va desde el nacimiento hasta los 25 ó 30 años y comprende la infancia, niñez, adolescencia y juventud. La madurez, o período de relativa estabilidad y plenitud vital, se extiende desde los 25 ó 30 años hasta los 55 ó 60, edad en que comienza el período involutivo. Por supuesto, los límites cronológicos de estos períodos son muy variables, en función del clima, tipo de vida, constitución del individuo, etc. Ha habido épocas y países, y aún existen, donde un hombre de 45 ó 50 años es un anciano, mientras lo que se observa en Occidente es, por el contrario, una tendencia a prolongar la juventud y mantener la madurez hasta edades muy avanzadas.

(J. L. Pinillos).

— Descripción *literaria:* es una forma de manifestar las sensaciones e impresiones sobre algo o alguien. Mediante este tipo de descripción pretendemos emocionar y reflejar los sentimientos subjetivos. Tiene un carácter estético, expresivo y psicológico. En ella concurre el lenguaje sugerente, evocador y connotativo o subjetivo. En este tipo de descripción se sugiere y se evoca. Dentro de la literaria se incluyen las descripciones: *externa, pictórica, topográfica, cinematográfica* e *interna.* Como muestra de descripción literaria con visión subjetiva:

### EJEMPLO DE DESCRIPCIÓN LITERARIA

Yo recordaba nebulosamente aquel antiguo jardín donde los mirtos seculares dibujaban los cuatro escudos del fundador, en torno de una fuente abandonada. El jardín y el Palacio tenían esa vejez señorial y melancólica de los lugares por donde en otro tiempo pasó la vida amable de la galantería y del amor. Bajo la fronda de aquel laberinto, sobre las terrazas y en los salones, habían florecido las risas y los madrigales, cuando las manos blancas que en los viejos retratos sostienen apenas los pañolitos de encaje, iban deshojando las margaritas que guardan el cándido secreto de los corazones. ¡Hermosos y lejanos recuerdos! Yo también los evoqué un día lejano, cuando la mañana otoñal y dorada envolvía el jardín húmedo y reverdecido por la constante lluvia de la noche. Bajo el cielo límpido, de un azul heráldico, los cipreses venerables parecían tener el ensueño de la vida monástica. La caricia de la luz temblaba sobre las flores como un pájaro de oro, y la brisa trazaba en el terciopelo de la yerba, huellas ideales y quiméricas como si danzasen invisibles hadas. Concha estaba al pie de la escalinata, entretenida en hacer un gran ramo con las rosas. Algunas se habían deshojado en su falda, y me las mostró sonriendo: ¡Míralas qué lástima!

(Valle-Inclán: *Sonata de otoño*, Madrid, Espasa-Calpe, 1995).

Existen diferencias dentro de las descripciones literarias. Podemos observarlas atendiendo a diferentes y criterios.

### Por lo que toca al objeto y sujeto de la descripción, diferenciamos:

— Descripción *pictórica*: se nos muestra el objeto y el sujeto inmóviles, como un pintor ante un paisaje, objeto o persona. Interesa ante todo el color, la forma y la luz.
— Descripción *topográfica*: aparece el objeto atención y el sujeto en movimiento, al modo con que vemos los objetos en viaje de tren, avión o coche. No describimos todo lo que se ve, sino solo lo que nos llama la atención o que sobresale.
— Descripción *cinematográfica*: cuando el objeto está en movimiento y el sujeto está inmóvil, como un espectador de una película. En esta descripción tratamos de representar todos los detalles que provienen de la luz, el color, la forma, el tamaño, el movimiento, el sonido y todo lo llamativo.

### Según la sensación percibida de la realidad, observamos:

— Descripción *expresionista*: domina en este tipo lo que ha intuido y sentido el sujeto al impresionar la realidad o el objeto. Es la técnica del surrealismo y del esperpento.
— Descripción *impresionista*: manifestación directa y espontánea de las impresiones y de las sensaciones que la realidad produce en el sujeto. Es esencialmente una descripción sensorial y sugestiva.

### EJEMPLO DE DESCRIPCIÓN EXTERNA E IMPRESIONISTA

El río se desliza manso, con sus aguas rojizas; junto a él —donde antaño estaban los molinos y el obraje de paños— se levantan dos grandes edificios; tienen una elevadísima y sutil chimenea; continuamente están llenando de humo denso el cielo de la vega. Muchas de las callejas del pueblo han sido ensanchadas; muchas de aquellas callejitas que serpenteaban en entrantes y salientes —con sus tiendecillas— son ahora amplias y rectas calles donde el sol calcina las viviendas en verano y el vendaval frío levanta cegadoras polvaredas en invierno. En las afueras del pueblo, cerca de la Puerta Vieja, se ve un edificio redondo, con extensas graderías llenas de asientos y un círculo rodeado de un vallar de madera en medio. A la otra parte de la ciudad se divisa otra enorme edificación, con innumerables ventanitas; por la mañana, a mediodía, por la noche, parten de ese edificio agudos, largos, ondulantes sones de cornetas. Centenares de lucecitas iluminan la ciudad durante la noche: se encienden y se apagan ellas solas.

(Azorín: *Castilla*, Madrid, Biblioteca Nueva, 1989).

### EJEMPLO DE DESCRIPCIÓN INTERNA

Fernando se sentía enloquecer. Su hermana, sus tierras, todo arrasado por aquella fuerza bruta. Lo habían aniquilado. Una honda desesperación le torcía las fibras. Lo habían destruido a él mismo en algo más que su persona sin haberlo podido evitar. Lo habían destruido. Lo habían destruido. Lo habían destruido. Desesperada impotencia ante lo ya consumado. Lo habían destruido. El mundo nacería o acabaría mil veces, y aquello no podría cambiar. Lo habían destruido. Fuera de sus manos, más allá de su acción, pese a su exasperada angustia, estaba destruido para siempre. Destruido. Destruido. Destruido. Ahora comprendía que los hombres se exterminaran en la guerra.

(A. Uslar Pietri: *Las lanzas coloradas*, Madrid, Alianza, 1996).

### EJEMPLOS DE RETRATO

Miguel era un estudiante pálido, de ojos afiebrados, pantalones desteñidos y botas de minero, en el último curso de Derecho. Era dirigente izquierdista. Estaba inflamado por la más incontrolable pasión: buscar justicia.

(I. Allende: *La casa de los espíritus*, Madrid, Plaza & Janés, 1989).

Don Santiago era impulsivo y desprovisto de reflexión. Lo dominaba el mal demonio de la carne. Cuando entre las esclavas jóvenes alguna le gustaba, el capataz se la llevaba por la noche. Era un varón primitivo. Cuando entre el sueño, los esclavos, echados sobre la tierra, sentían crujir la recia puerta del depósito de las mujeres, sonreían sabiendo lo que aquel ruido significaba.

Su mujer lo sorprendió en plena falta. Tuvieron una exasperada disputa. Ella hizo una promesa a los santos para ganarlo al buen camino.

Un día salió a pie, vestida de Dolorosa, desde la casa de la hacienda hasta la capilla del pueblo vecino: las manos juntas, los ojos hacia la tierra, rezando en voz alta. La acompañaban gran número de esclavos, que hacían coro de sus plegarias. Los que la topaban en el largo camino se ponían de rodillas. Rezó una hora en la capilla y regresó con igual aparato. La visión de su madre con aquel traje estrafalario, marchando a pleno sol, no se borró nunca de la imaginación de Fernando.

(A. Uslar Pietri: *Las lanzas coloradas*, Madrid, Alianza, 1996).

### 9.5.9. Estilo descriptivo: recursos lingüísticos y literarios

— Por medio de esta forma de expresión pretendemos manifestar toda la gama de sensaciones que percibimos de manera casi contemplativa. Para ello, recurrimos a *construcciones atributivas, coordinadas y yuxtapuestas*; a formas *nominales* con dominio de *sustantivos y adjetivos explicativos y sensoriales*; a largas *enumeraciones*; a *aposiciones explicativas*; a *recursos literarios* como la metáfora, la personificación, el apareamiento, la comparación y la sinestesia; a empleo de *sinónimos*; y a formas verbales propias, como el *presente* y el *imperfecto de indicativo*.

— Es una forma de *expresión estática*, puesto que no hay acción sino contemplación de una escena experimentada, percibida o sentida y el tiempo está parado. Se utiliza para explicar las cualidades externas o internas de personas, animales, plantas, objetos, lugares, ambientes y situaciones.

— La descripción ha de ser *viva* y estar *próxima a la realidad*. Se resaltan los detalles más llamativos, enérgicos y significativos.

— Variedad de expresión y estilo claro, sencillo y sugestivo.

## 9.5.10. ¿Qué podemos describir?

Descripción de seres inanimados: ciudad, iglesia, casa, salón, paisaje, ambiente, objeto, etcétera.

EJEMPLOS DE DESCRIPCIÓN DE UNA CIUDAD, UN OBJETO,
UN PAISAJE Y UN AMBIENTE

### Ciudad

El año en que Onofre llegó a Barcelona la ciudad estaba en plena fiebre de renovación. Esta ciudad está situada en el valle que dejan las montañas de la cadena costera al retirarse un poco hacia el interior, entre Magrat y Garraf, que de este modo forman una especie de anfiteatro. Allí el clima es templado y sin altibajos: los cielos suelen ser claros y luminosos; las nubes, pocas; y aun éstas blancas; la presión atmosférica es estable; la lluvia, escasa, pero traicionera y torrencial a veces. Aunque es discutida por unos y por otros, la opinión dominante atribuye la fundación primera y segunda de Barcelona a los fenicios. Al menos sabemos que entra en la Historia como colonia de Cartago, a su vez aliada de Sidón y Tiro. Está probado que los elefantes de Aníbal se detuvieron a beber y triscar en las riberas del Besós y del Llobregat camino de los Alpes, donde el frío y el terreno accidentado los diezmarían. Los primeros barceloneses quedaron maravillados a la vista de aquellos animales. Hay que ver qué colmillos, qué orejas, qué trompa o proboscis, se decían.

(E. Mendoza: *La ciudad de los prodigios*, Barcelona, Planeta, 1996).

### Objeto

Suenan las nueve y media en el viejo reló de breves numeritos que brillan como si fueran de oro. El reló es un mueble casi suntuoso que se había traído de la exposición de París un marquesito tarambana y sin blanca que anduvo cortejando a doña Rosa, allá por el 1905. El marquesito, que se llamaba Santiago y era grande de España, murió tísico en el Escorial, muy joven todavía, y el reló quedó posado sobre el mostrador del café, como para servir de recuerdo de unas horas que pasaron sin traer el hombre para doña Rosa y el comer caliente todos los días, para el muerto. ¡La vida!

(C. J. Cela: *La colmena*, Madrid, Alfaguara, 1998).

## Paisaje

La cascada de Cifuentes es una hermosa cola de caballo, de unos quince o veinte metros de altura, de agua espumeante y rugidora. Sus márgenes están rodeados de pájaros que se pasan el día silbando. El sitio para hacer una casa es muy bonito, incluso demasiado bonito.

(C. J. Cela: *Viaje a la Alcarria*, Barcelona, Destino, 1998).

## Ambiente

Caía la tarde; los coches han partido con estrépito de tablas y herrajes; yo he emprendido la caminata por la carretera adelante, hacia el lejano pueblo. Los coches han dado la vuelta; las caras de estas buenas señoras — doña Juana, doña Angustias o doña Consuelo— no se aportaban de los cristales. Yo iba embozado en mi capa lentamente, como un viandante, cargado con el peso de mis desdichas. Los anchurosos corrales manchegos han comenzado a aparecer a un lado y a otro del camino; después han venido las casas blanqueadas, con las puertas azules; más lejos se han mostrado los caserones, con anchas y saledizas rejas rematadas en cruces. El cielo se ha ido entenebreciendo; a lo lejos, por la carretera, esfumados en la penumbra del crepúsculo, marchan los coches fatigados.

(Azorín: *La ruta de D. Quijote*, Madrid, Cátedra, 1988).

Descripción de seres animados: un bosque, una planta, un animal.

### EJEMPLOS DE DESCRIPCIÓN DE UN ANIMAL O PLANTA

Entró en una estancia muy pequeña, adonde la claridad llegaba apenas por un ventanuco alargado. Afuera, al otro lado, debían moverse las ramas de algún árbol, porque la luz era de un verde fresco y encendido, extraño como un sueño en la oscuridad. El fajo de luz verde venía a dar contra la cabecera de la cama de hierro en que estaba la niña. Al verla, abrió sus párpados entornados.

(Ana M.ª Matute: *El árbol de oro y otros relatos*, Madrid, Bruño, 1997).

Un galgo negro ronda al viajero mientras el viajero come sus sopas de ajo y su tortilla de escabeche; es un perro respetuoso, un perro ponderado que ni molesta ni pide, un perro que lleva su pobreza con dignidad, que come cuando le dan y, cuando no le dan, disimula. A su sombra ha entrado también el comedor un perro rufo y peludo, con algo de lobo, que mira entre cariñoso y extrañado. Es un perro vulgar, sin espíritu, que gruñe y enseña los colmillos, cuando no le dan. Está hambriento y, cuando el viajero le tira un pedazo de pan duro, lo coge al vuelo, se va a un rincón, se acuesta y lo devora. El galgo negro lo mira con atención y ni se mueve.

(C. J. Cela: *Viaje a la Alcarria*, Barcelona, Destino, 1998).

Descripción de personas: retrato físico y psicológico. La caricatura.

### EJEMPLOS DE DESCRIPCIÓN DE UNA PERSONA

La dueña llama al encargado. El encargado se llama López, Consorcio López, y es natural de Tomelloso, en la provincia de Ciudad Real, un pueblo grande y hermoso y de mucha riqueza. López es un hombre joven, guapo, incluso atildado, que tiene las manos grandes y la frente estrecha. Es un poco haragán y los malos humores de Doña Rosa se los pasa por la entrepierna. A esta tía —suele decir— lo mejor es dejarla hablar; ella sola se para. Consorcio López es un filósofo práctico; la verdad es que su filosofía le da buen resultado.

(C. J. Cela: *La colmena*, Madrid, Alfaguara, 1998).

La señá Frasquita, legítima esposa del tío Lucas, era una mujer de bien, y de que así lo sabían todos los ilustres visitantes del molino. Digo más: ninguno de éstos daba muestras de considerarla con ojos de varón ni con trastienda pecaminosa. Admirábanla, sí, y requebrábanla en ocasiones (delante de su marido, por supuesto), lo mismo los frailes que los caballeros, los canónigos que los golillas (adorno sobre el cuello), como un prodigio de belleza que honraba a su Criador, y como una diablesa de travesura y coquetería, que alegraba inocentemente los espíritus más melancólicos [...]. Tenía más de dos varas de estatura, y era recia a proporción, o quizá más gruesa todavía de lo correspondiente a su arrogante talla. Parecía una Niobe colosal, y eso que no había tenido hijos: parecía un Hércules... hembra; parecía una matrona romana de las que aún hay ejemplares en el Trastevere. Pero lo más notable en ella era la movilidad, la ligereza, la animación, la gracia de su respetable mole.

(P. A. Alarcón: *El sombrero de tres picos*, Madrid, Espasa-Calpe, 1986).

Descripción del mundo espiritual y fantástico.

EJEMPLOS DE DESCRIPCIÓN INTERNA Y ESPIRITUAL

## Interna

Soy una vieja, revieja. Tengo sesenta y ocho años. Pronto voy a morir. Me estoy muriendo ya, me están matando día a día. Ahora mismo me arrancan los escalones de mármol, la gloria de los escalones de mármol [...]. Siento terribles dolores cuando los brutos esos andan por mis cuartos con sus hierros golpeando las paredes [...]. Me avergüenzo de que me vean así, mugrienta, sórdida, de que todo el mundo me vea así desde la calle, con solo asomarse al vestíbulo donde ya no hay puerta y a los boquetes abiertos bajo los balcones sin persianas.

(M. Mújica Láinez: *La casa*, Barcelona, Plaza & Janés, 1983).

## Espiritual

Yo sentía una impaciencia constante. Era la primera vez que experimentaba celos y ese sentimiento adherido a mi piel de día y de noche como una oscura mancha, una suciedad imposible de quitar, llegó a ser tan insoportable que, cuando al fin pude librarme de él, me había desprendido definitivamente del afán de poseer a otro y la tentación de pertenecer a alguien.

(I. Allende: *Eva Luna*, Barcelona, Plaza & Janés, 1991).

La diferencia entre la descripción interna y la espiritual está en los sentimientos y sensaciones que se expresan. En ambas se suele utilizar la primera persona de los verbos. Pero, mientras en la interna la persona se describe a sí misma, en la espiritual el narrador manifiesta un conjunto de sensaciones psíquicas que le llevan a identificarse con algo que trasciende su propia existencia.

# CAPÍTULO X

# Modelos de textos según la modalidad: exposición y argumentación

## 10.1. MODELO DE TEXTO EXPOSITIVO

La *exposición* se considera como la manifestación abstracta de la realidad representada, a semejanza de la *descripción*, que está destinada a la representación de la realidad concreta. El contenido de la exposición lo constituyen ideas, pensamientos, opiniones y reflexiones de carácter abstracto, siguiendo la misma disposición acumulativa utilizada en la descripción. En líneas generales, la exposición se nos presenta como un conjunto de ideas encadenadas de manera sólida sin la idea de defender la verdad ni de demostrar con argumentos el pensamiento expresado.

A pesar de todo, en la exposición se presentan las ideas expresadas de manera abstracta manteniendo una relación lógica entre ellas. Como forma discursiva, la exposición se percibe de forma fragmentaria o formando parte de un texto más amplio puesto que no suele disponerse la información jerárquicamente, sino más bien en un nivel semejante de igualdad.

### 10.1.1. ¿Qué es la exposición?

Exponer es explicar con claridad y orden ideas sobre un determinado tema. La exposición es un escrito donde el autor presenta y explica diferentes aspectos de un tema. Por ello, en la exposición se puede presentar, comparar, clasificar, definir, explicar, contrastar, relacionar, ejemplificar y concluir.

La exposición se utiliza para realizar definiciones, explicar hechos, desarrollar ideas e informaciones y dar instrucciones.

En la exposición se parte de una idea y, seguidamente, se añaden explicaciones presentando causas y consecuencias.

Son expositivos: textos académicos (exámenes, comentarios y trabajos), instructivos, informativos (noticias), cartas comerciales, instancias, solicitudes, informes, etcétera.

La exposición es una forma de expresión propia de las unidades de comunicación destinadas a presentar ideas de modo ordenado y objetivo. Se utiliza para desarrollar el contenido de un tema con el fin de informar, explicar, difundir e interpretar objetivamente determinadas ideas. Requiere un conocimiento del tema por parte del escritor. Es una de las manifestaciones de expresión propias de los escritos didácticos: exposiciones de clase, trabajos, exámenes, etc. Se recurre al texto expositivo tanto en la *lengua oral* (disertación y conferencia) como *escrita* (artículo periodístico).

## 10.1.2. ¿Qué tipos de exposición utilizamos?

En principio, la exposición puede ser *oral* (conferencia, charla, disertación, lección magistral, explicativa o didáctica, etc.) o *escrita* (artículo, trabajo, comentario, examen, resumen, monografía, manual, etc.).

La técnica expositiva se utiliza para desarrollar un tema de manera coherente, ordenada y clara que permita ser leído con fluidez e interpretado con facilidad.

Entre las clases de exposición más características podemos incluir:

| MODALIDADES DE EXPOSICIÓN | CARACTERÍSTICAS |
| --- | --- |
| — Científica | — Tema especializado. Exige orden, rigor y precisión |
| — Didáctica | — Temas de conocimiento. Precisa orden, claridad y exactitud |
| — Divulgativa | — Dirigida a un público extenso. Tema de interés y estilo sencillo |
| — Humanística | — Exige análisis reflexivo, orden, claridad y desarrollo dialéctico |
| — Periodística | — Dominio de objetividad, claridad y exactitud en la información |

En todas ellas se exige rigor en la explicación; orden y claridad en el desarrollo. Al exponer, realizamos una serie de *operaciones sucesivas:* presentación, definición de conceptos, clasificación, explicación, ejemplificación, relación o contraste y conclusión.

Los *géneros* que utiliza la exposición como medio propio de expresión son: *monografías* (o trabajos de investigación), *exámenes, trabajos didácticos* o escolares, *análisis* y *comentarios, artículos, informes, conferencias, disertaciones* y *editoriales*. Es, además, la forma más apropiada del *ensayo.*

Sirva de ejemplo el siguiente fragmento de María Zambrano:

### EJEMPLO DE TEXTO DE ENSAYO

Se ha hablado del individualismo español como de algo congénito y permanente, cuando la realidad es, que este individualismo exasperado solo aparece cuando la sociedad española, su historia actual, se ha quebrado; cuando el español se siente en el desierto y se refugia en sí mismo, en su valor para afrontar la muerte buscándola por nada, corriendo hacia ella para comprobar su condición humana, de hombres capaces de morir como hombres, esto es: moralmente.

¿Qué es España?, es la pregunta que el intelectual se hace y se repite. Se le ha hecho a la cultura española el reproche de no haber fabricado una metafísica sistemática a estilo germano, sin ver que hace ya mucho tiempo que todo era metafísica en España. No se hacía otra cosa, apenas; en el ensayo, en la novela, en el periodismo inclusive y tal vez donde más. No le va al español el levantar castillos de abstracciones, pero su angustia por el propio ser de cada uno, es inmensa y corre por donde quiera se mire. No tiene otro sentido toda la literatura del noventa y ocho y de lo que sigue.

Y como esa soledad en que el hombre de quehaceres individuales (el intelectual), se ha quedado, proviene de la soledad en que todos se habían quedado en España con respecto al pasado y a la tradición, al hecho terrible de no tener al día la tradición, hay en consecuencia una falta de espacio y perspectiva, de ordenación de valores que hace identificarse a cada uno de los intelectuales españoles con España misma. Caso típico don Miguel de Unamuno; creía que él era España y por eso no temía equivocarse ni creyó que tendría que dar cuentas a nadie; él mismo era el tribunal y el pueblo.

(María Zambrano: *El español y la tradición).*

La exposición se emplea en *géneros de la lengua oral* (exposición didáctica, discurso, conferencia...) y de la *escrita* (artículos —científico, humanístico, periodístico—, textos de ensayo, monografías, informes, comentarios y trabajos escolares, manuales y artículos científicos).

El *ensayo* es un género amplio y abierto en cuanto a temas, a enfoques y a tratamiento. Es un género en prosa y de divulgación «sin prueba explícita», al decir de Ortega y Gasset. De constante actualidad, al ser cultivado por científicos, humanistas, periodistas, escritores e intelectuales en general. Por tanto, no se limita al ámbito de la ciencia, sino que sirve para el desarrollo de temas relacionados con la historia, el pensamiento, la economía, la sociología, la política, la religión, la filosofía, el arte, la literatura, etc. El divulgativo va dirigido a un público no especializado. Aunque el ensayo se utiliza con frecuencia para la elaboración de los textos científicos —especializados y divulgativos—, comparte muchos rasgos de otros lenguajes: el humanístico, el periodístico, el filosófico y el literario. En realidad, el ensayo es una exposición escrita (o disertación oral) sobre temas variados, sin verificación explícita, enfocados de modo objetivo-subjetivo y tratados con un cuidado esmerado en la expresión lingüística.

### EJEMPLO DE TEXTO EXPOSITIVO

Se habla sin cesar de generaciones. (Casi siempre, hay que decirlo, con una singular y sorprendente confusión, tomando la cosa desde el principio, tropezando en todos los escollos que han ido salvando —por lo visto en vano— los que se han esforzado en aclarar la cosa). Se habla de ellas incluso en los países que prácticamente desconocen en teoría, como los anglosajones. Tal vez, fieles a su vieja tradición, manejan empíricamente una vaga noción que les permita familiarizarse con la realidad de que se trata y solo más adelante, un buen día, se decidirán a preguntarse teóricamente qué es eso de generaciones. Sobre todo se habla de la generación más joven, de la que está a punto de entrar en la vida histórica. Sus límites temporales, si se toma de un modo universal, aunque sea dentro de Occidente, son problemáticos; pero se trata más o menos de los jóvenes entre quince y treinta años. Hay una indudable inquietud acerca de esa generación. Hay, además, la impresión de que ciertos caracteres suyos son generales y se encuentran por igual en España y Alemania, en Francia y Argentina, en los EE. UU. e Inglaterra. Hace poco tiempo, menos de dos años, la revista americana *Time* publicó un artículo sobre «La generación más joven», en el cual se apuntaban caracteres de los que suelen atribuírsele en Europa. Según este artículo, los jóvenes tendrían cierta apatía; no publican —se dice— manifiestos, no pronuncian discursos, no llevan carteles; no quieren ir al Ejército; sus ambiciones se han encogido; quieren un buen puesto seguro; sea por miedo, pasividad o convicción, son fáciles de conformar; buscan una fe.

(Julián Marías: La generación silenciosa).

### 10.1.3. ¿Qué técnicas y recursos utilizamos en los textos expositivos?

— Amplitud y *variedad temática*: todo tema puede ser objeto de tratarse en el ensayo. No obstante, los más convenientes son todos aquellos que se prestan a dar una explicación de la realidad y del mundo, a manifestar los conocimientos adquiridos y a contrastar las ideas.
— Menor profundidad en el tratamiento de los temas que en la prosa de investigación.
— Simultaneidad del *enfoque objetivo-subjetivo*. Frente a la exigencia objetiva de la prosa de investigación científica, el ensayo está marcado por el punto de vista personal o subjetivo. A veces, se enmascara con el uso de la 3.ª («se habla») o 1.ª persona de plural: «Vamos a hablar del oficio del moralista, que no debe confundirse sin más con el oficio de filósofo moral» (J. L. López Aranguren). En el ensayo hay impresiones, experiencias y manifestación de opiniones. Conviene, por ello, explicar los componentes mediante relaciones y correspondencias *(de una parte, de otra)* y mediante comparaciones, ejemplos, anáforas, contrastes, aclaraciones, referencias culturales o científicas y alusiones ideológicas.
— Con frecuencia se combina *la exposición con la argumentación* (datos, razones, citas). Pero las ideas han de presentarse con objetividad y valoración contrastada, es decir, basándonos en la experiencia, en el conocimiento y en criterios de autoridad.
— Dotación de un *estilo propio* que cree el interés deseado por el lector. Para conseguirlo, une el ensayista el elemento subjetivo a una expresión original y atractiva por medio de un len-

guaje atractivo y rico en recursos estilísticos (imágenes, comparaciones, contrastes, personificaciones, enumeraciones, interrogaciones retóricas...) que lo aproxima o lo constituye en literario.
— De extensión variable (de tratado a artículo), aunque se prefiere la brevedad del artículo.

### 10.1.4. ¿Qué cualidades y características ha de tener la exposición?

Debemos recurrir a un lenguaje que presente las características de uso correcto, variado y ameno. Lo que importa, al escribir un texto expositivo, es que los lectores lo entiendan fácilmente y les resulte claro e interesante. Por ello, ha de reunir algunas cualidades necesarias:
— Delimitación y definición del alcance del tema que se trata, partiendo de la búsqueda, recopilación y ordenación de una documentación amplia y adecuada a los fines propuestos en fichas de trabajo con las anotaciones precisas.
— El tratamiento y el enfoque de los temas han de contener algunas cualidades apropiadas: *novedad, interés, calidad, actualidad y originalidad.*
— El enfoque de la exposición ha de ser *objetivo:* información y conocimiento de la realidad con predominio de la función *representativa o referencial* del lenguaje.
— Organización del material en un plan o guión donde se contemplen los pasos que se siguen. A ella se une el orden en el desarrollo, de tal manera que las ideas estén perfectamente relacionadas.
— Coherencia mediante la integración de ideas formando una unidad temática y la ordenación lógica y clara de los datos obtenidos, adaptada al propósito y al carácter del texto (divulgativo o especializado).
— Claridad por medio de explicaciones, ejemplos, gráficos, esquemas y dibujos.
— Exactitud en los datos e informaciones que se presentan.
— Precisión y adecuación de las palabras al contenido desarrollado y rigor en la explicación, orden en la disposición de las ideas y claridad en el desarrollo. De ahí la elección de un vocabula-

rio específico, claro y variado en estrecha relación con el tema tratado. Tienen preferencia los *sustantivos abstractos* y de *significación genérica* como corresponde a los *textos conceptuales y especulativos*.

— Empleo del *presente de indicativo con valor atemporal.*

— Preferencia por la construcción de carácter enunciativo y de estructura sencilla, aunque domina la compuesta. Se suele recurrir a las subordinadas sustantivas para caracterizar; a las adjetivas, para explicar; y las adverbiales, para expresar la causalidad y la circunstancia.

— Redacción y revisión final del contenido y de la expresión: la selección y variedad del vocabulario empleado, la construcción gramatical y la corrección ortográfica y sintáctica.

— La *expresión fluida y la riqueza de estilo* puede convertir a una exposición en *literaria*. A su vez, la *descripción técnica* ayuda a la explicación de los conceptos dentro de la exposición, cuando se explican las partes, cualidades y propiedades de la naturaleza.

## 10.1.5. ¿Qué desarrollo conviene a la exposición?

Las formas en que puede presentarse un texto de carácter expositivo son muy variadas, aunque en todas ha de predominar el *orden*, la *claridad*, la *objetividad* y la *coherencia*. Toda manifestación expositiva ha de estar regida por un orden lógico en el desarrollo del tema.

En general, la estructura de los textos expositivos está determinada en su elaboración por un esquema sistematizado y distribuido en tres partes esenciales:

1) *Introducción:* presentación del tema y explicación de las razones que llevan al autor a exponerlo. Puede incluir la definición de algún concepto, el plantemiento del estado de la cuestión y una orientación que sirva de guía al tratamiento que se dará al tema.

2) *Desarrollo* o cuerpo: se incluyen los contenidos esenciales, los datos, las referencias y las indicaciones que sean pertinentes para el desarrollo de las ideas presentadas.

3) *Conclusión:* se resumen los puntos importantes y se extraen las conclusiones a modo de aportaciones, sugerencias o propuestas para continuar.

Esta estructura general y ordenada se suele corresponder con alguno de los tipos de distribución lógica: *analizante* (o deductiva), si se parte en el razonamiento lógico de un hecho general hasta llegar a casos particulares, y *sintetizante* (o inductiva), si se parte de hechos particulares para llegar a una idea general.

La información y los datos que se ofrecen han de presentarse de manera ordenada y progresiva siguiendo un método lógico, deductivo —de lo general a lo particular— o inductivo —de lo particular a lo general—.

Normalmente la exposición está formada por las siguientes partes:

1) Planteamiento, donde se presenta y se define el tema.
2) Cuerpo o desarrollo: es la parte más extensa y en ella se explican sistemáticamente los aspectos esenciales del tema planteado.
3) Conclusión: generalmente es una síntesis de las ideas anteriormente destacadas o bien se corresponde con una deducción de lo tratado previamente.

A veces la exposición puede estar próxima a la narración, sobre todo cuando se dan explicaciones siguiendo un orden cronológico. La forma de exposición más frecuente es la que trata de explicar, analizar y comprobar la información de que se dispone del tema planteado.

### 10.1.6. ¿Para qué usamos la exposición?

Los textos expositivos tienen como finalidad la transmisión de conocimientos, de experiencias y de saberes de tipo científico, histórico, cultural y artístico-literario.

Por la objetividad, claridad y orden en el desarrollo, la exposición se utiliza principalmente en los textos académicos, en el ensayo, en los artículos científicos y humanísticos y en los textos divulgativos.

En la exposición predomina la información y la explicación. Pero la estructura de las secuencias expositivas responde a un orden lógico: se parte de lo general a lo particular, de lo sencillo a lo complejo, del problema a la solución o del planteamiento a la conclusión. A través de estas estructuras, la exposición es utilizada para dar a conocer el orden en las explicaciones y en el razonamiento aplicado.

*Estrategias discursivas en la exposición*

La puesta en funcionamiento de estrategias discursivas en los textos expositivos obedece al afán de facilitar la interpretación de las ideas expuestas y la información dada. Además del procedimiento de explicación, el autor puede recurrir a otras estrategias, como:

— La *ordenación secuenciada y jerarquizada de la información* en donde se perciba con claridad la idea principal y las ideas secundarias. Además de la distribución de las ideas mediante el uso de estructuras ya deductivas ya inductivas, el autor puede destacar las ideas importantes mediante la repetición y el procedimiento de la focalización, es decir, el uso de elementos que resaltan o destacan la información.

— La *reformulación* de mecanismos metalingüísticos en forma de paráfrasis, repeticiones, amplificaciones y explicaciones para aclarar informaciones y precisar conceptos. Los elementos reformuladores más frecuentes son: «es decir, esto es, a saber, en otros términos, con otras palabras, más exactamente».

— La *ejemplificación*, mediante la fórmula «por ejemplo», es un procedimiento que permite pasar del concepto abstracto a lo concreto, de lo general a lo particular, a la vez que tiene un carácter clarificador y explicativo.

— Las *referencias* y las *citas de autoridad* se insertan en el texto expositivo para avalar la información y las explicaciones dadas por el autor recurriendo a la opinión autorizada de expertos en el tema.

— La *clasificación* con el fin de ordenar y sistematizar la información ofrecida.


## 10.1.7. Tipos de exposición: literaria, humanística y técnica

Observemos las diferencias entre los tres tipos de exposición que presentamos: *literaria, humanística y técnica* en los textos A, B y C:

### A) EXPOSICIÓN LITERARIA

Y de lo imprescindible del lenguaje para la vida total del ser humano nos trae más prueba este tema del lenguaje y el tiempo que ahora tocamos. En efecto, en el lenguaje hablado, el hombre vive su vida sobre la tierra. Cada una de las medidas naturales de su existencia está inscrita entre cuatro palabras. Las dos primeras «Buenos días». Al decirlo, ingresamos en un día más, nos aprestamos a consumir una más de estas unidades de tiempo, hechuras del cielo, del sol y de la luz. Y cuando, ya usado, se nos va de entre las manos ese trozo de nuestra existencia, lo despedimos con las otras dos palabras: «Buenas noches» o «Hasta mañana». Estas dos fórmulas verbales nos cuentan, sin número, el transcurrir de nuestros pasos sobre la tierra: «Buenos días», brevísima, modestísima nota salutatoria, celebración del advenimiento de una claridad más. «Buenas noches», reducida elegía en compendio con que se llora, sin aparentarlo, sin saberlo, por el más ignorante labrador, el mismo dolor de pasar que lloran desde la altura de sus conciencias los poetas del efímero. Nuestro lenguaje hablado nos sirve para vivir con nuestros contemporáneos, con las personas que andan alrededor de nosotros, para entenderlos, para quererlos. Ningún tiempo más precioso, inevitablemente, que el único relativamente nuestro, el de nuestra vida. Pero nuestra vida está limitada a un breve término. Una generación no pasa de ser un sumando en la constante operación secular de añadir días a días, vidas a muertes, hombres a hombres.

(P. Salinas: *Defensa del lenguaje*).

### B) Exposición humanística

La imprenta vive durante el siglo XVI una primera fase de optimismo humanista y comercial, una segunda fase de instrumento implicado en las luchas religiosas y un tercera fase de instrumento celosamente controlado por toda clase de dogmáticas, religiosas y/o civiles. No obstante prospera como herramienta al servicio de contenidos meramente informativos, en la línea de los avisos y almanaques feriales a los que anteriormente hicimos alusión. A fines del siglo XVI aparecen los primeros logros en cuanto a periodicidad y regularización de publicaciones, logros muy localizables y de escasa duración. Sobre estos órganos periódicos hay tanta disputa nacionalista como sobre el invento del submarino o la partida de nacimiento de Cristóbal Colón o Cary Grant.

(M. Vázquez Montalbán: *Historia de la comunicación social*,
Barcelona, Bruguera, 1980).

### C) Exposición técnica

Se cree que todos los organismos que viven actualmente sobre la Tierra derivan de una única célula primitiva nacida hace más de tres mil millones de años. Esta célula, superando a sus competidoras, tomó la delantera en el proceso de división celular y evolución y, con el tiempo, cubrió de verde la Tierra y cambió la composición de su atmósfera, convirtiéndola en el hogar de la vida inteligente. Los parecidos familiares entre todos los organismos son demasiado acusados para ser explicados de otra manera. Un hito importante a lo largo de este camino evolutivo se produjo hace mil millones de años, cuando ocurrió la transición desde las células pequeñas con una estructura interna relativamente sencilla —las denominadas *células procariotas*, que incluyen los diversos tipos de bacterias— hasta las *células eucariotas*, mayores y radicalmente más complejas, tal como las encontramos hoy en los animales y plantas superiores.

(A. Bruce y otros: Biología molecular de la célula,<br>Barcelona, Omega, 1986).

Si comparamos los tres tipos de exposición anteriores vemos que existen elementos en común como el uso de la 3.ª persona de los verbos. Pero hay diferencias: el texto A trata de un tema humanístico, «el lenguaje», pero P. Salinas le proporciona un aire literario, al utilizar personificaciones, metáforas, adjetivaciones y enumeraciones. En el texto B Vázquez Montalbán habla de un tema humanístico mediante la exposición informativa. Y el texto C está marcado por el léxico especializado y las frases de carácter asertivo dentro de un desarrollo lineal y progresivo de la exposición.

## 10.2. Modelo de texto argumentativo

La argumentación es una forma discursiva que relaciona lo concreto con las ideas abstractas y las generalizaciones. Concretamente, en la argumentación se desencadena un proceso que permite relacionar la información que se plantea en las premisas, después de aplicar las reglas lógicas adecuadas, con la información nueva de las conclusiones.

### 10.2.1. ¿Cómo se presenta la argumentación?

Para apoyar los contenidos, podemos servirnos de informaciones compartidas y de otras dotadas de validez objetiva y contrastada que faciliten la asimilación por parte del lector. Por tanto, los componentes esenciales de la argumentación se disponen generalmente de manera deductiva:

*Introducción*
— Se presenta una premisa inicial donde se propone una *información nueva* a modo de tesis para poder ser explicada, legitimada y validada o demostrada.

*Cuerpo*
— En la siguiente premisa se presentan las *informaciones dadas* o compartidas. Suele estar integrada por datos, propuesta de verdades y creencias de tipo general conocidas por haber sido adquiridas o por ser evidentes. Esta información supone una aceptación implícita.
— En otra premisa se suele presentar la *información añadida o aducida* con mayor carga argumentativa al apoyarse en datos y en otro tipo de argumentaciones. Esta información ha de legitimarse explícitamente mediante el proceso argumentativo desencadenado mediante procedimientos como las analogías, la ejemplificación, explicaciones causales, citas de autoridades, documentación de hechos, pruebas testimoniales, referencias, datos contrastados, etcétera.

*Conclusión*
— En la premisa final puede recogerse, según los casos, la información dada y la mostrada dentro del proceso de validación argumentativa.

A un texto argumentativo pueden añadírsele fórmulas atenuadoras sustitutivas de afirmaciones rotundas o expresiones asertivas, matizaciones y excepciones. La incorporación de este tipo de formulaciones particulares sirve para afianzar el razonamiento no demasiado convincente. En los textos argumentativos actúan los mecanismos de explicación, mostración, justificación, contraste y deducción. Además recurrimos en el proceso argumentativo a procedimientos dialécticos y retóricos que favorezcan la asimilación cognitiva y pragmática del texto.

Esquema de los componentes de la argumentación:

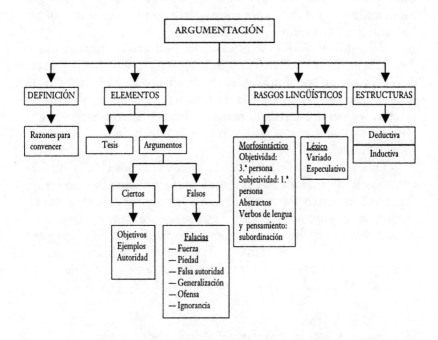

## 10.2.2. ¿Qué es la argumentación?

La argumentación es una forma de expresión que presenta opiniones, hechos o ideas sobre un tema expuesto con el propósito de convencer o persuadir. La argumentación es la aportación de hechos y la propuesta de razones que traten de avalar y defender un planteamiento, una tesis, una idea o una opinión. Dicho de otro modo, la argumentación consiste en apoyar y defender una idea planteada con claridad y firmeza.

La argumentación consiste en intentar convencer a otro de una idea o punto de vista de un tema. La argumentación es un procedimiento que está presente no solo en los textos científicos y académicos, sino en casi todos los actos comunicativos que realizamos los hablantes en las diferentes actividades humanas. En la argumentación se parte de la presentación o exposición de una proposición y, a continuación, se pretende demostrar la validez de la hipótesis para desembocar en una conclusión. Mediante la argumentación se pretende ante todo convencer al lector de que su planteamiento es válido y acertado.

El significado del término «argumentar» es muy extenso. Puede referirse a probar o descifrar algo y a polemizar, oponerse o contrastar opiniones. De cualquier modo, el concepto de «argumentar» está ligado a la defensa de ideas, de unos planteamientos o *tesis* presentando *razones válidas y convincentes —argumentos—* para atraer el ánimo o pensamiento de los interlocutores o lectores.

La argumentación suele acompañar a la exposición. Con frecuencia en los ensayos se combinan perfectamente los modos de expresión expositivo-argumentativo. De una parte, *se enuncian los hechos* y se presentan las hipótesis que se proponen y, de otra, *se explican las razones* e ideas que demuestran o *justifican las hipótesis planteadas*. Al final, se presentan las consecuencias de la formulación de propuestas y las *consecuencias de la demostración* a modo de conclusión.

### 10.2.3. ¿Qué características y condiciones se exige en los textos argumentativos?

— La argumentación es propia de los *debates*, de las *disertaciones* y de la defensa de las ideas en planteamientos de principios de *tesis* u otros *trabajos de investigación* científica.
— Conocimiento del tema en profundidad.
— Marco expositivo y desarrollo ordenado y lógico.
— Selección de los datos esenciales y relevantes para interpretar el texto correctamente.
— Dominio de los recursos dialécticos necesarios para destacar en cada momento lo esencial en función de la intención y del público a quien va dirigido.
— Explicación de las razones que tengan una mayor base de convicción.
— Interpretaciones que puedan ser contrastadas por medio de la experiencia personal, los criterios o argumentos de autoridad, los testimonios, las citas y las verdades evidentes.

## 10.2.4. ¿Qué tienen en común la exposición y la argumentación?

La exposición y la argumentación se relacionan entre sí, de tal manera que la exposición se usa para informar y también para argumentar con el fin de convencer o persuadir a alguien de la propuesta establecida. Pero pueden ir separadas.

Normalmente se pretende exponer, explicar, deducir, relacionar, argumentar, concluir y finalizar convenciendo.

## 10.2.5. ¿Qué orden suele presentar el texto argumentativo?

Un texto expositivo argumentativo contiene los siguientes aspectos:

| | |
|---|---|
| Presentación | Exposición de los hechos |
| Propuesta | Planteamiento de la hipótesis que se propone defender |
| Demostración | Explicación de las causas, razones, ideas o hechos que trata de demostrar |
| Conclusión | Exposición de las consecuencias de la demostración y formulación de propuestas |

Generalmente las ideas en un texto argumentativo se distribuyen de la siguiente manera:
1) Presentación y análisis de la cuestión: se plantea el tema central, se analizan los antecedentes y se señala cuál es la situación actual.
2) Planteamiento detallado y desarrollo de los hechos complementado con datos y explicaciones que fundamenten el tema.
3) Aportación de soluciones y de posibilidades que contribuyan a demostrar nuestro planteamiento con criterios objetivos y argumentos válidos.

4) Crítica de otras soluciones o argumentaciones utilizadas en el tema.
5) Conclusiones.

Las ideas de los textos de carácter argumentativo siguen el esquema lógico y gradual del marco ofrecido por los textos expositivos, aunque presentan algunas diferencias determinadas por la intención, los recursos y las técnicas empleadas. Normalmente la estructura de las ideas de los textos argumentativos es fija y está constituida por tres partes:

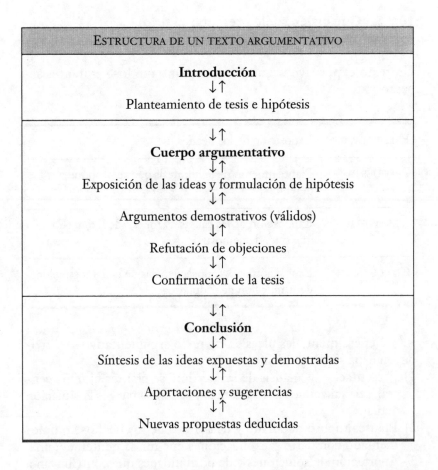

| ESTRUCTURA DE UN TEXTO ARGUMENTATIVO |
|---|
| **Introducción**<br>↓↑<br>Planteamiento de tesis e hipótesis |
| ↓↑<br>**Cuerpo argumentativo**<br>↓↑<br>Exposición de las ideas y formulación de hipótesis<br>↓↑<br>Argumentos demostrativos (válidos)<br>↓↑<br>Refutación de objeciones<br>↓↑<br>Confirmación de la tesis |
| ↓↑<br>**Conclusión**<br>↓↑<br>Síntesis de las ideas expuestas y demostradas<br>↓↑<br>Aportaciones y sugerencias<br>↓↑<br>Nuevas propuestas deducidas |

— *Introducción*, donde se plantea la *tesis* en forma de hipótesis o pregunta. Se parte de la exposición del principio o de una afirmación que queremos defender o demostrar con razones válidas: «La educación es el soporte de las sociedades maduras».

— *Cuerpo argumentativo*, donde se explican las *razones* que determinan, justifican y avalan el pensamiento defendido, al tiempo que se refutan las posibles objeciones. En esta parte, tratamos de justificar la afirmación establecida explicando la necesidad y las ventajas que tiene la educación para que los ciudadanos evolucionen cívica, moral, cultural, científica, profesional e ideológicamente. Así podríamos centrar los argumentos en las posibles respuestas a una pregunta: ¿Es imprescindible y necesaria la educación en las sociedades modernas? Parece que no hay duda, porque la evolución de los individuos y la transformación de las sociedades están relacionadas con la cultura, el pensamiento, el desarrollo de la ciencia y de la tecnología. Aunque no todos la aprovechan igual, los estados que invierten en educación mejoran las condiciones de vida de los ciudadanos y las técnicas de producción. A medida que hay una formación más afianzada en los países hay un proceso de mayor conciencia democrática que permitirá participar y cooperar en la tarea colectiva. Los pueblos que carecen de una educación básica están condenados a vivir a expensas de otros, al igual que los ciudadanos que no han aprovechado su período formativo están expuestos a estar subordinados a quienes tienen mayores posibilidades de elección. Probablemente el dominio de los medios de producción y de la riqueza de muchas naciones esté relacionado con el efecto de la educación y de la cultura. Se incluyen las explicaciones, el análisis y los comentarios que se desean realizar.

— *Conclusión*, en donde se resumen las ideas planteadas y se establece el principio o la tesis que se deduce de la hipótesis planteada al principio. Del tema propuesto, deducimos que la educación es necesaria para la formación y la transformación de la vida individual y social. Por eso, se hace necesaria la inversión económica de los gobiernos en educación si se desea competir con los países que han conseguido un mayor desarrollo cultural, económico, científico y democrático. Existe la posibilidad de ofrecer datos concretos de países siguiendo los informes que ofrecen los organismos internacionales relacionados con la población, la demografía, la producción, el nivel cultural y la renta per cápita.

## 10.2.6. ¿Qué exigencias debe cumplir la argumentación?

La argumentación requiere unos elementos importantes, entre ellos:
— Planteamiento de una cuestión que admita hipótesis y opiniones diferentes.
— El defensor es el hablante o el escritor que defiende la idea o la tesis propuesta frente a otras posiciones a las que pretende refutar al tiempo que trata de convencer de la suya.
— El antagonista es la persona a quien trata de convencer el escritor o el hablante, porque sostiene una opinión contraria a la suya.
— El proceso argumentativo desencadenado para dar razones convincentes que avalen la tesis planteada y sirvan para convencer a los lectores o los oyentes convertidos en antagonistas.

No obstante, hay diferencias en la forma de presentar las argumentaciones en las comunicaciones orales y en las escritas, en la situación comunicativa y en el contenido argumentativo expuesto.

La argumentación escrita se construye como respuesta a posiciones contrarias. Se presenta una opinión y una secuencia argumentativa destinada a refutar las posibles opiniones del oponente con el fin de convencerlo. La argumentación escrita va dirigida a convencer al lector de la tesis propuesta por las razones y argumentos que la sostienen. En una argumentación académica, por ejemplo, observamos los siguientes pasos:
— Planteamiento: propuesta de tesis.
— Regla general: argumento.
— Contraargumentación: contraargumento, refutación y argumento.
— Conclusión.

La exposición y la argumentación son formas de expresión que actúan conjuntamente en monografías, tesis, ensayos, informes, exámenes, editoriales, conferencias, disertaciones, artículos periodísticos, trabajos científicos, técnicos y didácticos.

## 10.2.7. ¿Cuáles son los componentes esenciales de la secuencia argumentativa?

Una secuencia argumentativa presupone la presencia de dos o más interlocutores: el escritor que propone y argumenta y el lector, que actúa como crítico y oponente. Además está integrada por *tesis* y *argumentos*, que constituyen la estructura de la secuencia argumentativa. La forma adoptada suele ser deductiva o inductiva.

Otros componentes de la argumentación serían: la *regla general*, basada en una creencia o supuesto más o menos compartido por el conjunto de miembros de la comunidad a la que pertenece el escritor. Puede manifestarse expresamente o bien puede estar implícita. El grado de convencimiento se basa en la mayor o menor aceptación de la premisa de la regla. Hay que añadir también la *fuente*, que es la base de la información transmitida para dar validez a los datos que justifican la tesis. Suele aparecer mediante referencias y citas de autoridad, que tratan de dar validez a nuestra opinión al tener el aval de expertos de reconocido prestigio en el tema tratado. Y, por último, el escritor puede guardarse algún papel en la manga a modo de *reserva* para dar consistencia a las consecuencias derivadas de los argumentos esgrimidos o también para incorporar en la conclusión como una variante añadida a la argumentación anterior.

### 10.2.8. ¿Qué tipo de estrategias argumentativas se suelen utilizar?

Mediante la argumentación tratamos de fundamentar nuestra opinión acerca de un tema determinado. Para justificarla, precisamos de razones consistentes que resulten irrefutables por parte del oyente o lector: citas o argumentos de autoridad, ejemplificación, analogía, exposición de causas y consecuencias derivadas de la defensa de unas ideas, refuerzo de la opinión del escritor mediante la incorporación de datos objetivos y refutación de las objeciones presentadas a la tesis planteada.

Cualquier argumentación debe prever las opiniones contrarias a las defendidas o mantenidas por el escritor. Por ello, conviene responder a las posibles réplicas de los oponentes antes de que nos las llegasen a formular. Es decir, el escritor puede estratégicamente plantear la posible idea defendida por sus oponentes para rebatirla o refutarla. Si el escritor consigue presentar argumentos sólidos para refutar la tesis de los oponentes, la tesis por él defendida queda más reforzada. Esta estrategia se denomina *contraargumentación*, que se manifiesta en la anticipación de la supuesta oposición para poner en evidencia la falta de consistencia argumental.

## 10.2.9. Técnicas argumentativas

Con la argumentación se pretende dar validez al contenido expuesto mediante una serie de argumentos:
— El contraste de ideas.
— La presentación de datos en forma deductiva o inductiva.
— El testimonio o argumento de autoridad o testimonial.
— La analogía, los ejemplos y las comparaciones.
— Las citas pertinentes.
— El dominio del tema: experiencia y conocimiento personales.
— Los recursos dialécticos o retóricos, discursivos y lingüísticos necesarios.
— El procedimiento dialéctico es muy útil para los debates, las exposiciones y las disertaciones.
— El de las generalizaciones indiscutibles o verdades evidentes.
— El sentir comúnmente establecido o de la sociedad.
— El criterio sapiencial: refranes, proverbios, máximas y sentencias.
— Distinción y empleo adecuado de cada uno de los argumentos manejados: el de *autoridad*, el *analógico*, el de la *experiencia*, el *experimental*, el *ejemplificador* y el *contrastivo*.

En los textos argumentativos debemos utilizar argumentos cortos y saber diferenciar las premisas de la conclusión. Las ideas han de presentarse de manera ordenada, natural y clara con un lenguaje concreto, específico y caracterizador. Comparemos en el siguiente cuadro las técnicas que hemos de elegir para lograr una argumentación consistente:

| EVITE EN LA ARGUMENTACIÓN | ELIJA EN LA ARGUMENTACIÓN |
| --- | --- |
| — Argumentos largos.<br>— Ordenación alterada de las ideas.<br>— Partir de premisas dudosas o dificultosas.<br>— Uso de léxico abstracto, genérico y vago.<br>— Utilización de expresiones emotivas. | — Argumentos cortos.<br>— Orden deductivo o inductivo.<br>— Partir de premisas fiables, claras y concretas.<br>— Uso de léxico concreto, específico y definitorio.<br>— Utilización de términos seguros y consistentes. |

| Evite en la argumentación | Elija en la argumentación |
|---|---|
| — Argumentos variados inconsistentes.<br>— Citas de fuentes generales y poco solventes.<br>— Argumentos espontáneos y fluctuantes.<br>— Argumentos arbitrarios y desajustados.<br>— Argumentos basados en creencias y sensaciones. | — Argumentos basados en ejemplos y analogías relevantes.<br>— Citas de fuentes fiables y argumentos de autoridad contrastada.<br>— Argumentos lógicos que pongan en relación causas-efectos.<br>— Argumentos deductivos válidos en premisas y conclusión.<br>— Argumentos de evidencia y de contraste: hipótesis y dilema. |

Es en el cuerpo argumentativo donde se incluyen todos los procedimientos argumentativos que suelen partir de una explicación de causalidad. Pero, a los argumentos se suele unir la *refutación* de la tesis o la presentación de objeciones a algunos de los planteamientos sostenidos. Para afianzar los argumentos se precisa muchas veces de *recursos dialécticos* (contraste, juego de palabras, condición, comparación, concatenación o encadenamiento de ideas, anáforas, asociaciones, etc.) e incluso de *criterios subjetivos* (experiencia).

### 10.2.10. Recursos en la argumentación

— Orden de la exposición de las ideas y distribución puntual de los argumentos.
— Coherencia en el manejo de los datos y de los apoyos argumentales.
— Relación de las ideas en el texto mediante los nexos gramaticales apropiados y los elementos léxicos precisos para explicar, presentar las causas, las oposiciones, el contraste de pareceres, la comparación y las consecuencias.
— Utilización de ejemplos y analogías para aclarar e ilustrar el pensamiento.
— Recurso a la recurrencia y la concatenación de las palabras.
— Predominio del presente de indicativo en la exposición y del condicional para las hipótesis.

— Empleo de términos específicos, de tecnicismos y palabras abstractas.
— Tendencia a la configuración de grupos nominales: «enmienda a la totalidad de la ley», «encuentro político», «reacción en cadena», «sociología de masas», etcétera.
— Construcciones enunciativas en las explicaciones de carácter objetivo y exclamativas, dubitativas, exhortativas e interrogativas como recursos dialécticos.
— Supresión de las contradicciones y los argumentos inadecuados e injustificados.
— Empleo de un lenguaje claro, preciso, persuasivo y apropiado al tema desarrollado.

En definitiva, los textos argumentativos, como los expositivos, deben responder a cualidades semejantes: orden en la disposición, claridad en la explicación, exactitud en los términos, rigor en la expresión, objetividad en el enfoque y sencillez en el estilo.

### 10.2.11. La disertación como forma argumentativa

Los *géneros* utilizados en la argumentación son similares a los textos expositivos referidos: en la *lengua oral*: exposición argumentada, discurso, conferencia, disertación..., y en la *escrita*: artículos —científico, humanístico, periodístico—, textos de ensayo, monografías, tesis, comentarios y trabajos de investigación, manuales, informes, descripciones científicos y ensayos.

Una de las formas argumentativas peculiares es la *disertación*, considerada como una exposición escrita, con posibilidad de oralizarse, en la que se analizan con reflexión rigurosa los problemas que plantea un tema. En ella entran en juego la exposición, la argumentación y los recursos dialécticos siguiendo el plan organizativo de los textos argumentativos.

### 10.2.12. ¿Qué cualidades están presentes en la exposición y en la argumentación?

— Orden: las ideas han de presentarse siguiendo un desarrollo lógico ya deductivo ya inductivo.

— Claridad: la elección de palabras y frases ha de facilitar la comprensión.

— Exactitud: es una exigencia de la veracidad de la información y del rigor de las explicaciones, de las razones y de las pruebas que se aducen.

— Sencillez: esta cualidad está unida a la elección de las palabras y las frases para que estén al servicio de la claridad y de la facilidad comprensiva.

— Objetividad: los hechos basados en la observación, en el contraste y en la relación.

— Solidez: cuando la información va ligada a la aportación de datos, citas, documentos y a razones fruto de la investigación y de la experimentación.

# Capítulo XI

# Modelos de textos según la modalidad: diálogo y forma epistolar

## 11.1. Modelo de texto dialógico

El diálogo reproduce una conversación entre dos o más personas. Los personajes son quienes manifiestan sus ideas y sentimientos. Y, aunque el diálogo es la forma propia del teatro, se utiliza también en los demás géneros: novela, cuento, relato, crónica, poesía, etc. El autor suele ser fiel a la forma de habla propia de los personajes, puesto que trata de adaptarla a su nivel cultural, a su posición social y a la situación concreta en que interviene.

### 11.1.1. ¿Qué es el diálogo?

El diálogo es la forma de expresión que se produce en una conversación entablada entre dos o más interlocutores. Se caracteriza por la presencia de varios emisores, la utilización de códigos diferentes y la inclusión de otros tipos de discurso. El diálogo es propio de la lengua oral. Si aparece en la lengua escrita (novela, teatro y ensayo), el escritor desaparece detrás de los personajes que son los que se suelen expresar directamente.

### 11.1.2. ¿Cómo se presenta el diálogo en la narración?

El narrador suele hacer hablar a los personajes en la narración, de manera que el diálogo es el medio a través del cual reproduce el lenguaje oral.

Mediante el diálogo los personajes reflejan el nivel cultural, la personalidad y el grado de compromiso social e ideológico que poseen.

### 11.1.3. Características del diálogo

— El diálogo es propio de la lengua oral. Entre sus cualidades, destacan: *naturalidad*, como forma del habla de cada persona; *significación* o selección de frases, que revele el modo de ser de cada hablante; y *agilidad*, mediante expresiones cortas y dinámicas.
— Estructura abierta en temas y en disposición.
— Recurso a los turnos y alternancias en el uso de la palabra mediante preguntas-respuestas, peticiones-aceptaciones o negativas, propuestas-consentimientos o disentimientos, etcétera.

### 11.1.4. ¿Qué técnicas utilizamos en el diálogo?

Aunque es la manifestación más natural de la comunicación oral, el diálogo también se utiliza en la lengua escrita para dar entrada a los personajes. Es un procedimiento de expresión habitual en la *novela*, en el *teatro*, en el *guión de cine* y en la *prosa dialéctica*. Podemos distinguir varios tipos de diálogo:

| DIÁLOGO EN LA LENGUA ORAL | | DIÁLOGO EN LA LENGUA ESCRITA | |
|---|---|---|---|
| Relación bilateral | Relación unilateral | Géneros | Introducción al diálogo |
| *No planificado* | *Espontáneo* | Teatro | Estilo directo |
| Conversacional | Alocución | Novela | Estilo alusivo |
| Diálogo abierto | Arenga | Cuento | Estilo indirecto |
| *Planificado* | Homilía | Relato | Estilo indirecto libre |
| Coloquio | Mitin | Apólogo | |
| Debate | Pregón | Fábula | |
| Entrevista | Sermón | Prosa didáctica. | |
| Mesa redonda | *Formalizado* | Prosa dialéctica | |
| Seminario | Charla | Ensayo | |
| Tertulia | Conferencia | Guión de cine, TV... | |
| | Discurso | | |
| | Disertación | | |

En la *lengua oral* el diálogo se sucede mediante pausas y la alternancia en la palabra de los interlocutores que intervienen. En un *texto escrito* el diálogo (intercambio espontáneo al modo oral) puede aparecer independiente, como sucede en el *teatro* (a veces alterna con el monólogo). Pero también se combina frecuentemente en la *novela* con la narración y la descripción e incluso en los textos expositivos.

Los procedimientos de cita empleados para reproducir el pensamiento y el discurso de interlocutores distintos a los que intervienen en determinados actos de comunicación —oral o escrito— suelen ser: el diálogo *directo* («¿Te vienes? Vale» o con fórmulas de introducción: preguntó, dijo, admitió, entendió...); el *alusivo* («De eso ya tengo información por mi compañero» / «Sin embargo, no parecía estar de acuerdo»); el *estilo indirecto*, cuando los personajes hablan a través del narrador («Lo ha dicho con firmeza: no puede admitir que el abuelo imagine que él no es digno de ser querido por una madre» (M. Salisachs); y el *estilo indirecto libre*, cuando expresa los sentimientos y pensamientos que fluyen en la mente de otros personajes («Y también recuerda a Gregorio encarándose con él: lo malo tuyo, Rodolfo, es que ignoras muchas cosas» (M. Salisachs). Una forma de expresión comunicativa distinta al diálogo es el *monólogo*, marcado por la espontaneidad y la expresividad. Se utiliza como fórmula de manifestación interior o flujo del pensamiento y la conciencia:

### EJEMPLO DE MONÓLOGO

Qué hermosa eres, amada mía, qué hermosa eres! Tus ojos son palomas, y perdóname que insista, Mario, que a lo mejor me pongo inclusive pesada, pero no es una bagatela eso, que para mí, la declaración de amor, fundamental, imprescindible, fíjate, por más que tú vengas con que son tonterías.
(M. Delibes: *Cinco horas con Mario*, Barcelona, Destino, 2004).

El *soliloquio*, a diferencia del monólogo, consiste en hablar en solitario, es decir, es una especie de diálogo consigo mismo. Se utiliza en el teatro y en la novela, cuando el personaje habla a solas ante supuestos interlocutores imaginarios.

No obstante, los procedimientos que reproducen el habla de los personajes constituyen las tres formas de construcción del diálogo más frecuentes entre los hablantes:

| FORMAS DE CONSTRUCCIÓN DEL DIÁLOGO | MARCO | CITA |
|---|---|---|
| | Verbos «dicendi» como introductores: decir, responder, preguntar, exclamar, contestar, argumentar, manifestar, explicar | Representa la parte que completa las exigencias de «decir» |
| *Estilo directo* | Mis amigos me dicen: | «Acepta las cosas tal como vienen» |
| *Estilo indirecto* | Mis amigos me dicen | que acepte las cosas tal como vengan |
| *Indirecto libre* | De pronto se enfureció (y dijo o gritó) | Inmediatamente te pones a estudiar |

## 11.1.5. ¿Cómo se presenta el diálogo en el teatro?

Las obras de teatro se escriben para ser representadas. Por eso, en las obras de teatro hay acotaciones y apartes entre paréntesis, destinadas a describir los decorados y a explicar cuál ha de ser la ambientación y la actitud de los actores. Pero lo que domina en el teatro es el *diálogo*. La peculiaridad del diálogo teatral consiste en poner los nombres de los personajes delante de cada una de sus intervenciones.

Normalmente en el teatro los actores con sus intervenciones de habla reproducen el diálogo de los personajes de la obra al escenificarla. Entretanto, los espectadores escuchan las variaciones tonales del habla y perciben los movimientos, los gestos y los cambios escénicos.

## 11.1.6. ¿Qué cualidades ha de tener un diálogo?

La construcción de los diálogos es complicada, puesto que hemos de recomponer cómo son y qué piensan los personajes para que lo entiendan los lectores en la narración y los espectadores, en el teatro. Cuando escribamos un diálogo, debemos conocer cuál es la situación de los personajes, qué relación hay entre ellos y cómo se entretejen las intervenciones de cada uno de ellos. De cualquier forma, todo diálogo debe caracterizarse por estas cualidades:

— Naturalidad: los personajes hablan de acuerdo con su categoría social y nivel cultural.
— Concisión: selección de palabras y frases que sean significativas.
— Progresión: en la narración el diálogo ha de contribuir al desarrollo de la acción, de la evolución de los personajes, de las situaciones y de las dificultades.
— Dinamismo: se trata de que la acción discurra con ritmo y fluidez.
— Agilidad: el diálogo ha de proporcionar viveza y amenidad al relato.

En el *teatro*, el diálogo es el auténtico dinamizador de la acción, puesto que las acotaciones, los apartes, el movimiento escénico y las variaciones de entonación van dirigidos a la puesta en escena y a la intervención de los actores.

## 11.1.7. Estilo del diálogo: recursos lingüísticos y literarios

— En la lengua *oral* el diálogo es directo, espontáneo, expresivo y fático.
— En el *teatro* se reproduce el diálogo de los personajes y el de las acotaciones, que responden a las indicaciones sobre diferentes aspectos de la escena. En la *novela* se intercala el diálogo de los personajes entre los fragmentos narrativos.
— Predominio de la función expresiva mediante el recurso a exclamaciones e interrogaciones, a expresiones enfáticas, a diminutivos y al uso de las primeras personas.
— Utilización de elementos auxiliares: paralingüísticos (tono, intensidad, énfasis), cinéticos o movimientos corporales, gestos, mímica, ademanes, etcétera.
— Frases breves, incompletas, espontáneas y fáticas: vamos, vale, bueno, ¿no ves?, ¿sigues?
— Vocabulario redundante y cargado de intensidad.
— Estilo sencillo, natural y ágil.

## 11.1.8. ¿Qué diferencias hay en los diálogos?

El diálogo *narrativo* es una forma de reconocimiento del habla y del pensamiento de los personajes. Normalmente el narrador desaparece y deja hablar a los personajes. En este caso, el diálogo es abierto y está constituido por dos partes:

| PARLAMENTO (HABLAN LOS PERSONAJES) | INCISO (INTERVIENE EL NARRADOR) |
|---|---|
| —No me vengas con esas historias ahora que estoy tranquilo | —le respondió su hermano enfadado. |

En el diálogo narrativo ha de dominar la naturalidad, la fluidez, la coherencia, la continuidad, el dinamismo y la interacción.

En el cine y en la televisión el diálogo es el centro comunicativo de los guiones. La característica esencial del diálogo *cinematográfico* se centra en la elección de la lengua coloquial para el habla de los personajes. En el *diálogo teatral* la importancia del diálogo es plena, a diferencia del narrativo que se puede elidir.

Cualquier forma de diálogo anterior requiere utilizar la indicación de la puntuación apropiada. Así la raya (—) se pega a la palabra con que comienza la intervención de los personajes en los parlamentos (—¡Ya está bien de sandeces!) y la del narrador en el inciso (—le contestó de forma airada), el uso de las comillas para enmarcar los pensamientos y otros signos que ayuden a representar los matices expresivos. Observe lo que mejor conviene a nuestros diálogos:

| EVITE | ELIJA |
|---|---|
| — Dispersión de temas, de situaciones y de enfoques. | — Delimitación del tema, de la situación y del enfoque deseado. |
| — Personajes como estereotipos. | — Personajes individualizados y caracterizados. |
| — Uso de expresiones hechas y de tópicos. | — Uso de expresiones fluidas y variadas. |

| EVITE | ELIJA |
|---|---|
| — Léxico pobre y expresiones incompletas.<br>— Diálogo reiterativo y ampuloso. | — Léxico variado y expresiones completas.<br>— Diálogo fluido, elocuente y sugestivo. |

## 11.2. MODELO DE TEXTO EPISTOLAR

### 11.2.1. ¿En qué consiste la forma epistolar?

La forma epistolar es un mensaje escrito dirigido a personas ausentes y distantes en el espacio. Se manifiesta normalmente mediante la carta. Pero, al escribir una carta, debemos tener en cuenta no solo las convenciones formales, sino también algunos requisitos recogidos en las siguientes preguntas:
— ¿Qué se quiere decir?
— ¿Con qué intención vamos a escribir: reclamar, solicitar, felicitar, informar...?
— ¿A quién o a quiénes escribimos y qué relación tenemos con el destinatario?
— ¿En nombre de quién escribimos: a título personal o en representación de alguien?
— ¿Escribimos por necesidad, por obligación, por amistad o por ser usuario de un servicio?

En una carta debemos contar con todos los elementos que conforman la situación comunicativa. Entre ellos, hemos de reconocer que, cuando escribimos una carta, lo hacemos en un momento y en un lugar distintos de los que utilizará el destinatario-lector ausente a quien nos dirigimos.

### 11.2.2. Características de la carta

Suele expresarse en segunda persona alternando con la primera «Ya te contaré con más detalles»). La elección en la forma de tratamiento «tú-usted» dependerá de la relación existente entre destinatario (a quien se dirige la carta) y remitente (quien escribe la carta). A través de una carta puede medirse el grado de cultura, la personalidad y la relación de afectividad que mantienen los interlocutores. Hay que cuidar la presentación, la letra, la corrección ortográfica, la variedad de expresión tanto en léxico como en construcción sintáctica, el tono y el estilo. Al tratarse de una variante de conversación en forma escrita, el estilo epistolar ha de estar constituido por espontaneidad, naturalidad, gracia, cierto sentimiento y cortesía. Suele intercalarse dentro de la narración novelada; en *La tesis de Nancy* de R. J. Sender encontramos ejemplos:

EJEMPLO DE DISCURSO EPISTOLAR

(Nancy descubre Sevilla) Dearest Betsy: Voy a escribir mis impresiones escalonadas en diferentes días aprovechando los ratos libres.

Como sabes, he venido a estudiar a Sevilla. Pero vivo en Alcalá de Guadaira, a diez millas de la ciudad. La señora Dawson, de Edimburgo, que tiene coche y está en la misma casa que yo, me lleva cada día a la ciudad. Suerte que tengo, ¿verdad? Siempre he tenido suerte.

¿Qué decirte de la gente española? En general, encuentro a las mujeres bonitas e inteligentes, aunque un poco..., no sé cómo decirte. Yo diría afeminadas. Los hombres, en cambio, están muy bien, pero a veces hablan solos por la calle cuando ven a una mujer joven. Ayer pasó uno a mi lado y dijo:

—Canela.

Yo me volví a mirar, y él añadió:

—Canelita en rama.

Creo que se refería al color del pelo.

En Alcalá de Guadaira hay cafés, iglesias, tiendas de flores, como en una aldea grande americana, aunque con más personalidad, por la herencia árabe. Al pie de mi hotel hay un café con mesas en la acera que se llama La Mezquita. En cuanto me siento se acercan unos vendedores muy raros —algunos ciegos—, con tiras de papel numeradas. Dicen que es lotería.

(R. J. Sender: *La tesis de Nancy*, Barcelona, Casals, 2006).

Las cartas tienen un carácter práctico, pero también se usan con fines comunicativos, expresivos y literarios como la que acabamos de leer de R. J. Sender.

## 11.2.3. Partes de la carta

Una carta está distribuida de una manera fija y ordenada. Consta de:
— *Membrete* de empresa con el nombre del destinatario, la dirección y CP.
— *Lugar y fecha:* Madrid, 25 de febrero de 1997.
— *Encabezamiento:* «D. Jesús Zapatero».
— *Saludo:* «Distinguido señor:» / «Estimado amigo:».
— *Introducción al cuerpo:* «Me agrada ponerme en contacto contigo...».
— *Cuerpo en forma epistolar* (el relato de hechos en función apelativa).
— *Despedida:* «Atentamente» / «Recibe un cordial saludo» y *firma del remitente.*
— A veces, se incluye al final una «PD» (posdata o post scriptum) para indicar algún olvido, remarcar una idea o sugerir algún proyecto.

El siguiente texto responde a una carta formal y específica:

---

CARTA COMERCIAL DE BANCO

CAJA DE AHORROS
C/ Pino, 5. Sucursal 40
28038 Madrid

D. Antonio Alonso
C/ Rosas, 10, 3.º A
20038 Madrid

Madrid, 15 de diciembre de 2005

Distinguido señor Alonso:
　　Como titular de una Libreta Vivienda, le informamos que, para obtener un máximo beneficio fiscal de la casa que ha adquirido, solo tiene que hacer una nueva aportación en su libreta antes del 31 de diciembre del presente año. Así podrá desgravar un 15% en la próxima declaración de la renta. Además, la Libreta Vivienda le ofrece otras ventajas:
　　— Mantenimiento de la desgravación del 15 por ciento con la nueva Ley del IRPF para la primera vivienda.
　　— Seguros de vida y accidentes, totalmente gratuitos, hasta 150.000 euros.
　　— Condiciones especiales en créditos y préstamos hipotecarios.
　　Venga a cualquiera de nuestras oficinas antes de que finalice el año. Le recordamos que le atenderán personas de su confianza y le explicarán más detenidamente las ventajas de la Libreta Vivienda para que obtenga el máximo rendimiento a su dinero y consiga el más alto beneficio fiscal.
　　Reciba un cordial saludo de nuestra parte

Director de la Caja de Ahorros

---

Generalmente las cartas están formadas por partes casi fijas: lugar y fecha, encabezamiento, expresión de saludo al destinatario, introducción, desarrollo epistolar, despedida y firma. Al final, ante algún olvido o por una puntualización, puede añadirse la posdata. Así pues, en la redacción de cartas hemos de fijarnos en:

— El contenido narrado mediante el uso adecuado de los tiempos y personas verbales y las conexiones de las ideas.
— La situación comunicativa: lugar y momento en que escribimos, destinatario, finalidad, registro idiomático y funciones del lenguaje.
— La cohesión textual, la propiedad léxica y la corrección gramatical y ortográfica.

### 11.2.4. Clases de cartas y rasgos peculiares

En la actualidad el telegrama, el teléfono, el fax y, más recientemente, el móvil y las redes informáticas como Internet han sustituido en gran medida a la carta. No obstante, aun no siendo en estos momentos la forma habitual de establecer la comunicación entre personas ausentes, no ha perdido completamente vigencia. Dentro de todas ellas, las más utilizadas son las comerciales, las de comunicación, las de amistad, las de amor y las protocolarias:

| TIPOS DE CARTAS | CARACTERES |
|---|---|
| Amistosa | Expresión coloquial, estilo espontáneo y desenfadado y tono de confianza. |
| Circular | Es una variante de carta comercial. El contenido y el formato son los mismos. |
| Comercial | Estructura fija, fórmulas sintácticas y estilo breve y cortés: negocios y bancos. |
| Divulgativa | Solo tiene cuerpo informativo y se dirige a un público amplio: las de periódicos. |
| Familiar | Expresión coloquial, afectiva y espontánea. |
| Informativa | Comunicación de acuerdos, iniciativas, propuestas o convocatoria de reuniones. |
| Literaria | Forma de relato donde se reflejan sentimientos, sensaciones y experiencias. |
| Social | Invitación protocolaria a algún acto social: presentación de libros, fiestas... |

Hablamos, pues, de diferentes tipos de cartas en función del propósito, del contenido y de la persona a quien va dirigida. Además de las señaladas, podríamos indicar otras formas, como: las de *felicitación* (a veces se usa la tarjeta postal), de *súplica o petición*, de *excusa o disculpa*, de *recomendación*, de *amor* y de *pesar*. Las comerciales son de ofertas, de información, de compras y ventas.

En general, debe dominar la expresión correcta y el estilo natural y sencillo en cualquiera de las formas en que se presenta. No obstante, dependerá del tipo de carta para que haya un mayor predominio de lo objetivo o de lo subjetivo. En todas se resalta la relación fluida en el *tratamiento* (tú-usted) y un *grado de cortesía satisfactorio* (saludo y despedida).

### 11.2.5. ¿Cómo escribir cartas eficaces?

Hay una idea generalizada actualmente de que la carta es una forma de comunicación del pasado. Ahora disponemos de la ofimática, del ordenador, del fax, telefax, burofax y teléfono. Más aún, se dice frecuentemente, ¿para qué molestarse en pensar y dictar una carta si nos podemos comunicar rápidamente por teléfono, móvil o Internet?

Escribir cartas exige tiempo, esfuerzo y dinero. En la actividad comercial se precisa, además, una secretaria que tome el dictado y quizás otra que escriba. Si es un mailing para marketing, necesitaremos doblar, introducir en sobres, escribir direcciones y enviar a Correos con el franqueo correspondiente o a través de mensajeros a los destinos directamente. Ante estas dificultades, nos preguntamos, ¿para qué sirve la carta?

La carta comercial se ha convertido en una rutina mecánica de escribir, que en la mayor parte de los casos resulta ineficaz e inútil. ¿Cómo conseguiremos una mayor eficacia en la redacción de cartas? Todos sabemos que, a pesar de los inconvenientes, la carta mantiene un espacio relevante en la actualidad como expresión de intercambio personal, como medio de información y de difusión comercial o publicitaria y como manifestación de opiniones por parte de lectores de periódicos o revistas. Para que sea eficaz, una carta ha de ser original y debe estar dotada de un tono personal y conversacional, sin ajustarse a moldes gastados y sin recurrir a frases hechas o expresiones estereotipadas. Las actividades, empresarial y comercial, se vinculan con sus clientes mediante la carta informativa para dar a conocer y promocionar los productos, al igual que las instituciones conectan con los ciudadanos para anticiparles informaciones sobre sus obligaciones o bien advertirles de algún incumplimiento.

### 11.2.6. ¿Qué pretendemos al escribir cartas comerciales?

— Cursar órdenes de comprar, venta, envío, servicios, etc.
— Anunciar ofertas.
— Dar a conocer un nuevo producto o servicio.
— Presentar a personas, empresas, servicios, productos, etc.
— Acuse de recibo.
— Difundir informes y circulares.
— Explicar trámites bancarios y administrativos.
— Presentar reclamaciones.
— Establecer relaciones públicas.
— Solicitudes.
— Demandas de pago.
— Autorizaciones.
— Facturación.
— Rectificaciones.

Para tener constancia de que una carta va a llegar a su destino, hemos de incluir: acuse de recibo, reclamación o pedido de un producto.

### 11.2.7. ¿Qué fórmulas debemos emplear en las cartas?

Tradicionalmente se han venido utilizando expresiones hechas y fórmulas protocolarias, como: «de nuestra consideración», «tenga a bien», «aprovechamos la oportunidad», «reiterarle nuestro más sincero aprecio»... Si alguien no cumplía con estas exigencias, en seguida se le advertía de su falta de corrección. Estas fórmulas se aplicaban tanto en las de carácter personal como en las informativas y comerciales. Actualmente se han suavizado estas fórmulas y conviene observar el funcionamiento eficaz de algunas de ellas en cartas de tono distinto:

| EVITE ESTAS FÓRMULAS | ELIJA ESTAS EXPRESIONES |
|---|---|
| — Mi muy apreciado/a amigo/a | — Estimado/a amigo/a |
| — Muy Sr./Sra. Mío/a | — Estimado/a Sr./Sra. |
| — Tengo el gusto de comunicarle | — Le comunico o le informo |
| — Espero que al recibo de esta te encuentres bien, gracias a Dios | — Espero que estés bien |
| — Su afectísimo y seguro servidor | — Recibe/a un (cordial) saludo |
| — De nuestra consideración más distinguida | — Atentamente le saluda |
| — En respuesta a su último comunicado | — Le respondo a su petición |
| — Nos complacemos en enunciarle | — Nos satisface comunicarle |
| — Tendremos a bien, tenga a bien | — Estimamos su propuesta |
| — Dando cumplimiento así a su petición | — Su petición ha sido aceptada |
| — Sobre este particular | — Sobre este tema |
| — Lamentamos tener que informarle | — No hemos podido atender su petición como desearíamos |
| — El presente mes de | — Este mes |
| — Sírvase o sirva la información dada | — Tenga en cuenta esta información |
| — En espera de su respuesta | — Espero una respuesta |
| — Aprovechamos la oportunidad que nos brinda la ocasión | — Pedimos al mismo tiempo |
| — Atendiendo a su justa petición remitimos su petición | — Damos curso a su carta |
| — Le mandamos de manera adjunta | — Adjuntamos |
| — Tomamos nota de su reclamación en la carta | — Acusamos recibo de su carta |
| — Es de agradecer su atenta amabilidad | — Le saludamos atentamente |

En las cartas comerciales se utilizan expresiones convencionalizadas:

| FÓRMULAS EN CARTA COMERCIALES | FÓRMULAS MÁS ACERTADAS |
|---|---|
| — Muy Sres. nuestros, míos | — Estimados Sres/Sras. |
| — Agradeciéndole por anticipado | — Le agradezco / agradecemos |
| — En respuesta a | — Le respondo a |
| — Les anticipamos las gracias | — Le agradecemos |
| — Recibirá prontas noticias | — Pronto recibirá noticias |
| — Aprovechamos la ocasión | — Le comunico además |
| — Quedamos a su disposición, a sus órdenes | — Le ofrecemos la atención que merece |
| — En espera de o esperando una pronta respuesta | — Esperamos una respuesta rápida |
| — Nos complace transmitirle nuestra consideración | — Le agradecemos |
| — Ponemos en su conocimiento | — Le comunicamos |
| — Con el agrado de siempre o nos es grato | — Nos agrada comunicarle |
| — Quedamos a la espera | — Esperamos |
| — Tenemos el gusto de comunicarle | — Le comunicamos |
| — Sin más asuntos que comunicarle por el momento | — Reciba un saludo |
| — A la mayor brevedad posible | — En un período breve de tiempo |
| — Con esta carta le damos por comunicado | — Hacemos constar esta información |
| — Reiteramos nuestro aprecio gustosos | — Le felicitamos |

Pero no son solo los giros y las muletillas los que ponen en peligro la posible eficacia de sus cartas, hay otros aspectos que tenemos que observar:
— El exceso de familiaridad: «Hola, chato, colega».
— Los párrafos muy extensos y las frases complejas y ampulosas.

— El uso de verbosidad y de adulación ha de ser sustituido por un lenguaje sincero, sencillo, claro y directo.
— Supresión del léxico pobre, vulgar y descalificador.
— Utilización del tacto cortés sin arrogancia ni grosería.
— Sustitución de expresiones repetidas y de explicaciones continuadas e insistentes.
— Medición del grado de confianza con el destinatario. Por ejemplo, se deben evitar expresiones como: «les agradecemos por anticipado», «sabemos que podemos contar con ustedes», «en la confianza de que responderá favorablemente», «estoy seguro de que...».

Una vez redactada la carta, conviene leerla detenidamente para revisarla y corregirla. Debemos saber que lo que escribamos va a quedar fijado y será la imagen que demos de nosotros.

Veamos varios tipos de carta —personal, formal y literaria— para que podamos contrastar los procedimientos utilizados.

---

A) CARTA PERSONAL

Marta Fernández Alonso                    Antonio Martínez Sobrado
C/ Espejo, 5, 28005-Madrid                    C/ Casino, 35 León

León, 25 de mayo de 2006

Querida Marta:
    No sabes cuánto me acuerdo de ti. No he dejado de pensar en aquellos días de verano que pasamos en el mar juntos. Allí sonreías como nunca había soñado. Desde entonces no dejo de tenerte conmigo. Me agradaría poder vernos pronto. Ya sé que tú estás en otros temas y puede que no te importe nada. En cambio, yo no puedo olvidarte y mi vida no tiene sentido sin tenerte a mi lado. Piénsalo y dime que tú también sientes algo por mí.
    Recibe lo mejor de mí con un abrazo lleno de amor

Tuyo siempre, Antonio

---

B) CARTA FORMAL: INFORMATIVA Y COMERCIAL

BUCA Sucursal 125 (Madrid)                    María García Atienza
                                                                C/ Pez, 3, 28005 Madrid
                                                                Madrid, 20 de mayo de 2006

Estimada clienta:
    Ahora que llega el verano, ¿ha pensado cómo afrontar el calor en su hogar? ¿Quiere refrescarse a la vez que ahorra energía?

---

Si desea instalar un equipo de Aire Acondicionado, la Organización de Consumidores le aconseja adquirir uno con tecnología DC INVERTER, por su alto nivel de confort y ahorro energético. Y esto es lo que BUCA Promociones ha seleccionado para usted. Una excelente oferta de Aire Acondicionado MILDE, que dispone de esta tecnología, alcanzando de forma muy rápida la temperatura deseada y manteniéndola constante en el más absoluto silencio y con el mínimo consumo del mercado.

Oferta: AIRE ACONDICIONADO MILDE DC INVERTER con instalación incluida desde 58 € al año en 24 cuotas sin intereses (T.A.E. 0 por ciento)

Si desea acogerse a esta oferta exclusiva para Clientes BUCA o ampliar información sobre la financiación de los equipos de aire acondicionado MILDE, acuda a su oficina BBVA o llame al teléfono 902 470 902, donde estaremos encantandos de atenderla.

Reciba un cordial saludo

Director de Nuevos Modelos de Negocio

---

### C) Combinación personal y formal

A Gabriel Miró                           De Juan Ramón Jiménez

Madrid, 20 de abril de 1920

Señor don Gabriel Miró. Barcelona.

Mi querido amigo:

Le lleva esta carta Mr. Houston (uno de los directores de la casa editorial norteamericana Doubleday, Page and C.), al cual he recomendado, para que los traduzcan, los libros de usted, a fin de «compensar» con ellos, y con otros poquitos, ¡tan poquitos!, los vozarrones gruesos de los inevitables.

Le agradeceré mucho a usted que guíe a Mr. Houston en Barcelona; cuanto le sea posible.

Un abrazo de su verdadero amigo, Juan Ramón Jiménez

Postdata: le escribiré pronto, más despacio

---

### D) Carta literaria

Aquella carta, expedida en las Azores, donde el barco había hecho escala, fue llevada a la parroquia por el río Tonet en su tartana. El rector tuvo que leerla, porque ella no sabía leer. Para silenciar definitivamente las malas lenguas la leyó un domingo desde el púlpito, antes del sermón.

«Cuando tenga trabajo y casa y un poco de pempis mandaré por vosotros», decía la carta. «La travesía es buena, hoy hemos visto tiburones, siguen peligrosamente el barco en bandadas, a la espera de que algún pasajero se caiga al agua; entonces lo devoran de un bocado: todo lo trituran con su triple fila de dientes; del que consiguen hacer presa y devorar no devuelven nada al mar». A partir de aquel momento ya no había vuelto a escribir más.

(E. Mendoza: *La ciudad de los prodigios*, Barcelona, Planeta, 1996).

El diálogo que se produce en las cartas es imaginario, puesto que el destinatario no está presente en ninguno de los casos. Pero en cada una hay unos procedimientos distintos que inciden en el desarrollo lógico —deductivo o inductivo— o en el dominio de los componentes expresivos y emotivos. La carta personal es más emotiva; la formal es más lógica, rigurosa e impersonal, y también más persuasiva y efectista; y la literaria es más sugestiva y estética.

Todas las cartas deben respetar los componentes formales esenciales, pero algunas de ellas han de ser más exigentes que otras. Algunas de ellas requieren un mayor rigor en el cuidado tanto de los aspectos formales (encabezamiento, cuerpo y cierre) como de la redacción: las *cartas de presentación* para demandar trabajo, las de petición o *solicitud*, las de *reclamación*, las de *recomendación*, las de *invitación*, las de *reprobación*, las de *carácter social*, las de *excusas* y las *informativas*. En cambio, las cartas de *felicitación*, de *saludo*, la *familiar* y la *personal* suelen escribirse de manera más desenfadada y con procedimientos más informales.

## 11.2.8. Cuando escriba una carta, le recomendamos que...

— La escritura sea uniforme.
— Los márgenes aparezcan en todos los lados.
— Si duda en determinadas palabras, consulte el diccionario.
— Revise y corrija la carta una vez redactada completamente.
— Se fije en todos los datos: membrete, encabezamiento, desarrollo, cierre y despedida.
— Si es una carta informativa o comercial, observe el logotipo, el nombre completo de la empresa o persona que la representa, la identificación del material ofrecido, la dirección completa, el fax, el teléfono, la página web y el correo electrónico.
— No olvide que los datos del destinatario se escriben a la izquierda y los del remitente a la derecha.

# CAPÍTULO XII

# La redacción de textos profesionales y administrativos

## 12.1. LA IMPORTANCIA DE LA ESTRUCTURA DEL TEXTO

Si queremos que el receptor del texto escrito pueda recibir el mensaje que hemos creado siguiendo las pautas de una organización formal preestablecida, debemos estructurar las ideas que vamos a comunicar de acuerdo con la intencionalidad que se persigue. Por ello hay tipos de textos que presentan una estructura estandarizada, aceptada social y culturalmente al formar parte de la vida de la colectividad (como es el caso de algunos textos administrativos, como la instancia, el currículum o las cartas de presentación o comerciales). Para crear este tipo de textos, podemos recurrir a un modelo que nos sirva de base formal y encauce la expresión de nuestras ideas con el fin de que la comunicación sea lo más fluida posible.

Sin embargo, existen otros textos para los que no existen convenciones estrictas, aunque la tradición cultural siempre nos guía hacia la selección del esquema más general y comúnmente aceptado. Es el caso de los informes, de los ensayos, de los comentarios, etc. En ellos la importancia del texto recae en la estructuración del mensaje que se transmite. La escritura cuenta con su propia jerarquía dentro de los textos, de esta manera permite que el mensaje pueda dividirse en apartados.

En el caso de los textos profesionales y administrativos nos encontramos ante escritos que exigen el empleo de *estructuras formalizadas* en las que tenemos que ajustar un contenido específico.

Muchos de los textos administrativos producen efectos, es decir conllevan consecuencias jurídicas, lo que condiciona que en su redacción existan requisitos formales que, en caso de no cumplirse, lo invalidan como tal. De ahí que la estructura y, sobre todo, el lenguaje manifiesten un gran *conservadurismo* en su marco expresivo: el lenguaje empleado es manifiestamente poco usual en giros, en expresiones idiomáticas, en los empleos de los tiempos verbales...

El discurso predominante es el instructivo, aunque algunos son textos normativos (definen conceptos o normas) y otros, prescriptivos (aquellos que obligan al emisor a la realización de algún acto). Ello no implica que no aparezcan la *descripción*, la *narración* ni la *argumentación* o la *exposición* cuando sean necesarias.

El elemento más característico en dichos textos es el empleo de una *estructura prefijada* (*formularios*) de antemano, que en muchos casos tiene como finalidad el facilitar la lectura e interpretación del documento (sobre todo, en los textos jurídicos, como por ejemplo la *sentencia*, en la que se puede localizar el fallo con prontitud). Incluso hoy, resulta frecuente el uso de plantillas telemáticas en los campos administrativos y jurídicos que agilizan la redacción de dichos escritos.

Entre los textos más representativos citaremos el currículum vítae, la carta de presentación, la carta comercial, el informe y el acta.

## 12.2. EL CURRÍCULUM VÍTAE

El significado literal del término latino *currículum vítae* es «carrera de la vida» y el DRAE lo define como:» Relación de los títulos, honores, cargos, trabajos realizados, datos biográficos, etc., que califican a una persona». Tanto la forma latina como la palabra ya hispanizada «currículo» se usan indistintamente. Nosotros, al referirnos a él, utilizaremos indistintamente una y otra.

Se trata, por lo tanto, de exponer de la manera más clara, precisa y relevante todos aquellos títulos, experiencias profesionales y datos que muestren un perfil claro y conciso de uno mismo, puesto que lo que el currículo persigue es resaltar los méritos de quien lo presenta. Con el *currículum* elaboramos una tarjeta de visita *ad hoc* para quien no nos conoce.

Para que un *currículum* (currículo) cumpla su objetivo, despertar en quien lo lee el interés necesario para que lo valore con el fin de seleccionarlo, debemos detenernos en su redacción, en la que hay que tener en cuenta las siguientes pautas:

1) *Brevedad:* un *currículum* (currículo) debe ser breve, uno o dos folios son suficientes.
2) *Claridad:* hay que resaltar lo más significativo con la mayor claridad expositiva.
3) *Estilo impersonal:* no debemos escribir el *currículum* (currículo) en tercera persona, sino usando formas impersonales.
4) *Ortografía:* es importante cuidar la ortografía; puede causar muy mala impresión presentar un currículo plagado de faltas de ortografía.

La precisión es otro de los factores que debemos resaltar a la hora de redactar un *currículum* (currículo). Por ello, es importante que adaptemos nuestros datos al fin que queremos conseguir, que, se supone, es el puesto de trabajo al que optamos en cada caso.

Al confeccionar el *currículum* (currículo), el orden y la correcta disposición de sus elementos son factores primordiales, ya que no debemos olvidar nuestro propósito de que el lector fije su atención en él y desee conocernos.

## 12.2.1. Modelos de currículum vítae

Actualmente, y de manera general, existen tres formas para organizar la información de un modo coherente. En realidad, podemos usar indistintamente cualquiera de ellas pero es importante que escojamos la que convenga mejor a nuestro perfil profesional puesto que no debemos olvidar que la presentación de un currículo persigue darse a conocer mediante la presentación de nuestros méritos. Así, nuestra trayectoria puede reflejarse de una manera *cronológica*; presentando un orden *cronológico inverso*, u organizando el currículo desde una perspectiva *funcional.* Ello permite que se diferencien plantillas (o modelos) de currículo en estas tres direcciones:

1) *Currículo cronológico:* a través del cual presentamos la información partiendo de lo más antiguo a lo más reciente, mostrando una imagen clara y lineal de nuestra trayectoria.
2) *Currículo cronológico inverso:* como su propio nombre indica, consiste en empezar por los datos más recientes, resaltando una imagen actual de nuestra experiencia laboral.

3) *Currículo funcional*: no sigue una progresión cronológica, sino que agrupa la información por temas, proporcionando una comprensión rápida de nuestra formación y experiencia en un ámbito determinado.

Aunque, a continuación, describamos ejemplos de los diferentes modelos curriculares citados, es preciso no olvidar que, actualmente, muchas de las empresas o instituciones cuentan con un modelo particular de currículo. Es muy común, por tanto, encontrar plantillas en formato electrónico en las que se establecen una serie de campos fundamentales que son los que debemos completar. Datos que son los que interesan a la empresa, dependiendo del perfil que necesite para los diferentes puestos de trabajo ofertados.

Que existan tales plantillas no significa que no debamos cuidar la forma en la que redactamos los datos que nos piden. En muchas ocasiones no se nos proporciona demasiado espacio para exponer nuestros datos, lo que significa que debemos realizar un trabajo previo de concisión.

Para ilustrar los diferentes tipos de currículo que hemos planteado, introducimos dos ejemplos y la plantilla oficial del Currículum Vítae Europeo.

# Ejemplo 1

**DATOS PERSONALES**
Nombre y Apellidos: Roberto Domínguez Merino
Fecha de nacimiento: 2 de diciembre de 1982
Lugar de nacimiento: Getafe, Madrid
DNI. número: 11.111.122-N
Dirección : C/ España, n.º 12, Ático - 28003 Getafe
Teléfono : (91) 111 11 11
E-mail: rodome@terrae.es

**FORMACIÓN ACADÉMICA**
2001-2002   Máster en Administración y Dirección de Empresas M.B.A., por ADDI-REC.
1995-2001   Licenciado en Administración y Dirección de Empresas por la Universidad de de Madrid.

**OTROS CURSOS Y SEMINARIOS**
2002   «Disyuntivas Empresariales», por la Universidad de Sevilla. (40h.)
2001   «Gestión y administración de Empresas», por el Centro de Creación de Empresas de la Comunidad Valenciana. (35h.)
2000   «Jornadas sobre las Nuevas Leyes Europeas», por el Centro de Estudios Europeos de Madrid. (10h.)
2000   «Estudio Económico de la Comunidad andaluza», por el Departamento de Estudios del Ministerio de Economía y Hacienda. (200h.)

**EXPERIENCIA PROFESIONAL**
1998-1999   Convenio en prácticas; mediante el programa gestionado por el Gabinete de Iniciativas Para el Empleo (GIPE) de la Universidad de Almería; en el Dpto. de Contabilidad de la multinacional GESTIÓN S.A., realizando durante cinco meses tareas administrativas y contables.
1999-2000   Contrato de seis meses en la Empresa Riesgo, S.L., realizando tareas administrativas en general.

**IDIOMAS**
FRANCÉS   Nivel Alto. Título de la Escuela Oficial de Idiomas de Madrid.
INGLÉS   Nivel Medio. Cursando segundo Curso en la Escuela Oficial de Idiomas.

**INFORMÁTICA**
Conocimientos medios-altos de:
• Windows 2000 y Xp
• Procesadores de Texto: Word Perfect, Microsoft Word
• Hojas de Cálculo: Excel, Lotus 123
• Bases de Datos: Acces
• Power point.
• Internet
• Outlook

**OTROS DATOS DE INTERÉS**
Carné de conducir B-1, Vehículo propio, Disponibilidad para viajar.

# Ejemplo 2

**DATOS PERSONALES**
Marta Garrido López
C/ Lora, 1.º. 11401 Jerez
Nacida el 22 de marzo de 1973
DNI: 111.333.444-P
Estado civil: soltera
Teléfono: (956) 00 00 00
E-mail: magalo@maila.com

**OBJETIVO PROFESIONAL**
Dirección del área técnica I+D en empresa especializada en telecomunicación con implantación nacional y/o multinacional.

**FORMACIÓN**
— Ingeniería Superior de Telecomunicación por la Universidad de Salamanca (1976).
— Especialización en circuitos integrados en la Universidad de Colonia, Alemania (marzo a julio de 1977).

**EXPERIENCIA PROFESIONAL**
*a)* **Experiencia técnica**
Técnica de mantenimiento de terminales en Espéride, S.A. (1977-79). Encargada de verificar los datos propuestos por los operarios de la sala de cálculo:
— Comprobación de datos.
— Supervisión de las tareas de conservación y reparación de ordenadores.
— Programadora de aplicaciones en OMS (1986-88).

**Funciones:**
— Adaptaciones de funciones de control y programas de base; univac 1100/20, sobre lenguaje Cobol/Ascii y otros (IBM; MVS/JES 2, etc.).
— Diseño de aplicaciones: planificación de programas; desarrollo de gráficas, diagramas de bloque/flujo e instrucciones; presentación de resultados.

*b)* **Experiencia en ventas**
— Delegada de ventas en OMS para Madrid y Castilla León (1979-80). Responsable de un equipo de diez vendedores especializados.

**Funciones:**
— Venta e instalación de equipos de télex.
— Organización de entrevistas.

**IDIOMAS**
Inglés y alemán: Nivel alto oral y escrito. Francés: Nociones básicas.

**OTROS DATOS**
Disponibilidad para viajar.
Disponible para incorporación inmediata.

## *Modelo oficial de currículum europeo*

Enmarcado en el proyecto de un Espacio Europeo de Aprendizaje Permanente y de un Mercado de trabajo europeo accesible a todos sus conciudadanos, la Comisión Europea ha promovido entre los estados miembros de la Unión la difusión de este currículo en soporte electrónico. En él, como puede observarse, se definen los siguientes apartados en el orden siguiente: *Información personal, Experiencia laboral, Educación y formación, Capacidades y aptitudes personales, Información adicional.*

MODELO DE CURRICULUM
VITAE EUROPEO

INFORMACIÓN PERSONAL

| | |
|---|---|
| Nombre | [APELLIDOS, Nombre] |
| Dirección | [Número, calle, código postal, localidad, país] |
| Teléfono | |
| Fax | |
| Correo electrónico | |

| | |
|---|---|
| Nacionalidad | |
| Fecha nacimiento | [Día, mes, año] |

EXPERIENCIA LABORAL

| | |
|---|---|
| • Fechas (de-a) | [Empezar por el más reciente e ir añadiendo aparte la misma información para cada puesto ocupado]. |
| • Nombre y dirección del empleador | |
| • Tipo de empresa o sector | |
| • Puesto o cargo ocupados | |
| • Principales actividades y responsabilidades | |

EDUCACIÓN Y FORMACIÓN

| | |
|---|---|
| • Fechas (de-a) | [Empezar por el más reciente e ir añadiendo aparte la misma información para cada curso realizado]. |
| • Nombre y tipo de organización que ha impartido la educación o la formación | |
| • Principales materias o capacidades ocupacionales tratadas | |
| • Título de la cualificación obtenida | |
| • (Si procede) Nivel alcanzado en la clasificación nacional | |

| | |
|---|---|
| Página 1 - Curriculum vitae de [APELLIDOS, Nombre] | Para más información: www.cedefop.eu.int/transparency www.europa.eu.int/comm/education/index_es.html www.eurescv-search.com |

| | |
|---|---|
| CAPACIDADES Y APTITUDES PERSONALES Adquiridas a lo largo de la vida y la carrera educativa y profesional, pero no necesariamente avaladas por certificados y diplomas oficiales. | |
| LENGUA MATERNA | [Escribir la lengua materna] |
| OTROS IDIOMAS | [Escribir idioma] |
| • Lectura | [Indicar el nivel: excelente, bueno, básico] |
| • Escritura | [Indicar el nivel: excelente, bueno, básico] |
| • Expresión oral | [Indicar el nivel: excelente, bueno, básico] |
| CAPACIDADES Y APTITUDES SOCIALES Vivir y trabajar con otras personas, en entornos multiculturales, en puestos donde la comunicación es importante y en situaciones donde el trabajo en equipo resulta esencial (por ejemplo, cultura y deportes), etc. | [Describirlas e indicar dónde se adquirieron] |
| CAPACIDADES Y APTITUDES ORGANIZATIVAS Por ejemplo, coordinación y administración de personas, proyectos, presupuestos, en el trabajo, en labores de voluntariado (por ejemplo, cultura y deportes), en el hogar, etc. | [Describirlas e indicar dónde se adquirieron] |
| CAPACIDADES Y APTITUDES TÉCNICAS Con ordenadores, tipos específicos de equipos, maquinaria, etc. | [Describirlas e indicar dónde se adquirieron] |
| CAPACIDADES Y APTITUDES ARTÍSTICAS Música, escritura, diseño, etc. | [Describirlas e indicar dónde se adquirieron] |
| OTRAS CAPACIDADES Y APTITUDES Que no se hayan nombrado anteriormente. | [Describirlas e indicar dónde se adquirieron] |
| PERMISO(S) DE CONDUCCIÓN | |
| INFORMACIÓN ADICIONAL | [Introducir aquí cualquier información que se considere importante, como personas de contacto, referencias, etc.] |
| Página 2 - Curriculum vitae de [APELLIDOS, Nombre] | Para más información: www.cedefop.eu.int/transparency www.europa.eu.int/comm/education/index_es.html www.eurescv-search.com |
| ANEXOS | [Enumerar los documentos anexos] |
| Página 3 - Curriculum vitae de [APELLIDOS, Nombre] | Para más información: www.cedefop.eu.int/transparency www.europa.eu.int/comm/education/index_es.html www.eurescv-search.com |

416

## 12.2.2 Esquema aclaratorio

En el siguiente cuadro aparecen definidas las partes estructurales y los contenidos correspondientes a cada una de ellas, independientemente del modelo que elijamos para su presentación.

| Partes imprescindibles | Contenidos a los que atender |
|---|---|
| **Datos personales** | En este apartado deben figurar todos nuestros datos personales. El nombre y los apellidos han de aparecer en su forma completa, sin abreviaturas. |
| **Titulación** | En la titulación podemos incluir datos de interés como becas, realización de cursos en el extranjero, etcétera. |
| **Realización de cursos y seminarios** | En esta información es importante la disposición, de modo que podemos elegir para la estructuración un orden cronológico o bien cronológico inverso. |
| **Idiomas** | Debemos especificar el grado entre: bajo, medio y alto, en sus dos variantes: hablado y escrito. |
| **Informática** | Indicamos aquellos programas informáticos sobre los que tenemos conocimiento y uso. |
| **Experiencia profesional** | Indicamos las empresas para las que hemos trabajado, las funciones desempeñadas en las mismas y las fechas de inicio y finalización. |

| PARTES IMPRESCINDIBLES | CONTENIDOS A LOS QUE ATENDER |
|---|---|
| **Datos de interés** | Podemos incluir en este apartado la asistencia a conferencias, colaboraciones, la posesión del carné de conducir, etcétera. |
| **Remate final** | Para concluir nuestro *currículum* (currículo), podemos incluir la fecha del día en que se ha redactado, pero esto es mejor hacerlo si sabemos que no llegará con demasiada demora a su destino. |

## 12.3. LA CARTA DE PRESENTACIÓN

La carta es uno de los tipos de escritos con más tradición desde el punto de vista social. Podemos, incluso, afirmar que se convierte (sobre todo, lo ha sido en el pasado) en uno de los medios de comunicación más habituales para transmitir de manera personal una información (que puede ser más o menos confidencial) a una receptor ausente. Este tipo de textos es muy particular porque establece un diálogo en la distancia y, normalmente, se espera una respuesta del receptor. La particularidad de este discurso influye en la redacción del escrito puesto que, al establecerse un diálogo con un tú ausente, implica que debemos suplantar aquellos otros códigos de los que nos servimos cuando nos encontramos en presencia de nuestro interlocutor.

Suele decirse que no existen reglas estrictas para la elaboración de una carta, sin embargo sí podemos establecer modalidades en función del asunto que se trate (no es lo mismo dar un pésame que invitar a una celebración de un acontecimiento feliz), de la persona a quien se dirige, del contexto en el que se produzca la redacción, así como el medio que se utilice para ello (actualmente la carta manuscrita está siendo sustituida por la fórmula de correo electrónico lo que, inevitablemente, afecta a la redacción).

En la mayoría de los casos, a la hora de entregar nuestro *currículum* (currículo), decidimos redactar una *carta de presentación* que

418

lo acompañe. Documento que, además de ser un saludo cortés para el gabinete de selección como muestra de interés y de educación del solicitante, permite explicar el recorrido profesional del mismo. En ella, además, tenemos la oportunidad de darnos a conocer resaltando aquellos aspectos de nuestro currículo que pueden beneficiarnos como candidato al puesto ofertado.

El objetivo fundamental de la carta de presentación es causar una buena impresión en quien la lee, considerando que nuestro historial podría ser el apropiado para la candidatura ofertada. De ahí que uno de los aspectos que debemos cuidar a la hora de redactarla sea la selección del contenido que trataremos minuciosamente tanto como la forma de mostrarlo.

En ella debemos expresar el interés que nos merece la empresa por ser líder en solvencia y en el trato dispensado a todos sus empleados y, por lo tanto, el manifiesto interés por formar parte de dicho grupo humano si fuere la persona elegida para el empleo ofertado. Es importante que describamos nuestras cualidades y, en algunos casos, podemos aportar rasgos característicos de nuestra personalidad.

A la hora de redactar la carta de presentación, debemos tener en cuenta los siguientes pasos:

1) *Presentación:* explicamos de forma breve quiénes somos, qué experiencia profesional tenemos hasta el momento y cuáles son nuestros objetivos.
2) *Interés:* en este momento debemos demostrar a la empresa que conocemos bien el puesto al que queremos optar y la opinión favorable que nos merece la empresa.
3) *Compromiso:* debemos indicar qué podemos ofrecer.
4) *Despedida:* despedimos la carta de forma cordial y solicitamos una entrevista personal manifestando nuestro agradecimiento de antemano.

## 12.3.1. Modelos de carta de presentación

Existen dos modelos de carta de presentación específicos, dependiendo de la candidatura a la que queremos optar:

1) *Carta de candidatura a un puesto ofertado concreto.* La carta de presentación y el *curriculum* (currículo) responden a una oferta de empleo de la que hemos tenido conocimiento con anterioridad a través de algún medio de comunicación.

2) *Carta de candidatura espontánea.* Se envía el *currículum* (currículo) por propia iniciativa, acompañado de una carta de presentación, a una empresa en la que nos gustaría trabajar, aunque previamente no haya ofertado ningún puesto de empleo.

En ambos casos, a la hora de redactarla, hemos de tener en cuenta las siguientes pautas:

a) *Brevedad:* no debemos escribir más de un folio y por una sola cara.

b) *Lenguaje:* es necesario usar un lenguaje formal en todo momento.

c) *Destinatario:* hemos de dirigir la carta a una persona en concreto, no a un destinatario genérico.

d) *Ortografía:* no podemos cometer fallos ortográficos.

e) *Estilo personal:* se trata de una presentación personal, por lo que es aconsejable hablar en primera persona.

f) *Conclusión:* Síntesis de lo dicho y expresión de cortesía.

A continuación presentamos los modelos que hemos descrito:

**Carta de candidatura a un puesto ofertado concreto**

Ana Benítez Ortiz
C/ Venecia, 3.º Izq. (41007 Sevilla)
Tfno: 954.11.94.85

Sevilla, 2 de diciembre de 2006

REF: CAM

Estimado/a señor/a:

En relación con el anuncio publicado el día 27 de noviembre en *El Correo de Andalucía*, en el que solicitan una camarera, me complace enviarle mi *currículum vitae*.

Como podrá comprobar, tengo amplia experiencia en el puesto ofertado, y total disponibilidad tanto geográfica como horaria. Además, me gustaría seguir desarrollando mi trabajo profesional de cara al público pues poseo capacidades para ello.

Me agradaría poder ampliar la información que precise en una entrevista personal, para lo que quedo a su disposición.

Sin otro particular, le saluda atentamente,

Firma

## Carta de candidatura espontánea

Juan Fernández Serna
C/ Tribulete, 6
28080- Madrid
Madrid, 27 de junio de 2004

JEFE DE PERSONAL
CARSA

Muy Sr. mío:
Conociendo la actividad que realiza su empresa en el sector del automóvil, me permito enviarle mi currículum por si pudiera ser de su interés.
Soy Técnico Especialista en Mecánica del Automóvil, recientemente titulado en el Instituto Politécnico. Me apasiona el mundo del motor y, además de la formación adquirida, realizo a menudo pequeños arreglos en los vehículos de amigos y familiares. Además, puedo presentar buenas referencias del Taller donde realicé las prácticas.
Estoy disponible para entrevistarme con usted en cualquier momento, y podría empezar a trabajar de inmediato.
A la espera de sus noticias, le saluda atentamente,

Firma

## 12.4. EL INFORME

El *informe* es un documento elaborado a partir de una recolección de datos concretos, que tiene como objetivo notificarnos una información sobre algún asunto específico. Generalmente son redactados, como una obligación profesional, por la indicación de un superior. Es un instrumento fundamental en la gestión administrativa de cualquier empresa.

El *informe* debe ceñirse en todo momento a la realidad de los hechos, cumpliendo con la mayor objetividad por parte del autor.

El contenido de este documento puede ser muy variado ya que puede ocuparse de un asunto técnico, actuaciones de los empleados, investigaciones, etc. De este modo, al tratarse de cuestiones internas de una empresa, ha de conservar en todo momento un carácter estrictamente confidencial.

Los informes varían considerablemente en cuanto a su extensión y estructura, ya que deben adaptarse a la práctica de la empresa para la cual son escritos, así como a la situación a la que se cir-

cunscriben por el autor. Pero, al margen de esto, el contenido al que debe ajustarse todo informe comprende los siguientes puntos:
1) *Intención:* en un informe debemos incluir una explicación del propósito que lo guía.
2) *Método:* hemos de hacer constar el procedimiento o técnica utilizada en la recopilación de datos, para que el lector juzgue la fiabilidad de la información que se le proporciona.
3) *Hechos:* debemos presentar de forma clara, ordenada y objetiva una descripción de los hechos encontrados.
4) *Análisis y discusión:* el informe que redactamos debe ser analizado y evaluado para que el lector juzgue su valía.
5) *Recomendaciones:* concluimos con nuestra opinión o consejo al lector acerca de las decisiones que debe tomar en relación con el asunto tratado.

Junto a los contenidos que hemos señalado como imprescindibles, debemos recordar que, en su redacción el informe se caracteriza por:
— El uso de párrafos cortos y concisos.
— Un vocabulario generalmente especializado y siempre formal (neologismos, tecnicismos...).
— Un estilo preciso, claro y correcto.

Pese a que la estructura formal de los informes es muy variable, dependiendo de su contenido y de su finalidad, las partes que lo conforman suelen ser las siguientes:
1) *Cubierta:* en ella debemos hacer constar el título del informe, la fecha, el lugar, el número de páginas y la empresa para la que se elabora.
2) *Tabla de contenidos:* en esta tabla tenemos que incluir el índice y el sumario con los temas que se tratan en el informe. Digamos que viene a cumplir la función del índice de cualquier trabajo amplio en el que es necesario diseñar sus partes para que puedan ser identificadas.
3) *Introducción:* en ella presentamos al lector el tema y objetivo del informe y cómo vamos a tratarlo a lo largo del escrito.
4) *Cuerpo:* en él mostramos los objetivos del informe (intención, método, asunto, análisis y discusión, y recomendaciones).
5) *Apéndice:* en este apartado incluimos la bibliografía, el material complementario (gráficos, tablas, ilustraciones, etc.), que hemos manejado.

## 12.4.1. Tipos de informe

Fundamentalmente, existen dos tipos de informe, *argumentativo* y *expositivo*. La distinción entre ellos reside en el enfoque dado por el autor. En el *informe argumentativo* debemos interpretar y analizar los hechos, además de presentar unas conclusiones que respondan al análisis presentado; sin embargo, en el *informe expositivo* nos limitamos a informar sobre un tema o situación describiendo y narrando unos hechos o mostrando una serie de datos en línea con lo que queremos mostrar.

En el ejemplo que adjuntamos, hemos creado un informe argumentativo, por ser el que permite observar aquellas partes que consideramos indispensables en su redacción:

---

CUBRI, S.A. Andamiajes
Sobre el aumento de los accidentes laborales.

**INFORME**

A la atención de: Juan Martínez, jefe de producción.
Elaborado por: Ana Fernández, jefa de personal.

En el último semestre se ha producido en nuestra empresa un notable aumento (5 por ciento) de accidentes laborales, produciendo como resultado un aumento en bajas laborales.

De la totalidad de los accidentes, el 95 por ciento ha sido de carácter leve y el 5 por ciento restante de carácter grave.

Las principales causas de estos accidentes se han producido por golpes con objetos contundentes y caídas desde alturas considerables. Y las razones que han llevado a esta situación han sido: la exposición a riesgos constantes, de los que en ocasiones el trabajador no es consciente, y lo obsoleto de las medidas preventivas adoptadas en nuestra empresa.

Es inminente, pues, elaborar un programa de prevención de riesgos laborales actualizado y específico para nuestra empresa.

Y, a fin de que nuestros trabajadores tomen conciencia del peligro al que se exponen, es necesario que reciban un curso acerca de los riesgos laborales en su puesto de trabajo y cómo prevenirlos.

**RECOMENDACIONES**
1. Elaborar un programa de prevención de riesgos laborales.
2. Impartir cursos de prevención de riesgos laborales a nuestros empleados.
3. Dotar de los equipos de protección individual a los trabajadores.

Fdo: Ana Fernández.
Recursos Humanos

Valencia, 29 de marzo de 2006

---

## 12.5. LA INSTANCIA

La *instancia* o *solicitud* es una petición por escrito que dirigimos a un organismo público con la finalidad de obtener un beneficio o recurrir algún acto que juzgamos no se ajusta a la realidad porque, en términos generales, nos perjudica. Se trata de uno de los textos fundamentales para que el administrado «dialogue» con la administración pública por lo que, normalmente, existen plantillas que muestran las partes indispensables que debemos redactar. Como otros muchos tipos de textos administrativos, posee una estructura cerrada, en la que se distinguen tres partes (encabezamiento, cuerpo y cierre). Una estructura formal que se divide en varios subapartados que se corresponden con la exposición y aclaración de una serie de datos necesarios para exponer la situación que nos lleva a realizar este tipo de petición.

### 12.5.1. Estructura de la instancia

Las partes que formalmente distinguen una instancia de cualquier otro documento son:

*Datos del solicitante:* en este apartado ofrecemos todos los datos identificadores de quien firma la solicitud. Estos datos deben aparecer con la máxima claridad y rigor. Dependiendo de la finalidad de la instancia podremos ofrecer otras informaciones personales como nuestra profesión, cargo que desempeñamos, etcétera.

*Exposición de motivos:* en la exposición hemos de mostrar de manera sistemática y esquemática las razones por las que presentamos la instancia, iniciando este apartado con la palabra *EXPONE*, seguida de la conjunción *que.*

Si los argumentos que se exponen son varios, necesitamos numerarlos con el fin de obtener una mayor claridad expositiva.

EXPONE que 1)
2) ——————————————
3) ——————————————

El verdadero contenido de la instancia lo encontramos en la exposición, ya que es aquí donde presentamos los argumentos necesarios para obtener lo que solicitamos.

Y éste puede ser muy variado, dependiendo de la petición que formulemos: obtener una licencia de obras, ser admitido en un centro de enseñanza, lograr participar en alguna oposición, recurrir una decisión administrativa que juzguemos injusta (por ejemplo, es posible afirmar que una inmensa mayoría de españoles ha recurrido alguna vez multas «injustas» por infracción automovilística), etcétera.

*Petición de la solicitud:* en la petición, exponemos qué solicitamos comenzando con la palabra *SOLICITA*, también seguida de la conjunción *que.*

*La despedida:* cerramos la solicitud con fórmulas de cortesía y saludos protocolarios que deben corresponder al tratamiento que hemos utilizado al inicio del documento. Sin embargo, cabe señalar, que con el transcurso del tiempo estas fórmulas (Ej.: *Dios guarde a usted muchos años* o *Es favor que espera de vuestra excelencia)* de cortesía que conformaban un cierre casi obligatorio, se emplean cada vez menos, dado su carácter arcaico. En la actualidad existe una normativa que ha eliminado los tratamientos en la Administración del Estado.

En este apartado, también debemos indicar lugar, fecha y nuestra firma para finalizar con el nombre del organismo, institución, etc., a la que va dirigida la instancia que generalmente escribimos en mayúsculas.

---

*Málaga, 30 de diciembre de 2000*
*(firma)*
EXCMO. SR. ALCALDE DEL AYUNTAMIENTO DE MÁLAGA
[Nombre y apellidos], nacido/a en [población] el [día] de [mes] de [año] con DNI número [número del DNI], con domicilio en [calle, número, piso, código postal, población], teléfono [número de teléfono]
EXPONE: Que



, por lo que
SOLICITA: Que



[Lugar], [día] de [mes] de [año]
[Firma]
[ORGANISMO, UNIDAD, INSTITUCIÓN O AUTORIDAD]

---

## 12.6. EL ACTA

El *acta* es un documento escrito, de carácter oficial, en el que reflejamos aquellas decisiones tomadas o acordadas durante la celebración de una junta ordinaria (aquella que se convoca con el tiempo establecido) o extraordinaria (aquella otra en la que los plazos se han acortado al máximo que permite la ley para su celebración). En toda asociación pública o privada como claustros y consejos escolares, cooperativas, fundaciones, comunidad de vecinos, etc., constituye un documento de obligado cumplimiento para dar fe de lo dicho en la reunión.

El encargado de redactar el acta es el secretario de la junta (o aquel que se nombre para levantar el acta de cualquier reunión que quiera contar con dicho documento). La mayoría de las asociaciones disponen de un libro donde el secretario puede dejar constancia de lo acontecido; sin embargo, también puede redactarse en folios que posteriormente pasan a un archivo. Los documentos anexos, en el caso de que los haya, deben ser numerados y adjuntados al acta.

Es de máxima importancia que reflejemos, tal cual, todo lo tratado en la junta (o reunión) y, siempre, siguiendo un orden lógico. Para ello, a la hora de redactar el acta, conviene que estructuremos los contenidos en los siguientes apartados:

### 12.6.1. Estructura del acta

1) *Título:* en él incluimos el nombre de la asociación que se reúne y el número de sesión.
2) *Datos de la sesión:* debemos incluir la ciudad, el local, hora y fecha de la reunión.
3) *Asistencia:* hacemos constar el nombre de los miembros que asisten, junto con el cargo que ocupan dentro de la asociación. Del mismo modo deben aparecer los nombres de los miembros ausentes.
4) *Orden del día:* en este apartado debemos enumerar los temas tratados de manera breve y concisa.
5) *Desarrollo:* en el desarrollo describimos de manera detallada, aunque resumida, lo tratado en la sesión.
6) *Acuerdos tomados:* dedicamos este apartado a la enumeración ordenada, de los acuerdos que se toman durante la reunión.

7) *Cierre y firmas:* el presidente/a es el encargado de cerrar o levantar la sesión y una vez extendida el acta por el/la secretario/a deben hacer constar en la misma sus nombres, el cargo que representan y sus firmas.

---

(Nombre del órgano colectivo de la empresa o de la institución pública)

Acta de la sesión n.°:

Fecha:

Lugar:

Hora de inicio:　　　　　　　　Hora de finalización:

Asistentes:

Ausentes:

Han excusado su ausencia:

Temas tratados (enumeración de los temas tratados, orden del día):

Desarrollo:

Acuerdos (primero, segundo...):

Sin más asuntos que tratar, el/la presidente/a levanta la sesión de la que como secretario/a extiendo esta acta.

V.° B.°

　　　　　　El/la presidente/a　　　　　　　　El/la secretario/a
　　　　　　　(firma)　　　　　　　　　　　　　(firma)

---

Acta de 19.ª reunión ordinaria de la junta de vecinos
del Núcleo San Jorge

**TÍTULO**

Cádiz, 6 de febrero de 2006.
Asociación de vecinos del Núcleo San Jorge

**DATOS DE LA SESIÓN**

Hora de inicio: 20.30
Hora de finalización: 22.15

**Asistentes:**
Sra. Natalia Hernández
Srta. Nuria Domínguez
Sr. Javier Granado
Sr. Rodrigo Lucena
Sra. Esther Martínez
Sr. Esteban López
Sra. Macarena Crespo
Sr. Daniel Ortega
Srta. Belén Aranda

**ASISTENCIA**

**Ausentes:**
Sr. Francisco Salas
Sra. Teresa Delgado
Sr. Bartolomé Cansado

**Se abre la sesión con el siguiente orden del día:**

1. Aprobación del acta de la reunión anterior.
2. Obras en la fachada de los bloques 3 y 5.
3. Apertura de la piscina y horarios de la misma.
4. Contrato del responsable de vigilancia en la piscina.
5. Ruegos y preguntas.

**Desarrollo de la sesión:**

1. Se aprueba por mayoría simple el acta de la reunión anterior.
2. Se abre el debate sobre el segundo punto. El Sr. Rodrigo Lucena
   informa sobre las posibles empresas que se pueden contratar para
   las obras de los bloques 3 y 5.
      Se discute sobre el coste.

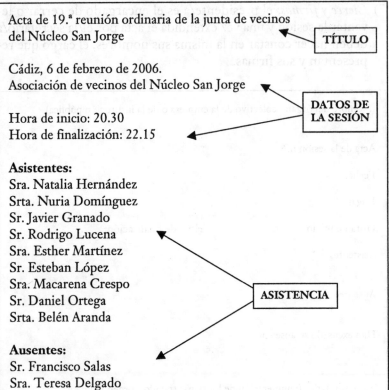

La cuestión se somete a votación; y se aprueba por unanimidad que sea la empresa *Todofachada* la encargada de las reparaciones.

3. Se abre el debate sobre el tercer punto. Se discute sobre diferentes posibilidades, llegando a un acuerdo por unanimidad de que la apertura de la piscina se efectúe el próximo día 23 de junio y el horario de ésta sea de 11.00 a 15.00 y de 17.00 a 21.00.

4. Se abre el debate sobre el cuarto punto. Por unanimidad todos los vecinos se muestran de acuerdo con volver a contratar al mismo responsable de vigilancia en la piscina del año anterior.

5. No hay ruegos ni preguntas.

**Acuerdos:**

1. La empresa *Todofachada* será la encargada de la reparación de las fachadas de los bloques 3 y 5.

2. La apertura de la piscina se efectuará el día 23 de junio, siendo el horario de la misma de 11.00 a 15.00 y 17.00 a 21.00.

3. El responsable de vigilar durante los horarios de baño será Mario Hidalgo, el mismo responsable de años anteriores.

La Presidenta levanta la sesión, de la que como secretario, extiendo esta acta.

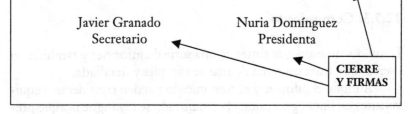

Javier Granado          Nuria Domínguez
Secretario              Presidenta

**CIERRE Y FIRMAS**

## 12.7. Textos prácticos

### 12.7.1. Propuesta

Es un escrito argumentativo en el que se plantean temas para ser analizados y estudiados por los técnicos con el fin de ver la viabilidad de convertirse en proyecto. Suele incluir un plan constituido por: asunto, medios y ámbito de aplicación, inversión y presupuesto, tiempo de viabilidad y eficacia.

### 12.7.2. Proyecto

Suele estar constituido por un conjunto de estudios, de análisis y de investigaciones necesarios para el logro eficaz de una actividad.

Los proyectos se utilizan en el ámbito empresarial para ofrecer un nuevo servicio, para elaborar un nuevo plan y para producir y difundir un determinado producto. En el documento se establece el plan del proyecto, la forma de financiación, la validez y el alcance de la propuesta y las estrategias para conseguir la máxima eficacia.

El escrito que recoge el proyecto está estructurado del modo siguiente: 1.ª parte la presentación con el estado de la cuestión, el contenido de la propuesta, los objetivos específicos y los resultados previstos; 2.ª, la parte central con el plan de marketing, que incluye un estudio del mercado del producto de referencia, los recursos, las informaciones financieras, la fuente de producción empresarial y el calendario de actividades desde el inicio hasta su llegada al mercado; y 3.ª, la documentación adjunta con los datos, los informes, los esquemas, las tablas y los medios publicitarios necesarios relacionando el mercado y los usuarios.

### 12.7.3. Comunicado

Es un documento que sintetiza una serie de informes y también un escrito que trata un tema de manera amplia y detallada.

Aunque el informe y el comunicado pueden considerarse equivalentes en líneas generales, el comunicado se distingue porque presenta un mayor nivel de conocimiento y de elaboración de datos para analizar los problemas y valorar los resultados.

### 12.7.4. Nota

Es un documento en el que se expone con brevedad el contenido de comunicaciones extensas, como informes, discursos, deliberaciones de temas tratados en reuniones de trabajo o asambleas, etcétera.

| Requisitos básicos de la nota | |
|---|---|
| Finalidad | La nota se centra en el resumen de la información indispensable de los contenidos |
| Tratamiento | Objetivo y lógico del contenido y de los datos |
| Estilo | Sencillo, claro y simplificado |

La nota es un texto elaborado sintético, claro y objetivo. Al tratarse de un texto expositivo, consta de tres partes: introducción, cuerpo y conclusión o recapitulación. Las notas pueden ser: interna y externa. La nota interna es un mero apunte de carácter instructivo para el funcionamiento de una sección o departamento de organismo público o de una empresa. Las notas tanto internas como externas se caracterizan por el grado de formalidad de la situación y el uso de convenciones sociales.

La extensión del resumen y la selección de datos dependerán del uso que se le va a dar al documento. Así, la nota puede presentarse mediante un resumen genérico o concreto. En la actividad profesional, las notas pueden aparecer de formas diferentes:

| Presentación de notas | |
|---|---|
| Compendio | Equivale a un resumen genérico, donde se recogen los puntos esenciales tratados. |
| Extracto | Redacción de los puntos básicos de un escrito, un discurso o deliberación en la que se incluyen algunos fragmentos textuales. |
| Recapitulación | Síntesis en la que se reflejan las partes conclusivas de una exposición. |
| Registro | Resumen del contenido de un documento o de un acto en que se resalta lo esencial. |
| Sumario | Resumen breve de cada uno de los puntos tratados o de las partes de un texto. Se suele redactar de forma telegráfica. |

## 12.7.5. Presentación

Se trata de una síntesis que reproduce en espacio más reducido los puntos básicos de un documento amplio, sobre todo de artículos o estudios de contenidos técnico y científico. También la presentación sirve para informar a un auditorio de la personalidad y de la actividad de un conferenciante a quien van a oír.

## 12.7.6. Memorándum

Se trata de un texto breve, de una a tres páginas, en el que se examina el proceso de desarrollo y los resultados de una actividad o de un proyecto en curso.

El memorándum suele estar constituido por tres partes: el planteamiento, donde se define brevemente el asunto relacionado con actividad o proyecto; el análisis de la información aportada, la incorporación de datos y el contexto de referencia; y la conclusión o balance, donde se incluyen los resultados obtenidos y una valoración estimada.

## 12.7.7. Memoria

Es un escrito en el que se resume la puesta del funcionamiento de un proyecto o un plan de trabajo, el grado de cumplimiento de los objetivos, los datos más sobresalientes, los resultados obtenidos, los problemas surgidos y las propuestas nuevas para incorporar al nuevo plan.

# Capítulo XIII

# La redacción de textos académicos

## 13.1. Generalidades

De manera general puede decirse que existen diferentes tipos de trabajo académico que dependen, principalmente, de los contenidos y de la finalidad a la que sirvan. Desde una perspectiva científica, no es lo mismo una monografía, un artículo científico, que una tesina o una tesis doctoral. Sin embargo, todos ellos pertenecen al ámbito de los trabajos científicos y presentan semejanzas a la hora de redactarse.

Todos estos textos coinciden en que deben redactarse correctamente, con un lenguaje claro y directo, y con la información bien estructurada. En general deben permitir que sirvan a lecturas parciales y puntuales, y por ello deben facilitar el acceso a la información que se transmite por parte del lector.

Antes de introducirnos en la dinámica de redacción de textos como el examen (que no deja de ser un ensayo) y de aquellos otros relacionados con una orientación y planteamientos más científicos, como es el caso del artículo, del trabajo monográfico o del trabajo de investigación conocido con el nombre de la tesis doctoral , de los que daremos las pautas esenciales para su composición y desarrollo, es importante que tengamos en cuenta algunos presupuestos básicos, ya señalados, de la expresión escrita en relación con contenidos e ideas.

## 13.2. El resumen

La acción de resumir implica sintetizar aquello que un texto nos dice. Todo resumen, por tanto, significa una transformación de un texto (*texto original*) en otro texto (*resumen*) que refleje de forma general y breve las ideas principales del anterior y deje al margen las secundarias. Desde una perspectiva formal, además, debe presentar coherencia con la estructura del texto original y cierto paralelismo en su exposición.

Aunque aparentemente sea una acción relativamente fácil, exige cierta capacidad intelectual que nos permita seleccionar lo importante y reconocer lo accesorio de un texto. La realización de un buen resumen es muestra inequívoca de una gran capacidad de comprensión para hallar la síntesis adecuada. Desde el punto de vista formal, suele decirse que un buen resumen debe representar entre un tercio y una quinta parte del texto original. La brevedad es, por tanto, una de las características esenciales del resumen. En general, debemos considerarlo parte esencial de muchos de los textos que después tendremos la necesidad de redactar, ya sea desde un punto de vista académico, profesional o literario. De manera general podemos señalar los pasos siguientes como necesarios para la realización de un resumen:

1) Lectura exploradora del texto.
2) Lectura detenida y separación del texto en bloques temáticos.
3) Determinación de la estructura del texto (separar las partes que lo componen).
4) Subrayado de las ideas principales. Esquema de contenidos.
5) Redacción del resumen.

Como se puede observar, los tres primeros pasos apuntados en la realización del resumen se corresponden con las acciones básicas de lectura y de comprensión del texto base. También con el ejercicio de la estructuración del texto en bloques temáticos. Sin embargo, el resumen debe respetar en todo momento la organización del texto original (expositivo, argumentativo, etc.) a la hora de establecer los elementos que lo componen.

Conviene, pues, que nos centremos en describir y explicar los dos últimos pasos propuestos para discernir su eficacia en la consecución de un buen *resumen*: subrayado/esquema y redacción del resumen.

### 13.2.1. El subrayado

Una de las primeras pautas que debemos tener en cuenta a la hora de resumir un texto es subrayar y esquematizar, a medida que vamos leyendo, aquellos datos e ideas que nos parecen los más importantes en la configuración del texto objeto de resumen. La técnica del subrayado es muy positiva porque, por medio de ella, intentaremos destacar las ideas principales del texto leído, acción que constituye la fase preliminar de un resumen.

Para una realización aceptable del subrayado, debemos atender a las siguientes pautas:

1) La cantidad de texto que debemos subrayar está en función de la importancia del tema y del conocimiento que tengamos de dicho tema.
2) Nunca debemos subrayar en la primera lectura, porque todo nos parecería importante.
3) El texto subrayado ha de tener sentido por sí mismo.
4) Economizar lo máximo posible. Si con una sola palabra podemos resaltar una idea, no hace falta marcar dos.

Tales pautas deben considerarse como premisas para orientar nuestro quehacer en todas las operaciones que realicemos sobre el texto original. El subrayado permite la visualización de aquellos puntos o ideas que consideramos relevantes. Con lo cual, en una segunda lectura ya, únicamente, tomaremos como texto base lo que hemos destacado. En ocasiones, es probable considerar que todo un párrafo es interesante o importante, por lo que desde un punto de vista formal, con utilizar una llave al margen o raya vertical es suficiente para destacarlo.

### 13.2.2. El esquema

Junto al subrayado, en ocasiones, y dependiendo de la longitud del texto original, resulta conveniente asimismo realizar un esquema que ayude a visualizar las ideas principales. El esquema, en la mayoría de los casos, surge de aquellas ideas que hemos subrayado en el texto. Desde el punto de vista formal, suelen destacarse una serie de requisitos:

1) Debe ser funcional: como máximo una página de extensión.
2) Estilo telegráfico: sintagmas o palabras que sean significativos y representen ideas esenciales del texto.
3) Organización de las ideas: jerarquía espacial. Las ideas más importantes a la izquierda, las integradas en éstas a la derecha.

Hay varias formas de representar el *esquema*. Podemos hacerlo de forma numérica o mediante llaves. Como se observa en el ejemplo, el organizado de forma numérica, aunque sea más riguroso, es más confuso, ya que al describir más de tres subdivisiones se complica la comprensión de los diferentes subtemas. El esquema representado mediante llaves, al ser más visual, cumple mejor dicha función de inmediatez y, en nuestra opinión, aunque aparezcan más subdivisiones, la ordenación aclara los contenidos e ideas correspondientes a cada tema.

| ESQUEMA NUMÉRICO |
|---|
| 1. El Modernismo.<br>  1.1. Principales tendencias<br>     del Modernismo.<br>    1.1.1. Modernismo canónico.<br>    1.1.2. Modernismo simbolista.<br><br>  1.2. Métrica modernista.<br>  1.3. Nómina modernista.<br>    1.3.1. Rubén Darío.<br>    1.3.2. El Modernismo en España.<br>       1.3.2.1. Premodernistas.<br>       1.3.2.2. Modernistas plenos. |

| ESQUEMA CON LLAVES |
|---|
| 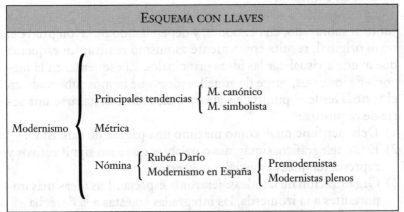 |

### 13.2.3. La redacción del resumen

Una vez realizada esa primera parte que consiste en la extracción de ideas esenciales (ya sea mediante el *subrayado*, el *esquema* o ambas cosas), debemos seguir los procedimientos propios de la redacción del resumen. Para ello debemos partir de la idea de que no podemos incluir ningún dato que no exista en el texto original y que, como primer paso, si queremos, podemos mantener la forma en que se disponen en el texto base las ideas principales.

Nuestro resumen debe ser coherente, para ello es indispensable que lo redactemos correctamente ajustándonos a las ideas que hemos subrayado y que debemos enlazar con los nexos correspondientes. Veamos algunos ejemplos:

**Texto 1**

[...] Una vez constituido formalmente el matrimonio, los recién casados se enfrentaban a la vida en común, soportando en sus relaciones cotidianas una serie de presiones que, dada la fragilidad de muchas de estas uniones, tendían a poner en peligro la pervivencia del nuevo hogar. La literatura de aquella época, en su insistente afán instructivo, describe un amplio abanico de amenazas o inconvenientes al estado matrimonial que podemos catalogar, por su naturaleza, en dos tipos diferentes. Los primeros eran más bien ambientales, y gravitaban en torno a la pareja pudiendo llegar a afectarla en mayor o menor medida; son los que podríamos denominar exógenos. Los segundos le eran propios o intrínsecos a la institución, es decir, aquellos que afectaban a la relación que se establece entre dos personas, pero parten o se originan en ellos mismos: falta de preparación o madurez, incompatibilidad de caracteres, desamor, etc. Ambos tipos de influencias podían actuar conjunta o separadamente, pero ponían al matrimonio al borde de la ruptura o el fracaso. [...]

Tras las lecturas propuestas (siempre dos al menos), podemos percibir que no es necesario separar el texto en bloques de ideas, ya que nos encontramos ante un fragmento que conforma un único bloque, es decir una idea dominante y en torno a ella gira el texto, con lo cual sabemos que el resto de las ideas que se presenten estarán relacionadas entre ellas (*pasos 1, 2 y 3*). Por consiguiente, pasamos a subrayar las ideas que consideramos principales.

[...] Una vez constituido formalmente el matrimonio, <u>los recién casados se enfrentaban a la vida en común</u>, soportando en sus relaciones cotidianas una serie de presiones que, dada la fragilidad de muchas de estas uniones, tendían a poner en peligro la pervivencia del nuevo hogar. <u>La literatura de aquella época</u>, en su insistente afán instructivo, <u>describe un amplio abanico de amenazas o inconvenientes al estado matrimonial que podemos catalogar, por su naturaleza, en dos tipos diferentes.</u> Los primeros eran más bien <u>ambientales</u>, y gravitaban en torno a la pareja, pudiendo llegar a afectarla en mayor o menor medida; son los <u>que podríamos denominar exógenos. Los segundos le eran propios o intrínsecos a la institución</u>, es decir, aquellos que afectaban a la relación que se establece entre dos personas, pero parten o <u>se originan en ellos mismos</u>: falta de preparación o madurez, incompatibilidad de caracteres, desamor, etc. Ambos tipos de influencias <u>podían actuar conjunta o separadamente</u>, pero <u>ponían al matrimonio al borde de la ruptura o el fracaso.</u> [...]

Y una vez descritas y comentadas, redactamos un nuevo texto haciendo hincapié en nuestra propia expresión para exponer dichas ideas:

### Nuestro resumen

*La literatura de la época describe los dos tipos de amenazas e inconvenientes que ponían en peligro el matrimonio. Estos eran de dos tipos: los ambientales (exógenos), que procedían del ámbito exterior a la pareja, y los propios, que se originan en la propia pareja. Ambos podían actuar de manera conjunta o por separado.*

### Texto 2

Antes de que Almería se pusiese definitivamente de moda como plató estrella del *western* europeo, los alrededores de Madrid continuaron ofreciendo sus localizaciones a numerosas producciones. En el poblado de Hoyo de Manzanares se rodaron *Bienvenido padre Murray*, de Ramón Torrado; *Brandy*, una de las películas del Oeste más dignas de la época, filmada por un joven José Luis Borau, y *La tumba del pistolero*, de Amando de Ossorio, entre otras muchas. También por allí pasó Sergio Leone para hacer su primer «spaguetti-western», *Por un puñado de dólares*, protagonizado por Clint Eastwood. En la cercana localidad de Colmenar Viejo también se levantaron diversos decorados estables para rodar producciones del Oeste. Además de un pequeño poblado, se construyeron un fuerte y un rancho, situado este último en la Dehesa de Navalvillar. Por Colmenar pasaron, entre otros muchos, Antoni Moplet para rodar *El sheriff terrible*, Jose María Elorrieta, quién localizó allí tanto *Las aventuras de la diligencia* como las de *Fuerte perdido*, y León Klimovsky que dirigió *Fuera de la ley*.

Otra insólita réplica del salvaje Oeste creció en la localidad catalana de Esplugas, donde tenían su cuartel general los hermanos Alfonso y Jaime Jesús Balcázar, auténticos artífices del *western* más simple y comercial. Propietarios de una importante empresa peletera, en 1951 decidieron dedicarse al cine y fundaron la compañía Producciones cinematográficas Balcázar S.A. Tras pasar un tiempo realizando tareas de producción, ambos se animaron a saltar también a la dirección.

(VV. AA.: El cine español, Barcelona, Larousse,<br>2004, pág. 112).

En este caso, a diferencia del ejemplo anterior, encontramos dos bloques de ideas, que sirven para acentuar, dentro del tema general, una diferencia geográfica. En cada una de dichas partes resaltamos las ideas principales mediante el *subrayado*.

Antes de que Almería se pusiese definitivamente de moda como plató estrella del *western* europeo, los alrededores de Madrid continuaron ofreciendo sus localizaciones a numerosas producciones. En el poblado de Hoyo de Manzanares se rodaron *Bienvenido padre Murray*, de Ramón Torrado; *Brandy*, una de las películas del Oeste más dignas de la época, filmada por un joven José Luis Borau, y *La tumba del pistolero*, de Amando de Ossorio, entre otras muchas. También por allí pasó Sergio Leone para hacer su primer «spaguetti-western», *Por un puñado de dólares*, protagonizado por Clint Eastwood. En la cercana localidad de Colmenar Viejo también se levantaron diversos decorados estables para rodar producciones del Oeste. Además de un pequeño poblado, se construyeron un fuerte y un rancho, situado este último en la Dehesa de Navalvillar. Por Colmenar pasaron, entre otros muchos, Antoni Moplet para rodar *El sheriff terrible*, Jose María Elorrieta, quién localizó allí tanto *Las aventuras de la diligencia* como las de *Fuerte perdido*, y León Klimovsky que dirigió *Fuera de la ley*.

<u>Otra insólita réplica del salvaje Oeste creció en la localidad catalana de Esplugas</u>, donde tenían su cuartel general <u>los hermanos Alfonso y Jaime Jesús Balcázar, auténticos artífices del *western* más simple y comercial</u>. Propietarios de una importante empresa peletera, en 1951 decidieron dedicarse al cine y fundaron la compañía Producciones cinematográficas Balcázar S.A. <u>tras pasar un tiempo realizando tareas de producción, ambos se animaron a saltar también a la dirección.</u>

Por último, y como hemos llevado a cabo anteriormente, redactamos el resumen enlazando las ideas principales de los dos bloques con el fin de integrarlas en el mismo tema general con sus nexos correspondientes.

### Nuestro resumen

*Antes de que se descubriera Almería, muchos westerns se rodaron en las cercanías de Madrid. Hoyo de Manzanares y Colmenar Viejo, donde se construyó un poblado, un fuerte y un rancho, fueron lugares destacados. En la localidad de Esplugas (Cataluña), los hermanos Alfonso y Jaime Jesús Balcázar, primero productores y después directores, construyeron también una réplica del salvaje Oeste.*

Una vez realizado el resumen, es conveniente que lo leamos para comprobar que es coherente y que hemos elegido el mejor orden para tratar de expresar con nuestras palabras la exposición de las ideas originales. Es importante, a su vez, cuidar que tenga unidad y sentido pleno y que no refleje una simple enumeración de ideas. El resumen debe responder plenamente a una nueva redacción.

## 13.3. EL ENSAYO

El *ensayo* es uno de los escritos que más se utiliza en la cultura moderna por los medios de comunicación, posiblemente porque es una fórmula flexible y abierta para exponer ideas o defender una tesis conceptual sobre cualquier tema desde varias ópticas. No se corresponde con un campo específico del saber (puede aparecer ligado al periodismo, a la literatura, a la ciencia, a lo académico, a la política, a la economía, al mundo del deporte...), su extensión es muy variada (algunos ocupan cinco páginas y otros más de cien) y puede ser difundido por cualquier canal de comunicación.

Es uno de los tipos de escritos que, desde la tradición científica o cultural, se relaciona con la libre exposición de ideas. Desde una perspectiva etimológica, se considera un *esbozo*, un *apunte* o *boceto*: una especie de embrión que manifiesta algo. Ello lleva a que se considere cultural y socialmente como un texto en el que se apunta alguna idea y se reflexiona sobre un tema o motivo, pero en el que no se agota totalmente la idea principal. En ese sentido tenemos que entender la acepción con la que Montaigne usó el término para caracterizar y definir sus, entonces, innovadores escritos como «Ensayos» y, de ese modo, abrir el espacio de la escritura a un nuevo género. En el ámbito hispánico, durante el siglo XIX y, sobre todo, en el XX, el ensayo se ha erigido en un ejercicio intelectual sólido avalado por personalidades tan diferentes a la hora de entender la cultura como Unamuno, Maeztu, Azorín, Ortega y Gasset, Rodó, José Carlos Mariátegui, Alfonso Reyes, Borges, José Carlos Mainer, Francisco Ayala, Octavio Paz, Fernando Savater, etc.

No cabe duda alguna que tal como lo hemos heredado en nuestra tradición, el ensayo presenta cierta dificultad para diferenciarlo de otro tipo de textos y espacios formales a los que está unido. El problema, no obstante, derivado de su definición, poco concisa y nada excluyente en relación a otros géneros, parece que lo plantea su propia composición, en la que la hibridación tanto formal como de composición parece ser su marca diferencial. En él, como género para exponer ideas, existe una bienintencionada mezcla entre un componente literario (estético) y otro científico. Sin duda alguna, lo ideal es que sea cual fuere el asunto tratado por el ensayo, este esté bien escrito, mejor, esté tan bien escrito que podamos presentarlo como ejemplo literario.

El ensayo, entre nosotros, aparece ligado a la tradición periodística y, por supuesto, a la crítica literaria. Sin embargo, el periodismo por definición es un discurso unido a la inmediatez y a la información de una serie de acontecimientos y, frente a ello, el ensayo, que aparece impreso en el periódico, invita a la reflexión sobre cualquier tema o defiende o difunde ideas que interesan al ser humano desde cualquier perspectiva. La finalidad inmediata del ensayo no es proporcionar información, aunque en el canal de información que se escribe dicha opción se contemple como prioritaria.

Cuando el ensayo aparece ligado a la crítica literaria, si tuviéramos que establecer una marca diferencial entre este tipo de escrito y un escrito literario, deberíamos recurrir a la oposición *ficción/no ficción*. Naturalmente, este tipo de textos entraría en la no ficción, mientras que la novela o el cuento se enmarcarían en los textos llamados de ficción. Sin embargo, volvemos a encontrar alguna que otra dificultad para su plena caracterización ya que su nombre (ensayo) aparece aplicado al término *novela* (como es el caso en *Ensayo sobre la ceguera* o *Ensayo sobre la lucidez* del portugués José Saramago).

Algunos estudiosos suelen establecer una clasificación del ensayo en tres grandes grupos dependiendo del tema que trate:
1) *Ensayo de crítica:* en el que se reflexiona y establecen valoraciones sobre obras artísticas.
2) *Ensayo de creación:* se trata de aquel en el que un escritor expone sus ideas sobre la creación artística.
3) *Ensayo de interpretación:* en el que se aportan juicios de valor sobre cuestiones de interés general que se corresponden con temáticas científicas o humanísticas.

Aunque nuestro cometido no sea llegar a establecer una definición del mismo, es necesario dejar patente la dificultad existente para definirlo y de cómo su carácter híbrido ha determinado que su heterogeneidad pueda ser interpretada en sentido laxo, en un sentido demasiado general. Para algunos es un tipo de escrito que ejemplifica ese cajón de sastre donde todo tiene cabida. Otros defienden que su peso específico se mantiene en la esfera del conocimiento y de la reflexión.

Entre las finalidades esenciales del mismo suele resaltarse que el ensayo no trata de demostrar nada sino que intenta hacer pensar, reflexionar. Posibilita que el lector ejercite su mente. El ensayo, huyendo de la especificidad del texto demostrativo, más que tener como meta resolver una cuestión concreta, la plantea. Por consiguiente, uno de sus fines, más que informar exhaustivamente de algo, es la de sugerir.

### 13.3.1. Rasgos específicos

Desde el punto de vista estructural suele considerarse que se encuentra a caballo entre lo argumentativo y lo expositivo. De todos modos, actualmente, encontramos tipos de ensayo cuya estructura y forma se centra en la narración (los llamados ensayos literarios); aquellos que siguen el orden de la argumentación; o aquellos que atienden a una estructura más fortuita por tener una tendencia más fragmentaria.

Ante una fórmula tan amplia y variada es difícil establecer especificidades, aunque es conveniente señalar una serie de factores que lo caracterizan:

1) *Agilidad estructural.* El ensayo no posee una estructura concreta, apartados concretos como otros tipos de textos. Es la línea de pensamiento de su autor la que va fijando la estructura: dicha estructura es abierta porque cambia en relación a una serie de digresiones, asociaciones, que dan lugar a la aparición de un nuevo tema en relación con lo tratado. No tiene como finalidad dar cuenta del proceso lógico de investigación, con lo cual no es necesario pormenorizar los contenidos.

2) *Al no ser un tipo de texto demostrativo*, tampoco es obligatorio citar para dar autoridad a lo que se dice. Sin embargo, en los ensayos es muy común que recurramos a citas que sirven como ejemplo o se asocian a algunas de las ideas que estamos planteando. Al surgir de manera casi espontánea, no es necesario referenciarlas bibliográficamente. Las citas en el ensayo no tienen un propósito científico sino que con ellas el ensayista, únicamente, busca la exactitud desde el contenido y la mayoría de ellas sirven a esa finalidad. Es muy común, por tanto, que sean imprecisas o inexactas, lo cual no les quita su eficacia.

   En relación con lo anterior hay que marcar su carácter dialógico, en el que la función fática del lenguaje se convierte en el mecanismo esencial para implicar al lector en lo que se va diciendo y mantener activo el nivel de persuasión.

3) *Es un tipo de escrito que parte de una perspectiva subjetiva.* Es este enfoque personal el que condiciona el discurso que se plantea. En cierto modo, a través del ensayo, como creadores del mismo, abrimos nuestra forma de entender y percibir la realidad. Es uno de los escritos en los que la perspectiva que adoptamos se muestra en nuestro tono y en el enfoque que le damos al te-

ma que tratamos: gustos y aversiones, obsesiones, alguna que otra experiencia personal, permite que proyectemos nuestra personalidad. Ello explica, también, cómo en la tradición literaria (reino de la subjetividad) el ensayo ha tenido tanto cultivo.

### 13.3.2. La redacción del ensayo

Todas las características señaladas con anterioridad permiten que podamos establecer la columna vertebral de este tipo de escrito al tiempo que deben servirnos como premisas antes de iniciar su redacción. Si bien, como hemos podido anotar, no existe unanimidad en la consideración del ensayo como modalidad textual demostrativa o persuasiva, lo cierto es que en su base estructural debe existir algún modo de *argumentación*.

Por otra parte, y teniendo en cuenta que el objetivo primero es *persuadir al lector* de aquello que se pretende comunicar, debemos amenizar, en la medida de lo posible, los contenidos. Es necesario, por tanto, *adecuar el tono y el estilo* a nuestras intenciones, al tema y al posible lector. El ensayo tiene como finalidad expresiva hacerse entender, ya que aspira a ganarse la atención del lector y el favor del receptor.

Al redactar un ensayo:

1) Debemos *ser rigurosos a la hora de organizar las ideas*. Podemos elegir la formulación deductiva o inductiva para ello. Aunque la primera (de lo general a lo particular) es más utilizada.
2) *Mantener la unidad temática*, que es la que marca su finalidad.
3) *No olvidar motivar al lector*. Hay que estimular al receptor para que pueda compartir nuestras reflexiones. Uno de los recursos de persuasión más inmediato puede ser la cita o el epígrafe como antesala al ensayo, *paratexto* que enlaza con la idea central del texto.
4) *Usar los recursos estilísticos necesarios para ser originales* de manera que el lector sea nuestro cómplice a partir de la amenidad del texto.

### 13.3.3. El examen como ensayo

En ocasiones, el examen consiste en la exposición de un tema o en la realización de un ensayo. Hemos incluido el ensayo dentro de los textos académicos porque consideramos que, en muchos momentos, las pruebas escritas permiten que podamos acudir a nuestra propia perspectiva para la exposición de un tema. Ahí radica, posiblemente, ese carácter original que es el que determina la realización de un buen examen más allá de que los contenidos se correspondan con la exigencia del mismo.

A la hora de redactar el examen necesitamos demostrar que dominamos el tema que tenemos que desarrollar y que somos capaces de darle un planteamiento personal al asunto propuesto y exponerlo de una manera clara, elegante, sólida y, cuando menos, sensata. Como ocurre con el ensayo, al redactar un examen no se requiere dominar todas las técnicas de investigación existentes, pero su adecuada elaboración demuestra la formación crítica y el grado de madurez reflexiva y cultural de la persona que escribe.

Como tipo de texto en el que debemos exponer un tema (explicarlo) y convencer y persuadir al lector (va más allá de la mera información), en la arquitectura de nuestro examen, podemos utilizar aquellos elementos y técnicas que sirvan a la *exposición* y a la *argumentación*.

### 13.3.3.1. Esbozo de ensayo

Anteriormente hemos planteado la estructura prácticamente libre del ensayo. Aunque no posee partes fijas, es importante partir de un esquema previo (que posteriormente organizaremos con coherencia) en el que apuntemos ideas relacionadas con el tema.

---

**Esquema:**

1. Tema: La literatura del Holocausto.
2. ¿Cómo lo trataríamos desde la perspectiva personal? Lo Común en el pasado Europeo.
3. Ideas relacionadas: Lo fronterizo.
   *a.* Literatura y testimonio.
   *b.* Literatura y Memoria.
   *c.* Autores: Primo Levi/Semprún.
   *d.* Obras.
4. ¿Trascendencia actual? ¿Construcción de una Memoria Europea?

---

Una vez establecidas las ideas previas, intentamos organizar los contenidos de acuerdo a nuestro plan de redacción y a nuestra intención expositiva. Para ello, igual en casos similares, la técnica más adecuada nos parece la estructura expositiva base:

| Estructura | Esquema | Redacción (Esbozo) |
|---|---|---|
| **1. Introducción:** Delimitamos nuestro tema, estableciendo su propósito: comentarios sobre la manera como será tratado el tema. Comentarios sobre la organización estructural del escrito. | **Partimos de los puntos 1 y 2 de nuestro esquema.** Tema que se desarrolla: Literatura del Holocausto. ¿Cómo lo trataríamos desde la perspectiva personal? Lo Común en el pasado Europeo. | *Nos proponemos reflexionar sobre la llamada literatura del Holocausto planteando su inmediata relación con experiencias comunes del pasado europeo. Para ello...* |
| **2. Desarrollo:** análisis y discusión (incluyendo comentarios personales y ejemplos). | **Desarrollamos el punto 3.** Ideas relacionadas: Lo fronterizo. *a.* Literatura y testimonio. *b.* Literatura y Memoria. *c.* Autores: Primo Levi /Jorge Semprún *d.* Obras. | *Definición de literatura del Holocausto. Plantearla como género fronterizo desde un plano discursivo (Memoria) y también como género (Testimonio). Hemos elegido dos autores para ilustrar nuestro planteamiento y una obra que corresponde a cada uno de ellos. El análisis y la comparación de discursos, estilos y obras servirán para ejemplificar nuestra reflexión.* |

| Estructura | Esquema | Redacción (Esbozo) |
|---|---|---|
| **3. Conclusión.** Resumen de los principales puntos del desarrollo. Opiniones y puntos de vista propios y decisiones a la luz de nuestro análisis. | **Podemos utilizar, para concluir, nuestro punto 4.** ¿Trascendencia actual? ¿Construcción de una Memoria Europea? | *Podemos, pues, considerar, que tales discursos y, sobre todo, la recuperación, el lanzamiento de la literatura del Holocausto en la actualidad sirva al proyecto común de una Memoria Europea.* |

Como puede observarse en el esquema planteado, una de las técnicas que hemos usado para la persuasión (más allá de que sirva para dar solidez a nuestro argumento) son los ejemplos. Conviene que ilustremos nuestras ideas porque, en muchas ocasiones, la falta de ilustraciones claras puede dejar al lector confundido con lo que le hemos querido transmitir.

En el caso de nuestro examen, decidimos comparar para contrastar y, de este modo, ilustrar nuestra idea principal. Dentro de la literatura del Holocausto hemos elegido dos tipos de discursos narrativos que corresponden a escritores de nacionalidad diferente. El distanciamiento existente entre la forma de narrar de ambos (Levi se aparta de un estilo violento y denuncia con un tono sereno mientras que Jorge Semprún se recrea en un lenguaje más violento para denunciar lo vivido) no implica que dichos narradores no partan de una experiencia común (el haber vivido el infierno descrito en los campos de exterminio) y que dicha literatura no cumpla en ambos una función principal: dar a conocer dicho infierno. Un infierno que reconstruye un momento común de la memoria europea.

El ensayo que hemos esbozado manifiesta que la originalidad y la madurez reflexiva se corresponden con la organización y la escritura. El planteamiento del tema y la redacción del mismo reflejan nuestra capacidad para elegir la técnica más efectiva de claridad y persuasión. Además, con los ejemplos probamos nuestra idea y la exposición se hace más convincente.

## 13.4. EL TRABAJO ACADÉMICO

En el ámbito académico, en sus diferentes niveles, existen tipos de textos que se adecuan a una finalidad y a un modelo particular. Se trata de trabajos científicos que se corresponden con exigencias de índole diversa. Podemos establecer múltiples categorías pero, por ser las más comunes, señalaremos dos: la *tesis doctoral* y el *artículo científico*. La diferencia entre ellos, esencial, tiene que ver con sus objetivos. Corresponden, además, a diferentes momentos intelectuales.

### 13.4.1. La tesis doctoral

Cumple una función primera de introducirse en el mundo de la investigación. Supone la entrada en el mundo académico desde una perspectiva científica, de ahí que sea compleja su redacción debida, en parte, al desconocimiento previo del material científico sobre el que se basa la investigación y, en consecuencia, al proceso temporal que implica su elaboración. Dicho proceso, consta, como en la mayoría de los trabajos de investigación, de tres momentos:
1) Investigación: etapa de recopilación de fuentes bibliográficas.
2) Lectura: proceso de lectura de la bibliografía. Realización de fichas de contenidos de esos textos. Extracción de las ideas principales. Resúmenes y esquemas.
3) Escritura: organización de nuestras ideas, de los datos esenciales que forman la base de nuestro trabajo. Redacción.

La tesis doctoral es un trabajo que posibilita el aprendizaje del proceso de elaboración, exposición y redacción de cualquier texto científico. Permite conocer la importancia de la disciplina y la búsqueda adecuada de los materiales necesarios para su desarrollo y finalidad. El tercero de los puntos indicados es el más relevante en su proceso final, ya que la escritura es también un proceso de reescritura: es imposible que desde la primera línea consigamos expresar lo que queremos tal y como lo deseamos y con el rigor científico que el trabajo exige.

En ella, desde una perspectiva formal, se realizan una serie de pasos que la diferencian de otro tipo de trabajos científicos, ya que su fin es ser defendida ante un tribunal universitario que juzga el trabajo y su metodología, así como la bibliografía que ha servido de base a lo que se expone y defiende mediante las conclusiones finales.

### 13.4.2. El artículo científico

Tiene como finalidad contribuir con un aporte novedoso a la comunidad científica (dentro del área que le corresponda). Presenta características específicas que lo diferencian de la monografía y de la tesis, ya que cada área del saber científico y doctrinal va a utilizar métodos, tradiciones, criterios de exigencia y formatos adecuados para sus propios artículos. En la comunicación científica el artículo científico es uno de los géneros más valorados, debido a que debe ajustarse a los criterios establecidos por la revista en la que se va a publicar y superar un proceso de evaluación que conlleve la aceptación de su publicación.

Una de las particularidades de este tipo de investigación, desde una perspectiva formal, es que se introduce por un *Resumen [(abstract)]: Texto* breve, entre 200 y 400 palabras en las que tenemos que informar del contenido y de la naturaleza del documento, a fin de que sirva como ficha de presentación en la que se resalten las palabras clave del trabajo y sirvan de guía aproximativa al lector. Es un mecanismo universalmente aceptado para poder identificar rápidamente los contenidos de un trabajo y conocer si nos interesa su lectura, por ello conviene que lo redactemos de forma que en él aparezcan las ideas clave del artículo.

Ambos trabajos, no obstante, coinciden en pertenecer al ámbito académico y se presentan en el soporte textual científico que los caracteriza. Las pautas que utilizaremos para definir, caracterizar y reflexionar sobre la redacción y organización de este tipo de textos sirven para uno y otro.

Todo trabajo académico necesita de una serie de pasos previos a su redacción. En ese proceso anterior se incluyen, como ya hemos señalado: La elección de un tema concreto; la recopilación de un material que hable sobre ese tema; la ordenación de tales documentos y, por último, la unificación de las reflexiones surgidas de la lectura del material. Al proceso de redacción corresponden la ordenación y exposición de las ideas expuestas de tal manera que al receptor le llegue un mensaje claro y comprensible. Describiremos y analizaremos cada uno de estos pasos.

## 13.5. Proceso de elaboración

### Elección y acotación del tema

En muchas ocasiones los temas para redactar un trabajo son asignados por el profesor en función de los contenidos temáticos de la disciplina. Sin embargo, es pertinente que sea el estudiante quien identifique los de mayor relevancia y actualidad. Tanto si partimos de un tema ya perfilado como si no, siempre debemos concretar desde qué punto de vista queremos tratarlo. Por ejemplo: Si queremos realizar un trabajo sobre Sófocles podemos llevar a cabo un trabajo compilador de toda su obra; sobre una en concreto; sobre un aspecto en el que conectan todas ellas; sobre uno específico de una en concreto, etc. Lo importante, en todo caso, es *definir bien* el tema que nos interesa para que después sea mucho más fácil la búsqueda de las fuentes que necesitemos para llevarlo a cabo.

No precisaremos el mismo material bibliográfico para la realización de un *trabajo panorámico* (general y amplio) que para la realización de un *trabajo monográfico* (el que trata un solo tema). De todos modos, debemos tener en cuenta que, en ocasiones, es necesario acudir a fuentes generales de aproximación al tema como primer paso para nuestro trabajo. Por ejemplo, si queremos realizar un trabajo sobre *Edipo rey* de Sófocles, es obligado conocer la época en la que se inscribe dentro de la Antigüedad griega, como el concepto y la formulación del teatro y, por ende, de la tragedia. Plantear el *contexto* en el que se ubica nuestro tema es un elemento imprescindible para su comprensión y explicación.

### Búsqueda del material. Recopilación de documentos necesarios

Una vez delimitado el tema que vamos a tratar, tenemos que realizar la búsqueda del material que nos servirá como *instrumento* básico para nuestro trabajo. Dependiendo del tema que tratemos, las fuentes que utilicemos serán diferentes: no es lo mismo que tengamos como objeto de estudio el libro en sí mismo, o que sea un tema tangible, externo al texto. En el primero de los casos tanto el objeto como los instrumentos son textos; en el segundo, las fuentes todavía pueden no estar escritas: encuestas, datos estadísticos, fotografías, documentación audiovisual, etcétera.

Pautas de trabajo con las fuentes:

1) Interesa que diferenciemos entre *fuentes primarias* y *fuentes secundarias*. Esta distinción depende exclusivamente del objeto de nuestro trabajo.

2) Trabajar *directamente con las fuentes de primera mano:* Si queremos realizar un trabajo sobre *Edipo rey* de Sófocles, La *voluntad* de Azorín o el concepto filosófico de Nietzsche, tenemos que partir siempre de los textos originales.

3) Conviene *no citar fuentes de segunda mano como si se hubiese recurrido al original.*

Si se recurre a éstas, siempre es conveniente compararlas con otras para verificar sus informaciones.

La bibliografía que utilicemos para realizar el trabajo debe ser variada y actual. No es lo mismo partir de un mínimo corpus bibliográfico sobre el tema elegido, que tener que iniciar desde su inicio la búsqueda bibliográfica. En ambos casos, conviene ser prudentes con el fin de no desviarse del objetivo propuesto. En el primero de los casos la acción consiste en buscar la lista que hemos elaborado; en el segundo, y ahí radica la dificultad, tenemos que elaborar una lista bibliográfica que desconocemos y, por consiguiente, indagar en la bibliografía base para el tema objeto de estudio.

Uno de los cauces principales para la búsqueda de la bibliografía adecuada es el acceso a la información a través de buscadores y bases de datos informáticos. Entre los posibles soportes actuales de acceso a información bibliográfica, podemos señalar:

1) *Buscadores* que conducen a páginas *web* con información sobre bases de datos, listados bibliográficos o los mismos documentos.

2) *Catálogos de las bibliotecas* (hoy ya, en su mayoría, en soporte informático). El acceso a los catálogos, no obstante, se puede seguir realizando de manera manual, no solo *on line.*

3) *Bases de datos bibliográficas:* que pueden ser más o menos específicas sobre la materia y que desde una perspectiva institucional

pueden ser públicas o privadas, lo cual condiciona su libre acceso. Estas son el soporte de los catálogos de las Bibliotecas, por lo tanto, en su mayoría permiten que el documento (la fuente) se localice de manera muy semejante. El registro normalizado de una base de datos bibliográfica contiene la siguiente información:
— Autor, fecha de publicación, editorial, título, edición, de una determinada publicación, etcétera.
— En ocasiones contiene un resumen de la publicación original.

4) *Bases de datos de textos completos*: Son aquellas en las que accedemos directamente al texto o a la fuente primaria. Por ejemplo, hay muchas bases de datos en las que se vuelca todo el contenido de todas las ediciones de una colección de revistas científicas.

Aun existiendo estos medios para acceder a la información, lo importante es saber cómo realizar la búsqueda y familiarizarse con las diferentes fuentes.
— *Los diccionarios, los manuales, las enciclopedias*, etc. son fuentes inmediatas de indudable fiabilidad e importancia porque ayudan a ubicarnos en el contexto del tema que trabajamos, al ofrecer una visión general y bastante completa. Permiten tener un conocimiento primero del tema y localizar con rapidez una información básica y sintetizada. Los manuales suelen ofrecer, además, bibliografía fundamental que resulta de gran utilidad para iniciar la búsqueda bibliográfica sobre el tema que nos interesa. Si existen varios manuales que traten el mismo tema, es necesario tener en cuenta la ventaja que ofrecen los más modernos sobre los escritos con anterioridad, pues se supone que en ellos se hallará siempre un estado de la cuestión de lo escrito anteriormente sobre el tema.
— *Literatura crítica: libros, revistas y artículos especializados sobre el tema*. Los índices y la bibliografía, que en ellos aparecen, pueden servirnos de guía y nos sitúan en la realidad de lo trabajado sobre el tema.
— *Repertorios bibliográficos:* especie de manuales o revistas donde encontramos la bibliografía sobre un tema o autor. Normalmente se van indexando compilaciones posteriores actualizadas.

## Lectura y organización del material

Una vez recopilado el material, que se convertirá en nuestro corpus inicial, es conveniente realizar las siguientes acciones:

1) *Lectura de los textos. Las fichas.* Cuando leemos un texto, es necesario asimilar su contenido y constatarlo de algún modo para poder acudir a él en cualquier momento. De este modo facilitamos nuestro acercamiento al texto. Es conveniente ordenar el material leído *en fichas.* En ellas deberían destacarse:
   — Los datos más significativos.
   — Las citas literales que queramos destacar.
   — Las reflexiones o ideas que nos surjan después de la lectura.

   Incluso, si queremos, podemos crear diferentes categorías: fichas de lectura, de ideas o de citas. Hoy día estas fichas las pergeñamos, en su mayoría, ayudándonos de una base de datos informática. Es conveniente recurrir a muchos de los programas de ordenación existentes, puesto que agilizan nuestro trabajo de clasificación y documentación. Permiten, además, recuperar rápidamente nuestra información, creando incluso vínculos entre los diferentes archivos.

2) *Elaboración de citas textuales* (fiel a como se expresa el autor de la fuente) o *parafraseadas* (expresión de las ideas contenidas en el material consultado en términos diferentes a los usados por el autor). A medida que se lee un texto conviene realizar anotaciones en las que se *resuma, interprete* o *analicen* los conceptos y opiniones que se plantean. Esta forma de asimilar un texto permite, después, parafrasearlo, y demostrar el nivel de comprensión de lo que dicen otros autores o comprender otras teorías. Las citas son importantes porque servirán para argumentar, ampliar, explicar, o refutar aquellas ideas principales con las que no se esté de acuerdo. En ocasiones sirven, incluso, como sostén argumentativo del propio trabajo.

— Construya sus propios *juicios de valor* sobre el tema y subtemas que aparecen en su trabajo y elabore argumentaciones que corroboren la tesis que presenta en su ensayo. Utilice razonamientos convincentes que la apoyen.

— *Realice un esquema.* Paso esencial. Su propósito, como ya hemos apuntado anteriormente, es organizar de manera lógica aquellos aspectos que va a tratar. El esquema es la columna vertebral de su trabajo y permite que desarrolle con profundidad el mismo. Es importante que no lo contemple como algo inamovible, sino como «fórmula abierta» que puede modificar a medida que avanza en la redacción. Como plataforma inicial para su esquema, puede servir la división clásica en «Introducción», «Desarrollo» y «Conclusiones».

### 13.6. PROCESO DE REDACCIÓN

Al redactar el trabajo, debemos tener presente aspectos de diferentes ámbitos: Por una parte, aquellos relacionados con la expresión y que son inherentes a un escrito de tipo científico y humanístico: la claridad, el orden, la sencillez, la precisión o la originalidad a la hora de exponer las ideas. Por otra, aspectos que se corresponden con la estructura externa.

El trabajo académico tiene como característica principal la exposición de contenidos desde un punto de vista subjetivo a partir de los elementos objetivos de la investigación en curso. Por ello la función persuasiva y apelativa predomina en ellos. Ese carácter subjetivo es el que permite la exposición de valoraciones personales. Al tratarse de un texto personal, en el que depositamos parte de nuestra experiencia y en el que demostramos nuestra solvencia intelectual, a la hora de su redacción debe cuidarse al máximo la expresión lingüística.

Junto a cierta voluntad de estilo importa, sobre todo, la claridad expositiva para que puedan apreciarse bien nuestros argumentos. Al tratarse, también, de un escrito científico es usual que utilicemos un lenguaje formal y, en ocasiones, técnico. Entre las características que debemos tener en cuenta a la hora de exponer nuestros contenidos, podemos señalar:
— Es común usar la forma impersonal o del plural mayestático: *Debemos pensar, hemos apuntado.*
— En muchos casos, y al tratarse de textos en los que nos vemos obligados a expresar relaciones complejas, es evidente que predominen las oraciones subordinadas.
— Desde una perspectiva léxico-semántica, y al tratarse de trabajos en los que se utiliza un marco teórico, es común la aparición de nombres abstractos, también de tecnicismos apropiados a la disciplina que tratemos. Junto a ello, el tipo de discurso permite que los términos usados se carguen de connotaciones.

A modo de resumen y como guía para que su trabajo sea claro y pueda entenderse, le ofrecemos los siguientes consejos:

| Consejos prácticos |
|---|
| 1. *Acomode las ideas a los párrafos.* Aunque estén formados por una o varias oraciones, en conjunto, deben expresar una sola información. |
| 2. *Utilice adecuadamente los conectores.* Existen muchas categorías establecidas. Ejemplo: Para sumar ideas: *Además, asimismo, también, al mismo tiempo, en igual forma,* (...); para introducir ideas que se oponen: *Sin embargo, en otro orden de ideas, no obstante, de otro modo, por lo contrario*; para introducir otro tema: *En relación con, en lo tocante, respecto a, sobre* (...); para expresar opiniones: *En mi(nuestra) opinión, a mi (nuestra) manera de ver, consider(o)-amos, al respecto opino-(amos)*, etc.; para señalar consecuencias: *en consecuencia, por tanto, por consiguiente, en tal sentido, como resultado, en efecto* (...) |
| 3. *Evite las explicaciones innecesarias.* Dificultan captar la idea central y solo contribuyen a abultar el texto. |
| 4. Eluda la repetición de términos (recurre a sinónimos) y la redundancia. |
| 5. Huya de frases hechas (Ej. *Soy consciente de que este trabajo es un granito de arena...*) |
| 6. Demuestre el rigor profesional de su trabajo: admita los límites del mismo desde una perspectiva científica. Apóyese en otros estudios para ello. |
| 7. Permita que un tercero lea su trabajo antes de cerrarlo completamente. Ello puede ayudarle, como primera evaluación de sus planteamientos, a evitar incoherencias. |

## 13.7. Aspectos estructurales y formales

Desde una perspectiva formal todo trabajo académico se compone de los siguientes bloques: 1) la portada, 2) el índice, 3) la introducción, 4) el cuerpo, 5) la conclusión, 6) los anexos, y 7) la bibliografía consultada.

1) *Portada:* la portada nos permite identificar el trabajo. Cada tipo de trabajo requiere que aparezcan unos datos concretos en ella. Los fundamentales son título, autor y fecha. Sin embargo, cambia su composición dependiendo del tipo de trabajo:

— Si se trata de un trabajo de clase, debe aparecer detallado, además: asignatura, profesor y grupo.

— En el caso de una tesis (el nombre del director de la misma, el departamento al que pertenece y la universidad).

2) *Índice:* en él se presenta la organización lógica del trabajo y la división efectuada por capítulos y subcapítulos. Un buen índice debe presentar la página donde *comienza*, al menos cada bloque, de forma que se pueda acudir directamente a la información de la parte que nos interesa. Normalmente es lo último que se realiza, una vez el trabajo esté terminado y paginado. En él se incluye también la referencia a la bibliografía. Si hay ilustraciones y cuadros numerados, se suele elaborar un sumario específico aparte.

3) *Introducción:* realmente puede considerarse como un comentario analítico del índice. En ella se presenta la tesis que vamos a defender o el tema que tratamos. Debemos definir brevemente nuestro propósito, los objetivos y lo que justifica la realización del mismo. Hay que referirse a las fuentes consultadas y a la metodología empleada. Conviene aludir brevemente a la evolución del trabajo (diferentes etapas) y mostrar los agradecimientos generales. Siempre va dirigida al lector del trabajo, lo que condicionará en algunos casos el tipo de discurso. En ella debe entenderse claramente el contenido del trabajo, de manera que no sea necesario leerlo por completo. Como carta de presentación de nuestro trabajo, en ocasiones, debe contener la información adecuada para que el lector especializado en el tema pueda hacerse una idea más detallada del contenido del mismo (es el caso del artículo científico, en el que nos dirigimos a un lector concreto). Podríamos destacar una serie de elementos que deben señalarse en la introducción:

| Toda introducción debe constar de los siguientes aspectos |
| --- |
| **Marco teórico justificador**<br><br>Describir brevemente los principios o teorías que sustentan nuestro trabajo. |
| **Planteamiento del tema**<br><br>Describir brevemente el problema de investigación que se trata de resolver con el trabajo en cuestión. |
| **Estado de la cuestión**<br><br>Es importante reconocer los precedentes. Hacer referencia a estudios previos de otros autores sobre el mismo tema que se trata en nuestro artículo.<br>A veces, incluso, es conveniente citar aquellos trabajos relacionados con el nuestro y realizar un *análisis crítico* en el que se muestren las semejanzas y diferencias existentes. |
| **Objetivos del trabajo**<br><br>Formulados con claridad y sencillez y, obviamente, deben corresponderse con los resultados y conclusiones obtenidos. En el caso de que exista alguna discrepancia entre objetivos y resultados o conclusiones, esta debe aclararse en las secciones correspondientes. |

4) *Cuerpo del trabajo:* es el estudio en sí. Normalmente estructurado en partes en función de las distintas categorías de contenido. Lo ideal es que los capítulos presenten una homogeneidad en sus divisiones.

Los títulos *principales* determinarán la materia de más importancia. Estos temas deben reflejar cierto grado de independencia pero, a la vez, deben tener cierta relación y coordinación con los demás.

Los *subtítulos* están subordinados a los principales. Entre sus funciones se encuentran la elaboración, ampliación, limitación y explicación de las ideas expresadas en aquellos.

Aunque actualmente la mayoría de los programas informáticos de tratamiento de textos incluyen una función que organiza por categorías los diferentes títulos y subtítulos, es preciso apuntar que la presentación formal puede establecerse de diferente modo:

a) Normalmente los *títulos principales* van identificados por números romanos en mayúscula en orden numérico consecutivo; los de segundo orden pueden enumerarse mediante letras mayúsculas; los de tercero, mediante números arábigos y más espaciados que los anteriores; los de cuarto orden, mediante letras minúsculas y con sangrado de los anteriores:

I. TÍTULO DEL CAPÍTULO
A. Subtítulo.
1. Título de tercer orden
   a. Título de cuarto orden

b) Otra de las fórmulas utilizadas consiste en utilizar solo números arábigos refiriéndose siempre a los apartados donde van incluidos. Si se establecen otras divisiones dentro de los apartados de tercer orden, suelen utilizarse letras:

1. TÍTULO DEL CAPÍTULO
1.1 Subtítulo
1.1.1 Título de tercer orden
*a)*
*b)*

5) *Conclusiones y/o recomendaciones:* suponen la exposición ordenada de lo afirmado y comprobado (de las deducciones hechas) a lo largo del desarrollo del estudio. Pueden establecerse en cada capítulo para después compilarlas en una total y final, o exponer solo esta última.

6) *Anexos:* no son imprescindibles pero, en ocasiones, se introducen para completar el desarrollo del trabajo con información que se ha señalado en el mismo. En muchos casos se componen de materiales que no se han introducido para no romper la organización del trabajo o que han presentado una dificultad para introducirse en una nota a pie de página (fotografías, glosarios, etcétera).

7) *Referencias:* esta sección es *imprescindible* en todo trabajo académico. La forman todos los documentos consultados (libros, revistas, vídeos, teleconferencias, periódicos, correo electrónico) y aquellos materiales en los que nos hemos apoyado para la
elaboración del trabajo. Sus datos resultan muy útiles para otras
investigaciones por eso su elaboración exige un extremado rigor.
Como norma general debe establecerse por orden alfabético, de
forma clara y espaciada. En caso de que se citen varios documentos de un solo autor, no es necesario repetir sus datos.

Al hablar de referencias conviene establecer una diferenciación entre documentos impresos y documentos electrónicos:

a) *La referencia de documentos impresos.* A la hora de establecer las
referencias bibliográficas utilizadas para el trabajo, podemos
optar por una de las categorías existentes:
— *Bibliografía anotada:* lista de obras consultadas y citadas en
la que aparece además comentarios sobre la utilidad de las
mismas.
— *Bibliografía escogida:* lista de obras seleccionadas de entre
todas las fuentes el ser consideradas las más destacadas sobre el tema tratado. Además deben incluirse todos los libros citados en las notas.
— *Bibliografía de obras citadas:* exclusivamente las obras a las
que se ha hecho referencia.
— *Bibliografía de obras citadas y fuentes consultadas:* es la más
general y en ella se incluye toda la documentación utilizada.

Aunque no recurramos a alguna de estas categorías, lo importante es estructurar y organizar las referencias de acuerdo
con un orden que clarifique al lector el ámbito al que pertenecen. De esta manera nuestro trabajo adquiere más solidez. Así:
— En el caso del *artículo científico* (dado que tiene una extensión
concreta) lo más normal es recurrir a una bibliografía general que haga referencia a las obras citadas y consultadas.
— En el caso de una *monografía* (trabajo sobre un tema) y de una
*tesis doctoral,* al tratarse de trabajos más extensos, es más común presentar diferentes apartados en los que establezcamos
una distinción de las referencias por temas. Por ejemplo, si
hemos realizado un trabajo sobre Sófocles y *Edipo rey,* es ade-

cuado ordenar la bibliografía. Una forma podría ser: «Bibliografía de Sófocles»; «Bibliografía sobre Sófocles»; «Bibliografía sobre la sociedad y el teatro griego», etcétera.

Desde el punto de vista preceptivo es la norma UNE 50-104-94 (equivalencia de la ISO 690:1987) la que suele servir de guía a la hora de referenciar los documentos. En ella quedan definidos la selección de elementos y la secuencia en la que deben aparecer los mismos. La forma de presentación depende de los sistemas de referencia que hayamos escogido. Señalaremos, pues, las pautas que se siguen en el sistema funcional adoptado en ámbitos académicos. En términos generales:

— Los datos de la referencia se tomarán del documento fuente.

— No es necesario escribir el nombre de pila completo. Podemos utilizar solo la inicial.

— Al referenciar obras anónimas, el título será lo primero que aparezca.

— Al referenciar varios autores, se separarán por punto y coma y un espacio.

— Si son más de tres se utilizará el primero seguido de la abreviatura *et al.*

— Si el autor es una entidad, la referencia se iniciará con el nombre de la misma.

— Al citar un documento todavía no publicado, pondremos en el espacio de la fecha «(en prensa)».

La fórmula estandarizada para referenciar libros es la siguiente (entre corchetes aparecen datos no siempre necesarios. El resto es imprescindible):

APELLIDO(S), Nombre, *Título del libro en cusiva*, [ed./trad./pról. mención de responsabilidad secundaria], [número de eds.], ciudad, editorial, año.

Ejemplos:

— PITOL, Sergio, *El mago de Viena*, Valencia, Pre-Textos, 2005.
— GALLEGOS, Rómulo, *Doña Bárbara*, ed. de Domingo Miliani, Madrid, Cátedra, 2005.

La parte de un libro, de la siguiente manera:

Apellido(s), Nombre, «Título del artículo en redonda», en nombre apellido(s) (ed.), *título del libro en cursiva*, [número de eds.], ciudad, editorial, año (colección, número), págs. página inicial-página final.

Ejemplo:

Chiahia, Matei, «Roma o Cartago: itinerarios renacentistas por ciudades derrotadas», en *Olivar: Revista de Literatura y Cultura Españolas*, n.º 7, Universidad de la Plata (Argentina), 2006, págs. 45-62.

En cuanto a las referencias consideramos que deben tenerse en cuenta algunas cuestiones:

— *Autor:* si se trata de varios autores se pondrá en su lugar AA. VV. (autores varios) o el encargado de la edición/coordinación indicando entre paréntesis «(ed./coord.)» que significa «al cuidado de».

— *Título del libro:* recuerda que los títulos no deben aparecer nunca entre comillas salvo que se trate de un *artículo de revista*, de un *capítulo de un libro* o de un *poema*.

Ello se debe a que son partes breves de una obra mayor, la cual debe especificarse después. También deben precisarse las páginas que ocupa.

En el caso de que se trate de prensa, en *la referencia bibliográfica se explicitará la* fecha completa. (Ejemplo: 12-X-95).

*La fecha de publicación y páginas:* es en el *copyright* donde aparece la fecha y el lugar de la misma. Siempre hay que referenciar la edición utilizada, aunque apuntemos también la primera edición.

*b) La referencia de documentos electrónicos.* Por lo general, los estilos que se utilizan para referenciar los documentos telemáticos se ajustan a las normas empleadas para los documentos impresos. Aunque entre unas y otras fuentes existen similitudes, los recursos disponibles en la red tienen, entre otras, peculiaridades que los condicionan: una de ellas es la *movili-*

*dad* (pueden sufrir cambios de localización, aspecto que no ocurre con las fuentes impresas) y otra es la *modificación en sus contenidos*, que puede cambiarse de manera continuada. Son, por consiguiente, particularidades que condicionan algunos de los elementos que caracterizan la forma de referenciar.

Existen diferentes modelos: junto a la norma ISO 690-2, redactada para referenciar documentos electrónicos, los más utilizados en las ciencias sociales y en las humanidades son aquellos propuestos por la Modern Language Association (MLA) y la American Psychological Association (APA).

Como en el caso de los materiales impresos, lo importante es elegir un modelo funcional en el que aparezcan los elementos indispensables y necesarios para que ese fuente pueda ser recuperada. Desde esta perspectiva, la referencia a una fuente electrónica debe contener, como mínimo, los datos que corresponden al autor, al título, a la fecha de publicación, al tipo de documento, y un URL *(Universal Resource Locutor* o localizador uniforme de recursos). Este es uno de los elementos más importante. Si no está bien citado no se puede hallar el material mencionado. El URL marca el itinerario, y aparece en la ventana del navegador introducido por «http». Un esquema secuencial de esos espacios se establecería así:

Autor/responsable *Título* (edición), [tipo de medio], Lugar de publicación: editor, fecha. Disponible en <especifique la URL> [Fecha de la consulta].

A continuación establecemos ejemplos que se corresponden con diferentes tipos de documentos:
— Referencias a documentos en soporte electrónico:

*Diccionario de la Real Academia Española*, [CD-ROM], Madrid, Espasa-Calpe, 2003.
CHAPLIN, Charlie, *El gran dictador* (1940), [Vídeo DVD], Warner Home Video, 2003.

— Referencia de un libro en línea:

BOSCH, Juan, *La Mañosa* (1936), [Libro en línea], Santo Domingo: Rincón Dominicano, 2002. Disponible en: http://

www.rincondominicano.com/litera tura/obras/lamanosa/
[Consultado el 20 de mayo de 2006].

— Referencia de un artículo en una revista en red: se destacará primero el artículo entrecomillado y, después, la revista en cursiva. Al tratarse de una publicación seriada, hay que destacar el número y la fecha en su lugar correspondiente.

CONSTANTE, Alberto, «Heidegger y la Ética Imposible», en *Razón y Palabra* (1996-2006) [en línea] n.º 51 junio-julio 2006. ITEMS, México. Disponible en: http://www.cem.itesm.mx/ dacs/publicaciones/logos/actual/aconstante.html [Consultado el 25 de junio de 2006].

**Recuerde:**
*En general para referenciar documentos electrónicos se han de seguir las pautas recomendadas para los documentos impresos; sin embargo:*
— Los documentos en soporte electrónico, que no sean en línea, reciben prácticamente el mismo tratamiento que los documentos en soporte impreso (siempre que especifiquemos el tipo de soporte). Los datos para realizar la referencia se deben tomar del mismo documento electrónico. Cuando los datos que necesitamos no aparecen en lo que observamos en la pantalla o en lo que oímos recurrimos a la documentación que lo acompaña (fundas). Es el caso de los soportes: [CD-ROM], [DVD], [banda magnética], [disquete], etc.
— Para los documentos en línea es imprescindible citar la fecha de consulta ya que pueden ser modificados (normalmente aparece al final del documento).
— No hay que olvidar que la norma de identificación URL es el elemento más *indispensable* en la referencia de documentos en línea.

## 13.8. EL APARATO CRÍTICO: ALGUNAS APRECIACIONES SOBRE CITAS Y NOTAS

Nos centraremos, en este apartado, en las *citas* y *notas* como elementos principales del aparato crítico que nos ayuda a argumentar y desarrollar nuestro trabajo. En el trabajo académico son imprescindibles porque nos ayudan a establecer un punto de partida o nos sirven de apoyo para nuestra propia tesis, para contrastar posturas, argumentar, ejemplificar, etcétera.

### 13.8.1. Las citas

Al citar reproducimos una idea o un texto de otro autor en el marco de nuestro discurso. Las citas contribuyen a la valoración de nuestro trabajo porque, cuanto más completas, serias y adecuadas sean, le darán mayor profundidad. De ahí que sea necesario recogerlas fielmente y seguir una serie de normas para su reproducción y referencia. En principio se debe tener en cuenta que:
— Las citas se utilizan para después interpretarlas o para apoyar una interpretación dada.
— Deben enmarcarse y organizarse equilibradamente dentro del propio discurso.
— Deben ser siempre exactas, puntuales y verificables.
— No se cita a un autor sin remitir al libro y a la página donde se encuentra la afirmación expuesta, tanto si se trata de una cita textual, como de una paráfrasis (expresión de las ideas contenidas en el material consultado en términos distintos a los utilizados por el autor).

Señalaremos algunas de las normas funcionales más aceptadas sobre la reproducción de citas. Para ello, hay que tener en cuenta varios aspectos:
a) *Extensión*. Respecto a la extensión de las citas se debe tener en cuenta: Si se trata de una cita que no ocupe más de tres líneas, puede incluirse entre comillas (1) perfectamente en el texto. Si se trata de fragmentos más extensos conviene darles mayor margen para que no ocupe toda la caja de la página. En este caso no hacen falta comillas, ya que la amplitud del margen permite poner ante el lector los textos citados, y también detenerse en ellos (2). Ejemplos:

| (1) No más de dos o tres líneas. | Como dice Núñez Rivera, «el *caso* narrado en el Lazarillo pertenece al género *admirabile* o *turpe*, puesto que defiende algo indefendible por indigno (...)». |
|---|---|
| (2) Fragmento más extenso. | Como dice Núñez Rivera:<br>El *caso* narrado en el Lazarillo pertenece al género admirabile o turpe, puesto que defiende algo indefendible por indigno (La vida toda del personaje) y vergonzoso (el caso final o *ménage à trois*). Y nótese que he incorporado conjuntamente las dos hipótesis de lectura con mayor predicamento crítico. No tiene mucho sentido desde esta perspectiva discutir, como ha hecho la mayor parte de los estudiosos, si el caso en cuestión se refiere, tanto en el Prólogo como en el Tratado VII al adulterio consentido (...)<br>En cierto modo, nosotros pensamos lo mismo... |

*b) Referencia.* En cada una de ellas debe quedar claro el autor y la fuente. Podemos hacerlo: (1) Con envío a nota: Referencia completa del documento con el número de página. (2) Sistema: Autor-fecha. Suele ser el más utilizado para documentos científicos debido a su carácter funcional. Consiste en apuntar entre paréntesis, normalmente después de la cita, el apellido, el año de publicación del texto y la página. Ejemplos:

| (1) Envío a nota. | Como señala Núñez Rivera:<br>El *caso* narrado en el Lazarillo pertenece al género admirabile o turpe, puesto que defiende algo indefendible por indigno (La vida toda del personaje) y vergonzoso (el caso final o *ménage à trois*). Y nótese que he incorporado conjuntamente las dos hipótesis de lectura con mayor predicamento crítico. No tiene mucho sentido desde esta perspectiva discutir, como ha hecho la mayor parte de los estudiosos, si |
|---|---|

| | el caso en cuestión se refiere, tanto en el Prólogo como en el Tratado VII al adulterio consentido (...)[1].<br><br>[1] Valentín Núñez Rivera, *Razones retóricas para el Lazarillo. Teoría y práctica de la paradoja*, Madrid, Biblioteca Nueva, 2002, pág. 84. |
|---|---|
| (2) Autor-fecha. | Como señala Núñez Rivera:<br>El *caso* narrado en el Lazarillo pertenece al género admirabile o turpe, puesto que defiende algo indefendible por indigno (La vida toda del personaje) y vergonzoso (el caso final o *ménage à trois*). Y nótese que he incorporado conjuntamente las dos hipótesis de lectura con mayor predicamento crítico. No tiene mucho sentido desde esta perspectiva discutir, como ha hecho la mayor parte de los estudiosos, si el caso en cuestión se refiere, tanto en el Prólogo como en el Tratado VII al adulterio consentido (...) (Núñez Rivera, 2002: 84). |

Es conveniente saber que, cuando estamos realizando un trabajo sobre una misma obra (un análisis o un comentario sobre un texto concreto), solo es necesario apuntar el número de página entre paréntesis.

c) *Claridad*. El envío a nota respecto a autor y obra debe estar muy claro: por ello, cuando en un mismo fragmento recurrimos a citas de distintos autores, la llamada (el número arábigo) siempre debe venir tras la cita. Por otra parte, si hemos hecho anteriormente la referencia al libro en otra nota, y seguimos hablando sobre ello, no hace falta realizar nuevamente la referencia: Si se cambia de página se escribe «ob. cit. pág. xx»; si no se cambia *«ibídem»*. Ejemplos:

| 1.ª Referencia | [1] Valentín Núñez Rivera, *Razones retóricas para el Lazarillo. Teoría y práctica de la paradoja*, Madrid, Biblioteca Nueva, 2002, pág. 84. |
|---|---|
| 2.ª Referencia | [2] ob. cit., pág. 98. |
| 3.ª Referencia | [3] *Ibídem*. |

*d) Las citas deben ser fieles*; por tanto, si eliminamos una parte (elipsis), debemos usar los puntos suspensivos: *(...)*. En ocasiones cuando queremos introducir un comentario nuestro, conviene avisarlo siempre entre corchetes: *[el subrayado es nuestro]*. Cuando la cita que transcribimos es errónea, conviene avisarlo: la forma latina *[sic]* determina que la encontramos así.

*e) Particularidades.* Hay citas que tienen sus propias leyes. Por ejemplo, las citas de versos. Cuando se trata de un poema completo sobre el que vamos a trabajar, es conveniente tratarlo como texto sin comillas. En otras ocasiones, citamos uno o varios versos en el texto: en este caso deben entrecomillarse y utilizar las barras para indicar la separación de los versos. Ejemplo:

Cuando Darío afirma «Yo soy aquel que ayer no más decía / el verso Azul y la canción profana / en cuya noche un ruiseñor había / que era alondra de luz por la mañana (...)» repasa su propio pasado y su creación (...).

## 13.8.2. Las notas

Así como en muchos tipos de texto las notas se consideran un ejemplo de presunción erudita y una forma de dificultar la lectura, es cierto que en los trabajos académicos son necesarias, aunque deben utilizarse en su justa medida. Presentan una serie de funciones que actualizan el aparato crítico:

1) *Indicar el origen de las citas.* Cuando se trata de una nota de referencia bibliográfica es conveniente ponerla *al pie de la página*, de este modo el lector ubica rápidamente el texto. Aunque también pueden ponerse al *final del texto*.

2) *Añadir bibliografía de refuerzo a alguno de los temas que planteemos en el texto*: [«sobre este tema ver también (...)»; «puede verse al respecto el trabajo de...»].

3) *Introducir una cita de refuerzo.* En ocasiones no queremos cargar demasiado nuestro discurso textual y preferimos citar en la nota.

4) *Corregir afirmaciones.* En ocasiones estamos seguros de lo que afirmamos, pero sabemos que existen planteamientos en contra. En este caso podemos también apuntarlos. Con ello, además, contribuimos al carácter científico de nuestro trabajo.

5) *Realizar referencias internas o externas al texto*. En muchos trabajos nos vemos obligados a remitir a otra parte anterior o posterior del mismo. En ese caso utilizamos las notas y la introducimos con las formas: «cfr.» o («confróntese»).

Es importante tener presente que las notas *no deben ser excesivamente largas*. Si la nota que se introduce, es demasiado extensa, hay que incluirla y enumerarla al final del trabajo como texto aparte, ya que en dicho caso estamos hablando de un apéndice.

CAPÍTULO XIV

# La redacción de textos de opinión

## 14.1. GENERALIDADES

En este capítulo trataremos de clasificar y describir los apartados esenciales que configuran los géneros textuales caracterizados por mostrar y defender una opinión. Es cierto que existen numerosos textos que podrían incluirse en este espacio —como ya hemos apuntado anteriormente, en los trabajos académicos se opina y se juzga de la misma manera que en el ensayo, que es otro de los géneros de opinión—. Sin embargo, en este apartado nos ocuparemos de los textos asociados a la escritura periodística.

Como todo espacio comunicativo, el periodismo también tiene sus propias peculiaridades que lo definen y diferencian de otros medios de comunicación. Por ello, si queremos analizar la escritura de los géneros de opinión que entran en su ámbito, es conveniente relacionarlos con algunas características básicas de la escritura periodística:

1) En relación con la *redacción: concisión, claridad y coherencia*.
2) En relación con dos de sus finalidades elementales: *informar y opinar. Respecto a la información*, hay que destacar la exigencia de la actualidad en los temas, la diversidad de temas y la novedad en los hechos, así como que se resalten aquellos acontecimientos que se consideran atípicos. *Respecto a la opinión*, en estos textos se exige profundidad en el tratamiento de los contenidos para poder valorarlos.

Junto a ellas, habría que apuntar que, en la comunicación periodística, suelen presuponerse *algunos conocimientos previos y competencias léxicas y culturales en el lector*. Partiendo de estas pre-

misas, en general, las características de estos tipos de texto se establecen en oposición a las de los géneros informativos e interpretativos. De este modo suele destacarse que:
— No trabajan directamente sobre los hechos y no transmiten datos.
— Trabajan sobre ideas y opiniones. Deducen consecuencias teóricas, políticas y culturales de lo que sucede.
— Todos coinciden en que emiten juicios de valor: realizan comentarios y evaluaciones llegando, incluso, en ocasiones a plantear expectativas sobre algún acontecimiento, tema o texto.
— Tienen gran libertad expresiva.

Los géneros de opinión analizan un hecho de actualidad con un estilo libre y desde una perspectiva subjetiva, que responde al efecto que el periodista quiere crear en el lector. En cierto modo, estos textos se acercan al ensayo porque se fundamentan en las modalidades textuales expositivas y argumentativas. A pesar de la libertad de expresión que los caracteriza, podemos señalar una serie de rasgos lingüísticos que los caracterizan:
— *En el plano morfosintáctico.* Para apoyar su carácter argumentativo, suele ser muy abundante el empleo de proposiciones causales, consecutivas y condicionales. El carácter expositivo condicionará la aparición de verbos en los modos indicativo, condicional, y en las formas de *mandato, perífrasis de probabilidad* y *obligativas.*
— *En el plano léxico-semántico.* En estos textos predomina la función conativa y emotiva, lo que determina el uso de un léxico culto, en el que abundan los recursos retóricos de extremada habilidad expresiva (hipérboles, metáforas, personificaciones, etcétera).

Entre estos géneros, que se diferencian de otros por su intencionalidad (opinar), suelen incluirse: el *editorial,* la *columna,* el *artículo,* el *comentario* y la *reseña crítica.* Cada uno de ellos presenta sus particularidades formales y de escritura; sin embargo, podemos hablar de una estructura base para su redacción. En ella debemos seguir los siguientes pasos:
1) *Introducción:* en la que se define el objeto que se ha de tratar.
2) *Toma de posición del autor.*
3) *Desarrollo.* Defensa de su postura:
    — justificada mediante el contraste con diversos argumentos,
    — justificada a través de opiniones personales.

4) *Conclusión:* cierre del planteamiento inicial. Debemos reafirmar la posición adoptada.

## 14.2. EL EDITORIAL

El editorial es un artículo breve que, normalmente, abre las publicaciones periódicas y revistas. Ocupa un lugar preferente en el periódico y en él se comenta un suceso o tema de actualidad destacado. Aunque es un texto que no aparece firmado, y puede ser redactado por varias personas, el responsable (o responsables) piensa y escribe como si fuese la conciencia del periódico. Marca la línea de actuación del periódico o revista.

Al ser un texto que responde a la ideología del periódico el tema que trate debe exponerse con seriedad. Al redactarlo, se ha de tener cuidado con el estilo que se utiliza: puesto que debe conservar el prestigio y la autoridad del periódico ante el público al que va dirigido, por lo que es necesario que presente señas exteriores y formales de dignidad y de seriedad lingüística. La dificultad para el editorialista está en mantener y conseguir el equilibrio entre la lealtad al estilo del periódico y la libertad de su estilo personal.

### 14.2.1. Modelos de editorial

1) *Modelo didascálico:* adopta una actitud de cátedra autoritaria, suponiendo que los lectores van a aceptar pasivamente lo que se argumenta. Típico del siglo XIX, actualmente, en países desarrollados, solo lo encontramos en prensa doctrinaria.
2) *Modelo objetivo:* el editorialista se mantiene distante, no emite juicios. Muy común en la prensa americana y en prensa comercial.
3) *Modelo interpretativo:* es el de mayor prestigio actualmente. El editorialista se esfuerza por proporcionar al lector los elementos que considera oportunos para que pueda entender el tema que trata y, así, orientar su juicio e influir en la opinión pública.

### 14.2.2. Rasgos diferenciadores

Entre los rasgos diferenciadores del editorial suelen destacarse los siguientes:

— La tesis (opinión con contenido intelectual) y la argumentación (razonamientos que la sustentan) son sus elementos claves.
— Carácter debatible: realiza propuestas diferentes al público.
— Técnica discursiva basada en la convicción: lo que se conjetura se realiza a través de un desarrollo consistente.

### 14.2.3. La redacción del editorial

Como preámbulo a la redacción de un editorial, debemos tener en cuenta los siguientes aspectos:
— Redactar un editorial significa *conocer muy bien el tema* sobre el que se va a opinar.
— Es una *toma de posición*, por lo que la postura del periódico debe quedar muy clara.
— Tiene como finalidad primera invitar al lector a la *reflexión*.
— Como ofrece el punto de vista institucional, la redacción se ve afectada por un cierto protocolo, empleando un *lenguaje menos personal*.
— El tono *humorístico queda fuera* de su discurso.
— Para que alcance cierta repercusión en la sociedad debe *ser oportuno*: los datos seleccionados deben ser idóneos, y se debe ser preciso al utilizar los conceptos.

Aunque adopten un tono más o menos polémico, contundente, distante o cercano, desde una perspectiva lingüística todos los editoriales se mueven dentro de una uniformidad de lenguaje que es la que representa al periódico.

Junto a esos elementos que hemos señalado como puntos de partida en su redacción, existen otros relacionados directamente con el estilo y la estructura:
1) *Debemos entrar en materia inmediatamente:* el editorial está condicionado por el espacio, por lo tanto el tema debe ser expuesto sin preámbulos. Los párrafos introductorios que alejan la atención del lector no entran en el modelo de este tipo de textos.
2) *El yo no existe:* desaparece la primera persona del singular porque se representa al periódico, de ahí su tono mayestático que, en ocasiones, conviene acentuar pero sin abusos.
3) *Título que respete el contenido:* apenas tres o cuatro palabras son suficientes. Suele estar formado por un sintagma nominal y mues-

tra intenciones valorativas o creativas. Debe ser sintético y atractivo y referirse al aspecto más significativo.
4) *Principio y final elaborados:* el texto debe construirse apoyándose en el inicio y en el cierre. Las primeras líneas y las últimas son determinantes, puesto que en ellas se plantean la idea y el juicio valorativo.

### 14.2.4. Estructura

El editorial no tiene una estructura fija. Se han señalado diferentes esquemas para caracterizarlo, incluso se ha llegado a establecer un paralelismo con el esquema de las sentencias judiciales. Desde una perspectiva pragmática, lo importante es que sepamos que su estructura es piramidal ascendente (el punto climático se encuentra al final) y que se divide en tres partes:

| | |
|---|---|
| COMIENZO<br>Primera parte | *Informativa:* presentación en la que avanza el tema y sirve para abrir el texto. |
| CUERPO<br>Segunda parte | *Expositiva/argumentativa:* en la que el autor del editorial expone los argumentos y en la que se pueden adoptar formas de interpretación, valoración o reacción. |
| CIERRE<br>Tercera parte | *Deliberativa o conclusiva:* una última fase en la que se conceden las últimas apreciaciones sobre el tema.<br>Se realiza una síntesis de lo desarrollado y se presenta, normalmente en el último párrafo, la postura y opinión concreta que puede darse a modo de solución, pronóstico o crítica. |

### 14.3. LA RESEÑA CRÍTICA

Las reseñas contienen información, opinión y crítica. El que se conjuguen estos elementos determina que se considere un género híbrido. La reseña crítica está asociada no solo a la prensa sino al ámbito científico (es muy común encontrarla en publicaciones periódicas y revistas especializadas). En este sentido podemos decir que la reseña crítica suele asociarse, en el ámbito académico, a las acciones de *resumir* y *comentar*, de manera exhaustiva, un libro científico o un ensayo. Dicha acción puede comprender la integridad de la obra o los aspectos principales de ésta.

Entre sus objetivos principales, por lo tanto, se encuentran:
— Dar noticias de las nuevas publicaciones facilitando su divulgación.
— Valorar de manera razonada y crítica las obras de reciente aparición y orientar a especialistas.

En el ámbito académico, a la hora de reseñar, es conveniente asimilar bien el pensamiento del autor, examinando con cuidado su posición. Suelen diferenciarse dos tipos de recensiones:
1) Reseña bibliográfica, es aquella en la que se realiza un informe sobre el contenido y cualidades de un libro,
2) Reseña hemerográfica, que informa sobre el contenido de un artículo.

Las siguientes normas pueden considerarse como punto de partida para la materialización de la reseña:
1) Leer la obra atentamente hasta familiarizarse con los contenidos y la estructura.
2) Suponer que los lectores no conocen el libro objeto de la reseña, pero que desearían saber de qué se trata.
3) Examinar los elementos estructurales de la obra, explicar cómo los maneja el autor y qué función cumplen.
4) Evaluar el trabajo atendiendo a los objetivos que el autor establece.
5) Determinar primero los propósitos y después juzgar si la obra cumple con tales fines.
6) Conviene evitar un tratamiento de menosprecio sobre el libro y el autor.

### 14.3.1. Formato y niveles de la reseña

Encontramos diferentes formatos e incluso topologías dependiendo de sus finalidades y de su nivel de análisis de la obra. Solo, como ejemplo, apuntamos en el siguiente cuadro el formato de la tradición anglosajona (muy usado) y los diferentes niveles que suelen establecerse:

| FORMATO ANGLOSAJÓN ESTANDARIZADO | NIVELES DE RECENSIONES |
|---|---|
| *a)* Breve sumario del libro: contenido, circunstancias... <br> *b)* Rápida referencia al autor especificando sus objetivos, otras publicaciones... <br> *c)* Breve evaluación de si el autor ha conseguido o no sus objetivos y el valor de éstos. <br> *d)* Pequeña comparación con estudios singulares (coincidencias y nuevas aportaciones). <br> *e)* Sobre las fuentes utilizadas, su uso apropiado o no... | *1. Recensión de descripción de contenidos:* resumen esquemático del libro sin aportación crítica. <br> *2. Recensión descriptiva crítica:* <br> • Introducción general que sitúa el tema de la obra, interés y oportunidad del mismo, presentación del autor/es. <br> • Exposición objetiva del contenido en torno a ideas o ejes clave ajustándose a la división estructural. <br> • Explicitación de los intereses particulares y aspectos más positivos. <br> • Reparos y objeciones. <br> • Valoración global, perspectivas de futuro, y lector al que va dirigido. <br> *3. Recensión sintética crítica:* en ella no se detalla el contenido por capítulos sino que se va directamente a la valoración crítica. |

## 14.3.2. Reseñas periodísticas. Rasgos diferenciadores

El ofrecer al público lector una orientación acerca de las novedades que se producen en el ámbito cultural (conciertos, espectáculos, libros, música, cine, etc.) determina la proliferación de reseñas en el ámbito del periodismo. Dicha preocupación incide en algunas de las funciones de este tipo de textos como son:

1) *Informar y orientar.* Las personas que la leen esperan encontrar cierta orientación respecto a la obra/suceso que se enjuicia.
2) *Motivar y persuadir.* El público al que se dirige la reseña es heterogéneo y hay que saber cómo conseguir estos dos objetivos.

Lo que hemos apuntado sobre la reseña en el ámbito académico puede adaptarse, en su esencia, a la reseña de la prensa. Sin embargo, ésta presenta particularidades que vienen determinadas por el género en el que se ubica.

Como cualquier género de opinión requiere madurez intelectual por parte de su autor. La reseña crítica es uno de los modelos textuales que prioriza la exposición de un tema o acontecimiento en relación con una obra artística. Por ello, al redactarla, es vital entender que debemos facilitar al lector el seguimiento y comprensión del tema que se está exponiendo.

### 14.3.3. Proceso de redacción

La redacción de esta modalidad textual implica, en primer lugar, haber comprendido bien dicho producto cultural (película, pintura, ensayo, obra literaria, cuento, etc.) sobre el que se va a escribir. En la reseña crítica debe describirse con corrección el contenido de la obra, destacando las ideas esenciales y aspectos relevantes, al tiempo que se hace una valoración crítica de la misma. Al redactar la reseña, no podemos olvidar:

1) *Resumir lo esencial del contenido de esa obra/evento.*
2) *Emitir opiniones y juicios de valor fundamentados acerca de ella.*
3) *No olvidar al público:* en nuestro planteamiento debemos pensar que pueden leerla:
   — Personas que leen por placer las críticas.
   — Personas que solo quieren recibir una información sobre lo que existe en el mercado cultural.
   — Personas que no han leído el libro/visto el evento, pero pueden llegar a verlo.
   — Personas que sí lo han leído/visto y buscan una comparación.

4) *Valoración personal:* es importante, asimismo, que aclaremos que la valoración de la obra corresponde a nuestra posición, dejando al lector libertad para formar su propia opinión.

Una vez que tenemos claras las condiciones expresadas, debemos utilizar aquellos elementos que nos permiten escribir nuestras ideas de manera acorde con la estructura de este género: un texto que pertenece a la modalidad expositiva-argumentativa.

Es común encontrar diferentes métodos, modelos y tonos que pueden servirnos de guía a la hora de valorar y de mostrar una actitud determinada ante el producto que reseñamos:

| Entre los métodos | Entre los modelos |
|---|---|
| **Clásico:** La obra se valora en relación con el canon establecido por los expertos en la materia. **Panorámico:** Se valora tomando como centro la estructura y su razón de ser. Se relaciona además con otras obras desde una perspectiva diacrónica. **Reportero:** La obra se describe y valora según lo que se observa/no observa. **Impresionista:** Se valora acorde a los efectos que la obra ha causado en el escritor. | **Formalista:** Se explora la obra profundizando en su estructura formal. **Culturalista:** Se relaciona la estética de la obra con el ambiente y el contexto cultural del autor. **Sociológico:** Actitud más científica, estudia la obra en relación con valores circunstanciales. **Estético:** Más que el análisis o el encuadre histórico, al crítico le importa la experiencia estética. |

Los métodos y modelos señalados no son los únicos y pueden además combinarse dependiendo del efecto que queramos conseguir y del tipo de producto que reseñemos. Junto a ellos, también encontramos diferentes tonos que, en muchas ocasiones, muestran finalidades concretas.

### 14.3.4. Estructura

Como la mayoría de los géneros de opinión, la reseña se organiza siguiendo una estructura que se inicia con la definición del objeto sobre el que se va a hablar, continúa con la toma de posición —que se justifica ya sea contrastando con diversos argumentos o utilizando opiniones personales— y se cierra reafirmando la posición adoptada. En general puede decirse que, en su estructura, se diferencian cuatro partes, que pueden servir como guía en todos los casos pero que, en cada expresión artística, se particularizan.

Al escribir una reseña debemos guiarnos por este esquema, que representa las partes que la construyen:

| TÍTULO | Normalmente aparece un título breve y valorativo de la obra/producto/evento. |
|---|---|
| FICHA TÉCNICA | *Datos informativos.* Dependen del tipo de obra/evento, pero resaltan los elementos principales. En el caso de un libro se consignan los datos bibliográficos que encabezan el texto: Género, nombre y apellido del autor, título de la obra, la ciudad donde se editó, nombre de la editorial, fecha de edición, número de páginas y, a veces, el precio. |
| CUERPO (DESARROLLO) | *Es cada vez más común dividir el cuerpo en dos partes:* <br> *1. Se expone la tesis* que va a desarrollarse. Se presenta al autor y la obra que va a reseñarse. Se elige un modelo para tratarla. <br> *2. Se analiza la obra:* <br> • *Resumen expositivo del producto reseñado* (aquí se presentan, en forma selectiva y condensada, los contenidos fundamentales del producto cultural). Debemos seleccionar aquello que vamos a resaltar. <br> • *Comentario crítico-argumentado* del producto cultural. Hay que aportar razones de peso, indicios que demuestren los aciertos y desaciertos encontrados. Es el lugar donde podemos mostrar todo lo que sabemos del autor. Podemos establecer relaciones particulares (su obra anterior) o globales (con otros autores, obras, épocas...). |
| VEREDICTO (CONCLUSIONES) | En el último párrafo aparece la valoración. Es donde debemos establecer de manera muy clara nuestro juicio valorativo. Sintetizar todo aquello que hemos destacado en el desarrollo. |

Aunque estas partes son las generales, es posible que redactemos reseñas que no se adapten a todos los puntos señalados. En la prensa es muy común encontrar reseñas que reflejen y muestren aquellos productos nuevos o acontecimientos del ámbito cultural de una manera crítica: de hecho, encontramos reseñas relacionadas con libros, películas, toros, deporte, etc. En el caso de la reseña de un libro, o de una película, es común encontrar reseñas en las que el componente informativo tiene más peso que el valorativo. Son las llamadas *Reseñas informativas*, que vienen a ser como una especie de ficha técnica un poco más desarrollada. Este tipo de textos tiene como objetivo principal dar a conocer la aparición de un nuevo producto, con lo cual lo que interesa es redactar y hacer una breve referencia a su tema o contenido y a lo que significa su aparición al relacionarla con el resto de la bibliografía sobre el tema.

El caso, por ejemplo, de la reseña literaria es también particular, porque en ella suelen aparecer cambios de tono determinantes de otras finalidades. Basada en un libro, su propósito principal es constatar si vale la pena leer la obra que se discute. En muchas ocasiones las reseñas literarias tienden a realizar comentarios variados, en los que se perciben diferentes tonos que permiten evidenciar la finalidad que se busca en el texto, más allá de la propia crítica y valoración:

1) En ocasiones hay comentarios de tonalidad muy cercana al discurso *publicitario:* encontramos casos en los que las valoraciones van más allá del reconocimiento propio. Se intenta vender el producto usando la reseña como canal. De esta manera se presenta la obra resaltando todo su interés y atractivo para los posibles lectores (consumidores).

2) Encontramos comentarios que sirven a una *finalidad didáctica:* es el caso de las reseñas que realizan comentarios interpretativos que sirven para orientan al lector. El autor, en este caso, actúa como guía que muestra las posibles sorpresas que podemos encontrar en el camino, y advierte de los riesgos.

3) Los comentarios más comunes son los valorativos: lo importante a la hora de valorar es que tengamos en cuenta que dichos juicios pueden ser absolutos o comparativos (a veces se compara la obra con otra del mismo autor o con una obra análoga a la que se reseña). Los comentarios valorativos pueden ser de diferente calidad (dependen del rigor analítico).

# Capítulo XV

# La escritura en las nuevas tecnologías

## 15.1. Textos electrónicos y lenguaje

La influencia de las nuevas tecnologías en el lenguaje de la comunicación es innegable. La telefonía móvil e Internet han originado y creado y expandido nuevos formatos y soportes comunicativos (páginas *web*, correo electrónico, *SMS*, *chats*, *blogs* o foros...) que han afectado a las formas tradicionales de expresión escrita. Dichos campos de comunicación han inundado la lengua española de multitud de términos (neologismos) que han pasado, en relativamente poco tiempo, a ser de dominio público y, por supuesto, han incidido en la creación de códigos singulares para los nuevos usos del lenguaje.

Los nuevos canales y soportes comunicativos, partiendo siempre de la finalidad de la comunicación, han originado un uso específico de la lengua española que intenta aunar oralidad y escritura desde el registro coloquial en el mismo acto comunicativo textual originando un tipo de lenguaje escrito muy próximo a la oralidad de la comunicación. El correo electrónico o el *chat*, por ejemplo, han provocado que el espacio virtual se convierta no solo en un espacio de comunicación que afecta al lenguaje, sino también a los tipos de textos que circulan por sus canales.

El cambio de las formas lingüísticas, que viene propiciado por el propio soporte informático, influye y condiciona el texto desde diferentes ángulos. La escritura, por ejemplo, se ha visto alterada desde la perspectiva ortográfica, puesto que lo visual, propio de las nuevas tecnologías, ha permitido que el significante (lo tipográfico) adquiera gran relevancia. En otros casos, es la fonética la que condiciona la escritura.

Si tuviéramos que apuntar algunos de los factores que han condicionado la escritura tradicional, enumeraríamos los siguientes:

1) *Velocidad.* La rapidez en la información estructura el mensaje. Que un texto sea leído de una ojeada, condiciona naturalmente su redacción. No estamos hablando de textos impresos *digitalizados* y *colgados* (enlazados) en una página *web*, nos referimos a textos creados en este soporte y cuya finalidad es, principalmente, la comunicativa.

2) *La adaptación al soporte.* Aunque no exista impedimento alguno y podamos escribir de la misma manera en el correo electrónico, el *chat*, el *blog* o el *SMS*, es evidente que cada uno de dichos medios de comunicación está condicionado por diferentes factores. Desde una perspectiva estructural el *SMS* (mensaje de texto), condicionado por un número de caracteres (160 aproximadamente), tiene que permitir informar de todo lo que se quiere en muy poco espacio (en él interviene también el factor económico); el *chat*, por su parte, está basado en la inmediatez: es un diálogo en tiempo real entre dos interlocutores, lo que implica que uno escriba transcribiendo lo que dice como si se tratase de un acto de habla, etcétera.

3) *Esquema en potencia.* Mucha información en un soporte pequeño (en poco espacio). Si reflexionamos sobre este aspecto, la evolución de los soportes electrónicos y de la tecnología en general muestra cómo los soportes para la información son cada vez más pequeños; ocupan menos espacio. Ello afecta al mismo lenguaje. Análogamente el soporte lingüístico, escritura (grafía, ortografía, construcción y estilo) se comprime mediante los recursos propios del sistema lingüístico. Es decir, se aprovechan las propias posibilidades del lenguaje para crear un nuevo código que, desde el mismo sistema lingüístico, sirva para el nuevo canal de comunicación.

No todas las nuevas aplicaciones y soportes informáticos van a afectar por igual a la escritura. Sin embargo, una de las primeras caracterizaciones, quizá la más evidente, ha sido el descuido formal en la trascripción de la lengua escrita. El texto escrito se ha ido acomodando al universo virtual y se ha visto afectado en dos planos principalmente:

1) *Estilo:* el estilo predominante es el informal.

2) *La ortografía:* la norma ortográfica existente ha dejado de asumirse y se ha sustituido por un nuevo código.

## 15.2. Escritura y páginas 'web'

No todos los textos electrónicos presentan la misma finalidad ni cubren las mismas necesidades de comunicación que los textos impresos. Una página *web* es un documento de la World Wide Web, diseñado normalmente en formato HTML (Hypertext Markup Language, lenguaje hipertextual de etiquetado de documentos). En ella no solo se incluye texto escrito, también se incluyen imágenes, sonidos, programas, animaciones y enlaces *(links)* hacia otros documentos.

Suele afirmarse que el usuario informático no lee detenidamente en Internet sino que simplemente realiza una lectura muy superficial en busca de la información que precisa. Ello influye, por ejemplo, en la estructuración de las páginas *web*, y en su escritura, ya que ambos elementos deben contribuir a que la información llegue de manera rápida y eficiente.

Al margen de la estructura de la página *web*, nos interesa señalar algunos hechos concretos referidos al lenguaje (y a su forma) en este tipo de textos. En su origen, al escribir el mensaje comunicativo de una página *web*, se empleaba el mismo método que para los contenidos impresos; sin embargo, la velocidad de lectura que exige este nuevo medio ha provocado que se vaya modificando el estilo de escritura empleado y la forma de organizar los contenidos:

1) *Redacción.*
— Los títulos y subtítulos deben ser simples, claros y concisos.
— Los párrafos se deben ajustar a una única idea.
— Uso de resúmenes y tablas de contenidos.
— Frases cortas.
— Resaltar lo importante.
— Usar el modelo de pirámide invertida en la redacción: iniciar el texto por la conclusión y cerrar con los detalles. Ello contribuye a que se recupere (acceda) más fácilmente a un contenido. El usuario que quiera profundizar en el tema, puede seguir leyendo.
— Estilo objetivo: evitar la redundancia y el exceso de adjetivación. Omitir palabras innecesarias.
— El lenguaje informal es más adecuado.

2) *Perspectiva estructural y formal.*
— En la organización del texto es conveniente resaltar palabras, usar listas numeradas, líneas separadoras, etcétera.

— Distribución del espacio sin contenido de la página (*aire*).
— Jerarquizar la información.
— Tipografía adecuada.
— Combinar texto y fondo con combinaciones de colores que contrasten.
— Evitar el uso de textos parpadeantes porque dificultan la lectura y contribuyen a la desconcentración del lector.

En general, puede decirse que la mayoría de lo apuntado para la página *web* puede aplicarse a la escritura del texto electrónico, aunque encontremos particularidades en cada uno de ellos debido al soporte empleado y a la finalidad de la comunicación.

## 15.3. Escritura y 'blog'

El término *weblog (web+log)*, fue acuñado por Jorn Barrer en diciembre de 1997. También llamado *blog*, es un espacio *web* compuesto por textos, ordenados cronológicamente, que provienen de uno o varios autores. Suelen presentar una temática formal que permite expresar nuestras opiniones personales. En él tenemos la posibilidad de participar como usuario o como visitante. En cierto modo, el *blog* actúa como medio particular. Es una especie de discusión abierta, un foro, en el que podemos exponer lo que pensamos sobre los temas que nos interesen.

Existen *weblogs* de tipo personal o corporativos. Los primeros son los más comunes, y los segundos, aunque representen a una empresa o grupo, suelen estar escritos por un autor o autores que mantienen habitualmente su propia identidad.

Si somos usuarios de un *blog*, tenemos la opción de emplear este espacio tanto para organizar nuestras ideas (diario personal) como para hacer llegar nuestra opinión a diferentes personas de todo el mundo, escribiendo periódicamente sobre cualquier tema para que sea comentado. La temática es abierta: podemos hablar de asuntos sociales, políticos, económicos, religiosos, etc., o de otros más personales, como pudiera ser un viaje. Son numerosos, de hecho, los *blog* que relatan la experiencia del viaje mostrando, al mismo tiempo, las fotos de éste.

El *blog*, por tanto, además de ser un medio para expresar opiniones personales, también es un medio —no presencial— para conocer otros puntos de vista, ya que nos permite dialogar al entrar en contacto con otros usuarios, convirtiéndose en un espacio abierto para el diálogo.

A la hora de escribir en un *blog*, hemos de tener en cuenta el medio y la finalidad de nuestra intervención: opinar, exponer y argumentar. Ello afecta al estilo y a la redacción, que deberán ajustarse en lo posible al tipo de registro lingüístico del que haga uso el *blog* en el que participemos:

— Conviene que utilicemos los elementos propios de los textos de opinión y los recursos característicos de la argumentación y la exposición.
— Es preciso ajustar el vocabulario al uso léxico predominante.
— Los *blog* son espacios que se consideran rigurosos y serios. *Realizar un comentario significa implicarnos seriamente en el tema.* Debemos intentar no desviarnos de éste.
— Desde un punto de vista formal, debemos usar los mismos elementos que en la página *web* (listas de contenidos, textos espaciados...). Un texto excesivamente compacto interfiere en la lectura de manera negativa.
— Conviene que evitemos los *post* (artículo o entrada nueva) demasiado largos, salvo que sean estrictamente necesarios (el caso de un tutorial, una reseña, etcétera).

### 15.3.1. Rasgos y peculiaridades

1) *Blog/foros de discusión/chat.* El *blog* se acerca a los foros de discusión porque es un medio en el que los mensajes quedan archivados (únicamente el creador del espacio es el que tiene la libertad para dejar o no publicado lo que considere pertinente). Ése es uno de los rasgos que lo diferencia de otras plataformas virtuales como el *chat*, en el que los mensajes van desapareciendo, o desaparecen al cerrar la sesión, de manera que, si queremos conservar la conversación, debemos guardarla.
2) *Carácter comunitario e interactividad.* Son dos de los rasgos que los diferencia de las páginas *web* tradicionales. Se actualizan frecuentemente y permiten a los visitantes responder a las entradas, los *blog* funcionan a menudo como herramientas sociales, para conocer a personas que se dedican a temas similares.

3) *Aparición de neologismos.* El uso del *blog* ha dado lugar a que aparezcan gran cantidad de términos en relación con él. A continuación establecemos un *breve glosario* de aquellos términos que han surgido:

**Bloghorrea:** publicar muchas entradas de poco interés para mantener activo el *blog*.

**Blogosfera:** toma como referente el término de *semiosfera* de Iuri Lotean; lo acuñó en el año 2002 William Quick, y viene a definir la totalidad de los *blog*; los *blog* como comunidad o el conjunto de *blog* agrupados por algún criterio específico (temática, localización, idioma). Se habla así, por ejemplo, de: *blogosfera* hispana, *blogosfera* chilena o la *blogosfera* política.

**Bloguero:** escritor de publicaciones para formato de *blog*.

**Fotoblog:** *blog* que se compone de fotos, principalmente. También se llaman *FotoLog* o *Flog*.

**Linkblog:** los enlaces de artículos específicos que se encuentran en la barra lateral del *blog*.

**Metablogs:** *blog* que trata los *blog* y la *blogosfera* como tema central.

**Moblog:** *blog* escrito y desarrollado desde algún dispositivo móvil.

**Vlog:** *blog* que se compone principalmente por vídeos.

## 15.4. ESCRITURA Y CORREO ELECTRÓNICO

El correo electrónico se ha convertido en un medio de comunicación vital, y en una de las aplicaciones con más alcance y éxito de Internet. Su aparición ha relegado a un plano secundario a medios que, no ha mucho tiempo, tuvieron una gran repercusión en las comunicaciones como el fax, el correo postal o el telegrama.

Características y partes esenciales del correo electrónico:

| CARACTERÍSTICAS | PARTES ESENCIALES |
| --- | --- |
| • Velocidad en la transmisión de los mensajes.<br>• Coste no excesivamente alto.<br>• Espacio de intercambio de fotografía, música, textos, además de mensajes escritos. | • *Destinatario y remitente:* Ambos necesitan de una dirección electrónica. Desde una perspectiva sintáctica, la dirección de correo electrónico, cuenta con los siguientes elementos: |

| CARACTERÍSTICAS | PARTES ESENCIALES |
|---|---|
| • Permite comunicarse de manera casi instantánea (si el otro usuario está conectado) con cualquier parte del mundo.<br>• Posibilita enviar mensajes a varias personas o a un grupo, creando así listas de distribución (grupo de personas interesadas en el mismo tema e intercambian sus comentarios a través de este soporte).<br>• Permite reenviar un mensaje a otro receptor y responder rápidamente. | *nombredeusuario@nombredel servidor.dominio.*<br><br>Ejemplo: lamonzon@hotmail.com<br><br>• *Asunto (subject):* La mayoría de los programas actuales de correo electrónico exigen que se complete este espacio.<br><br>• *Texto:* Espacio destinado a la escritura. |

Desde una perspectiva formal, los elementos que caracterizan la organización del contenido en el correo electrónico son los de la página *web:*

1) Es importante distribuir el contenido de manera equilibrada para facilitar, así, la lectura *(aire).*
2) Es conveniente que la grafía sea homogénea (mismo tipo, tamaño y color de letra).
3) Es imprescindible usar correctamente mayúsculas y minúsculas (ya que el uso de mayúsculas en textos electrónicos equivale a gritar).
4) Es obvio que solo podemos cambiar estos parámetros en objetivos concretos:
   — Si queremos restar importancia a algo: podemos usar una letra más pequeña o colores más claros.
   — Para encabezados, títulos, etc., podemos usar un tamaño mayor de letra.
   — Para citar extractos de otra fuente o persona, podemos usar otro tipo de letra (negrita, cursiva, subrayados).

Interesa apuntar que el correo electrónico es uno de los medios que se utiliza no solo de manera personal sino también desde una perspectiva profesional: la mayoría de las comunicaciones, avisos e informaciones de una empresa o institución se realizan por este medio. En este sentido, el correo electrónico actúa como vehículo, eficiente y veloz, transmisor de información. Por consiguiente, lo que determinaría la redacción de nuestro texto en primer orden no sería el soporte sino el tipo de texto que escribimos: si es un correo electrónico en forma de carta comercial, acudiremos al modelo de éstas; si se trata de un aviso, acuñaríamos alguno de los modelos existentes; si es una carta profesional, nos adaptaríamos a su esquema, etcétera.

Al utilizar el correo electrónico se transmite la falsa impresión, por su velocidad y rapidez, de que el soporte electrónico permite errores ortográficos, de construcción y léxicos, aunque, como de todos es sabido, el propio soporte posibilita revisar el texto para que no haya incorrecciones. Las normas ortográficas y gramaticales de la lengua española son exigibles a cualquier texto, inclusive a los textos escritos para el correo electrónico.

Sin embargo, sí podemos caracterizar el texto del mensaje electrónico por:

1) Un estilo informal. La informalidad se percibe en la forma de dirigirse al destinatario, sobre todo si es desconocido, ya que es común que se encabecen y cierren los textos con saludos y despedidas en los que las fórmulas de tratamiento desaparecen (se utiliza normalmente la segunda persona del singular aunque no se conozca al destinatario).

2) Hallazgos expresivos extraídos tanto de la comunicación verbal como de la no verbal. Por ello es común encontrar alteraciones en la expresión escrita que significan actitudes, emociones, entonaciones, etcétera.

### 15.4.1. Alteraciones gráficas

A continuación transcribimos una serie de usos y alteraciones gráficas que tienden a crear un nuevo código de comunicación formal por lo habitual y extensión de su funcionamiento, inclusive en otros soportes:

— *Repetición de una letra* o puntuación múltiple para enfatizar el tono. No expresa lo mismo repetir una letra que otra.

*Holaaaaaaaaaaaa*
*Hooooooooolaaa*

*Besosssssssssssss*
*Qué tal???????????*
*Nos vemos prontito!!!!!!!!!!!!*

— *La mayúscula suele reflejar la acción de chillar.* Por ello hay que evitarla si no se quiere expresar el contenido gritando:

NO ME LO CREO
ME DA IGUAL
VIVA EL BETIS

— *Uso de interjecciones repetidas* para transmitir diversos tonos de risa y connotar con ellos de manera diferente:

*Jajaja (risa habitual)*
*Jejejeje (con sarcasmo)*
*Jijiji (astucia)*

— *Uso de la arroba con contenido gramatical.* Como puede observarse en el cuadro, el símbolo @, la arroba (que en inglés significa «at» [en]; en italiano *chiocciola* [caracol]; en alemán *Klammenraffe* [mono araña]) es el símbolo que se utiliza en el correo electrónico como elemento necesario para establecer una separación entre el nombre del usuario y el del servidor. Sin embargo, es interesante subrayar que, en español, debido a que gráficamente unifica nuestras terminaciones gramaticales para género femenino y el masculino, se utiliza comúnmente como símbolo gráfico que unifica la pluralidad. Su uso en los saludos de mensajes electrónicos dirigidos a varios destinatarios es muy común, sin necesidad de acudir a las fórmulas usuales:

| | |
|---|---|
| **Querid@s compañer@s** | Queridas/os compañeras/os |
| **Querid@s amig@s** | Queridas/os amigas/os |
| **Hola a tod@s** | Hola a todos/as |

También es común encontrarlo en situaciones en las que solo contamos con una dirección que no aclara si pertenece a un destinatario masculino o femenino:

| Querid@ amig@ | Querido/a amigo/a |
|---|---|

Este uso ha llegado a traspasar el soporte electrónico para aparecer en alguna modalidad impresa de carta comercial. De esta manera, el destinatario no se siente discriminado.

— *Uso del emoticono o smiley.* Los *emoticonos* (contracción de «emoción» e «icono») se refieren a un conjunto de símbolos que se componen con los caracteres del teclado (principalmente con los diferentes signos de puntuación) y que prefiguran el rostro humano. En inglés se denominan *smileys* (caritas sonrientes) porque el primero y más conocido representa un rostro sonriente. Si el emisor quiere representar emociones, actitudes o situaciones personales utiliza alguno estos símbolos. Para identificarlos con claridad es necesario girar la cabeza a la izquierda:

:—) *(alegre)*
:—( *(triste)*

Los *emoticonos* son elementos muy utilizados para reflejar el componente fónico y el lenguaje no verbal en el texto escrito. Su uso se extiende a la telefonía móvil.

Es interesante tener en cuenta que, en la mayoría de los casos, se utilizan para superar las ambigüedades propias del discurso escrito, sobre todo, cuando no sabemos si se va a entender el tono de nuestro escrito, o para reforzar el sentido que queremos darle al mismo:

*No sabes lo que dices* ;—) (complicidad)

A veces, incluso sustituyen a todo un enunciado:

| — | *(dormido)*

Es cierto que existen creaciones neológicas en abundancia, aunque algunos *emoticonos* no han llegado a consolidarse como ocurre con todas las creaciones neológicas. No existe ninguna normativa que oficialmente los unifique (no hay un código para ese lenguaje), solo el uso, por eso muchos de ellos se interpretan de diferente manera. Si, con el tiempo, se formalizara dicho lenguaje sería necesario un código universal que los interpretara de forma unívoca.

## 15.5. Escritura y 'chat'

Tomado del inglés, *chat* significa «charlar» o «charla». El *chat* permite que se mantenga una conversación entre dos o más personas en Internet a través de mensajes escritos. Ello ha dado lugar a que en español se hable de *chatear*, además de para referirse a «ir de chatos» acepción con la que aparece en el DRAE, para referirse a la acción de conversar a través de este soporte. La comunicación a través de esta aplicación puede darse entre personas conocidas o desconocidas que deciden cómo nombrarse. El empleo de un seudónimo o apodo *(nickname)* con el que nos identificamos permite, entre otras cosas, esconderse entre identidades diversas y una mayor libertad para expresarse. Lo que diferencia a este tipo de comunicación de otros tipos de comunicación electrónica (correo electrónico, *blog*, sms) es que todas aquellas personas que intercambian opiniones están *sincronizadas*: se encuentran presentes virtualmente hablando. El tipo de comunicación de los medios mencionados se caracteriza por la *asincronía*.

### 15.5.1. Rasgos característicos

1) Lo más característico de este tipo de comunicación es que es muy similar a la telefónica, pero no se utiliza la voz, sino la escritura.
2) Efímero. Instantáneo. Fugaz. Los mensajes no se archivan. Cuando la ventana se cierra, se pierde lo comunicado. A veces si hay varias personas dialogando la información se borra con más rapidez. Por eso se intenta, en la mayoría de los casos, emplear muy pocas palabras y que el texto sea muy corto.
3) El *chat* necesita transcribir en el texto escrito marcas de la comunicación oral y de la no verbal. Esos mensajes deben suplir informaciones que pertenecen a la oralidad: aquellas que corresponden a la entonación (plano fónico) y aquellas que corresponden al plano no verbal: gestos, posturas, etc. (plano visual). Ello implica que el *abecedario*, unidades mínimas que se articulan para dar lugar a estos textos, no solo lo componen las grafías co-

rrespondientes a vocales y consonantes, sino todos aquellos símbolos y signos que configuran el teclado. Teclas que se van a explotar al máximo desde un punto de vista tipográfico.

Existe, por lo tanto, una serie de recursos que son los que permiten una utilización particular del lenguaje en el soporte de comunicación:

1) *La elipsis.* La intención de que el mensaje se convierta en una conversación oral lleva a que se supriman:

| | |
|---|---|
| *a)* Unidades fónicas (abreviaturas y acrónimos son muy comunes). | Ejemplo: **TQM** por *Te quiero mucho* **NVD** por *Nos vemos después* |
| b) Elementos gramaticales (como artículos y preposiciones) y signos de puntuación. | Ejemplo: **Vms peli?** por *¿Vemos una película?* |

2) *Alteración ortográfica.* La ortografía se modifica deliberadamente para significar más allá del texto (como ya hemos señalado en el correo electrónico).
   — Mayúscula para significar que se está gritando o hablando en voz alta.
   — Repetición de una letra o signo de puntuación para marcar la entonación.

3) *Importancia tipográfica.* La visualidad se convierte en un importante juego para significar más allá del texto.

4) *Transcripción literal de la pronunciación*: reducción ortográfica que se produce al transcribir el uso coloquial (1) y, en ocasiones por querer imprimir al texto un matiz regional concreto (2 y 3):

| USO | PARA SIGNIFICAR |
|---|---|
| **(1) Stas d'un pesao!** **(2) Me via dormí xke stoi mu cansa** **(3) D verdaz ke no t creo** | *¡Estás de un pesado!* *Me voy a dormir porque estoy muy cansada* *De verdad que no te creo* |

5) *Sustituciones léxicas por onomatopeyas* para expresar acciones y estados de ánimo. Recurso muy cercano al lenguaje del cómic. Es habitual expresar sentimientos y sensaciones de este modo:

*Ufffffffff (alivio)*
*Fffrrrrrrrrrrrrrrrggggggggggghgfda (angustia)*
*ZZZZZZZZZZZZZZ (dormido/a)*

6) *Uso de emoticonos (smileys)* con mucha más asiduidad que en el correo electrónico con el fin de suplir el código no verbal y poder mostrar emociones y acciones concretas. Aquí solo incluimos, como ejemplo, algunos de los más habituales:

| PARA EXPRESAR ACCIONES Y ESTADOS DE ÁNIMO | |
|---|---|
| :—( Tristeza, pena, disgusto | :—# Censurado (no puedo hablar) |
| :—((( Muy triste, profundamente apenado | :————) Mentiroso (Pinocho) |
| :—) Sonrisa, simpatía, felicidad | >:—) Sonrisa diabólica, malintecionada |
| :—))) Muy feliz | }:—) Irónico / Picarón |
| :—@ Gritando | :,( Llorando, una lagrimita |
| :—I Inexpresivo, cara de póquer | %—) Mareado (Borracho) |
| :—D Hablar con una sonrisa / una risa | O:—) Santo / Inocente |
| :—DDD Mucha risa | [:—] Muy rígido, estricto (cabeza cuadrada) |
| X—D Tronchado de risa | I—) Dormido |
| :—O Sorpresa mayor | I—o Roncando |
| ;—)    Guiño (complicidad) | :—} Después de beber un buen vino |
| :—x Besando | :#) Sonrisa de borracho |
| ?:—( Dudando, indeciso | :~i Fumando |
| :—/ Mosqueado o escéptico | :—7 Fumando en pipa |
| I—O Aburrido (bostezo) | :—~) Resfriado, moqueando |

| PROFESIONES / PERSONAJES | |
|---|---|
| _D—) Submarinista (con tubo y gafas) | +<:—) Monja |
| | (>—:—) Paracaidista |
| *:o) Payaso | <I—) Chino |
| +]:—) Enfermera | >:) Diablillo |

En la red hay muchos programas que posibilitan *chatear*, pero posiblemente los más usados a título personal sean el *Skype* o el *Messenger*. Instrumentos que permiten en la actualidad la comunicación mediante voz e imágenes, aparte de la textual, si se dispone del *hardware* apropiado (una *webcam*, micro y altavoces). Ello, de todos modos, no afecta en absoluto al lenguaje textual que estamos explicando.

En conclusión, podría decirse que la escritura del *chat* se encuentra a caballo entre aquella que hemos descrito para el correo electrónico y la que caracteriza los mensajes cortos *(SMS)*.

## 15.6. ESCRITURA Y 'SMS'

El *SMS*, servicio de mensajes cortos o *SMS (Short Message Service)*, surge dentro de la telefona móvil alrededor de 1990. Es una prestación que posibilita enviar mensajes cortos (mensajes de texto) entre teléfonos móviles y teléfonos fijos y que, desde su aparición, ha revolucionado el sistema lingüístico y se ha convertido en un fenómeno no solo comunicativo sino social.

Desde una perspectiva comunicativa y lingüística, lo interesante de este servicio radica en que ha originado la aparición de un tipo de texto electrónico muy popular entre los jóvenes. Texto escrito con un lenguaje, abreviado y simbólico, que se conforma con los caracteres que aparecen en el teclado telefónico y que son aprovechados al máximo. Dos son los factores que intervienen en el éxito de este tipo de textos:
1) El factor económico: el coste de la tarifa establecida para estos mensajes.
2) El número de caracteres permitido. Las compañías de telefonía lo limitan en 160, incluido espacios en blanco.

Es, por tanto, la necesidad de ahorrar espacio (caracteres) y de comunicar con inmediatez y brevedad, lo que condiciona y agiliza el ingenio de los usuarios para poder comunicarse lo más eficientemente posible. Para ello, se han aprovechado al máximo la representación fónica de cada letra (los sonidos) y las posibilidades pictográficas de la representación ortográfica. Junto a ello se han suprimido grafías innecesarias.

Por otro lado, hay que destacar que se trata de un lenguaje que reproduce la oralidad y, dentro de ella, la variante coloquial. En cierto sentido, vamos a encontrar en el lenguaje empleado muchas de las características lingüísticas y no lingüísticas presentes en el *chat* y en el correo electrónico: enunciados cortos, elipsis, abreviaturas.

La difusión de este tipo de textos ha ido creando nuevas necesidades idiomáticas. Ante la ausencia de norma escrita que disponga cómo y cuánto abreviar las palabras y ante la variedad de usos (hay tantos lenguajes como usuarios), han aparecido diccionarios para guiar a quienes no conocen las abreviaturas empleadas en los móviles. Entre ellos, uno de los proyectos últimos en el que han colaborado diferentes compañías de telefonía móvil y la Asociación de Usuarios de Internet (AUI), se encuentra el titulado *Exo x ti y xa ti (Hecho por ti y para ti)* que apareció en 2005 y que puede consultarse *on line*.

### 15.6.1. La redacción del 'SMS'

Pese a que no existe un código convencional que regule este lenguaje, sin embargo, sí podemos señalar una serie de normas que se siguen para la redacción de estos mensajes cortos:
1) No se usa la tilde:

*tnias tda razn* en lugar de «Tenías toda la razón».

2) No existen los artículos:

*Vms peli oy* en lugar de «Vemos la película hoy».

3) Se aprovechan las abreviaturas convencionales del español (1) o se crean otras nuevas (2):

(1) *Dr.* en lugar de «doctor».
(2) *tq* o *tk* en lugar de «te quiero».

4) Se omiten las vocales en casi todas las palabras frecuentes:

*qdms mñn a ls 8* en lugar de «quedamos mañana a las 8».

5) Se suprimen los espacios entre palabras:

*nsnd* en lugar de «no sé nada».

6) Se sustituyen las sílabas y palabras por números o signos que tengan igual pronunciación: x (*por*); + (*más*); — (*menos*)...:

*to2* en lugar de «todos».
*s3* en lugar de «estrés».
*T exo d* — en lugar de «te echo de menos».

7) Aprovechamiento de pronunciación de algunas consonantes de manera individual para omitir la vocal inmediata: «k»para representar «ca»; la «t» para «te»; la «m» para «me»; «d» para «de»...

*ksa* en lugar de «casa».
*Tspro* en lugar de «Te espero».

8) Supresión de la «h» (que en español es muda, con lo cual ahorra un carácter) y de la «e» inicial (en palabras, principalmente, seguidas de «n» y «s»):

*Str* en lugar de «estar».
*Stms n ksa* en lugar de «estamos en casa».

9) La *ll* aparece representada por «l» o «y»; La «ch» por «x»:

*mxs bss* en lugar de «muchos bsos».
*eys cmn* en lugar de «ellas/ellos comen».

10) Uso de la terminación «-r/-ra» para referirse a profesión:

*msjr* en lugar de mensajero.
*msjra* en lugar de mensajera.

11) Incorporación de léxico y expresiones de la lengua inglesa. Es común el uso de «ok» (de acuerdo, bien, vale); expresiones como «F2T» por *free to talk* (libre para hablar).

A continuación proporcionamos algunos ejemplos de mensajes de texto, en los que pueden observarse la mayoría de las normas señaladas con anterioridad y algunas de las expresiones más comunes y usadas.

— Mensajes de texto:

| | |
|---|---|
| Hola guapa. Hoy no puedo salir porque me han castigado. ¿Vemos una película en mi casa a las ocho? Contesta. Beso. | *ola wapa, oy no puedo sali xk man castigao.vems una pli n ksa a ls oxo??cnt bss* |
| ¿Qué tal? ¿Por dónde andas? Hace mucho que no sé nada de ti. ¿Vienes este invierno? Un beso fuerte. | *ktl??x onde ands??ace muxo kno se nd dti viens st winter?1bs fuert* |

— Expresiones:

| | |
|---|---|
| ¿A qué hora quedamos? | *a q hr qdmos?* |
| ¿Cómo te va? | *cmo t va?* |
| ¿Cuándo acaba la película? | *qndo akba la peli?* |
| ¿Estás bien? | *stas ok?* |
| Fin de semana | *fin d smn ; wiken* |
| No sé | *ns* |
| ¿Por qué? | *xq?* |
| ¿Quedamos? | *qdms?* |
| Te mando un mail | *t @* |
| ¿Tomamos un café? | *tmams 1 kf?* |
| Un beso | *1b* |

— Glosario (Este glosario puede encontrarse en http://www.webmovilgsm.com/sms/diccionario5.htm):

| | | | |
|---|---|---|---|
| a2 | Adiós | FX | Cine |
| ASC | Al salir de clase | clg | Colgado/cuelga |
| bb? | ¿Lo ves? | clga | Colega |
| bj | Baja | crg | Cargador |
| bye | Adiós | d da | De día |
| bss | Besos | d nxe | De noche |
| CA | Cuanto antes | d2 | Dedos |
| cbt | Cobertura | dsk | Disco / discoteca |

| | | | |
|---|---|---|---|
| dnd | ¿Dónde? | net | Internet |
| e-m | E-mail | nl | En el / en la |
| ers | Eres | NLC | No lo conozco |
| eys | Ellos | NLS | No lo sé |
| fin d smn | Fin de semana | nos | Nosotros |
| find | Finde / fin de semana | NPH | No puedo hablar |
| | | NPN | No pasa nada |
| gnl | ¡Genial! | NSN | No se nada |
| grnd | Grande | nsti | Insti / instituto |
| grr | Enfadado | NT1D | No tengo un duro |
| h lgo | Hasta luego | | |
| HL | Hasta luego | NV | Nos vemos |
| hla | Hola | NVA | Nos vemos allí |
| hr | Hora | n | No |
| hsta | Hasta | ñ | Año |
| hsta mññ | Hasta mañana | pa | Papá |
| jdt | Jodete | pco | Poco |
| k acs? | ¿Qué haces? | PDT | Paso de ti / ¡piérdete! |
| KO | Estoy muerto | | |
| kdda | Quedada | PF | Por favor |
| ktden | Que te den | x fa | Porfa / por favor |
| k pb! | ¡Qué plomo! | pkñ | Pequeño |
| k qrs? | ¿Qué quieres? | pls | Por favor |
| k rsa! | ¡Qué risa! | pqñ | Pequeño |
| k tl? | ¿Qué tal? | prf | Profesor |
| kdms? | ¿Quedamos? | pscna | Piscina |
| kls | Clase | pso | Paso |
| kntm | Cuéntame | pdo | Borrachera |
| kyat | Cállate | pq | Porque |
| k | Que | q | Que |
| kk | Mierda | qirsir? | ¿Quieres ir? |
| lg | Lugar | q tal? | ¿Qué tal? |
| ls | Los, las | q tpsa? | ¿Qué te pasa? |
| M1@L | Mándame un mensaje luego | QT1BD | Que tengas un buen día |
| ma | Mamá | R | Responde |
| msj | Mensaje | rmno | Hermano |
| mto | Moto | rptlo | Repítelo / no te entiendo |
| mv | Móvil | | |
| mxo | Mucho | s q | Es que |

| | | | |
|---|---|---|---|
| s s q | Si es que... | trd | Tarde |
| salu2 | Saludos | TQITPP | Te quiero y te |
| sbdo | Sábado | | pido perdón |
| sbs? | ¿Sabes? | TQPSA | Te quería pero |
| slmos? | ¿Salimos? | | se acabó |
| SMS | Mensaje corto | U | Tú |
| spro | Espero | vac | Vacaciones |
| srt! | ¡Suerte! | vns? | ¿Vienes? |
| ss cl cl | Sí, sí, claro, claro | vos | Vosotros |
| STLD / S2LD | Si tú lo dices... | vrns | Viernes |
| t @ | Te mando un | wpa | ¡Guapa! |
| | mail | x | Por |
| t O | Te odio | xa | Para |
| tas OK? | ¿Estás bien? | xam | Examen |
| tb | También | xat | Chat |
| tbj | Trabajo | xdon | Perdón |
| t ba | ¡Tía buena! | xk? | ¿Por qué? |
| t bo | ¡Tío bueno! | xka | Chica |
| TVL | Te veo luego | xko | Chico |
| TKI | Tengo que irme | xo | Pero |
| tjt | Tarjeta | xq | Porque |
| tl | Teléfono | xx | Chica |
| tv | Televisión | xy | Chico |
| tng | Tengo | ymam | Llámame |
| t q | Te quiero | Zzz | Me duermo... |

En general, y como conclusión, destacamos una serie de puntos que reflejan las particulares relaciones entre textos electrónicos y escritura:

1) La comprensión espacio-temporal y el desarrollo de los medios digitales han proporcionado una nueva forma de redacción caracterizada por la *concisión*, la *transformación* y la *manipulación* de los elementos tradicionales.

2) La variedad de textos electrónicos ha dado lugar a usos de la lengua que *alteran notablemente la escritura*: acorta las palabras; usa en exceso las abreviaturas; utiliza símbolos que representan estados de ánimos, situaciones o lugares, etcétera.

3) El desarrollo y proliferación de diferentes soportes informáticos han provocado la aparición y propagación de *neologis-*

*mos* con el fin de nombrar situaciones anteriormente desconocidas.

4) Aunque las reglas existentes no son fijas (cambian en foros, en el correo electrónico, en el *chat*, etc., al venir determinadas por el nivel de cultura de cada usuario), es evidente que existe *un código no normalizado*, que está transformando la escritura.

5) En general podemos señalar que, frente a la escritura tradicional, este nuevo lenguaje (en *chat*, en *SMS*, principalmente) favorece la no aplicación de las normas ortográficas ni de construcción del español, así como, desde una perspectiva léxico-semántica, quien no conozca el código será incapaz de adaptarse a un sistema de comunicación cada vez más simbólico.

# Glosario

*Abreviatura:* es la representación reducida de una palabra o grupo de palabras por la eliminación de algunas letras o de sílabas (D.ª, Sr., Dr.).

*Actos de habla:* son unidades de comunicación intencional que llevan a los hablantes a producir enunciados. Por ejemplo, si decimos «¿me acompañas?», podemos afirmar que se trata de una forma interrogativa que se corresponde con un acto de petición.

*Adecuación:* es una propiedad discursiva que se relaciona con el cumplimiento de las normas que afectan a la constitución de un texto, en relación con el receptor, con el objeto o con la situación, con el tema, el marco espacio-temporal y la situación comunicativa discursiva.

*Aliteración:* consiste en repetir una serie de sonidos semejantes. Se usa en todo tipo de textos, aunque se asocia con los poéticos por su valor estilístico («infame turba de nocturnas aves») y con los publicitarios («no compre un televisor sin ton ni son, compre un televisor Tompson»).

*Anacoluto:* es la ruptura de una secuencia o estructura sintáctica, por lo que no hay una relación sintáctica adecuada. Es frecuente en la prosa y en la lengua hablada, aunque haya ejemplos también en la escrita. Ejemplos: *«Yo a mí me parece bien», en lugar de «me parece bien».

*Anáfora:* figura retórica que consiste en repetir una o varias palabras al comienzo de cada frase dentro de un texto o de cada verso en una composición poética. También es un elemento referencial específico, puesto que se considera como un procedimiento de unión especial por el que se relacionan diferentes elementos que operan en el mismo acto discurso. Cuando se anticipa el sentido de palabras expresadas con posterioridad en el discurso, el procedimiento recibe el nombre de «catáfora».

*Analogía:* consiste en establecer una relación de semejanza entre dos o más cosas distintas.

*Antónimo:* es una palabra que tiene un significado opuesto al de otras palabras («bueno/malo», «alto/bajo», «subir/bajar»...).

*Argumentación:* es una forma de expresión que consiste en aportar razones para apoyar una idea, una tesis o un planteamiento con el objeto de convencer a un lector u oyente. Se trata de dar argumentos, es decir, ofrecer un conjunto de razones o pruebas que apoyen una conclusión.

*Argumento:* es el razonamiento utilizado para demostrar algo o para convencer a alguien de lo que decimos. Hay diferentes tipos de argumentos: deductivo, inductivo, testimonial, de autoridad, de experiencia, evidencia, analogía y ejemplificación. También utilizamos la palabra «argumento» para hablar del asunto de una obra literaria, dramática, cinematográfica, etcétera.

*Artículo:* es un escrito expositivo no demasiado extenso sobre un determinado tema incluido en una publicación periódica (revista o diario) o formando parte de un libro colectivo. Hay diferentes tipos de artículo: literario, de fondo, ensayístico, literario, costumbrista, etcétera.

*Asíndeton:* consiste en la supresión de nexos o enlaces entre elementos relacionados para dar viveza y dinamismo a la expresión. Por ejemplo: «viene», «sube», «baja».

*Bibliografía:* repertorio ordenado de libros y otros escritos sobre una materia de un autor o de autores que han tratado un tema concreto.

*Blog: weblog* o «bitácora de la web» es la relación y anotación que hace un navegante de la Red de los sitios que ha visitado. Viene de *log-book* (o, abreviadamente, *log*) que es el «cuaderno de bitácora». El nombre *blog* lo acuñó en 1999 Peter Merholz.

*Cacofonía:* consiste en la repetición innecesaria de sonidos porque resultan poco agradables al oído. Por ejemplo: «Ni hace ni deshace ni siquiera le place».

*Chat:* conversación interactiva en tiempo real, en Internet.

*Cita:* es la mención o la referencia de un texto, de un dato o de un autor utilizada como prueba o testimonio en apoyo de lo que se dice o por mantener alguna relación con el tema tratado. Las fuentes deben ser citadas. Cuando la cita se refiere a un experto en el tema, la consideramos como «cita de autoridad» puesto que tiene un valor argumental de primer orden.

*Código:* conjunto de signos y reglas relacionados entre sí. Emisor y receptor deben conocerlo para que se establezca la comunicación.

*Coherencia:* es la propiedad textual en la que se conjugan los elementos léxicos, semánticos, gramaticales y pragmáticos en estrecha conexión con el tema tratado y con la intención proyectada.

*Cohesión:* es la propiedad que proporciona unidad informativa y coherencia semántica al texto mediante los mecanismos de relación lingüística y discursiva. Consiste, pues, en la relación gramatical y semántica entre las diferentes unidades que componen un texto.

*Competencia:* capacidad de expresar y de obtener informaciones derivadas de la experiencia y del conocimiento que posee el hablante del mundo.

*Comprensión:* la adquiere el hablante por el conocimiento conceptual sobre las propiedades y condiciones más importantes de las acciones lingüísticas. Se suele emplear el concepto de «comprensión» para la interpretación psicológica y cognitiva.

*Conativa (función):* función centrada en el receptor. El hablante quiere provocar algún tipo de respuesta en el receptor ya sea verbal o no.

*Concatenación:* se produce cuando una palabra situada al final de una parte oracional se repite al inicio de la siguiente. Por ejemplo: «Una ciudad se divide en barrios, los barrios constituyen distritos, los distritos son lugares de identificación de las calles, y las calles están integradas por edificios de viviendas, donde habitan los ciudadanos».

*Conector:* es un elemento de relación entre las oraciones y los enunciados que integran los párrafos de un texto. Pueden expresar: adición, restricción, causa, concesión, corrección, explicación, ejemplificación, alternancia, contraste, etcétera.

*Connotación:* significado o conjunto de significados asociados al significado básico o referencial por razones emotivas y sugestivas, de ahí el carácter subjetivo. Por ejemplo, si decimos «blanco» nos referimos directamente a un color, pero a su vez sugiere o connota «pureza, limpieza».

*Contexto:* es el conjunto de elementos lingüísticos y no lingüísticos en que se presenta el acto de comunicación. Por ello, nos podemos referir al contexto lingüístico y al situacional.

*Corrección:* consiste en acomodar las formas de la lengua a las exigencias ortográficas, gramaticales y expresivas acordes con el funcionamiento convencional del sistema.

*Cortesía:* viene dada por el conjunto de procedimientos comunicativos que ayudan a mantener una relación cordial entre los interlocutores que participan en el diálogo y en la conversación.

*Cuadro sinóptico:* técnica de comprensión utilizada para simplificar las partes principales de un tema o de una materia con un fin didáctico o informativo.

*Deixis:* es un mecanismo lingüístico que señala la persona (yo-tú-usted), el lugar (aquí, ahí, allí) y el tiempo (ahora, luego, ayer, hoy) en cada situación comunicativa.

*Denotación:* significado básico o referencial unido a la realidad o a la entidad que representa, de ahí el carácter objetivo.

*Descripción:* es la forma de expresión que consiste en explicar las características, las cualidades o las partes de un objeto, de un animal, un lugar, un ambiente, una persona, un paisaje o una escena. Hay dos tipos principales de descripción: la técnica y la literaria.

*Destinatario/a:* persona a quien va dirigido o destinado algo.

*Dialecto:* variedad geográfica o social de una lengua, es decir, variedad correspondiente a una comunidad, a una clase socioeconómica y a una educación determinadas.

*Diálogo:* es la relación interlocutiva entre dos o más hablantes. Constituye una unidad semántica marcada la alternancia en las intervenciones de los interlocutores: pregunta-respuesta, invitación-aceptación, etc. El diálogo tiene una estructura fija y se centra en un tema, a diferencia de la conversación que tiene una estructura abierta y dispersa.

*Dilema:* argumento mediante el que se presenta una elección entre dos proposiciones que llevan a una conclusión.

*Elipsis:* es un procedimiento gramatical que consiste en omitir un elemento del enunciado al sobreentenderse por el contexto.

*Encuesta:* es un género de opinión que consiste en plantear una serie de preguntas a una población o a una muestra representativa de la misma.

*Enunciado:* unidad de comunicación intencional vinculada a un contexto determinado.

*Entrevista:* género periodístico en el que un periodista pregunta a una persona famosa o pública para conocer sus impresiones y opiniones sobre un conjunto de temas.

*Epígrafe:* es el enunciado que encabeza un capítulo o un apartado a modo de titular.

*Epistolar:* es un mensaje escrito en forma de cara dirigido a personas ausentes.

*Escrito:* obra o composición literaria, ensayística o científica de extensión variable. También utilizamos «escrito» para designar el libro, la publicación o el texto de tipo profesional, práctico, divulgativo y didáctico.

*Esquema* o *guión:* técnica de comprensión apropiada para planificar o estructurar un texto escrito.

*Estereotipo:* es una fórmula hecha que ha perdido toda expresividad o está desgastada, por lo que se utiliza de modo anormal. Se trata de expresiones que no aportan ningún tipo de información. Es un tipo de expresión similar al modismo. Podríamos considerar como estereotipos las expresiones: «es de armas tomar», «me ha dado otra vuelta de tuerca», «lo hace a regañadientes».

*Estilo:* es el resultado de una selección entre posibilidades lingüísticas y entre las formas de expresión utilizadas. Podemos hablar de estilo natural, sencillo, retórico, conciso, amplificado, didáctico, florido, etc. El estilo se refiere al uso de la lengua, pero unido a las propiedades individualizadoras, en medio de contextos sociales determinados, y a funciones y a efectos especiales dentro del proceso comunicativo. También nos referimos a «estilo» cuando hablamos de procedimientos de que se sirve un hablante o un autor para reproducir el habla de los personajes: estilo o discurso directo, indirecto e indirecto libre.

*Estudio:* trabajo escrito de investigación desarrollado sobre un tema determinado por un autor individual o varios autores.

*Exposición:* es la forma de expresión oral o escrita mediante la que un autor presenta, explica, relaciona y contrasta diferentes aspectos de un determinado tema. La exposición se utiliza en monografías (o trabajos de investigación), exámenes, trabajos didácticos, artículos, disertaciones y ensayos.

*Falacia/s:* son errores que aparecen en los argumentos manejados por el hablante. Por ejemplo, cuando se extraen conclusiones de unas breves explicaciones o cuando olvidamos las alternativas.

*Ficha:* hoja de papel o cartulina donde se anotan datos o notas de interés. Hay dos tipos de fichas esenciales: ficha bibliográfica, en la que podemos reseñar las referencias bibliográficas de la edición de cada libro leído, y ficha de contenido, en la que se refleja el resumen, los datos y las citas textuales que deseamos resaltar.

*Figura retórica* o *literaria:* es un recurso estético del lenguaje mediante el que se pretende lograr originalidad y expresividad.

*Foco:* es el punto en el que confluyen los aspectos intencionales del hablante.

*Fonética:* disciplina lingüística que estudia cómo se producen y qué características articulatorias, acústicas y perceptivas tienen los sonidos del habla.

*Formas de expresión:* constituyen modelos constantes de tipos de textos escritos. Así hablamos de modelo *narrativo, descriptivo, expositivo, argumentativo, dialógico* y *epistolar.*

*Funciones:* son papeles, oficios o caracteres que asumen los componentes de la lengua dentro del discurso. Podemos así hablar de funciones *sintácticas* (sujeto, complemento, atributo), funciones semánticas (sujeto agente, paciente, beneficiario, instrumento, etc.) e *informativas* (tema, rema).

*Funciones del lenguaje:* vienen dadas porque los hablantes están dotados de capacidad referencial o comunicativa que permite representar la realidad (función *representativa),* pero además la lengua le proporciona los medios necesarios para dirigirse a los demás hablantes (función *apelativa)* y para manifestar sus sentimientos y emociones (función *expresiva).*

*Funciones informativas: tema* y *rema.* Se utilizan porque la comunicación está dirigida al destinatario. A través de las funciones informativas el hablante trata de aumentar, recordar, actualizar y guiar el caudal de conocimientos de que dispone el oyente *(tema)* mediante informaciones nuevas *(rema).*

*Género literario:* conjunto de recursos lingüísticos utilizados con un fin estético y asociados a alguna de las funciones del lenguaje (expresiva, representativa, apelativa o poética). La *lírica* es el género que se sirve del modo expresivo y poético del lenguaje; la *épica,* del referencial o representativo; y la *dramática,* del apelativo.

*Género textual:* conjunto de recursos lingüísticos asociados a funciones sociales del texto que presentan algunas características formales comunes. Hablamos así de *novela, relato, receta, noticia, artículo, carta,* etcétera.

*Gramática:* es la parte de la lingüística que estudia la forma, la función y la combinación de las palabras para constituir oraciones.

*Hiperónimo:* es una palabra de significado extenso que engloba otras palabras de significados menores. Por ejemplo: «nación» es hiperónimo de «comunidad», «provincia», «ciudad», «pueblo», etcétera.

*Hipónimo:* es una palabra de significado más pequeño por pertenecer a otras palabras de significado más amplio. Por ejemplo: «barrio» y «distrito» son hipónimos de «ciudad» (hiperónimo).

*Homónimo:* es una palabra que tiene la misma forma que otra, pero posee distinto significado porque también tienen un origen diferente. Por ejemplo: haya (→ habeam, del verbo latino «habere» = haber) y haya (→ fageam = madera).

*Implicaturas:* son informaciones adicionales contenidas en un enunciado, es decir, contienen significados añadidos que se infieren del contenido de los enunciados. Por ejemplo, si decimos «cierra la ventana», podemos deducir por lógica varias implicaciones: en esa estancia hay una ventana, la ventana está abierta y el receptor es el indicado para cerrarla.

*Inferencia:* es un proceso de razonamiento de carácter deductivo que ayuda a entender la lógica de los enunciados, puesto que está unida al descubrimiento del contexto. A través de la inferencia el destinatario interpreta los significados implícitos de los enunciados poniéndolos en relación con el contexto comunicativo.

*Intención comunicativa* (o fuerza *elocutiva*): es el propósito del hablante al hacer explícito un enunciado, de tal manera que un mismo mensaje lingüístico puede expresar diferentes sentidos. Se trata de que el receptor interprete el significado de un enunciado expresado por un emisor.

*Interacción:* relación mutua e interdependiente entre dos hablantes. Es decir, está constituida por una serie de acciones en las que varias personas se ven implicadas alternativa y simultáneamente como agentes.

*Interpretación:* es un concepto empleado en semántica y pragmática para explicar las estructuras de significado y de referencia, así como las acciones lingüísticas, que están presentes en un texto. Coincide con la interpretación formal, aunque también incluye la psicológica y la cognitiva. Es un proceso mediante el que atribuimos sentido a un texto y tiene dos aspectos: la *descodificación,* al reconocer los elementos del código, y la *inferencia,* al identificar los significados añadidos que están implícitos en el texto.

*Intertextualidad:* es una de las propiedades esenciales de los textos que viene dada por las características procedentes de otros textos del mismo género. En cada modelo de texto del mismo género afloran aspectos de otros géneros textuales, puesto que los textos son creaciones dinámicas.

*Introducción:* es la parte inicial de un trabajo escrito por el mismo autor que sirve para preparar y explicar el objeto del tema que va a desarrollar. Es una parte esencial y obligatoria.

*Isotopía:* consiste en la repetición de unidades lingüísticas relacionadas entre sí por su forma o por su significado. Puede ser de tres tipos: categoría *gramatical* (sustantivo, adjetivo, etc.), *léxico-semántica* (palabras sinónimas, polisémicas, antónimas, hipónimas, hiperónimas, es decir, mediante asociaciones de significado, etc.) y *fónica,* que se manifiesta en la repetición de sonidos.

*Léxico:* es el repertorio de palabras de una lengua recogidas en los diccionarios.

*Llamada:* signo o número que se coloca en un escrito para remitir a otro lugar donde se explica, se comenta o corrige el contenido.

*Mapa conceptual:* es una técnica de aplicación que sirve para sistematizar las ideas de una obra o un texto y también para establecer las asociaciones previas a una redacción.

*Marcador discursivo:* unidad lingüística invariable, que no ejerce una función sintáctica, sino discursiva, al guiar las inferencias que el hablante proyecta en cada acto de comunicación.

*Metáfora:* figura que consiste en identificar un término real (A) con una imagen (B). Por ejemplo: «La luna (A) es la luz incendiaria de la noche (B)».

*Metonimia:* figura que consiste en designar una cosa con el nombre de otra por la relación de contigüidad que mantienen entre sí.

Por ejemplo: «No he bebido más que una copa de Jerez» por «una copa de vino procedente de Jerez».

*Modalidad:* actitud que proyecta el hablante en el acto enunciado. La modalidad está asociada al hablante que nos muestra su visión de la realidad.

*Monografía:* tratado o estudio de investigación que versa sobre un solo tema, como la tesis.

*Monólogo:* es una forma de expresión personal como si estuviera pensando en voz alta.

*Neologismo:* es la palabra o expresión de creación reciente o nueva. Por ejemplo: «teléfono móvil», «blog».

*Nexo:* es un elemento de relación entre palabras, sintagmas y oraciones. Pueden desempeñar la función de nexos: conjunciones, preposiciones, locuciones adverbiales, partículas y relativos.

*Norma:* es el conjunto de caracteres lingüísticos que señalan cuál es el uso más adecuado o comúnmente aceptado de la lengua.

*Nota/s:* son indicaciones de bibliografía, aclaraciones o explicaciones puntuales.

*Onomatopeya:* palabra que imita o recrea un sonido natural, como «crac», «miau», «tictac».

*Operador discursivo:* sirve para guiar la interpretación que debe hacerse del enunciado o de los enunciados que introduce. Aportan las siguientes informaciones: la voz o fuente de donde procede la información; la perspectiva desde la que se proyecta e interpreta el enunciado; el marco espacio-temporal; y el tópico o tema del enunciado.

*Oración:* unidad mayor de la sintaxis constituida por sujeto y predicado, independiente y dotada de significación completa.

*Organizador textual:* es un elemento de relación que afecta a la disposición formal del texto. Sirve para regular la estructura del texto o alguna de las unidades que lo componen. Los organizadores textuales están relacionados con los párrafos, puesto que delimitan cada una de las unidades textuales al comienzo, en medio y al final.

*Paradoja:* figura retórica que consiste en presentar ideas aparentemente opuestas, pero que en realidad no lo son; de ahí su carácter contradictorio. Por ejemplo: «llora sin lágrimas en los ojos».

*Paráfrasis:* es una forma extensa y amplificada de una frase o de un texto que podría expresarse con mayor brevedad y precisión. Por ejemplo, cuando decimos «ya ha salido el lucero del alba» por «ha amanecido».

*Paratexto:* Gerard Genette denomina con este término a todo lo que engloba al texto principal (título, dedicatoria, epígrafe, prólogo, etcétera).

*Párrafo:* es la unidad estructural del texto. Viene determinado en la comunicación oral por un descenso en la entonación seguido de una pausa y en la escritura por medio del punto y aparte. Cada párrafo suele contener una idea distinta.

*Personificación:* figura que consiste en atribuir a las cosas inanimadas o abstractas, acciones y cualidades propias de seres animados, o a los seres irracionales las del hombre.

*Pleonasmo:* es un recurso que consiste en repetir innecesariamente dos o más palabras. Es una forma de redundancia. Por ejemplo: «lo tengo más claro que el agua», «lo he visto con mis propios ojos».

*Polisémica:* es una palabra que ha adquirido varios significados, por lo que, para identificarlo, debemos recurrir a la determinación y al contexto. Por ejemplo: si decimos «¡Vaya *planta* que tienes!», nos podemos referir a una planta natural o a buena presencia de una persona.

*Polisíndeton:* el polisíndeton es una figura retórica que consiste en usar repetidamente conjunciones para destacar términos o dar fuerza a la expresión.

*Postdata:* nota que se añade al finalizar una carta ya firmada.

*Plural mayestático:* uso de la primera persona del plural, nosotros, con valor de singular, yo.

*Pragmática:* estudia el significado que adquiere el lenguaje al ser usado en un contexto determinado. Por ello tienen en cuenta la relación existente entre el lenguaje y el uso que hace el hablante del lenguaje.

*Préstamo:* palabra procedente de una lengua extranjera.

*Presuposiciones:* son informaciones que el emisor del texto supone que conoce el receptor. Se trata de informaciones implícitas. Por ejemplo, si decimos «mi hermano no me ha llamado por teléfono», presuponemos que tengo teléfono y que esperaba que me llamara mi hermano. Pragmáticamente, son las suposiciones del hablante sobre los conocimientos del oyente.

*Prólogo:* es la parte inicial de un trabajo escrito por un autor distinto que hace la presentación y la valoración del autor de la obra en su conjunto. No es obligatorio.

*Proposición:* en lingüística, la proposición es la unidad sintáctica de estructura oracional, constituida por sujeto y predicado, que se une a otra u otras para formar una oración compuesta; en lógica, la proposición es la enunciación de una verdad demostrada o que se quiere demostrar. En suma, es una unidad de contenido que carece de independencia sintáctica, aunque tiene forma oracional.

*Recensión* (o *reseña crítica*)*:* escrito en el que se comenta y critica de manera breve una obra o un tema determinado.

*Recurrencia:* es un mecanismo de repetición gramatical, léxica o temática.

*Redacción:* composición sobre un determinado tema que se realiza como ejercicio de expresión escrita.

*Referencia:* es el mecanismo mediante el que el hablante alude a algún elemento mencionado en el texto o dentro de la situación comunicativa de que se trate. Hay dos tipos de referencia: la situacional y la textual o discursiva mediante el procedimiento de la anáfora.

*Referencia bibliográfica:* indicación de los datos que llevan a la localización de una obra y de un artículo publicados.

*Registro:* es el modo particular de expresarnos los hablantes en una determinada situación comunicativa. Hablamos de registro *culto, coloquial, formal, informal,* etc. Puede decirse también que el registro lo constituye un conjunto de rasgos semánticos de un texto en correlación con el contexto situacional. De ahí que el registro resulta de la elección de unos determinados elementos por el hablante entre varios disponibles.

*Relevancia:* es una propiedad de la información que no equivale exactamente a pertinencia. Mientras que lo pertinente es lo que viene a cuento de algo, la información relevante es la que nos proporciona más conocimiento exigiéndonos menos esfuerzo de procesamiento. Así, para lograr una mayor relevancia, la información nueva ha de asociarse a la conocida.

*Rema:* es la información nueva.

*Resumen* (o *síntesis*)*:* técnica de comprensión lectora para expresar de modo abreviado el contenido de un texto o una obra y técnica de escritura al anticipar brevemente el tema que se va a desarrollar.

*Retórica:* es producto de las convenciones culturales, del estilo y de la diversidad de géneros que determina la tipología textual. La retórica es el precedente de la ciencia del texto. Las estructuras retóricas están relacionadas con las estilísticas, entre las que se hallan las «figuras o recursos de estilo».

*Revisión:* consiste en reconocer la adecuación, la propiedad y la conveniencia de los componentes utilizados en el proceso de redacción partiendo de una lectura global y siguiendo con otra más detallada y reflexiva.

*Semántica:* es la parte de la lingüística que estudia el significado de las palabras y el sentido de las oraciones.

*Significado:* es una unidad semántica que equivale a idea, concepto o representación mental expresada por medio de símbolos, palabras habladas o escritas. Podemos hablar de significado natural, dado por etimología y el valor adquirido de las palabras, y el intencional, determinado el propósito del hablante al utilizarlas en actos de comunicación concretos.

*Silogismo:* se utiliza en lógica como argumento que consta de tres proposiciones, dos premisas y una conclusión, que se deduce de las anteriores. Con frecuencia se utilizan dentro de la dialéctica dos tipos de silogismos: el hipotético y el disyuntivo.

*Sinestesia:* es un recurso en el que se asocian sensaciones distintas. Por ejemplo: «sabor chispeante», «voces blancas», «azul suave».

*Sinónimos:* son términos o palabras de significado semejante. Por ejemplo: casa-vivienda, lugar-sitio, hombre-varón.

*SMS:* procedimiento de envío y recepción de mensajes escritos de pequeño tamaño a través del teclado y la pantalla de los teléfonos móviles.

*Soliloquio:* a diferencia del monólogo, consiste en hablar en solitario, es decir, es una especie de diálogo consigo mismo. Se utiliza en el teatro y en la novela, cuando el personaje habla a solas ante supuestos interlocutores imaginarios.

*Técnicas narrativas:* son estrategias y procedimientos que puede utilizar un escritor en el proceso de narración, como perspectiva o punto de vista, monólogo, simultaneidad de acción, contrapunto, etcétera.

*Tema:* es la información conocida en el desarrollo de un tema.

*Tempestad* (o *lluvia*) *de ideas:* es el conjunto de ideas que surge de manera espontánea y fluida.

*Texto:* es el resultado de un acto de comunicación ligado a un contexto cuyo carácter y extensión dependen de la intención del hablante. Con otras palabras, es la unidad de comunicación intencional, de extensión variable, dotada de coherencia y vinculada a un contexto.

*Tópico:* es elemento pragmático situado al principio o intercalado que nos ayuda a situar y a entender un enunciado en un contexto dado. Por ejemplo, cuando decimos «*en verano*, disfrutamos del sol y de la playa», tratamos de enmarcar el circunstante.

*Unidad léxica:* es una palabra cuyo significado esencial y su función suelen tener un carácter invariable, aunque su forma puede variar por razones gramaticales. Por ejemplo, la palabra «venir» puede utilizarse como «vengo, vienes, vendrá, venía»...

*Versal:* se corresponde con la letra mayúscula.

*Versalita:* es la letra mayúscula del mismo tamaño que la minúscula.

*Vocabulario:* conjunto de palabras que conoce y usa cada hablante.

Este libro se terminó de imprimir
en enero de 2007 en Impresiones Sud América SA,
Andrés Ferreyra 3767/69, 1437,
Buenos Aires, Argentina.